国家双一流高校与上海高水平地方高校创新团队
音乐学理论研究建设项目

Orpheus Music Series
俄耳甫斯音乐译丛

骄子之魂 系列
乐迷书签读本

荣誉主编 杨燕迪
主　　编 孙红杰

THEME AND VARIATIONS
An Autobiography by Bruno Walter

指挥家瓦尔特自传
马勒时代的德奥音乐圈

[美]布鲁诺·瓦尔特 著
王崇刚 译 孙红杰 校

西南师范大学出版社
国家一级出版社 全国百佳图书出版单位

图书在版编目（CIP）数据

指挥家瓦尔特自传 ：马勒时代的德奥音乐圈 /（美）布鲁诺•瓦尔特著 ；王崇刚译. — 重庆 ：西南师范大学出版社，2020.6

（俄耳甫斯音乐译丛）

ISBN 978-7-5621-9709-6

Ⅰ. ①指… Ⅱ. ①布… ②王… Ⅲ. ①布鲁诺•瓦尔特—自传 Ⅳ. ①K837.125.76

中国版本图书馆CIP数据核字（2019）第036864号

俄耳甫斯音乐译丛

指挥家瓦尔特自传：马勒时代的德奥音乐圈

ZHIHUIJIA WALTER ZIZHUAN: MAHLER SHIDAI DE DE-AO YINYUE QUAN

[美] 布鲁诺·瓦尔特著 王崇刚译 孙红杰校

总 策 划：李远毅
执行策划：周 松
责任编辑：杜珍辉 张 丽
封面设计：何 旸
装帧设计：尚品视觉 CASTALY 周 娟 何欢欢
出版发行：西南师范大学出版社
地址：重庆市北碚区天生路2号
邮编：400715
网址：http://www.xscbs.com
经 销：全国新华书店
印 刷：重庆紫石东南印务有限公司
幅面尺寸：155 mm×230 mm
印 张：33.25
字 数：500千
版 次：2020年6月 第1版
印 次：2020年6月 第1次印刷
书 号：ISBN 978-7-5621-9709-6
定 价：128.00 元

Orpheus Music Series

俄耳甫斯音乐译丛

“俄耳甫斯音乐译丛”总序

俄耳甫斯是古希腊神话中极富传奇色彩的音乐家、诗人与先知。传说中，他的美妙琴歌能使顽石点头、河水倒流、人神陶醉、百兽率舞。这一美妙传说映照了“音乐协调世间万物”的神奇能量，也预见了后世以音乐来探测宇宙真理、传递神灵意志、反思人生经验、揭示哲性原理等全部理想。然而，在古希腊神话中，音乐虽具有千般伟力，却并不以功利性手段自居。作为协调万物的天然圣律，音乐是科学与智慧的象征。众所周知，Music（音乐）与Museum（博物馆）共同起源于Muse（缪斯），而Muse是古希腊神话中司掌科学与艺术的九位女神[1]。如果说Museum意味着“科学与智慧之所在”，那么Music便意味着“科学与智慧之所化”。其血统之高贵、地位之尊崇远非其他艺术所能媲美。因为除音乐以外，再没有任何艺术是以“司艺之神”（Muse）自身的名义命名。音乐——以其自在的协调有致——并不为昭示真理而存在，它自身就是真理，是蕴藏着宇宙普遍规律（毕达哥拉斯语）的真理。音乐也不为服务他者而存在，其千般伟力只为彰显它自身。是故，以音乐为手段去谋求功利，必然使音乐屈尊降格。然而，若是出于崇高之正义，又何妨施展其煌煌伟力？当俄耳甫斯在神话中承受突如其来的丧妻之痛时，他并不是自觉、自发地想到可以用音乐来扭转悲剧，而是经爱神阿莫尔[Amor]点化之后才去往冥府、拯救亡魂的。俄耳甫斯

[1] 俄耳甫斯（Ὀρφεύς）是太阳神阿波罗（Ἀπόλλων）与史诗女神卡利欧碧（Καλλιόπη，九位缪斯之一）之子，也是天神宙斯（Ζεύς）与记忆女神摩涅莫辛涅（Μνημοσύνη）的外孙。此外，他还被说成是俄尔甫斯教的创始人，色雷斯人的先祖。更有传言认为，他是为人间开启医药、书写、农学三大文化的神灵。然而关于俄耳甫斯传颂最广的，是他怀着对妻子尤林狄茜（Εὐρυδίκη）的深爱，在爱神阿莫尔的指引下只身前往冥府，与生死河上铁石心肠的摆渡者夏隆（Χάρων）周旋，进而以歌声感动冥王致使爱妻还魂的故事。以上观点可以在维基在线百科全书“Orpheus”条目中找到依据。

作为音乐之神的“不自觉”，似乎正意味深长地道出了音乐不以功利性手段自居的崇高尊严。

然而自神话时代以降，音乐的自尊自足性——犹如潘多拉魔盒里被关着的“希望”那样——几乎成了永远不可企及的理想。它被功利和欲念所牵扯，由“极乐天堂”转向“人间炼狱”，开始了绵延数千年的跌宕苦修之旅：它成为教化人心的手段（古希腊音乐戏剧），成为炫耀奢华的装饰（古罗马音乐仪仗），成为敬奉神灵的修辞（中世纪教会音乐），成为描摹情感的媒介（文艺复兴世俗音乐），成为助兴添娱的调料（巴洛克剧场音乐），成为标榜趣味的资本（古典时期宫廷音乐），成为描绘风景的颜色，成为诉苦煽情的灵药（浪漫主义标题音乐），成为映照现实的孔镜（真实主义音乐）、成为标榜个性的图符（现代先锋派音乐），成为谋生过活的技艺（无论什么音乐领域）、成为应景点缀的玩意儿（当今无处不在的功能音乐）[1]……其用途之多，不胜枚举，其中有多少崇高正义，诸君自可怀疑。不妨说，音乐如同晶莹剔透的棱镜，经阳光照耀后折射出斑斓异彩，人们为阳光的斑斓异彩所着迷，却几乎忘却了棱镜自身的高洁、精致与纯粹。

当今的音乐生态，一方面繁荣昌盛，另一方面却纷乱混杂。在日常生活中，我们时时处处被形形色色的音乐包围，却不幸已身心麻木、对他们充耳不闻。在严肃音乐界，经由现代、后现代作曲家们各自为政的激进探索，音乐一度已内涵崩摧、外延泛滥，不仅其美、丑、尊、卑饱受争议，甚或连是、非、真、伪也扑朔迷离。作为宇宙真理的完美化身，作为协调万物的天然圣律，音乐岂能无所谓？其自尊自足性的丧失，其核心价值观的崩溃，是否意味着“炼狱苦修”已至极境？进而，“炼狱苦修”之后，是否能——如但丁《神曲》所说——否极泰来、重归极乐？这些目前仍是未解之题。然而，当此浮世，谨以“俄耳甫斯”之名，回

[1] 纯音乐（absolute music）当真纯粹无涉吗？抑或它也映照着创作习惯、民族风格、受众趣味等社会性内容？标题音乐（program music）的魅力难道只在于非音乐的内容吗？抑或音乐自身才是感动之源？这些问题至今仍不清楚。

唤音乐在众神时代曾有的崇高名义，以一系列聚焦于音乐的精华思想，涤荡我们饱受功利、欲念所侵蚀的心灵，岂非有识之士的不谋之吁？

本译丛分设七个子卷：子卷一，经典之谜，聚焦于音乐作品；子卷二，骄子之魂，聚焦于音乐人物；子卷三，原理之思，聚焦于音乐理论；子卷四，教化之脉，聚焦于音乐历史；子卷五，微茫之辨，聚焦于音乐思想；子卷六，启未之弦，聚焦于音乐传播；子卷七，万方之灵，聚焦于音乐风俗。正如古希腊历史学家希罗多德[1]曾以九位缪斯之名为他的《历史》各章命名，抑或古希腊理论家曾以古希腊部落之名来为不同调式命名那样，我们则以西方大小调音阶的基本音级之名来为本译丛的七个子卷命名。考虑到“思想”是音乐发展的原动力，也是音乐行为、现象、产品的普遍意义指向，故将聚焦于音乐思想的“子卷五·微茫之辨”设为“主音卷”（do）。“人物”与“作品”分别是音乐思想的“行为主体”与“行为产品”，势同两翼，拱卫“主音”，故将“子卷二·骄子之魂”设为“下属音卷”（fa），将“子卷一·经典之谜”设为“属音卷”（sol）。“风俗”与“历史”彼此互补：“风俗”彰显空间（地域、国度、民族）差异，依赖于积淀，相对稳定，且与“思想”（do）和“作品”（sol）关联密切（风俗映照思想，作品凝聚风俗），故将“子卷七·万方之灵”设为“上中音卷”（mi）；“历史”强调时间线索，倾向于变迁，相对游移，且与“人物”（fa）与“思想”（do）不可分割（人物创造历史，历史蕴藏思想），故将“子卷四·教化之脉”设为“下中音卷”（la）。“原理”（指作曲技术理论和表演技术理论）与“思想”关联甚切，本身都是理论，而且，“原理”在很大程度上指向于“思想”（就像导音迫切归属于主音那样），故将“子卷三·原理之思”设为“导音卷”（si）。“传播”是“思想”（do）的合理后续，又是“风俗”（mi）得以形成的基础，故将“子卷六·启未之弦”设为“上主音卷”（re）。由此，七卷分立，相辅相

[1] 希罗多德（Ηροδο—το ζ，约前484—前425年），古希腊作家，历史学家。他的《历史》（Ἱστορίαι）一书是记述公元前6—前5世纪希波战争的历史名著。因其各卷都以一位缪斯命名，也称《缪斯书》。

成，协调感应，遂成“文明”。

此外，因虑及学科发展和社会生活的迫切需求，本译丛另设七个特色“专题”——音乐专题史读本、音乐表演学读本、名家讲坛读本、原始资料读本、国乐西说读本、行外论乐读本、乐迷书签读本，以便从另一角度标明每本译著的论题属性。七个“子卷”与七种“读本”是彼此交叉的两个框架：前者是体系性架构，自足、闭合、稳定；后者是专题性描述，非自足、不定格，可按实际需求做出调整。

“俄耳甫斯音乐译丛”因而是一套极具开放性和包容性的丛书。我们竭诚欢迎广大读者为本译丛推荐选题，更期待有能力的译者加入我们的翻译团队。诚然，我们的一部分译者初窥门径、资历尚浅，虽经译审委员会竭诚审校，但错讹疏漏在所难免，恳请读者雅量海涵并不吝指正！

祝愿本译丛与时俱进、茁壮发展。

是为序。

孙红杰

2018 年7月

修订于上海师范大学音乐学院

“乐迷书签读本”释注

在我们的常识中，似乎“乐迷”是比“爱乐者”更具有特指意义的群体，因为他们对音乐的兴趣不再是宽泛的“喜爱”，而是已转化为带着强烈偏好的“痴迷”——偏好于某些时期或国家的音乐风格，偏好于某些音乐体裁、作曲家、表演者或表演团体，偏好于某些亲近音乐的个性化方式等。这些“偏好”在长久的音乐生活和音乐经验中形成，具有相当的稳定性，能反映当事人的趣味、修养和性格，具有潜在的“身份”象征意义。乐迷们（无论专业的还是普通的）因而乐于在交流中坦露而不是遮掩自己的趣味偏好，视之为“自我”性格的一个侧面。“痴迷”所致，乐迷们会比普通爱乐者以更积极的方式巩固和发展自身的趣味偏好——购买甚或收藏书籍、唱片、乐器、音乐会门票，钻研特定领域的音乐知识，操练某种音乐技艺，关注有品质的音乐节目，参加或组织音乐社会活动等，并通过多种渠道（交谈、表演、书写、创作等）显示自己的音乐认知。

乐迷群体因而是各种音乐资源和音乐产品的首要消费者，也是音乐文化事业的重要支撑者。而且，以其在繁荣音乐体裁、推广音乐风格、巩固音乐体制、形塑音乐时尚等方面的间接却必要的作用，它也当之无愧地与其他群体共同践行着音乐文化创造者的角色——无论在赞助体制中抑或市场体制中都是如此。作为一个复杂多元的群体，乐迷是人类社会中横跨于不同民族、信仰、阶层、职业等既有分界的纯粹而高尚的精神性共同体，是人类文明的诠释者和传递者。此外，乐迷也是一个处于历史演变之中的群体，它“可塑”“可变”“可发展”。

实际上，音乐文化的发展史既是作曲家创作风格与观念的演变史，又何尝不是乐迷们审美趣味与风尚的变迁史？这两个群体的历史性变迁都不遵从简单直接的发展轨迹，各自都迂回曲折、错综多维，但两者之间却始终保持着密切的联系——既彼此激励，又彼此牵制，既相互影响，也相互促进。

有两种听来相反却各自有理的论调。一种认为艺术家要“服务”公众，“贴近”公众，照顾其趣味，满足其需要，公众的认可度也相应地被视为衡量艺术家成就的重要标准；另一种则认为艺术家要“引领”公众，“培育”公众，要站在高于公众的立场上，提升而非顺从其趣味，“从众”因而被视为艺术家降低艺术准绳的负面证据。然而若以辩证眼光审视，则两种貌似悖谬的论调其实并不矛盾，而是可以统合在受众群体的“历史性发展”这一重要前提之下。墨西哥作曲家、音乐批评家卡洛斯·查韦斯(Carlos Chávez, 1899—1978) 提出过“蒙昧性”公众和“启蒙性”公众这一对概念[1]，并认为前者具有转化为后者的潜力。促进这一转化的驱动力非常多样，其中既离不开听众自身的进步与升华诉求，也离不开艺术家通过前瞻性的艺术创造来实施的培育和引导。以此观之，站在较高立场上、旨在培育和引导公众的艺术家，未必就是要脱离公众，也未必就不是在服务和满足公众，只不过他们心怀的是未来的“启蒙性”公众而已。如所周知，在现今我们的音乐会保留曲目中，许多杰作在其问世之初也是不被理解和认可的，但得益于受众群体的历史性发展，它们最终被后世听众奉为了经典。然而如果艺术家仅仅照顾当前受众的需求而没有前瞻性的理想，那么艺术将不仅难于发展，而且——在受众自身的进步诉求以及促进时代发展的其他因素的共同作用下——容易过时。另一方面，对爱乐者群体（尤其是乐迷群体）的培育引导，不仅有助于领会和激发具有前瞻性的音乐创

[1] [墨]卡洛斯·查韦斯：《音乐中的思想》，冯欣欣译，孙红杰校，重庆：西南师范大学出版社，2015年9月，第110页。

作，而且有助于提升社会的文明程度。

"乐迷书签读本"正以培育引导爱乐者的多方面素养为理想，它并不在专业和普通乐迷之间加以区分，而是希望以两者都会关注的趣味性选题——如音乐家传记、音乐经典、音乐思想、音乐体裁与风格、音乐建制、音乐社会现象等，是对译丛中其他读本系列的补充——满足"痴迷者"的需要，作为其书山行旅路上的备忘签注，乐海漫游途中的航向标志。乐迷身上往往潜藏着巩固和发展自身趣味偏好的倾向，但如能将这些兴趣点置于更广阔的关联域中，无疑会深受裨益。美国音乐史学家、音乐批评家列奥·特莱特勒（Leo Treitler，1931—）在论及音乐学学科的广阔参照域时对专业学者提出的勉励——"就像我们开始挖一个洞，挖得越深，我们就必须让洞口越宽"[1]，也同样适合于普通乐迷。放宽视野未必会模糊焦点，而眼界缩小则容易见木不见林，久而久之还会将专长演化为局限。希望这个读本系列能成为乐迷朋友们充实自身音乐素养、培养自我"音乐性格"时的亲密伴侣。

孙红杰

2016年10月

起草于英国牛津大学

2020年4月

成稿于上海师范大学

[1] [美]列奥·特莱特勒：《反思音乐与音乐史》，杨燕迪编选，杨燕迪等译，杨燕迪、孙红杰审校，上海：华东师范大学出版社，2018年11月，第430页。

中译本序

最初听到布鲁诺·瓦尔特（Bruno Walter）这个名字，与奥地利著名作曲家、指挥家马勒（Gustav Mahler）有关。记得我的授业导师李秀军教授在其书中详细论述了马勒的交响曲的精神内涵[1]，其中提及作为马勒的重要门徒的瓦尔特。他从1894年到1907年间追随马勒，多次聆听马勒的教诲，有幸与马勒一同分享创作的经历和体验，并在自己职业生涯中，竭尽所能地广播"马勒福音"。作为马勒嫡传，瓦尔特是20世纪最重要的马勒音乐诠释者，指挥首演了《大地之歌》《第九交响曲》，也是马勒交响曲总谱出版的校订者。由此可见，瓦尔特对于马勒的交响乐有着独特的地位。他了解老师交响曲的真谛，成为马勒逝世之后无可争议的音乐代言人。可以说，马勒在离世后音乐地位的不断提升，瓦尔特功劳不可磨灭。

通过瓦尔特留下的录音和录像，我们得知这位指挥大师所擅长的不只限于他的老师马勒的作品。他坚守德奥古典乐道的传统，并且通过录音录影技术，改变了交响乐在20世纪的传播方式。瓦尔特指挥的作品还包括莫扎特、贝多芬、舒伯特、瓦格纳、勃拉姆斯、布鲁克纳等人的作品。他的指挥充分展现了德奥风格，温柔、内敛、典雅、细腻、中庸，他深谙古典主义"标尺度量的和谐"，而又独到地发展了"自由速度"（Rubato）和"精细化演奏"，这都是具有引领意义的贡献。

在现存不多的视频资料中，我们可以看到瓦尔特排练勃拉姆斯《第二交响曲》的视频。在视频中，慈眉善目的瓦尔特身着讲究的西装，

[1] 李秀军：《生与死的交响曲》，北京：生活·读书·新知三联书店，2005年8月。

戴着绅士的领结，气定神闲地抒发见解，眼神深邃，语气温和。在随后的排练中，温文尔雅的瓦尔特时不时地说"Sing, Sing"（唱起来，唱起来），充分展现了对于抒情性的重视。在自传中，瓦尔特评价自己"整个一生，'歌唱'二字总伴随着我"。（本书第14页，下同）

瓦尔特的乐风中庸，对十二音体系、序列音乐以及爵士乐并不感兴趣，甚至持否定态度。但他明显是一位高科技"粉丝"。在立体声录音兴起后，瓦尔特大胆尝试，系统录制多位作曲家的立体声唱片，这一点儿他比与他比肩的几位指挥家（托斯卡尼尼、富特文格勒、克伦配勒、艾里希·克莱伯等）做得更好。在他的大量立体声录音中，具有历史意义的是贝多芬的立体声录音的首套全集。这么看来，瓦尔特也是"未来的同时代人"，他有所为有所不为，在20世纪先锋音乐喧宾夺主的时期，依然坚守古典传统。但他摸准了世界音乐发展的命脉，彻底改变了人们聆听音乐的方式。因此，瓦尔特在音乐领域的卓越贡献，吸引我们更为深入全面地走进他、理解他。这也正是这本自传得以广泛传播的核心原因。

本书是指挥家的传记。西方音乐历经千年发展，逐步形成了以创作为核心的作曲家历史。作曲家成为西方音乐的代言人，这在某种程度上忽视了其他音乐艺术家的历史功绩。伴随着艺术的全面发展，演奏家、指挥家、音乐理论家也逐步进入了音乐历史之中，而指挥家则得到了最大的关注。在瓦尔特青年时期，指挥家的个人传记还较为少见。瓦尔特身处世纪之交，虽然高就欧洲多个艺术机构的要职，但依然湮没于作曲家的洪流之中。比起同时代的作曲家，瓦尔特知名度并不算高。但瓦尔特的确处于指挥家成为艺术领导者的历史档口。他的成长历史正是指挥家逐步走到历史舞台中心的时期。自汉斯·冯·彪罗（Hans von Bülow, 1830—1894）、汉斯·李希特（Hans Richter, 1843—1916）开始，更多指挥家被历史所铭记，包括亚瑟·尼基什（Arthur Nikisch, 1855—1922）、魏恩加特纳（Felix Weingartner, 1863—1942）、意大利指挥家托斯卡尼尼（Arturo Toscanini, 1867—1957）、富特文格勒（Wilhelm Furtwängler, 1886—1954）、克伦佩雷尔（Otto Klemperer, 1885—1973）、克纳佩茨布什（Hans Knappertsbusch, 1888—1965）、鲍姆加特纳（Bernhard Paumgartner, 1887—1971）等。作曲家马勒和理查德·施特劳斯（Richard Strauss, 1864—1949）名声大振，但大家也关注到他们的核心身份是指挥家。不仅如此，大量的演奏家也出现了传记，如卡拉斯、斯特恩、霍洛维茨、周小燕等，甚至艺术合伙人（如杜拉佐与格鲁克，斯特拉文斯基与佳吉列夫等）也有了这样的著作。至此，西方音乐的殿堂中不再只有作曲家的塑像。

瓦尔特的自传不仅满足了我们“旁观”音乐大师点滴生活的偏好，也促发我们思考指挥家这一职业，尤其关注瓦尔特的成功之道，全面了解艺术音乐体制的特点。瓦尔特的生平属于典型现代艺术领域标准的成才之路。他作为犹太人，在德奥接受艺术教育，十二岁即跟柏林爱乐合作演出钢琴协奏曲。由于汉斯·冯·彪罗的影响，瓦尔特励志成为指挥家。瓦尔特在学习经典音乐的同时，也痴迷于经典的文字，醉心于精彩的文学作品。他反复阅读歌德的《浮士德》，痴迷于霍夫曼（E. T. A. Hoffmann）古灵精怪的小说，阅读了席勒等人的诗歌。他也对作曲家的传记感兴趣，如莫扎特、舒伯特、亨德尔、舒曼、门德尔松等音乐家的传记故事，被贝多芬的海利根施塔特遗嘱中作曲家的崇高精神所深深地打动，通过瓦格纳的自传《我的一生》全面认识了自己的偶像。瓦尔特的音乐习得不同于教堂体制培养的亨德尔、海顿，也不同于家传的莫扎特与贝多芬。他通过音乐学院的学习，成为体制的优胜者，逐步登堂入室，走向巅峰。此时的艺术家不再是上帝谦卑的奴仆，也不再服务于某宫廷，而是有独立人格、自由精神的“文人”。瓦尔特作为名师的助手，逐步登上欧洲艺术之巅。自立门户之后，瓦尔特多次担任欧洲顶级歌剧院团的指挥。瓦尔特是德奥音乐的核心权威，他也是德奥音乐在美国的重要传播者。德奥文化厚积薄发，在艺术商品的体制中，依然没有放弃追求作品的宗教、哲学深层价值。德奥艺术家在某种程度上“定义”了艺术音乐，而时代也成就了德奥艺术家。由于政治变化，作为犹太人，瓦尔特在20 世纪的欧洲无疑会面临巨大的危险。由于纳粹的迫害，瓦尔特远走美国，这反而成就了后20 年他的开创性指挥生涯。他与美国多个乐团的合作，不仅推动了古典音乐的传播，也大大促进了美国音乐文化水平的提升。在功成名就之后，瓦尔特逐步淡出人们的视线，在多场告别演出之后，安静地走向人生的尽头。瓦尔特音乐中有充分的道德内涵与人文主义，我们能够从他的自传中找到成因。因此，瓦尔特自传不仅是西方音乐的典型“正史”，也是强化西方艺术“正能量”的教科书。

当然，阅读名人自传，我们也要多加留意。传记，尤其是自传，几乎就是带着显微镜接近名人。当我们进入传记的叙述逻辑之中后，很容易对其中某些内容缺乏判断力。传记作者自然会极力提升书写的可信性，如瓦尔特诚恳地表示“我要把这部书写给自己，以便从中得到感悟，可以将获得的成绩与我的筹划与期待相比照，可以找出老年与青年时代的不同，也可以在生活经历的纷繁‘变奏’之外，认识、评价自己的‘主题’”。(自序) 可以说，自传是最有价值的核心史料，但我们也不能五体投地地全盘接受，作为音乐历史研究的不二证据。我们还应该保持清醒头脑，客观对待作曲家由于各种原因而进行的“无中生有、添油加醋、颠倒黑白、粉饰遮掩”的工作。

本书是20 世纪西方音乐历史的“见证”。文化巨匠属于全人类，更贯穿大历史，我们的确需要对文化巨匠的见证与评价。瓦尔特是世纪之交德奥艺术的一分子，他以“局内人”角度谈及共同的艺术理念，也以“局外人”角度慎思这一时期的艺术现象。瓦尔特自称“作为一位谦卑的音乐布道者，我斗胆记录下自己的生活，因为我曾经臣服于音乐的无穷之力与恒久之美……拿破仑已经死了，但贝多芬还活着。”当然他所接触的不止于艺术圈，他的好友遍布音乐、美术、文学、建筑、哲学等领域，他是这个激荡变革时代的亲历者和见证人。就如译者的感慨——瓦尔特真的是“什么都赶上了！”。因此，阅读这本自传，我们并非只是看到按部就班的一部成长日记，其还是一部文化、历史见闻录，它对一些重要事件、历史人物都有着重要的论述，很多对话都充满了趣味和思想，为我们绘制了更为形象的历史人物画卷。

马勒在瓦尔特自传中有充分多面的写照，瓦尔特记录了他与马勒相处的点滴细节，包括很多具有历史意义的对话。马勒与瓦尔特初识时，最关心的是瓦尔特的钢琴水准以及积累的指挥曲目。瓦尔特的回答非常自信：钢琴“很好”，视奏“什么都行”，歌剧常规曲目“都很熟悉”。马勒对如此自信的回答大为惊讶，他大笑着拍着瓦尔特的肩膀，最后说了一句“好吧，听起来很了不起嘛。”（第97 页）正是瓦尔特毫不谦虚的回答，让马勒印象深刻，也开启了二人传奇一生的师生情缘。

瓦尔特作为马勒最信任的门徒，曾有幸目睹多张秘不示人的手稿。这是瓦尔特的幸运，而他的记录也成为马勒历史研究的佐证。在自传中他谈到，“马勒还给我展示了《悲叹之歌》……那时，这些作品还躺在他的书桌上秘不示人。在他的引领下，漫步在这片新天地，我该怎样描述自己深深的感慨？”（第106页）马勒尤为自信地展现了第一部成熟作品，也是编号第一的作品[1]。瓦尔特记录了马勒坚守艺术家质量底线的事件。马勒为了充分展现自己作品的艺术效果，不惜退回出版商高昂的酬金（15000马克），用几个月的艰辛努力，把整个乐谱进行了重新整合。瓦尔特认为，马勒“将相当大的一部分世俗奖励，献给了精神纯洁之追求”。（第214页）对于马勒，瓦尔特也有自己的观察，他认为“马勒对物理学终极理论的直观理解，及其结论与质疑的敏锐逻辑，都难以形容。”（第107页）瓦尔特对于马勒音乐的阐释，得到了马勒夫妇的赞扬。马勒夫人阿尔玛曾夸张地表示，瓦尔特掌握了马勒作品中的每一个微妙之处，把马勒作品的精神作为自己作品的基调。

瓦尔特也是马勒多个重要时刻的亲历见证者。在马勒被迫离开奥地利前往美国时，瓦尔特是马勒欧洲告别演出的见证者（歌剧院告别曲目为《费德里奥》，金色大厅的告别曲目为马勒的《第二交响曲》），也是火车站送行马勒的亲历者。正如瓦尔特所言，由于马勒的离开，“欧洲文化史上一个重要的章节结束了。维也纳耀眼的光彩已经褪去颜色，曾经闪烁迷人的生活明灯失去了光辉。”（第221页）他全方位参与了马勒《第八交响曲》（“千人”）的首演，负责合唱团的遴选和训练，他对于如此史诗级别的交响曲充满期待：“我相信1910年9月的那个夜晚，标志着马勒生命的巅峰，没有哪位参与者或者聆听者会忘却这一时刻。”（第233页）

当然，瓦尔特也眼见马勒最后的时刻。1911年5月18日晚上，瓦尔特得知马勒已到弥留之际，瓦尔特迅速赶往赶往勒维安养院，此后不久，马勒与世长辞。

德奥晚期浪漫主义另一位代表人物理查德·施特劳斯，也与瓦尔特有着多种的音乐交往。虽然瓦尔特与施特劳斯并非挚友，但在他们工作交流的点滴之中，清晰透露出两位大师的艺术旨趣。瓦尔特记录

---

[1] 李秀军：《生与死的交响曲》，北京：生活·读书·新知三联书店，2005年8月。

了在战争阴云逐步笼罩欧洲大陆时，施特劳斯不得不放弃大规模的歌剧制作。德国的剧院必须放弃大规模的歌剧，没有上演《埃莱克特拉》，让施特劳斯对瓦尔特很不满。当瓦尔特表示自己乐队没有8支单簧管，甚至连5支都凑不齐时，施特劳斯还是表示理解："4个就够啦！"。瓦尔特点出了其中的原因，施特劳斯对于自己作品演出质量的降低并不特别在意，他更看重的，是其重要作品能否成为慕尼黑的保留剧目（第281页）。的确，时局动荡，能够上演已然成为奢望，更何况最佳的乐器效果呢。

本书见证了音乐历史中多个经典时刻。身处欧洲艺术中心城市，瓦尔特在维也纳持续引领着欧洲的艺术风向。他与多位好友组建起创意音乐家协会，其成员可谓大师云集，包括亚历山大·泽姆林斯基（Alexander von Zemlinsky）、阿诺德·勋伯格（Arnold Schönberg）、格哈德·冯·科伊斯勒（Gerhard von Keussler），马勒被推举为名誉主席（第212页）。另外，作为欧洲最为重要的指挥家，瓦尔特还见证并参与了多部作品的首演，如曾担任汉斯·埃里希·普菲茨纳（Hans Erich Pfitzner）1917年完成的歌剧《帕莱斯特里纳》的首演指挥（第271页）。瓦尔特还亲历了在埃里希·克莱伯指挥下首演的贝尔格歌剧《沃采克》（1925年12月4日）以及雅纳切克的《耶奴发》、肖斯塔科维奇的《第一交响曲》等重要演出。瓦尔特见证了11岁的耶胡迪·梅纽因在柏林的首次登台，并且感受到了演奏家超越年龄的老成。他还帮助了青年钢琴家霍洛维茨初登了柏林乐坛。

瓦尔特是超级瓦格纳迷，虽然他没有机会见到瓦格纳本人，但他有幸与瓦格纳遗孀柯西玛（弗朗茨·李斯特的女儿，第一任丈夫是汉斯·冯·彪罗）会面。瓦尔特对于瓦格纳的崇敬之心甚至超越了老师马勒。瓦尔特在学习过程中，抄写《汤豪舍》的序曲、《特里斯坦与伊索尔德》的前奏曲以及《帕西法尔》的前奏曲，他认为《特里斯坦》绝对是“天降狂喜”。可是，他与柯西玛的唯一一次见面（两个多小时的谈话），彻底击碎了他对这位“拜罗伊特的女主人”的所有好感。瓦尔特的记录中，柯西玛只顾夸耀儿子齐格弗里德·瓦格纳（Siegfried Wagner, 1869—1930）的作曲天赋，认为齐格弗里德的歌剧新作《懒汉》[*Der Bärenhäuter*]“在一定程度上超越了自然和民间风味，……已经成功地创作出自《师傅歌手》之后最好的非悲剧歌剧。”（第160页）瓦尔特对于如此“大话”很不以为然，但他保持了富有修养的沉默。瓦尔特无意中触碰了柯西玛敏感的愤怒神经：在他提到威尔第的歌剧艺术时，柯西玛回复说：“在《欧纳尼》和《法斯塔夫》之间，我看不出什么差异。”（第160页）可见，两位同岁的歌剧王者（瓦格纳和威尔第都出生于1813年）的确无法和睦相处，柯西玛的态度说明了一切。

瓦尔特与多位德奥文化名流有着深入的交往，包括文学家托马斯·曼、茨威格以及著名心理学家弗洛伊德等。瓦尔特在见到托马斯·曼之前就已经拜读其大作，《布登勃洛克一家》[*Buddenbrooks*]、《王爷殿下》[*Royal Highness*]，以及中篇小说《托尼奥·克罗格》[*Tonio Kröger*]，还有《特里斯坦》[*Tristan*]，而他们恰巧又做了邻居。两位艺术精英的交往反而是在孩子的友谊中进一步升级，“孩子们开心的玩笑，还有他们互相教唆的富有想象力的恶作剧，成为我们兴奋的电话沟通和当面交流的谈资。”（第267页）托马斯·曼对于瓦格纳的崇拜都已经体现在他的文学著作之中，瓦尔特也惊叹这位诺贝尔文学奖获得者具有的极高音乐造诣。当瓦尔特为曼演奏《特里斯坦》第二幕的时候，曼能够指出瓦尔特忽略了在“*Das bietet dir Tristan*”（这是特里斯坦所能给的），这句唱词上小号轻柔的降E调音符。（第268页）。由于受到心理疾病的困扰，瓦尔特专程拜访了西格蒙德·弗洛伊德教授，并且接受了几个月的心理治疗。弗洛伊德认为瓦尔特的症状就是工作疲劳所致，他在检查了瓦尔特的肩膀后，开出的药方就是前往西西里岛休假，几个星期除了用目观看，什么也不做。（第207页）这一点儿让瓦尔特很是惊异，他以为要被询问幼年时期的性畸变，以及自己最近受到的不公正待遇，但这一切都没有成为治疗话题。瓦尔特富有主观思考的记录的确为我们勾画了一幅弗洛伊德的侧面像。

瓦尔特作为犹太人，在欧洲20世纪的憎恨与仇杀中自然深受其害。在第一次世界大战爆发前，瓦尔特感受到了逐步凝固的恐怖空气。“从那时起，我感觉到欧洲民族对立的严重威胁。当我逐渐通过报纸和朋友们的谈话获悉，奥匈帝国和欧洲的政治倾向势不两立的时候，我怎能不会预感到即将到来的灾难呢？……我前往慕尼黑的时候，满脑子装的全是艺术任务，再一次对政治上的不和谐充耳不闻。唯有1914年7月31日，摄政王剧院门前军人行进的脚步，让我意识到战火硝烟的恐怖现实。”（第245页）第二次世界大战对于瓦尔特产生了重要的伤害。瓦尔特的纪录表明了他对于人间魔鬼的看法。“1922年末，幽暗的地狱之力已经蠢蠢欲动。但除了慕尼黑街墙上血红的布告在炫耀凶恶的纳粹标志，昭告阿道夫·希特勒将要大放厥词之外，我对它们几乎毫无察觉。”（第259页）瓦尔特1933年1月再次奔赴纽约。这段时间，希特勒成为德国总理，纳粹分子实施了国会大厦纵火案，瓦尔特自传中出现如此的语句：“地狱的大门打开了。”（第371页）瓦尔特多次改变国籍，1911年加入奥地利籍，1938年加入法国籍，1946年起成为美国公民。一位指挥家的多次身份转变也印证了20世纪世界政治舞台的风云变化。

本书也是富有洞见的乐评典籍。瓦尔特是德奥音乐20 世纪的代言人。他一生致力于阐释德奥经典音乐，也成为20 世纪德奥音乐的权威阐释者。他对众多音乐作品有着超乎常人的理解。而他对于某些作曲家音乐在新时期的呈现也有着不可忽视的历史地位。因此，他通过自己的叙述，也为我们提供了品评德奥音乐的最佳角度。

瓦尔特是马勒和布鲁克纳音乐的权威阐释者。他在评价马勒和布鲁克纳音乐的文论《布鲁克纳与马勒》中有着精彩的评价，让我们领略了西方音乐辉煌时期艺术大家的精到解读。他认为马勒的“声乐创作的记录同时也是探究其内心世界的线索。它讲述了发现与反复询问的追求过程，讲述了通过更强烈的直觉和更崇高的渴求来接近上帝的历程”。[1] 瓦尔特深入比较了马勒与布鲁克纳的音乐特质，尤其是交响乐的细致联系，瓦尔特认为两位大师的《第四交响曲》开辟了新的表达空间，这在他们之前的作品中罕有所见。在两人的《第五交响曲》里，复调风格强化，标志着对作品成熟控制期的来临。[2]

瓦尔特对布鲁克纳在20 世纪逐步被音乐界认识和接受发挥了重要作用。他虽然没有见过布鲁克纳，但怀有一种牢不可破的信念：“未来的音乐世界会认识到布鲁克纳作品的重要性。”瓦尔特对布鲁克纳交响乐不断认识的过程，也让我们看到了这位指挥大师的成长过程，他认为布鲁克纳的交响曲“在其交响曲的旋律中，在那激昂的高潮中，在其情感世界的塑造中，我感受到了创作者虔诚而纯真的伟大灵魂。这种令人兴奋的认知，转而让我轻松理解了布鲁克纳音乐的主旨和形

[1] [澳]布劳科普夫：《古斯塔夫·马勒：未来的同时代人》，高中甫译，沈阳：辽宁大学出版社，2000年10月，第456页。

[2] 同上引书，第450页。

式。布鲁克纳作品对于我的生活有多么重要的意义，他的音乐所生发的美妙和交响之力让我钦佩到了何种程度，它成就的兴奋之源有多么丰富，我几乎无法用语言来形容”。（第361—362页）

瓦尔特也精通莫扎特的交响乐和歌剧，他与哥伦比亚交响乐团和纽约爱乐乐团的演奏，优雅而精美。演奏曲目包括充满生气的《哈弗那》《布拉格》《林茨》等交响曲，展现了他作为“莫扎特专家”的地位。他在自传中谈到了对于莫扎特的认识。瓦尔特从小接触莫扎特的音乐，后多次指挥莫扎特歌剧作品。但当马勒为他揭示出“莫扎特的音乐光彩”之后，瓦尔特对于莫扎特有着全新的理解，他发现莫扎特音乐作品中“暗含着某种矜持与谦逊”。瓦尔特创办了莫扎特音乐节，在20世纪全面阐释莫扎特的音乐精髓。他对于别人评价莫扎特的作品为“枯燥的古典主义”不以为然，他认为：“我最终在表面上的优雅活泼背后，找到了剧作家那种严谨丰富的性格刻画：我认识到莫扎特是歌剧界的莎士比亚。同时，我懂得了莫扎特作品赐予我们的那种独一无二的创造力奇迹。在他那里，所有一切都是真实的：高贵与下贱，善意与邪恶，聪慧与蠢笨，他将所有的生活真实变成美的东西。”（第275页）

但瓦尔特对中国印象不佳。他曾在美国的唐人街观看中国戏曲。他敏锐地总结出戏曲的特点是“虚拟的程式化表演”。但他对于其中超越戏剧规律的很多做法并不认同，他看到：“华美鲜艳的服装，精湛的击剑场面，以及完全不在意在一场戏的结尾或者换景时出现错误：被刺死的人在众目睽睽之下再次站起来。这一切对于我们来说太不可思议了。伴随舞台进程的结构凌乱、单调乏味的音乐，几乎一刻不停，让我感觉一头雾水。频繁出现的锣声，一次又一次地让我受到惊吓，最终把我赶出了剧院。”（第357页）

21世纪已然过去20年了，但"中西"依然是话题，西乐研究者似乎比以往更孤独了。但西乐的学习者矢志不渝地坚持对经典文本的翻译和推介。翻译工作吃力不讨好，译者常被人比成"吃别人嚼过的馍"，缺乏学术创新。但我们扪心自问，如果这些"嚼过的馍"真有营养，如果我们不吃，营养失调是必然的。

人类文明的前行与翻译不可分割，古可追唐朝玄奘传播佛法真音的大愿，远可学阿拉伯的"百年翻译运动"，近可叹日本学者的《新格鲁夫音乐与音乐家辞典》翻译工程。中国的西乐研究近几十年来步入纵深的基础，正是大量学者甘做铺路石，托举共享人类文明火炬的壮举。瓦尔特认为"音乐自身有一种道德的力量，在我们灰色的生活中，有音乐是天赐之福"。[1] 对于如此践行高尚道德情操的艺术家，他的自传不只是艺术家的琐事点滴，更是道德律令的现世教科书，应该尽早被国人所知晓。

末了，些许感慨：距离产生美，而消弭隔阂则必与进步同行。

康啸

2020年5月于中国音乐学院

[1] 曹利群：《肖邦不住17号》，北京：中国华侨出版社，2008年12月，第154页。

朝歌暮吟，福祸相依。

——歌德

自 序

这里讲述的人生往事充盈着音乐气息。如果那是我的音乐，我谱写的音乐，那我就决不会去撰写这部书了。一部有声的自传能够满足我的表现欲。然而，我只是奏出了别人的音乐，自己仅仅是个“诠释者”。

为了防止我的平淡生活随我的“尘世之歌”而逝，我认为有必要将它诉诸笔墨。经过漫长的旅行，我突然想要静静地站着，将我总是凝视前方的眼眸转向自己走过的路，沉思片刻。如今我已68岁（写作完成时），我决定休息一年，以便回味、思索，并写下自己一生。

我要把这部书写给自己，以便从中得到感悟，可以将获得的成绩与我的筹划与期待相比照，可以找出老年与青年时代的不同，也可以在生活经历的纷繁“变奏”之外，认识、评价自己的“主题”。然而，我的故事也是为了那些至今只通过我的音乐活动认识我的艺术朋友们写的。我感谢他们的鼓励陪伴，希望尽可能通过言语向他们敞开心扉。

在写作的过程中，我被赋予了更广阔的思考空间，因为在我看来，我那如《奥德赛》[*Odyssey*]般的生命之旅，客观地展现在我衰老的目光前，它也许具有普遍意义上的人情味。

因此，这部书获得了双重效应：自我检讨和传递信息。但因为我制定了必须完全真实地写出自己故事的原则，所以，写作过程中出现了一些不利因素。写作时我身边没有笔记作参考，无法通过报纸或者书籍查阅相关数据，也无法请朋友来确认，所能依靠的只有我的记忆。当我第一次沉浸在对往昔的回顾中时，所有的事情都是两眼一抹黑。但无需长时间的摸索，我的眼睛就开始习惯这种黑暗了。我可以辨别出外形与身影、住所、街道、中学、音乐学院、音乐厅、剧院、风景以及海洋。我可以看到自己的父母、兄妹、亲戚、朋友，还有敌人。他们在我眼前活动起来，他们开始说话了。一个人会引出另一个人，一件事会牵出另一件事。曾经在我脑海里处于休眠状态的想法、感受还有言语浮现在眼前。我意识到，除非过去从未存在过，否则往事并不如烟。它就存活在我们内心广阔的平日意识不到的那片空间，在记忆的召唤下，会很快升腾到阳光下。随着我的写作愈发深入，我常常想起自己许久没有弹过的钢琴曲，我似乎把它们忘却了。但当我开始弹奏它们的时候，手指会很快地、灵活地以其惯常的方式“奔跑”起来。记忆取决于一个人生活、行为和感受的强烈程度。我从不缺乏这种强度。但人生轨迹中常有弧形坡道，低谷处或被迷雾笼罩而令人失察。也许我偶尔会弄错其中的细节，因为我的记忆有时会欺骗我。不管怎样，我努力说出每件事情的全部事实，在拿不准的时候，我会表现出自己的怀疑。

但是，我也不想把所有事情都讲出来。我与蓝胡子的故事有一点儿相似，我家里也有一个拒绝开启的房间。诚然，里面没有放着可怕的头颅，也没有血淋淋的斧子，只有一些我不愿意提起的个人经历和观点。这些东西旁人不会感兴趣。

但是，音乐家的生活能唤起大家的兴趣吗？年轻的时候，我会伤心地给出否定的回答。因为世俗的眼睛看重的是王室、政客和武士。艺术家的重要性绝对不能与他们相提并论。艺术家也许能给人们带来快乐，但并非不可或缺。在人类生活的外部环境中，这一理念曾经表达得很清晰，比如，奥地利皇帝住在帝宫，政府要员住在内阁府邸，而舒伯特和莫扎特却住在很蹩脚的地方。报纸的重要版面和大字标题，都让位给世间的历史性事件。它们相对于艺术新闻的突出重要性有目共睹。艺术新闻只被安排在次要位置。历史书谈到亚历山大[Alexander]和拿破仑[Napoleon]，谈到俾斯麦[Bismarck]、迪斯累利

[Disraeli] 和梅特涅[Metternich]。相对而言，构成我的世界的那个圈子是多么低级、多么次要！然而，渐渐地，我看得越来越清晰：亚历山大和拿破仑的所作所为留下了什么？俾斯麦帝国的结局如何？政治性的大革命获得了什么样的成果？世界的发展让我想起早年在维也纳夜间看到的那种怪模怪样的道路清扫机，旋转的扫帚荡起尘土，把它转移到空气中。但是很快，尘土又落下来，像先前那样覆盖在街道上。

如此非常的景象，我无心观赏。因为我确信，相对于政治成就而言，人类的精神造诣更为重要。因此，作为一位谦卑的音乐布道者，我斗胆记录下自己的生活，因为我曾经臣服于音乐的无穷之力与恒久之美（我有限的生命曾与那些流芳百世的音乐融合在一起，因而我是幸运的），因为具有创造精神的作品会流传下去，它们在本质上是不朽的，而那些大人物和震撼世界的历史事件会被时间所淹没。拿破仑已经死了，但贝多芬还活着。

目 录

第一卷

第一章

我是在1876年9月15日来到这个世界上的。出生的屋子是什么样，3 我现在记不得了。它坐落在梅恩纳大街，靠近亚历山大广场，属于柏林东北部一个人口稠密的贫民区。两岁时，父母搬到了埃尔萨斯街。我最初的童年回忆，可以追溯到这个平淡无奇但相当整洁、邻里和睦的柏林北部街区。它与附近两条丑陋喧闹的交叉路形成鲜明的反差。这两条路给我的印象是阴暗险恶，从街角望去，它们的悠长让人恐惧，却也有令人着迷的地方。人们需要穿过它们和博尔西克车厂才能到达腓特烈大街。腓特烈大街作为南北干线，通向柏林最繁华的菩提树大街，莱比锡人大街，还有更远的美盟广场。当时埃尔萨斯街的居民属于中产阶级下层，他们简单的日用品，在街边小店就可以买到。那个年代，马车是柏林主要的交通工具，它由两匹高头大马拉着，在路上奔跑，车轮的隆隆声伴随着砰砰的金属撞击声。有一路有轨电车穿过埃尔萨斯街，我还记得它尖利、急促、激越的叮当响动。送牛奶的手推车铃声低沉、缓慢、温和，小贩们推着鲜菜和马铃薯穿过街道，粗声大气地叫卖着，破烂商们有节奏地喊着：“破布，烂骨头，废纸，旧鞋！”它们依然萦绕在我耳畔，构成了柏林街头不和谐交响曲的主旋律。

我家位于公寓楼的二层，包括阳面的客厅和阴面的餐厅、父母的卧室、还有育儿室。厨房由一位什么活都要干的女佣掌管。不管换了多少人，我们都用一个极具柏林特色的名字“明娜”[Minna] 来称呼她。
4 女佣的存在以及房间的数量，似乎能够表明这是个相当殷实的家。然而，勤俭朴素依然是家中风尚。尽管当时（以及日后）我不曾所求无着或陷入贫困，但我还是能非常清晰地记起自家的简朴生活。

犹太人的小康之家，都讲究平和、友善、有礼。我不记得爸爸妈妈之间曾经吵过架，也想不起什么时候在我们的家庭生活中，出现过任何粗鲁难听的字眼。我爸爸当时在一家大型丝绸工厂当会计，他积极向上工作了50 年，薪水和职位一直在不断提升。他是个内敛但又极靠谱极认真的人。除了工作时间，爸爸只与家人在一起。他早先住在马哥德堡区，此地的方言间或会出现在他很标准的德语中。爸爸是苦孩子出身，在艰苦朴素的环境中成长，身上充满了对美好事物的渴求。他喜欢阅读抒情文学作品、德国古典名著以及莎士比亚著作。每过一段时间，他就会去腓特烈·威尔海姆剧院[Friedrich Wilhelmstädtische Theater] 看场话剧，或者去听歌剧，这在当时算是高雅之举。就连尚小的我，也能有幸参与此类让人快乐的事情，分享那绕梁三日的乐曲。我还是小孩子的时候，爸爸就喜欢把我抱在怀里，嘴里哼着歌剧里的调调。其中有莫扎特咏叹调的开头，是用德语唱的，比如《费加罗的婚礼》里的“你们可知道”[“Voi che sapete”]，《唐璜》中的“只要樽中有酒”[“Finch' han dal vino calda la testa”]，诸如此类的歌剧片段。据说我特别爱听《费德里奥》第一幕里罗科的咏叹调“幸运女神的眷顾经常被出卖”[“Dame Fortune’s favors oft are sold”]。爸爸还让我得到了古典诗歌的清冽滋养。他喜欢朗诵诗歌，从那些动人的词语中获得快乐，交谈时也旁征博引，特别喜欢引用席勒的诗句。这种做法通常不讨人喜欢，他却乐此不疲，在引经据典的时候，总是饱含激情。那些儒雅的文辞在我尚未完全理解之前就已经在愉悦我的耳朵。

爸爸妈妈小声交谈时，我会感觉到出现了严重问题或者困难状况，那是爸爸在寻求妈妈的帮助或者建议。我的顽皮偶尔会让家人怒气爆发，然而，这股怒气很快又被我善意的恶作剧转化为笑声。我们家庭生活的主旋律，被家人的和善性格和宁静快活所左右。时至今日，我眼前还能浮现出爸爸妈妈一起坐在沙发上的样子。到了晚上，爸爸从
办公室回来，开始享用这一天他的第一顿热汤热饭。一小时前吃过了 5
黄油面包加可可的孩子们眼巴巴地看着，期待爸爸能留点好吃的给他们。我们的这些愿望很容易实现，因为爸爸经常会把依然半满的盘子推开，好像已经吃够了。挂在屋顶上的煤油灯，在桌上投下光影。如果灯冒烟的话，屋里会有烟灰。墙上褪色的照片里的人俯视着我们，那是裹着头巾的奶奶和拄着拐杖的爷爷。听到孩子们伶俐的饶舌，爸爸妈妈总是很高兴。爸爸是个爱早起的人，在晴朗暖和的星期天早上，他喜欢6点就带着孩子们，到美妙的蒂尔加藤饭店的帷帐里去吃早餐。在树下呼吸早晨的新鲜空气，看着草地上的露水，品尝我们自带的抹着黄油的鲜脆三明治（佐餐之物，是爸爸从饭店里叫来的咖啡），这是多么美妙！

爸爸的不苟言笑，与妈妈的机敏活泼正好互补。爸爸喜欢艺术，热衷于精神层面的东西（不过他哪个方面都不是很有天赋）。妈妈的才华却是毋庸置疑的。她毕业于施特恩音乐学校[Stern Conservatory]，弹得一手好钢琴，能用非常柔美的小嗓演唱舒伯特等人的歌曲。家中的立式钢琴放在客厅，小小的我很喜欢站在琴边，入迷地聆听母亲的歌声。屋里还有一样神秘东西吸引着我。那是一个木质的基座，褐色漆面，样子像两级台阶，托起一面镜子，顶端放着一枚大大的贝壳。把贝壳放在耳边，能听到让人兴奋的飒飒声，浓重而又低沉。我经常蹑手蹑脚地走进客厅，不只是为了能在钢琴的黑白键上弹出熟悉的调子，还希望再次聆听贝壳里神秘的声音。我童年快乐的音乐记忆，还包括街上传来的普鲁士军乐团的嘟嘟声，每次我都会冲到窗前去听。可惜的是，一阵尖利单调的笛声和响亮的鼓号之后，军乐团就走远了。后院同样令人愉快的，还有传来的轮擦提琴声。轮擦提琴拉出的醉醺醺的

舞蹈旋律让我感到悲戚，我仿佛看到了背负着沉重武器的普法战争的伤兵。每到一个地方，他们就将乐器拿在手上，站在那儿奏起威尔第的
6 曲子，或者柏林的流行歌。每当此时，厨房窗户里会抛出用纸包着的硬币，音乐之声会渐渐稀落。因为提琴手们感受到了住户们让他们离开的请求，讪讪地向前走去。

有人猜测我在童年会表现出野蛮、顽固和暴力倾向。我的哥哥妹妹，还有住楼上的姨妈和姨夫的三个孩子，多多少少成了我蛮横情绪的受害者，但他们也渴望与我一起违抗家规。我们的套房隔断上有个门，这让我们的交往更加密切。

我妈妈的性格在本质上跟爸爸是一样的，都属于乐天派。但她比他更活跃，更擅于控制他人的情绪。她是个兴趣广泛的女人，爱交际，有才华，知道如何用生动的故事吸引我，让我从不悦的情绪和意想不到的爆发中解脱出来。但她对我最有效的驯服手段还是音乐，因为她一坐在钢琴前，我立刻成了另外一副模样。她的演奏和歌唱，让我变得异常温顺。

我频繁爆发的不管不顾的情绪，也会在刹那间变成长时间的苦思冥想。妈妈告诉我，虽然我活泼好动，但也会突然沉默下来，专心致志地坐着，好像不知道周围发生的事情。我自己也可以回想起这样的情绪，连同一个直到现在还能清晰浮现在我眼前的视觉印象。墙上挂着两张画：一幅是色彩昏暗的木版画，两个严肃的老妇人坐在纺车旁；另一幅是被叫做《拉斯帕勒林》[*Les Pelerins*][1]的钢版雕刻，画面上有三个人，一个斜靠着，其他两个撑着胳膊肘。我常常坐在地板上，面对这两幅安静的图画，久久地发呆。我依然记得我的凝视是如何让自己越来越深地沉浸在两幅画所描述的静寂和梦幻当中的。

良好的家庭氛围激励了我性情中喜欢沉思默想的一面。我的叔叔伊曼纽尔厥功至伟。他个子矮得像个侏儒，留着尖尖的胡子，面庞清

[1] 本书的正斜体以原英文为准。

秀，眼睛亮亮的，非常热心。他专心于精神方面的财富，所有实用职业都不适合他。报纸上不时会登出他撰写的文章，或者是一本杂志刊发了他的一首诗。但说到底，“只观察，不创造”是他的使命。所以，他在公寓隔壁的斗室里，审视这个世界。也是在这里，他阅读、学习、写文章、作诗。他是我爸爸妈妈的高参，孩子的玩伴，抉择时的智囊，困境 7
中的依傍。他还是各种信息的发布者，从每日生活的琐事，到科学领域的重大发现。从玩童到青年，我都充分享用着这本活的“百科全书”，他总能给我有价值的指导。叔叔意识到自己不谙世故，但他并不痛苦，也不自责，而是耐心专注地履行着命运赋予他的角色：在别人的生活里燃烧自己。我不仅要感谢他在很多方面的指导——比如第一个为我介绍康德的思想，还从心底里喜欢这个让人欣慰让人感动的有趣之人，喜欢他的忘我、活泼、善良，以及相伴而生的对知识永不满足的渴望，还有他超然的镇静。

我们的家庭生活，因为真诚和宁静而显得温馨，一点儿没有东正教徒式的古板。假日里，我们会前往犹太社区教堂。相对于宗教仪式本身，这里美妙纯净的圣咏合唱和庄严的管风琴曲，在我的脑海留下了更深刻的印象。然而，让我印象最深的还是逾越节[1]的夜晚，此时，漂亮的桌子上，被插在两个银烛台上的蜡烛会发出亮光，这烛台是从我外婆家传下来的。两家人围坐在节日的餐桌旁，男人们戴着帽子，读着祈祷文，喃喃地低语着。按照宗教习俗，需要有一个孩子说上几句话，这个任务几次都落到我头上。最后的吟诵特别感人，我在钢琴上能很容易地找到合适的伴奏。赎罪日，先要严格禁食，然后是一次饕餮晚餐。我深切怀念父母亲安排的纪念仪式。每年，在爷爷奶奶的忌日，家人会点燃玻璃杯里飘在油面上的灯芯，将杯子放在瓷炉上。这时候，我会怀着敬畏的心情，看着父母为先人小声祈祷。除了这些特殊日

[1] 逾越节[Passover festival]：犹太教的三大节期之一。——译注（书中所有脚注均为译者所加，下文不再另行说明）

子，家里很少提到宗教信仰。然而孩子们一早一晚必须祷告，这样做，似乎是为了让父母满意。

我童年的生活多么宁静！19 世纪80 年代的德国，没有政局动荡，没有经济危机来扰乱市民生活。柏林的国会净化了国际环境。老皇帝威廉一世仍然健在（1888 年去世）。俾斯麦掌控着德国政局。我爸爸拥
8 护自由党，赞赏鲁道夫·魏尔啸[Rudolf Virchow, 1821—1902] 和尤金·李希特[Eugen Richter, 1838—1906]。他像所有的左派支持者那样，在一定程度上反对铁血宰相。但是政党的争斗总是在温和的范围内进行。90 年代之前，我很少听到权术之争。1871 年普法战争的胜利，德意志帝国的创建，以及与奥匈帝国的结盟，给德国带来了总体上的安全感和一片繁荣。所以，像我们这样占主流的小康家庭，可以安宁地生活，把精力放在培养孩子上。

我在很早的时候，通过对自己听到的每个乐音的痴迷，就已在父母面前显示出对音乐的特殊爱好。爸爸妈妈越来越相信，他们的奇葩孩子生来具有某种艺术天赋的种子。1881 年，这一判断得到证实。那一年，爸爸带着全家来到图林根的塔尔[Thal] 乡村度暑假。我快要5 岁了，一个年长的合唱团指挥与我们相邻，他的名字我记不得了。据说他通过多次聆听，对我的歌唱越来越惊讶，越来越感兴趣，后来非常真诚地向我的母亲保证，我注定会成为音乐家。因为我几乎每天都显露出新的音乐意向，所以爸爸妈妈认为，当我年满6 岁到了上学年龄的时候，对我的音乐教育也应该开始。

因此，生活并没有给予我那种来自家庭的“有益”阻挠。有很多实例表明，这种阻挠会把真正的天才火花，“煽动”成火焰。在我们家，没有欣赏能力差、缺乏艺术趣味的父亲与我作对，也没有终日闷闷不乐的母亲，下跪乞求我放弃音乐家的事业。当我执着于贫穷的柏辽兹的音乐家之路时，她没有骂我，也没有任何物质方面的担心来困扰我。我的爱好从孩童时代早期，就得到了父母的理解和认可，后来的发

展也常常被自我牺牲的父亲推动着。所以，我真的应该对自己多年学习过程的一路坦途感到惊讶。然而，回首往事，很明显，我燃烧的激情，特别是在我成长的关键年份，无须“煽动”。在我后来的生活中，遇到了很多内心磨难和外来阻挠，这让我一直保持“清醒与警觉”——用艾兴多尔夫[1]的话来说。当我想到在自己童年和青年时代家庭所给予的精神支持时，内心唯有感激。

[1] 艾兴多尔夫[Joseph von Eichendorff, 1788—1857]：德国诗人。鉴于篇幅，本书注释在重要人物、事件处有重复，以方便作者阅读。

第二章

我成了一名在校生，从某种角度上说，这是一件好事，因为父母 9
很长一段时间无法满足我对群体活动的渴望。但也有坏处，因为我太容易受到行为不端的小男生们的影响，而在校园就得跟他们搅在一起。柏林男孩子的任性，与我独特的调皮相结合，结果就出现了许多不着调的事情，这简直成了妈妈的生活负担。我要在这里特别提出一件事，因为它的前因后果我还记得一清二楚——似乎只有七八岁的男孩儿才能干出那样的勾当。一个星期天的晚上，我与家人一起外出返回。我突然感觉特别累，不愿意走了，闹着要雇出租车。一辆无顶的四轮马车，即使是所谓二流的，对当时的我来说，也意味着豪华与奢侈。然而，爸爸妈妈不赞成我的铺张设想。尽管我大声哭闹表示抗议，却不得不与他们一起步行回家。我满腹牢骚去上床睡觉。第二天早晨醒来，我对爸妈昨天的冷漠态度再次抱怨起来，声称昨晚我累坏了，无法起床去上学。父母和气的劝说没用，讲道理也不顶事。最终，我还是勉强穿上衣服，背上书包，被推出家门。身后咔嚓一声，门关上了。但是，一心要达到目的的我，决定死撑到底，一屁股坐在木楼梯上，看别人能把我怎么样！每当有人走上楼梯，都必须跨过我。当人们摇响我家门铃，要求移开我这个人体障碍物时，妈妈没辙了，只好把我拖回家。到这个时候，我依然是个胜利者，但妈妈知道如何把我的这种危险的胜利，变成我的一次有益的失败。她对我讲，现在我的确应该回到床上，因为肯定累坏了。我躺在那儿，像一头无聊的困兽，没有书可以消遣，也没有来访者打扰。中午，家人给了我一点儿稀粥。我知道，他们正在隔壁屋子里享用我最爱吃的佳肴。到了下午，和谐气氛就恢复了，这是我从心底里喜欢的状态。

我感到很抱歉，让善意的读者失望了。大家可能更倾向于在我孩
10 子气的挑衅中看到特立独行的顽固不化，那种一定要在生活斗争中获胜的孩子般的意志力。事实上，我的顽固只在艺术范围内有所表现，在那里我确实“挺过来了”。另一方面，我经常装出来的顺从态度，是“绥靖”政策之一，是为了不妥协地维护我的艺术理念，尽量积蓄我的战斗力。对我来说，在艺术家的个人生活当中，如果想节约使用他的精力，不在乎那些争议似乎是不可避免的。琐事上逞强，在特定场合看起来占据了优势，但问题可能就会接踵而至：他的艺术创作，是不是被自己的生活控制力损害了呢？至于个人方面，我相信自己能够聚集足够的力量，来解决生活中最重要的问题，这是一种用固执来体现自身价值的力量。但被众人视为优点的我那孩子式的反抗，在我的晚年生活中没有转化成故步自封，更谈不上对他人强烈个性的轻松驾驭了。总之，我没有变成一名斗士。然而，我的优势并不仅仅是一种脱离生活转向艺术的儒雅气质。实际情况很复杂，我会在后面谈到。

不管怎样，在孩童时代，我的顽固任性，引发了一系列让人伤脑筋的严重冲突，特别是与我妈妈之间。尽管我们彼此相爱，但也不能避免激烈的争吵。

在腓特烈小学的低年级，我就与柏林的小混混们搅在一起。这所学校位于腓特烈大街，靠近与埃尔萨斯街的交叉点。我在这所预科学校待了三年，接着在阿斯坎学校接受教育，再后来，就读于福尔克学校。三所学校的全部回忆，就是我在功课方面没遇到什么困难。出

众的记忆力让我受益匪浅。我在记东西方面，真的没有费过太大气力。如果感兴趣的话，我听到什么、读到什么，似乎都能自动钻进我的脑子。要记住什么东西，只需仔细阅读就可以了。总之，我没有太多困难，就通过了相当严格的柏林学校教育。但是，我从来不是尖子生。成绩单上除了唱歌，其他科目从未得过优秀。说起唱歌，我想起当时习以为常的、全班人一起在刮擦作响的民间提琴的伴奏下合唱爱国歌曲的样子，我对此举深恶痛绝。

从我上学开始，妈妈就教我弹钢琴。我的动手能力和敏锐的悟 11
性，让我进步很快。过了一年半，她就感觉教不了我了，所以决定雇一名年轻教师。这位老师名叫康拉德·凯泽[Konrad Kaiser]，后来他成为出色的钢琴家。他非常勤勉，我们彼此都很欣赏对方。从他那里，我第一次感受到了钢琴音乐令人激动的辉煌的艺术魅力。这种印象激起了我对技巧练习的热情。凯泽对我的热情和才智非常满意，过了一年多，他向我妈妈建议，让音乐专家对我进行测试。如果我的独特天赋被专家证实，那我就可以接受建立在广阔基础上的严肃音乐教育了。这样，我迎来了少年时代的一件大事——去拜访罗伯特·拉迪克[Robert Radeke]，他是柏林皇家歌剧院（现改名国家歌剧院）的指挥，还是施特恩音乐学院的副院长。

罗伯特·拉迪克，有一头稀疏的银发，留着灰白的长胡子。在漂亮宽敞的琴房里，他友好郑重地接待了我妈妈和我。在房间一角，贝多芬的大理石半身像俯视着我。屋中间有一台贝森斯坦三角钢琴。对于此前只见过立式钢琴，从未触碰过如此华贵大气的乐器的8 岁男孩而言，这是多么让人志得意满，又心生敬畏的场景。

我生命中第一次接受测试的每个细节，都长久印刻在我记忆中，怎么可能会走样呢？妈妈和我都认为，这次测试满足了我们的所有期待，具有决定性的意义。这次测试一直让我难忘，因为老人眼睛里温暖的慈爱，以及出自专家之口的赞誉，化解了我的羞怯，唤起了我的自信，事实证明这是一次效果持久的激励。对我的测试是按如下方式进行的。拉迪克问，我是否有特别好的耳朵，我妈妈说我有。然后，他用几乎开玩笑的口吻要求："好吧，让我听你唱A。"我清晰地唱完A，他让我背过身说出他在钢琴上弹出的音。先是单音，然后是和弦，最后是不和谐音。之后，他把一些我不熟悉的作品放在琴上，让我视奏。再后面，是我的自选曲目。我演奏了莫扎特奏鸣曲的一个乐章，还有两首门德尔松的无词歌。最后，我被要求即兴弹奏几分钟。

这场全面测试一结束，我被支到旁边的屋子，老人与我妈妈商量了一番。当我被召回时，大人们热烈地褒奖了我，并告诫我继续努力。
12 最终，拉迪克写了一封热情洋溢的推荐信，信的末尾有这样的话："他身上处处是音乐。"一想起这些美好的词，我现在非常快活。它们用特殊的、不容置疑的方式证明了一个强劲的音乐天才的存在。

当我回首这场测试对我漫长人生的重大意义，思考自己的诸多发展与蜕变时，我发现，想保留对于自身个性的感知，把自己看作一个纷繁复杂的，容纳了思考、感知与行动诸多矛盾的统一体是件很困难的事。但到今天，我与音乐密切交融着，或者更确切地说，我深深地根植于它，长期如此，而且无法改变，这并非因为我具有音乐方面的创造性。我很早就意识到，上帝并没有赋予我创造才能。但我相信，从很小的时候开始，我便认为，音乐是我与生俱来的元素，我熟悉它，它是我通晓并能诉说的语言，这绝非自夸。当我忧心忡忡、烦恼连连的时候，一想到有一种"飞行中的航标"，就会感觉欣慰并恢复信心。这个航标，就是我与音乐牢不可破的关联，它是我的生命核心。这种基础意念，似乎在我孩童时代努力练琴的过程中就已经显现，就像拉迪克善意的话语中所指出的那样。

整个一生，"歌唱"二字总伴随着我——难道不是每部音乐作品都与歌唱有关吗？我被内心的歌唱驱使着前进，为了给演奏的旋律赋予一种如歌的特质，还是个小男孩的时候，我就会在钢琴上寻求连奏效果和朦胧感的触键。门德尔松无词歌和肖邦夜曲，肯定非常适合这种尝试，因为我能饱含激情地、熟练地演奏它们。我自己创作的轻柔的即兴作品，据说在一定程度上也是肖邦或者门德尔松风格的，拥有如歌的特色。

当然，我在无数张五线谱纸上，进行过各种各样的“创作”。但后来当我翻阅它们的时候，没有一首奏鸣曲、夜曲、即兴曲、幻想曲或歌曲对我来说有不同凡响之处，除了洋溢其间的坚毅执着——正是带着这种执着，我谱写了一整本致敬、模仿式的钢琴曲和歌曲。大量的平庸之作当中，也有些许亮点。例如，一首较长的，标题为《博登湖上的骑手》[*The Horseman and Lake Constance*] 的叙事曲，拥有一段可爱的主题。多年后，我还相当喜欢。

我在音乐方面的严肃认真程度，可以用一项让我具备了把握精确 13
节奏能力的“发明创造”来说明。就像门德尔松《降E 大调无词歌》中那样，让连续的八分音符与三连音同步。我沿着街道，迈两步的同时，用同样准确的节拍大声喊出“1, 2, 3”，我的1，总是落在左脚上。然后，我会精确地数“1, 2”，同时走三步，我的1 交替落在左脚和右脚上。如此这般，我对三连音伴奏下连续音符的正确处理，很快成为轻松的习惯动作。

小学的最初几年，我还培养起一种可以与音乐相提并论的爱好——阅读。丹麦作家安徒生那诗意灵感勃发、富有哲理的童话故事，还有格林童话的无尽财富，早已拓宽了我童年的想象空间。在我拥有阅读能力之前，就通过别人的讲解，了解到其中很多故事。后来，在让人惬意的幽静之所，有书为伴，我完全沉浸在童话故事的氛围里，被时而疯魔，时而幽默的众多人物故事所吸引。源于精神上的共鸣，我的一生，一次次地走近这些书。再后来，我又痴迷于希腊神话的寓言世界。古斯塔夫·施瓦布[Gustav Schwab] 的《希腊神话故事》[*Tales of Classic Antiquity*] 少年版，让我知道了赫拉克利斯[Heracles] 和珀尔修斯[Perseus]，伊卡洛斯[Icarus]和普罗米修斯[Prometheus]，伊菲吉尼[Iphigenia]，阿伽门农[Agamemnon]，还有争夺海伦，特洛伊战争，机敏的奥德修斯[Odysseus]探险和他的回归，阿尔戈[Argonauts]水手远征，以及美狄亚[Medea]的悲惨遭遇。我现在还对这套三卷本的少年读物心存感激。经典的故事和人物让我兴奋之余，还激发了对希腊风格最早的朦胧认知，一种对古代的敬畏之心，一种要走近它的连绵不绝的欲望。至于有关印第安人的书，更是男孩子们的最爱。我读的唯一一本印第安故事是库珀[Cooper]的《皮裹腿故事集》[*Leatherstocking*]。我对鲁滨逊·克鲁索[Robinson Crusoe]的探险更有兴趣，读了一遍又一遍。还清楚地记得，我是多么喜欢格鲁伯[Grube]的历史画册。这是一本涵盖了汉尼拔[Hannibal]、查理曼、哥伦布和科特斯[1]等探险家和历史人物的儿童读物。

10岁左右的时候，儿童读物对我的吸引力渐渐消失，我发现了爸爸妈妈书架上的好东西。在那儿，在玻璃板后面，立着歌德、席勒、莱辛、海涅、豪夫、吕克特等人的书。莎士比亚也在那儿，那是施莱格尔–蒂克的精彩译本。席勒的《奥尔良少女》，相信是我阅读的第一部戏剧。
14 我还时常大声朗读贞德的独白，痴迷于其中庄严的韵律与华丽的诗句。读到悲剧结尾时，我的情绪激动得几乎不能自制。

我相信从孩童时代起，每个现实中的人都会同与他有关联的历史故事，或者戏剧人物生活在一起。人们把自己想象成重要情节里的主人公，与自己感兴趣的历史或者神话人物一起生活。他们的演讲，他们的激情，他们的行动完全变成了自己的。书中所有的重要人物和故事就是这样打动了我。尤为重要的是，这正是（而且是在很大程度上）戏剧人物影响我的方式。我把自己当成品格高尚但陷入绝望的马克斯·皮柯洛米尼[Max Piccolomini，席勒戏剧《华伦斯坦三部曲》中的人物]，再用狡黠的奥克塔维奥[Octavio]的口气回应他。我就是卑鄙下

[1] 埃尔南多·科特斯[Hernando Cortés, 1485—1547]：西班牙殖民者。

流的沃尔姆[Wurm]，也是兴高采烈的费迪南[Ferdinand]。我就是痛苦的奥赛罗、无辜的苔丝狄蒙娜、哈姆雷特和波洛尼厄斯[Polonius, 莎士比亚悲剧《哈姆雷特》中的人物]、塔索[Tasso, 文艺复兴时期的意大利诗人] 和安东尼[Antonio, 莎士比亚喜剧《威尼斯商人》中的人物]。我甚至用与作者不同的方式，“处置”过一些角色。因为我觉得，在他们那里，我应该有所作为。总之，我当时连剧院的恶魔都痴迷。在戏剧的鲜活与直观面前，在它活生生的念白和情节面前，文学叙述和描写，显得那样苍白。文学作品讲述过去的事情，在我和英雄人物中间，总要有一个讲述者，戏剧则把我直接带到英雄的真实场景中。

我早年对戏剧的渴望与敏感，以及把自己与剧中人相联系的倾向，清晰显现了我精神天赋中那种容易被感动的气质。怪不得后来，在职业生涯的开端，我义无反顾地走近歌剧，在戏剧和音乐这两项诠释元素方面都驾轻就熟。我将在后面讲述歌剧表演的戏剧性要求，还有它们与音乐的关系。在这里，我只想说，一个已有早期舞台直觉的孩子，通过伴随他的文学人物的丰富多面且富于对比的特质，已经朦胧地感悟到了自身天性之宽广。我如今也惊叹，我怎么阅读了那么多书，那么虔诚地献身音乐，并尽力学好我的校内功课。我读书不是只看一遍，而是一遍又一遍地阅读，非常频繁，非常专注。那些引人入胜的段落至今还印在我的脑海里。

激情、热切和兴奋这些属于我的音乐表演特征的品质，也使我沉溺于阅读，这一点儿很自然地反映在我个性化的指挥当中。尽管我的性情总体上温良恭顺，但与父母、兄妹，以及亲戚、熟人、老师、学生 *15*
和朋友的关系，经常被我突然失控的爆发所影响。几乎每次爆发后，我都会在第一时间和气地赔罪。此外，我身上不仅有剧烈的躁动，还有与它相对的极度平静。成长中的男孩子，经常显现出一种梦幻状态，他们沉浸其中，像着了魔一样。此时所有在神奇的旋涡中急速旋转的轮子都停止不动，好像失去了连贯性。我依然能回想起这样的平静在我身上第一次显现的场景，就像是一股忧郁的思绪，我还能感受到当时的情境，想起那个让一个10岁男孩体验到了心灵战栗的地方。我已经忘却了自己因为什么而孤零零地站在校园里——好像在罚站。然而当我走进大广场时，头脑里联想起孩子们无忧无虑的嬉闹，这似乎更加重了我的孤寂之感。记得我站在那儿，被极度的安静所淹没。我听到和软的微风的声音，感到一种莫名有力的东西抓住了我的心，它来自遥远的荒僻之所。这是我第一次朦胧地意识到，我就是我，我拥有一个灵魂，我已在某处——以某种方式——触碰到了它。

第三章

关于我对阅读的渴望，还有对生活严肃体验的描述说得有点多了，15 现在还是回到正常的写作顺序当中。

可能是埃尔萨斯大街的生活环境越来越不好的缘故，我9岁时，父母搬到了施特格利茨大街。小时候那些让人愉悦的街景——比如，泥瓦匠端坐在新建筑前的一根横梁上吃午饭，他的“老女人”就在旁边。他一边大嚼妻子带来的三明治，一边心满意足地喝着啤酒——这样的可爱之人，后来被越来越多令人厌恶的角色所替代。比如经常能看到可怕的醉鬼，摇摇晃晃地从数量不断增加的所谓“酿酒厂”里走出。夜晚，急速粗野的音乐从挂着帘子的舞厅窗户里传出来。傍晚时分，总会出现一些奇怪的女人，描眉画眼，戴着花里胡哨的帽子。这样的情况越来越多，道德水平不断下降，这可能是我父母搬到城市的另一头——老西区的缘由。新房子在三楼，但我们可以享用一个相当精致的花园，里面有漂亮的大树，还有一个凉亭。这个花园，延伸到入口 16 大厅，穿过院子，是我们这些孩子的操场和户外读书的场所。不幸的是，它惬意的安静，有时会被无缘无故的怪声所打断，各式各样的投掷物会频繁出现。这些恶作剧都是隔壁花园几个凶悍的男孩子干的。他们鄙夷的表情会突然出现在相当高的隔墙顶上。这些人用疯狂的叫喊声破坏院里美妙的安静，像最卑鄙的柏林谩骂专家那样对待我们，霎时间又消失得无影无踪。这种瞬间的恶作剧，可能是因为坏孩子们想利用大墙的高度，考验一下自己的肌肉耐力。可恶的骚扰之后，先前天堂般的安静会很快恢复。后来，当好心情被粗暴地打扰时，我经常会在钢琴上弹出极弱和极强的力度变化，想象花园里的这些场景，将类似更严重的骚扰，视作一幅滑稽的风景。

从施特格利茨到哈勒的阿斯坎学校[Askan Gymnasium]，一路上要穿过漂亮的，绿树成行的街区——它们看起来非常漂亮，至少还算是没有被北部柏林糟蹋破坏的养眼之所——还要走过总是处在喧闹中的港湾广场。那里有很多船正在装卸货物，这些货物会被运到施普雷河。力大无穷的吊车升起，扭动，再放下它们的重负。还有一座桥需要拉起来，给拥有高甲板的轮船留出一条通道。它不仅提供了一幅令

布鲁诺·瓦尔特家庭合影（左起：妹妹艾玛、父亲、母亲、哥哥列奥、布鲁诺·瓦尔特），1880

人兴奋又妙趣横生的风景，还为上学迟到提供了一条正当理由。在港湾广场一角，耸立着柏林爱乐大厅，这是孩子们向往的圣地，几十年后，我成了那里的常客。

布鲁诺·瓦尔特肖像，1886

关于学校本身，我没有什么可说的。除了前面提到的，我是个成绩尚可的学生，不是特别出众，只在拉丁文上得过“优秀”，因为我一直很喜欢这门课。或许我要感谢阿斯坎学校的那位好老师，我很容易地感受到了拉丁文的优雅与简洁，并且很早就对它产生了兴趣。假如最初音乐没成为我灵魂的主宰，天性与爱好很可能通过拉丁文，引领我走上语言学之路。我越来越喜欢这门学科，认为它是人类天才的最出
17 色成就之一。语言学研究似乎是一种启蒙和探索，是一条我本应乐于踏上的路。但我只能作为业余爱好者，欣赏它的妙处，让自己得到满足。我同样喜欢数学和物理，而且对前者相当开窍。不管怎样，在学校接受教育总是让我高兴的。我渴望学习，而且学习不会给我带来任何麻烦。

此外，我也喜欢同学间的友谊，因为在某种程度上，我是个爱交际、好脾气的人。学校经常组织远足活动，有行军、唱歌、玩游戏，我很自然成为团队的一员。在这里，某些方面我显得有些另类，有种特立独行之感。但是我绝非“曲高和寡”，也不是“宅男”。相反，尽管我与众不同，却是个狂放的孩子，完全能与同学们打成一片，甚至撕破裤子，擦伤皮肤，间或还会弄破头。

我不太喜欢锻炼身体，缺少这方面的天赋。父母努力把我幼稚的蛮力转化到实际训练中，敦促我参与体操、滑冰和游泳，我却只能获得中游成绩。我喜欢体操，却不灵巧；我爱滑冰，但一直处在“暗恋”阶段。我曾试图学习游泳，想给自己带来一点儿精神方面的慰藉，到头来还是以失败而告终。

晨风吹拂着威尔默斯多夫湖[Wilmersdorf Lake]的水面，我年龄尚小，无论如何也不喜欢扎到冷水里。我紧握一根绳子，从摇曳的跳板上往下看。教练命令我跳下去，我真的很害怕，但知道必须这样做，于是我跳了。类似的场景经常在我生活中发生，结果总是这个样子。我并非天生勇敢，但每次我都会跳进水里。我想问一问，永远不知恐惧

滋味的齐格弗里德[Siegfried] 式的勇敢，相对于虽怀恐惧却能与巨龙开战的决心而言，是不是真的具有更高的道德价值呢？遗憾的是，我在威尔默斯多夫湖表现出的勇敢，结局是大病一场。普鲁士警官出身的游泳教练，显然热衷于斯巴达人的理想，把对我的惩罚当作他的坚定职责。在上游泳课的时候，由于我一直显得笨拙，他松开了绳子，让我沉下水面。当“斯巴达人”再次拉紧绳子，很明显我已经喝了太多的水，脸色煞白。此后，每当我拽着绳子下水，都会感到很不舒服，所以被迫彻底放弃这项运动。不过我并未完全忽视体育锻炼，我喜欢散步 18
旅行，并专心于此道。我甚至努力想成为技术全面的登山者。后来，我经常在高高的蒂罗尔峰[Tyrolean] 顶（奥地利风景区）快乐地凝视远方。

在学校的第一年，我渐渐了解到，尽管自己学东西不费劲，但学科以及相关家庭作业的增加，迫使我与音乐渐行渐远。我顽强地努力着，但头三年在学业和音乐方面双管齐下，倾注了很多精力，我感到四年级肯定会吃不消。我强烈要求爸爸妈妈想想办法，最终他们同意，为了音乐学习，先不去学校上课，代之以私塾补习。我妈妈的堂兄也是一位学校老师，答应在他家给我讲授四年级的诸多科目。他是个严肃、和善、具有很好的教学天赋且知识丰富的人。在他指导下，我在短时间内努力掌握了两学年的学校课程，从而有足够的时间从事音乐学习。我的音乐老师碰巧是位热情洋溢的小提琴手，尽管不是特有天赋。当音乐课结束，我会坐在钢琴前，与他合奏一首莫扎特或者贝多芬的小提琴奏鸣曲。其中悠然融入了音乐的高妙和一位小男生对它的敬意。

在私塾学完四年级的课程后，为了拿到毕业证书，我必须返回公立学校，这将保证我拥有作为志愿者在军队服务一年的资格。但在福尔克学校五年级第一学期，当发现自己再次被束缚在一张课桌上时，我唯一想做的事情就是大声呼唤自由。还没把毕业证书揣进口袋，我就告诉爸爸，在学校再受三年煎熬毫无意义。我没有上大学的想法，所以不需要五年级第二学期，不需要六年级，也不需要毕业考试。我希望成为音乐家，从此以后必须全身心投入到音乐当中。

过早离开学校对我的常规教育意味着什么，我全然不知。不知为何，也没人劝阻我，我父母也无法阻挡我的渴望与冲动。所以，我15岁就离开了学校，很遗憾没有通过毕业考试，也没给我的希腊语奠定坚实的基础，后者似乎是更大的损失。私塾课程仅仅为我开了个头，福尔克不是一所人文学校，尽管这里教授拉丁语、希腊语，在总课程表
19 中却被英语课所替代。多年后，我试图自学希腊语，却连中级水平也没有达到。这一点儿经常让我很痛苦，因为我已经成为人文工作者，构建牢固的语言基础，对于精神领域的全面拓展是必不可少的。可以说，即使到了成熟年龄，我还在不懈地努力，自己年轻时对系统教育急功近利的中止让我有很多东西需要弥补。我的浮躁让我感到内疚，这一事实需要在自传里写上一笔，以此方式，表明自己的悔悟。

尽管我无法清晰地想起学校时光的细节，我的老师和同学也没有说起任何不寻常的事情，但我还是想提一提在一二年级时我们的信仰导师说过的一些话。这些话保留在我的记忆中，因为它们朴素感人，后来在我因为信仰迷茫和邪恶的无神论情绪影响下而焦虑不安的时候，它们被证明很有帮助。说到愚蠢的无神论，这位导师从背心口袋里掏出一块大大的银表，打开后盖，让我们看表芯的忙碌运动。他问："这块表是靠自己才这样的吗？是看不见的造化，让它的零件聚合在一起，所以它们才能一起工作来测算时间的吗？还是表匠设计并创造出了这块表呢？"对这种关于造物主存在的"有力证据"，孩子们内心的认同是可以理解的。造物主创造了一个世界，星星在它们约定的轨道里运动，宇宙的法则支配着尘埃和太阳系的普遍规律。这一切深深刻在我的脑子里。后来，它在我这里自然而然地清晰起来，其简单合理的结论，没有触及核心问题。因为有思维有感觉的人，会不厌其烦地怀疑造物主，就像人对神灵慈悲的怀疑那样。如果造物主是全能的，人就会考虑，他一定同样创造了邪恶与痛苦，允许它们存在下去。但是如果邪恶

的存在和运行，与上帝的意志相反，上帝就不会是万能的。这些重大的、震撼人心的问题，这些对上帝的万能和他的慈爱的怀疑，在哲学研究中被回避，不予提及，或是被坦言为“不可知”[*ignorabimus*]——这多少让人感到失望。它们在我的脑海里继续翻腾，循环往复了许多年。这就是我想提起它们的缘故，尽管这不是讨论此类问题的地方。但是，让我多说一点儿：这种怀疑会让我们迷失方向。我已经找到了另外的抵达无限和谐的路径，我的心逐渐忠贞地走向基督教义已经指明的道路。

无论如何，上宗教课的那段时间，我没有心存怀疑。我乐观的天 20
性让我觉得生活是精彩的，世界是完美的，只是学校有些让人恐慌，因为它占用了太多时间。但是我努力做到最好，现在我特别喜欢回忆在校的时光——虽然我并不向往校园生活。我用漫不经心的方式完成了课业任务。除了前面提到的我的拉丁语老师，其他教员的确没有靠杰出的个性化教学吸引我，或者让我印象深刻。我认为这些课业任务无法逃避，它是一个人对于生活实际需求的必要付出（我对它的价值并不看重），如此，人们可以将课余时间投入“生活”，我的意思是在音乐上下功夫，靠阅读和思考，用特定的方式，满足自己的精神渴望。

第四章

施特恩音乐学院位于腓特烈大街，几乎到了街南头，离哈勒门不 20
远。在这里学习的头几个月，我家依然住在埃尔萨斯大街。这条街与腓特烈街北头相接，所以我必须从城里最长的南北街道的一端来到另一端，才能抵达我学音乐的地方。这种情况却让我欣喜不已，因为再也不用背起难看的儿童书包了。我，一个9岁男孩儿，现在可以像模像样地拎着大学生的手提箱，里面满是乐谱。妈妈还给我两枚硬币，用来乘坐通往音乐学校的公交车。自由支配这点钱的权力，让我以少坐一趟车的代价，花掉其中的一半——也就是10芬尼[pfennigs]，去买一块苹果饼，外加生奶油。步行超过45分钟对我而言真是一种磨难，但我太喜欢那些甜点了，在两种情感的对抗中，它几乎每次都是胜利者。在离目的地不远的普特卡默尔街上，有一个很小但非常舒适的蛋糕店，我常去那儿购买我的珍馐。后来，我和同学们有时会为了小点心，在那儿坐一会儿。我猜想，将来有一天，人们会用积蓄已久的溢美之词，来赞颂维也纳咖啡馆在历史文化方面的重要意义。我希望历史书上，也能相应地留下颂扬柏林古老蛋糕店的文字。这是这座城市特有的标签。甜点在那些低调安静的地方被销售，报纸放在框子里，用钩子挂在墙
上。灯光迷离的小屋内，有几张圆桌，顾客可以下棋，也可以边说事儿 21
边享用咖啡巧克力，外加一块蛋糕。在这儿，还可以与年轻的女友约

会。它如此重要，如此受欢迎的原因，在于它既是味觉享受，又是“真情流露”，以至于柏林人要发明一个特别（尽管看起来吓人一跳）的词语——“蜜制”[*kondietern*] 来定义它。

我所在的这所音乐学院，由朱利叶斯·施特恩[Julius Stern] 创建，他死后由他的妻妹珍妮·迈耶[Jenny Meyer] 掌管，罗伯特·拉迪克担任副校长。当时，学校位于一所老房子的后部，通过一条暗色走廊，穿过庭院，就可以来到腓烈特大街。每间教室，都有一台硕大黝黑的三角钢琴，不是贝希斯坦[Bechstein]、博兰斯勒[Bluetner]，就是杜伊森[Duysen]。大厅用来举行演奏会、合唱练习和乐队排练，还可以当作备用教室。这儿非常漂亮，光线很好，布局高雅和谐。舞台上矗立着两台大钢琴。在星期天的音乐会上，学院弦乐小组要占据钢琴后面的位置。这里没有管乐——它们的声部，由来自指挥系的学生在钢琴上奏出。我在音乐学院的最后几年，这项工作几乎被我包揽。只有在我担任指挥时，才会把这个位置让给其他同学。回想起那个大厅，我的心里充满感激。在那儿，我是一名凝神谛听的学生（在我们面前的第一排，坐着学校的主管和老师们），也是在那儿，我第一次听到舒伯特、舒曼、肖邦、巴赫、亨德尔、贝多芬、莫扎特、海顿和勃拉姆斯作品的演奏。高年级学生技术范围内的任何形式的协奏曲、无伴奏作品、奏鸣曲、室内乐、咏叹调和歌曲，都会在这儿演奏。在我记忆中，其完美程度是不同凡响的。我熟悉了相当多的古典音乐，只是略微忽略了大提琴作品。我永远不会忘记，自己坐在那里，干渴的灵魂浸润在音符当中，年轻的心洋溢着快乐的感受。

不久以后，我成为参与演出的活跃分子。第一年我弹奏了一些钢琴作品。在钢琴下面，有个小小的脚踏台，还有一套机械装置，可以让我的短腿踩到踏板。后来，在周日上午的活动中，我与乐队合作钢琴协奏曲；最后几年，我指挥协奏曲、乐队伴奏的咏叹调，还有海顿交响曲的部分乐章。

我现在想不起关于音乐学院同学们的任何事情了，但可以很清楚地记得我自己是大人堆里唯一的孩子，被那些所谓的“年轻一族”包 22
围着，当然有点不自在。成年同学们，因为年龄差距，对我的纵容和溺爱肯定于我不利。我很胆怯，而且一贯如此。因为，在那些成长的重要年份，我缺乏与同龄孩子的安心交往。这种交往可以教会男孩子如何自立自强，如何反抗，如何平等地维护自己的主见。在学院的大部分时间，我因为年龄太小，在音乐学习过程遭受的伤害很难弥合。学习的最后阶段，从我15岁开始，这方面的情况才有所改善，因为那个地方有了与我同龄的学生。但类似的甚至更有害的状况，在我17岁时伴随歌剧院生涯开始又出现了。因为我必须与成年职业歌手、乐队以及合唱团成员，还有剧场工作人员打交道。那些日子，我感觉自己的年轻好像是一场灾难，一种罪过，屡屡因此受到打击！这也许归因于那些贯穿我一生的印象：认为自己太年轻、缺乏自信、是个门外汉，与所有自信满满、工作高效、经验老到又果敢的人，也就是我周围的成年人一起工作，不太相称。

拉迪克的鉴定意见尽管为我排除了“太年轻”这个障碍，铺平了我走进音乐学院的道路，但同时也给我带来了刚才提到的奇怪状况。我毫不费力地通过了入学考试。在弗朗茨·曼施塔特[Franz Mannstädt]指导下经过短期的预科学习后，我被分配到钢琴高级班，师承海因里希·埃尔利希[Heinrich Ehrlich]教授。作为钢琴教师，他名望极高，还是《柏林日报》[*Berliner Tageblatt*]的首席音乐评论员，在德国音乐界身份显赫。至于理论课，我自然被分在初级班，由路德维希·布斯勒[Ludwig Bussler]执教。布斯勒是著名的音乐理论家，他关于和声对位的专著，被很多音乐学校用作教科书。

尽管得遇“大音乐家”的愿望没有实现，但我一直心存敬畏，老师们的品格给我留下了深刻印象。路德维希·布斯勒肩膀宽阔，个子很高，头发灰白，他教了我很多年。虽然他学识渊博，非常勤奋，却是个很乏

味的教师。对于音乐理论的内涵，我不知道他是否曾经仔细审视，并
23 认真探究过。我猜想，他宁愿拘泥于传统，也不希望自己的理论根基因惶恐的疑虑而动摇。无论如何，让学生对理论问题产生强烈兴趣，不是他所擅长的。我想我坚定而愉悦地跃过了危险且诱人的理论深渊，就像我早期作品中的主人公那样，骑兵穿越了康斯坦茨湖的水面，而在音乐本能的引领下，我在音乐表演实践领域中“安全着陆”。后来，在学识渊博的音乐哲人海因里希·申克[1]著作的影响下，我才意识到自己错过了什么，于是我开始钻研理论课题，更确切地说，是音乐理论抓住了我，甚至让我痴迷。但专心于理论问题并沉溺其中，不是我所期望的。实在没办法，我的天性让我远离这些东西，精彩绝伦的音乐演出才是我的志趣所在。

钢琴课给我打下了扎实基础。埃尔利希是很优秀的教师和钢琴家。而且，在多年的评论实践中，他聆赏过很多钢琴大师的演奏。他基于悟性和经验的品评、指正和建议，我都信服地铭记在心。他是个学养深厚、严谨、有见识的音乐家，但为人毫无情趣，而且相当冷漠。不论他什么时候给我演奏——经常有这样的机会——我都能有所启迪，却几乎感受不到温暖和灵性。然而，我自身的亢奋无法抑制，所以一见到他，总感觉有一丝惭愧。他很开明，让我的浪漫主义情怀自由驰骋，不会压制我强烈的表现欲。但从他平静的话语和矜持的态度里，我总是无法判定，他对我的演奏是比较满意，还是非常满意。不管怎样，他频繁而且非常主动地在他家里给我“开小灶”，理由是他认为学院提供的课时不够。他用这样的方式证实了他言辞态度中未能透露的，对一个上进学生的浓厚兴趣。

我还想回忆一下杰出的小提琴教师埃米尔·索雷特[Émile Sauret]，以及他迷人的、捉摸不定的个性。索雷特是学院的首席小提琴教师。尽管我与他没有师承关系，但也像所有人一样，被他的机智活泼所吸引。

[1] 海因里希·申克[Heinrich Schenker, 1868—1935]：奥地利音乐理论家。

有几次在晚间的音乐会上，他向我走来，夸赞我的演奏。学生们常常把他围住，央求他为我们演点什么。不一会儿，泛音流动起来，双音段落像火箭一样升上去。我们惊讶地看着，他会莞尔一笑，用古怪的法式德语说："没有什么，我的孩子们。一切来自小提琴，你只需会拉！"他这 24
句话在学院达到了人人皆知的地步。

我记得，直到我13岁，拉迪克才开始给我讲授作曲和管弦乐读谱课程。当时我已经调整了努力方向，决定放弃当钢琴家的愿望，将自己献身于指挥事业。

至于当时的其他老师，我没什么要说的。但是我必须说一说学院最有个性的人物，珍妮·迈耶，这里的校长。就像歌德评价卡莱尔[Carlyle]时所说的那样，她是很少的几个能称得上具有"道德力量"的人物之一。看到她威严的外表，人们或许会想到朱迪斯[Judith] [1]。若不是有点胖的话，她会是一个非常妩媚的女人。在现实生活中，每天与这样的高贵之人相处，对于我来说还是第一次。当时我就清楚地知道，与我眼中芸芸众生令人沮丧的浅薄相比，她是那么令人敬佩。多年后，我听到了她的一些生活经历。据说，她曾与学院的创办者即她的姐夫朱利叶斯·施特恩[Juliun Stern]有一段浪漫的恋情，最终她成为这段感情纠葛的受害者。施特恩英年早逝后，为维护施特恩办学理念的连续性，迈耶决定接管其毕生的事业。在我看来，这个故事应该是可信的。她庄重又略显忧郁的举止，崇高的责任意识，还有不知疲倦专注于事业的那份热情，或许都来源于此。在音乐学院学习的后半程，我经常在她的声乐课上担任钢琴伴奏。借此机会，我认真学习了大量歌曲以及歌剧和清唱剧中的咏叹调。迈耶曾师承玛蒂尔德·玛盖丝[2]，据说曾拥有很好的女低音嗓子，因早年生病而失声。迈耶是意大利演

[1]《圣经》人物之一，以色列女英雄，亚述大军围攻其家乡时，她潜入亚述军营，获得亚述统帅赫罗弗尼斯的爱慕，后来在赫罗弗尼斯醉酒之后将其刺杀，亚述军队因此溃败。——译者注

[2] 玛蒂尔德·玛盖丝[Mathilde Marchesi, 1821—1913]：德国女中音歌唱家。

唱风格的衷心提倡者，把兰博迪[1]和玛盖丝的唱法奉为圭臬。她课堂上唯一的视唱练习，是孔空[2]和波尔多格尼[3]倡导的那些东西。她所强调的，在歌唱时最大限度地让舌头凹下去的方法，现在让我充满担忧，我怀疑这种唱法是否正确。不管怎样，她的表现手法非常棒，温文尔雅而且准确无误。对学生而言，相对于迈耶在艺术方面非常实用的建议，她在所有艺术问题上的基本原则，还有她崇高的理想主义，更为重要一些。

我还记得珍妮·迈耶的形象，高高的个子，非常强势，一大串钥匙拿在手里。我看到过她经过一天的工作有些疲惫的样子，因为她已经
25 不再是年轻人了。她美丽乌亮的头发上，戴着一枚高高的西班牙梳子，上面有灰色斑纹。声乐课一结束，我们经常会在前厅聊上几分钟，然后她锁门——她是最后一个离开这座建筑的人。尽管想不起我们谈了什么，但我确实还记得她与我谈话时，不像成年人面对一个孩子，而是以毫无忌讳的、亲切友好的方式。她专注地听，我仰头作答，因为那时的我完全是个小家伙。她很高，知道如何跨越我们之间的距离，让我感到她的信任和尊重。我也努力缩短这一距离，因为我意识到有种真诚的感激在我心中奔涌，还有深深的同情与伤感，让我离她非常近。这种情绪或许来自内心深处的相互理解。然后，她会迈着坚实的步履走上楼，手里的钥匙叮当作响——那是庄园的监护人托付给她的。此时，我已经踏上回家的路，精神振奋，信心满满，因为我发现生活中尽管也许有一丝悲凉，但还是无限美好的。

在校长既严谨又富有创意的领导下，施特恩音乐学院保持并且强化了其固有的名望，与皇家学院一起，在柏林音乐教育系统占有一席之地。然而，与赖内克[4]主持的著名的莱比锡学院，还有维尔纳[5]领导

[1] 弗朗西斯科·兰博迪[Francesco Lamperti, 1811—1892]：意大利声乐教师。

[2] 朱塞佩·孔空[Giuseppe Concone, 1810—1861]：意大利声乐教师。

[3] 马尔科·波尔多格尼[Marco Bordogni, 1789—1856]：意大利男高音。

[4] 卡尔·赖内克[Carl Reinecke, 1824—1910]：德国作曲家。

[5] 弗朗茨·维尔纳[Franz Wüllner, 1832—1902]：德国指挥家。

下代表保守倾向的科隆学院一样，珍妮·迈耶和她的教师们，不允许自身被瓦格纳的热潮所裹挟。施特恩学院与约阿希姆[Joseph Joachim]主持下的皇家学院，不仅在课程的严谨和完备方面殊途同归，而且在反瓦格纳的立场上步调一致。瓦格纳的名字从来没有在这儿被提到过。

诚然，瓦格纳的作品很流行并取得了成功，所有的歌剧院都在演，几乎要靠它们生存。拜罗伊特是“圣杯”的守护者，在柯西玛[1]的指导下，音乐节的演出弘扬了瓦格纳的传统。拜罗伊特学派努力将瓦格纳的演唱风格、表演风范以及语言特征，传授给年青一代艺术家。那些老派的音乐学院，合力支持这一伟大事业，热情欢迎其教学领域的改革与扩充，这原本应该是顺理成章的事情，但真实的情况恰恰相反。瓦格纳的反对者固守在校园，就像钻进了众多的堡垒，他们的大门紧闭着。同时，一个庞大的新型艺术群体充斥在歌剧院，他们用前所未有的热情欣赏着瓦格纳。相当多的一部分公众——绝非最恶劣的那一部 26
分——冷眼旁观，用一种静悄悄却很坚决的拒绝态度，站在音乐学院一边。我再强调一遍，他们绝不是公众中最恶劣的那一部分。

他们大部分是那些感到音乐的纯粹性受到了“未来艺术”冲击的人。站在他们背后的，是在家中立起古典音乐的神坛，所谓极其尊贵、非常忠实的音乐爱好者。那还不是仅凭转动旋钮，就可以在家里弄出现成的贝多芬《第九交响曲》或者舒曼钢琴协奏曲的年代。生活中的音乐财富，是辛勤劳动的结果。通过音乐圣洁的感召来提高修养水平，几乎是每个中产家庭教育程序的一部分。因此，音乐欣赏不是一般意义的拥有，而是非常个性化的、高附加值的东西，因为它是经过多年的努力才能得到的。老师教孩子们演奏乐器；孩子们练琴，在音乐会上聆听著名艺术家的演奏；他们组成小组，在固定的日子演奏室内乐。但即便这些严肃群体抵制瓦格纳的作品，如果他们作茧自缚，只是对瓦格纳作品持消极态度，也不会产生多大影响力。然而，他们从勃拉姆斯的

[1] 柯西玛·瓦格纳[Cosima Wagner]：作曲家李斯特长女，瓦格纳遗孀。

明确态度中汲取到有生力量，以这位作曲家为中心聚集起来，奉其为反击瓦格纳的旗帜。我可以证明这一点儿，因为我就生活在中产阶层，处在反瓦格纳的圈子里，并在一所反瓦格纳的学院里接受了音乐教育。

约翰内斯·勃拉姆斯远在维也纳，但他的朋友和拥趸——约瑟夫·约阿希姆住在柏林。约阿希姆在方方面面都受到尊重，保守分子把他奉为最有影响力的代言人。多年来在小提琴方面高超造诣的光环，还有被众人推崇的四重奏演出，让他在柏林皇家学院专业带头人的声望节节升高。他个人与舒曼，后来与勃拉姆斯的友情，还有他对瓦格纳的敌视，都明白无误地展示出他的艺术倾向。音乐人群中相当一部分，特别是那些我提到的拥有复古思想的人，敬仰他的权威，认同他的好恶。

抛开极端保守倾向不论，上面提到的几所音乐学院，的确值得深
27 深的尊敬和称赞。它们的声望名扬世界。来自其他欧洲国家以及美国的很多学生，渴望系统的音乐教育，为能学到正宗的诠释理论来到德国。当时，德国被公认为“音乐之乡”。我记得在音乐学院的前厅和走廊里，耳边响起各种语言的嘈杂声，十分有趣。

我第一次聆听《特里斯坦》的体验，让我完全中了瓦格纳的魔，直到现在也还和那时候一样，尽管我当时还是个孩子，听到了人们的言论与我的看法相悖，还拉起约阿希姆这面大旗，然而，我对约阿希姆个人的钦佩，绝不会因为他对瓦格纳创造力的诋毁而减少。我也意识到，他的固执己见，对于瓦格纳事业不会造成多少伤害。另一方面，他尊贵的音乐气质还有他的高尚情操，对于整个音乐事业也是一种福祉。

我只听过一次约阿希姆独奏，是他拿手的贝多芬《小提琴协奏曲》的演出。我还聆听过一场他晚年的四重奏音乐会。他已经上岁数了，手上的技巧和意调已不再稳固。但他的质朴、崇高，还有纯熟完美，给我留下了永不磨灭的印象。他极其关注乐句的歌唱性，例如贝多芬《降B大调四重奏》中的卡瓦蒂那（第五乐章），触及了我的灵魂。他演奏

的这一段，我一生奉为楷模。约阿希姆的教学得到了高度评价。他去世多年后，“约阿希姆的学生”这个名号，对希望成为交响乐队一员的小提琴家来说，是最高级别的荐语。我依然认为柏林爱乐乐团，皇家歌剧院高贵的小提琴声部，很大程度上应归功于约阿希姆缔造的传统，以及他众多弟子的传承。遗憾的是，我与约阿希姆只谋面一次。有一个失明女孩儿——珍妮·迈耶的学生，要为约阿希姆试唱，请我担任伴奏。我相信，那是为了一个不起眼的教师职位，女孩儿得到了约阿希姆的大力推荐。当时我即将12岁，渴望着这次拜会。约阿希姆的举止平静又庄严，亲切而又温和。他认真地聆听这位年轻歌手的演唱，对我的伴奏似乎非常满意。因为他曾饶有兴致地转向我，问我的年龄，学习过程，未来的打算，还说了一些表扬的话。这次会面让我感到满足。尽管约阿希姆反对瓦格纳，但没有再次走近他，还是让我有越来越多的遗憾。

第五章

从在音乐学院的第一天开始，我就表现出热心与勤勉。然而，我 28
不仅仅专注于音乐学习。生活似乎提供了太多让我机敏的大脑感兴趣的东西，我不会只盯着窝边的青草。我的健全的直觉，让我对天才人物易现的偏执具有免疫力，避免了悟性泯灭以及由此陷入浅薄之境的危险。我相信，凭直觉选择自己精神上的滋养品，才能建立起适当的平衡，提升我在各方面的兴趣，以免营养不良。

我努力的成果，自然而然地率先在钢琴方面显现出来，这一定让我的老师感到很满意。有一天，他出人意料地宣布，我将参加学院的下一次公开音乐会，这是学院在柏林合唱协会[1]举行的年度活动。

柏林合唱协会所在的雄伟建筑，我以前在林登大街看到过，稀疏的栗树林后面有条林荫道通向这幢大楼外的台阶。策尔特、门德尔松，还有其他几位昔日的大音乐家，曾是这座尊贵建筑的主人。壮观的演奏大厅，音响效果非常棒。古典风格的半身像依墙俯视。李斯特、鲁宾斯坦、萨拉萨蒂[Sarasate]、约阿希姆和他的四重奏团，这些世界知名的音乐家，都在这个舞台上演奏过。而我，一个腼腆的9岁男孩，也被请进这座在文化历史上具有重要意义的建筑——这是音乐信徒向往

[1] 柏林合唱协会[Berlin Singakademie]：德国作曲家卡尔·策尔特[Carl Zelter]于1791年创办，旨在推广巴赫的宗教合唱作品。

的圣地。在此，我第一次在观众面前证明了自己的价值。直到今天，我还能感觉到当时的羞怯紧张。每次踏进柏林合唱协会（的驻址），我都怀着敬畏之情。当一个孩子初次感受到这座圣殿的氛围，他心底里会响起圣咏的回声。那依然是这幢大楼的壮美，它尊贵朴素的建筑风格，还有它悠长的心路历程所引发的瞬间效应。凝视那些能讲故事的石像，我常心潮起伏，因凝结在永恒当中的历史而感到震撼。这样的
29 印象深深镌刻在一个涉世不深的孩子的脑海里。尽管他还太幼稚，不得要领，但它们在其心中的分量，是以后类似的东西难以比拟的。

记得那是一个星期天的早上，登上从艺术家室伸出的楼梯，蓦然发现自己面对坐满人的大厅，我的心怦怦直跳。我与其他表演者一起，在高高舞台的一条长凳上找到自己的位置，头顶上是辉煌的管风琴。我需要候场很长时间，每当有小伙伴从凳子上站起，去展示其所能的时候，我特别兴奋。终于轮到我了，在弹出第一个音符之前，我意识到自己的兴奋已经消失。据说演出之后我曾宣称，这么多观众并没有给我的演奏带来恐慌，他们就像是一大堆苹果和梨子。如果没记错的话，我演奏的是舒伯特优雅的《降A 小调即兴曲》，还有门德尔松的《随想回旋曲》。这些作品里温柔的浪漫，从一个孩子手中表现出来，令听众为之心动。

我第一次公开亮相，结局如节日一般。在鲍尔咖啡店，爸爸妈妈奖励我一杯巧克力，将这个值得纪念的日子推向了高潮。这次演出的另一个重要成果，是珍妮·迈耶发来一封信通知我爸爸，他此后不用再支付我的学费了。报上还登出了一些对我的演出颇为赞赏的评论，让我爸妈欣喜若狂。有好几个星期，爸爸都将这些评论放在随身的衣兜里。

自然而然，我所渴望的东西，很快超越了钢琴范畴，进入到更广阔的音乐领域。爸爸偶尔会带我去欣赏交响音乐会，有时甚至去听歌剧。他自己的爱好与我的期望同步，这给他更多快乐，特别是当我在听完歌剧和音乐会之后，凭记忆为他演奏一些旋律的时候。

克罗尔花园[The Kroll Garden]曾是一家宽敞的大众餐厅。在晴天的下午或者傍晚，柏林人喜欢来到这里，坐在大叶树下，吃东西、喝啤酒，如果我没记错的话，再听听军乐队的演奏。这儿实在太爽了，尤其是黄昏时分，汽灯亮起，风吹树叶沙沙响，太让人兴奋了！太浪漫了！ 30

然而夜幕终于降临，人们漫步走向主街的远端。那里有克罗尔剧院——歌剧上演的地方。花园的客人们花上50芬尼，有时只需25芬尼，就能走进剧院获得一个立足之地。站客们围着乐队，形成一个半圆，这样先来者可以紧挨乐队，或者在铜管和打击乐的右边，或者是靠近木管的左边。爸爸时常带我去那里。在此我第一次听到了莫扎特的《费加罗的婚礼》和《唐璜》，罗西尼的《塞维利亚理发师》[*Barber of Seville*]，威尔第的《弄臣》[*Rigoletto*]和《假面舞会》[*Un Ballo in Maschera*]，还有其他歌剧。我最欣赏朝气蓬勃、天赋极高的玛塞拉·森布里赫[Marcella Sembrich]扮演的妩媚的苏珊娜[Susanna]和优雅光鲜的罗西娜[Rosina]。她演唱的这些角色，赢得了柏林人的心。30多年后，我在纽约拜访过森布里赫，向她坦陈了自己那积蓄已久却从没有衰减的孩子气的热情，并唤醒了她对早期成功的尘封记忆，令我乐而忘返。还有一场演出我终生难忘，是迪安德拉德[Francisco D'Andrade, 1856—1921]饰演的迷人的唐璜。似他这样，一个艺术家仿佛是天生某个角色的情况实属罕见。1901年，我在里加[Riga]指挥了一场《唐璜》，特邀迪安德拉德主演。尽管他嗓音已明显衰退，但能在指挥台上近距离重温他当年在克罗尔剧院吸引站客的印象，我感到非常满足。我还能想起，迪安德拉德在《塞维利亚理发师》中扮演的光彩四射的费加罗，他有着快乐的神情，毫不做作的活泼气质，明亮的嗓音，精巧的吐字，还有优雅的贵族气派，故而相对于理发师这个角色，他无疑更适合于扮演唐璜。

除了克罗尔剧院的夜晚，林登大街皇家歌剧院[Royal Opera Unter den Linden]的两场演出，现在也依然保留在我的记忆里，那就是洛尔青[1]的神话歌剧《乌亭》[*Undine*]，还有后来的莫扎特《魔笛》[*Magic Flute*]。值得一提的是，尽管我在聆听音乐、关注剧情过程中获得了快乐和震撼，但每当音乐被道白打断，我总感觉遗憾。当道白再次被音乐切断时，我又会生发同样的感觉。我刚感受到音乐暖流带来的激动，它就扫兴地转为了冰冷的道白段落；我刚适应了妙趣横生的
31 情节推进，音乐又把戏剧的紧张情绪冲淡了。特别在一些经典歌剧中经常有此类情况，它让剧情发展停滞下来。

我喜欢那些在歌剧院的夜晚。天才艺术家们的表演，满足了我对音乐的渴求和对舞台风景的热望，滋养了我天生对舞台的敏感。尽管《费加罗》《唐璜》《魔笛》那些独特的表演，间或会给我留下深刻印象，但我更热心关注的不是莫扎特本身，而是激动人心的音乐。没有哪部歌剧，能像我演奏的钢琴音乐和我听到的交响乐那样，真切地与我的灵魂对话。

我也认识到了导致这种状况的深层次原因。首先，到那时为止，我看过的歌剧，大部分是喜剧类型。其次，特别动人的角色表演，比如《唐璜》、《假面舞会》和《弄臣》中的那些，仍有诸多不尽如人意之处。总之，我有限的体验给我留下的印象是，这样的歌剧在严肃性上略有缺失。我崇尚悲剧，往往看不上那些嘻嘻哈哈的东西。我认为，这个阶段的年轻人更容易被英雄和庄严的东西所打动，他们更乐于去理解大开大合且激情奔放的艺术作品，而低声细语的快乐活泼，给他们留下的印象不会太深。若以席勒式的口吻说得更明白一些，那就是，年轻人喜欢圣洁崇高的东西，而那些在艺术类目中具有轻松属性的美好事物，只能在更成熟的心智面前得到展示。因此，贝多芬成了我心中的神，莫扎特仅仅被认为是美妙可爱。与舒伯特的快乐旋律相比，舒曼狂飙般的浪漫主义，对我来说更具鼓动力。莱辛的《明娜·冯·巴尔赫姆》[*Minna von Barnhelm*]和莎士比亚的《皆大欢喜》[*As You Like It*]，尽

---

[1] 艾伯特·洛尔青[Albert Lortzing, 1801—1851]：德国作曲家。

管很吸引人，尽管妙趣横生，对我来说仅仅是喜剧而已，它们不会成为像《爱米丽亚·迦洛蒂》[*Emilia Galotti*，莱辛1772年发表的悲剧]和《李尔王》[*King Lear*]那样伟大的艺术作品。就我的个性而言，我是乐天派，在外人眼里显得平易稳重，时不时会轻松快活一番，偶尔也会有忧郁袭来。然而我渐渐地，越来越自觉地，在生活和艺术之间划出了一条鸿沟。每天的生活洋溢着乐观精神，而从艺术中渴求并汲取的，却是情绪上的剧变与亢奋。

聆听爱乐大厅[Philharmonic Hall]的大众音乐会，提升了我的音乐素养。古斯塔夫·克格尔[Gustav Kogel]指挥这些演出，每周二和周三晚上举行，门票非常便宜。人们坐在桌边，上面有啤酒和食物—— 32
幸亏音乐演奏时禁止吃东西。卓越的爱乐乐团几乎演出过所有的交响乐经典。附带说一句，我记得在节目最后惯常的圆舞曲或者其他通俗曲目开始前，我总要请求爸爸退场。对此类从"高端"坠落的"沉沦"，我感到很痛苦。话又说回来，我并不排斥在家庭范围内演奏舞曲音乐。如果有舞伴，我的哥哥和妹妹，我们的堂兄妹和他们的朋友要跳舞，我会几个小时坐在钢琴前，演奏或者即兴创作华尔兹、波尔卡、苏格兰慢步舞和其他通俗舞曲。我认为，舞曲音乐完全适合娱乐目的，但我"男子汉"的严肃思维，不允许把艺术和娱乐混为一谈。

在进入我阅读计划的音乐家传记中，贝多芬的生活，他巨人般的性格，他越来越严重的耳聋，他对权贵和上流社会的蔑视，他撕毁《英雄交响曲》的题赠，他的海利根施塔特遗嘱[Heiligenstadt Testament]，等等，深深地打动了我。我也动情地阅读了碰巧弄到的莫扎特、舒伯特、亨德尔、舒曼、门德尔松等音乐家的传记故事。作曲家们世俗生活的困窘与他们丰富创造力间的强烈反差，让我感到惊讶与困惑。莫扎特为了祈求几个古尔盾，总是对老施主低三下四。他和太太在冰冷的房间里跳舞，只为在寒意沉沉的11月取暖。更糟糕的是，他遭到萨尔茨堡大主教道义上的侮辱。当这些事情发生时，他在心灵中构想了[歌剧《唐璜》中]“雕像”那场阴森颤栗的音乐，吟诵出萨拉斯特罗[Sarastro，歌剧《魔笛》中的大祭司]圣殿里人性之爱的启示，还有《安魂曲》“落泪之日”[*Lacrymosa*]中的长歌当哭。日常生活无法逃避的平凡琐事，与艺术灵感创造的崇高过程，存在着怎样的命运关联，会如此悲情地混杂在艺术家的生活当中？并不仅仅是我这个小孩子在用这样的方式扪心自问，那些传记作品——并非所有的传统著作都像雅恩[1]的《莫扎特》或施皮塔[2]的《巴赫》那般严肃，而是也有轶事类内容的青少年读物——在记述作曲家在艺术上的成功之余，也总会记录下他们的内心幸福和外在孤寂的比照。同时，我感受到他们一生所面对的是世间琐碎的一面。高贵的生命和底层的生活，在艺术家的心灵世界并肩前行。即便涉世不深的我，也很早就开始忍受这样的冲突，
33 它们来自凡俗世界和我的琐碎经历（二者总能贴切地匹配），也来自二者与我那天生的精神生命之间的反差。我第一次感受到了厌世之情[weltschmerz]——是感受而不是连串的思考，像一阵刺骨的寒风从我身边吹过。随着时间的流逝，它真的赋予我终身不愈的伤感。然而，我们可以与伤感一起生活工作。为什么呢？通行的说法是，它可以让我们避免罹患更严重的“疾患”。

不管怎样，我深深感谢命运赐予了我一个比伤感更能起防护作用的礼物，那就是幽默感。早年，我喜欢对经历的事情从乐观的角度进行体察。这就是为什么我变得特别喜欢幽默文学的缘故。斯威夫特的讽刺幽默，惹人喜爱的狄更斯，还有霍夫曼的鬼故事，在我的心灵世界引起了强烈共鸣。我对劳伦斯·斯特恩[3]的喜爱来得比较晚。当让·保罗[4]作为一颗新星出现在我的天际时，我已经20岁了，在这里，他的光芒盖过了所有一切。我对幽默的爱好，让我能更轻松地战胜降临到

---

[1] 奥托·雅恩[Otto Jahn, 1813—1869]：德国考古学家、作家。

[2] 菲利浦·施皮塔[Philipp Spitta, 1841—1894]：德国音乐史专家。

[3] 劳伦斯·斯特恩[Laurence Sterne, 1713—1768]：英国小说家。

[4] 让·保罗[Jean Paul, 1763—1825]：德国浪漫主义作家。

布鲁诺·瓦尔特肖像，1903

布鲁诺·瓦尔特之妻埃尔莎，1900

我身边的诸多灾祸。

尽管在我的成长阶段，狄更斯小说的内在温馨，慰藉了我的心灵，但我真正迷恋的还是霍夫曼[E. T. A. Hoffmann]。小时候我曾害怕精灵鬼怪，霍夫曼天马行空的想象唤起了我旧日的那些恐怖战栗，他对音乐的喜爱也让我感到温暖。在他的“宫廷乐长”克莱斯勒[Kreisler]身上，我看到了与自己相像的音乐家性格。就连我的梦境也被他那时而魔邪、时而友善、时而幽默癫狂的性格，被他笔下的丰富人物，以及他讲述过程中的兴高采烈所影响。然而，最让我赏心悦目的是他的想象氛围，这是令其火爆性格无拘无束的热烈元素。

正是霍夫曼这样的浪漫主义作家让我痴迷。他拥有一种特殊张力和宽宏的度量，这是浪漫主义者的普遍特征，让他们撇开凡人琐事，甚至与正常生活状态截然分离。浪漫主义是庸俗之气的对立面——这正是我对霍夫曼作品强烈专注，以至于我的青年时代深刻受其影响的原因，而当时我几乎没有意识到。就连乏味的柏林，也通过他富有魅力的《新年夜历险故事》[*Adventure of a New Year's Night*]，为我展现出一缕浪漫主义光芒。实际上，御林广场的鲁特韦尔纳酒馆[tavern of Lutter and Wegner] 非常令人失望。尽管这里过去曾经因霍夫曼的 34
时常光顾而荣耀一方，但它其实根本不值一提，不过是柏林一家普通的餐厅而已。后来，人们对霍夫曼的幽灵就在其屋内的想象，因其无聊而化为乌有。当诗人在此喝鸡尾酒的时候，这里或许更加简陋。我怀疑这里的房间是否曾经具有霍夫曼风格。然而，这个光彩之人也有让我感到失望之处。霍夫曼，这位所有音乐家都喜欢的诗人，甚至成了歌剧里的英雄。奥芬巴赫[Offenbach] 的《霍夫曼的故事》[*Tales of Hoffmann*]，其优美音乐中拥有很多对霍夫曼自身形象的描述。霍夫曼也曾亲自动手写过一部歌剧——《水精灵》[*Undine*]。我觉得这部作品水平不高，缺乏独创性。让人困惑的是，在他苍白的语言和旋律中，竟然没有燃起他在众多小说中显现出的对音乐深度喜爱的魔幻之火。

周日下午，我常专注于演奏室内乐，偶尔参与戏剧作品的集体诵读，每人扮演不同的角色。我和喜欢音乐的伙伴们，对室内乐有着永无休止的渴望。吃罢午饭，我们会立即聚在一起，演奏小提琴和大提琴奏鸣曲、钢琴三重奏、四重奏还有五重奏。家里人说了一遍又一遍：先停一下，晚饭都凉了！我们才会勉强离开一会儿。最后一口饭还没有咽到肚里，我们就会奔向自己的乐器……直到想起明天还要上学，或者更糟糕的，还有未完成的作业，才会迫使我们停止演奏。那些日子，对我们这些未来的音乐家而言，这样的家庭音乐会是一种享受。当然就像前面说过的，相当多一部分年龄段各异的音乐爱好者会利用他们的闲暇时间，来享受共同演奏的乐趣。

我还喜欢参与集体诵读，经常为自己选择充满激情的人物，间或会挑一些特别恶毒的角色。席勒《菲耶斯科》[*Fiesco*] 中冷酷的摩尔人非常适合我。我对《阴谋与爱情》[*Intrigue and Love*] 中的邪恶宰相也很熟悉。诸如塔索[Tasso]、波萨侯爵[Marquis Posa]、马克斯·皮科洛米尼[Max Piccolomini] 这些高尚角色的诗意独白，我也喜欢背诵。

这类活动更适合在寒冷季节开展，而不是在暖和的月份。夏天对我来说具有另一种诱惑，它强迫我抛开读书和练琴，引领我来到天地万物当中。在温暖的季节里，大自然动听地向我诉说，它是我生命中仅次于音乐的强大力量。它们并非仅通过视觉形象来浸入我的灵魂，尽管我也热切地享受美丽的山峦、谷地、湖泊、阳光灿烂的日子和月夜风
35 景。对于灌木丛和大海，对于孤独的岩石和暴风雨，对于昆虫的鸣叫和晌午的静寂，我同样有机会近距离地接触和欣赏，感受到强大的亲和力。在大自然的怀抱里，我感觉我是它的一分子，我能够很快进入浮士德诗句中的意念。

你把庄严的自然做我封疆，
给我以感觉她，领略她的力量。
你不仅允许我去徒作静观，

你允许我，观察透自然胸坎，
如像对一个知己的心地一般。
你领导着生物行列过我面前，
你指教我和我的兄弟们见面，
在这幽静的丛林间，空间，水间。
（《浮士德》第一部，《林窟》，郭沫若译，人民文学出版社1959年版171页）

柏林，其周边环境资源不算丰饶，为憧憬大自然的旅人提供不了太多快乐。乡间单调而又枯燥，然而哈弗尔湖还有沙土上的矮松林却有种奇特的魅力，特别在日落时分。温柔的月亮在柏林近郊无云的天上闪耀，蒂尔加藤[Tiergarten，现为欧洲最大的都市公园]一带，晚风吹拂着树梢，发出沙沙的响声。如果人们在晴朗的夜晚来到郊外，布满星星的苍穹，会让你敞开心扉，让天地无垠的强烈感受充盈其间。在冬季，我渐渐喜欢上了下雪，脚下的嘎吱声，窗棂上的冰花，旋转的雪片，白雪覆盖的树木，还有一望无际的雪原。非常幸运，每年夏天爸爸会把全家人带到乡下，在那儿住上几天。有好几个夏天，从斯德丁[Stettin，波兰西北城市]坐着漂亮的轮船，或者从施特拉尔松德[Stralsund]乘轮渡，来到波罗的海的吕根岛[Rügen]，是我们的假期“必修课”。在那儿，我沿着海岸深入到山毛榉生长的岛屿腹地，感受真正的森林。一家人徜徉于此，然后惬意地躺在树荫下。从施图本卡默角[Stubbenkammer]高高的峭壁上，我可以俯视远处的大海，看到浪花与礁石之间永不停息的搏斗，有种强烈的快感。荒野里的石堆，让我想起史前人类的生活。诵读当地的神话传说，会让我懵懂感悟到，此情此景，会让诗人产生幻觉。

其他的夏月，我们会前往图林根[Thuringia]，这里有漂亮的山谷
与和缓的丘陵。在瓦伦堡[Wartburg]，我看到了这在中世纪曾拥有的繁 36
盛，还有其四周的神奇。小屋子褪色的墙面，让人想起对恶魔进行口诛笔伐的马丁·路德[Martin Luther]的传奇人生。然而最重要的是，在

那里，在靠近伊尔默瑙[Ilmenau] 的金克汉山[Kiekelhahn] 的最高峰，我第一次进入了一个与歌德精神相通的世界。按照歌德的说法，他曾在深夜长时间伫立在这个地方，吟诵着“一切的树梢，全不见，些儿风影”[选自歌德《流浪者的夜歌》，郭沫若译] 的诗句。我还发现了年轻的约翰·塞巴斯蒂安·巴赫在爱森纳赫[Eisenach] 的遗迹。在图林根的逗留，我用这样的方式为自己的生命之火加油。

我们的好几个暑假都是在哈尔茨山[Harz Mountains] 度过的。罗斯塔普[Rosstrappe]（绊马坑）和海克森坦茨普拉茨[Hehentansplatz]（巫婆的跳舞场）之间的博德峡谷[Bode Valley]，与山名所暗示的童话故事契合。穿过迷雾，走过布罗肯[The Brocken]，以及埃伦德[Elend] 和西凯尔[Schierke] 四周阴沉沉的地带。那种恶劣天气，似乎最符合《浮士德》中所描述的沃普尔吉斯之夜[Walpurgis Night]，以及巫婆的安息日。

我少年时代的心路成长过程中，散步和漫游的重要性，比阅读学习显得更突出。学习是吸收和领悟知识；阅读，就像叔本华所说的，是“用别人的思想来思考”。那些夏天，除了来自外部世界的丰富印象，我自己的思绪也流露出来，在我和这个世界之间开启了直接的关联。总之，从我内心到外面的世界，呈现出一种精神层面的成长。似乎艺术女神（或许还有更多其他令人敬畏的神明）更喜欢将其眷顾授予漫游的旅人，总是回避那些要么宅在家里，要么开着汽车奔波忙碌的庸人。毋庸置疑，如果不是在漫游时的灵感附体，贝多芬写不出他的交响曲，歌德也写不出他的金句。

爸爸妈妈希望拓宽我的基础教育，让我熟悉众多的艺术品。我乐于使用自己的眼睛，就像乐于使用自己的耳朵一样。我周日上午常去参观柏林博物馆，还有国家美术馆。埃及神庙里庄严的造像，还有奇异的象形文字，让我充满好奇与敬畏。海因里希·谢里曼[1] 在帕加马

[1] 海因里希·谢里曼[Heinrich Schliemann, 1822—1890]：德国考古学家。

[Pergamon] 发掘的文物，让我眼花缭乱。我倾慕意大利文艺复兴时期 37
绘画的美妙，并发现了荷兰人的妙趣。但是，尽管我常去观摩，后来又认真努力过，但我希望建立与视觉艺术紧密联系的愿望并没有实现。我靠耳朵谋生，缺少视觉方面的天赋，只是到后来，当自己的文化背景变得更加丰厚时，我才有幸逐渐喜欢上了视觉艺术品。

回到施特恩学院，我仍然倾心于成为钢琴家，埃尔利希的指导让我固守天性的既定方向。技术方面也是如此，我的进步相当快。这要感谢埃尔利希的教学方式。他并没有试图培养一个炫技大师，尽管我拥有这方面的禀赋。他或许不是这方面的合适教师。在著名钢琴家亚历山大·德雷夏克[Alexander Dreyschock] 的儿子，杰出的菲利克斯·德雷夏克[Felix Dreyschock] 为海因里希·埃尔利希代课的那几个星期，我第一次意识到这个问题。德雷夏克是个活泼的年轻人。通过他，我听到了完美的三度和八度音演奏，钦佩地看到漂亮娴熟的手腕动作。我开始了自己的计划，以炫技大师为目标开始练习。他无拘无束，非常乐于为我弹奏，给予我真正的快乐。他似乎很喜欢这些课程，所以在兴趣的引领下，一个30 多岁的人与虔诚仰视他的学生之间有了一层热诚的关系。我还记得他可爱的夫人。她过早去世，导致菲利克斯·德雷夏克因为这次严酷的变故，在举止和外表上悲剧性的转变。

尽管我刚刚13 岁，尚未拥有精湛的技艺，埃尔利希却认为我在钢琴和音乐方面已足够成熟，可以进行公开演出了。他给我妈妈写信，与她商讨把我引荐给公众的想法，并用客套的语气说，这不会影响我未来的发展。

赫尔曼·沃尔夫[Hermann Wolff] 是当时德国最出色的音乐会经理，为世界最著名的艺术家做代理。他是个有能力、有胆识、明智、有情趣的人，是艺术家们的真诚朋友和顾问，在柏林的音乐生活中扮演着重要角色。沃尔夫与才华横溢、坦率直言，同时又贪得无厌、反复无常的汉斯·冯·彪罗[Hans von Bülow] 的通信，显示出他的为人本色。彪罗

在信中，时而机智幽默而且态度友善，时而急躁不安又恶语连连，但字
38 里行间总是显现出对其经纪人的尊敬与信任。在沃尔夫那里，有艺术家的相互理解和坦率坚定的人格，他依靠这些品质获得了彪罗和众多艺术家的信赖。

埃尔利希与沃尔夫交情甚笃，他引荐我去沃尔夫家中试奏。在装饰豪华的客厅，我见到了沃尔夫，还有他迷人的、性情多变的太太——日后她成为柏林音乐圈子里的“路易斯女王”[“Queen Louise”]。我的老师和他们一起喝茶。如果我没记错的话，我为他们演奏了舒曼的《克莱斯勒偶记》[*Kreisleriana*]。多年后，路易斯·沃尔夫和我在演出方面密切合作，她在柏林爱乐乐团创办了“布鲁诺·瓦尔特系列音乐会”[Bruno Walter Concerts]，此项目运营多年。她告诉我，她很清晰地记得小时候的我是多么腼腆，多么不爱说话，但在场的人都对我的演奏非常满意。至少，沃尔夫似乎很有兴趣，并向我的老师提议，在爱乐乐团的音乐会上把我推荐给公众。

这样，1899 年2 月，我与爱乐乐团合作，演奏了莫谢莱斯[Moscheles]的《降E 大调协奏曲》。我的这次成功演出非常令人鼓舞。让人稍感遗憾的是，音乐会前一天，与乐队合练，我弹过全曲后，原以为可以展示一下华彩段落的辉煌技巧，但钢琴却被特蕾莎·卡雷诺[1]——尤金·艾伯特[2]的第二任夫人所占据，她要与乐队排练不久后即将上演的音乐会曲目。这个人是真正的大腕儿。我可以听到她隆隆如雷声的八度奔跑，还有她流光溢彩的乐句段落。如果说我刚才还认为自己牛气冲天，那么现在已觉得自己无足轻重了。然而，我记得很清楚，当时我更多的是着迷，并非失落。

无论怎样，爱乐大厅的那个夜晚还是证实了我作为钢琴家的实力。爸爸妈妈却开始为我的天才演艺生涯担忧，因为我身体的纤弱，

[1] 特蕾莎·卡雷诺[Teresa Carreño, 1853—1917]：委内瑞拉钢琴家。

[2] 尤金·艾伯特[Eugen d'Albert, 1864—1932]：出生在苏格兰的德国钢琴家。

还因为我的成长之路不能被它所妨碍。但老师、家长和我都严格遵循了职业钢琴家的成长规范。就在那时，我听到了约瑟夫·霍夫曼[Josef Hofmann]的演奏，他是来自俄罗斯的12岁的少年天才。他惊人的技巧和早熟的乐感，在柏林引起了名副其实的轰动。我目睹了他的成功，还有他出众的演奏，这一切激励我实施自己的计划，并燃起了我的激情。

但有一天，我从定音鼓后面舞台上方的座位上，耳闻并目睹了汉 39
斯·冯·彪罗指挥爱乐乐团的演出后，未来成为钢琴家的梦想开始渐渐消退。我曾观摩过克格尔[Kogel]指挥爱乐乐团的音乐会，也曾经看过歌剧演出，但我几乎没有留意过指挥家。然而，现在，我看到彪罗脸上闪动的灵光还有爆发的活力，感觉到他手势中那股不可抗拒的力量，注意到来自乐手的专注与虔诚，领悟到他们演奏的表现力和精确度。我马上明白了，站在指挥台上的这个人在制作音乐，他已经把百余名乐手变成了自己的乐器，就像钢琴家那样在演奏它。那个晚上决定了我的未来。现在，我知道自己生命的意义了。所有的音乐活动，唯有管弦乐队指挥是我看重的；所有的音乐作品，唯有交响乐可以让我真正快乐起来。那天夜里，我向上帝祷告。我曾热心于钢琴学习，期待日后成为大钢琴家，就像当年彪罗那样。但现在，命运已经注定。我已经意识到自己是为什么而生的了——我决意成为指挥家。

第六章

我刚意识到好的转机，刚开始拓展自己的学习计划，另一件事就 39
迅雷不及掩耳地来到我面前。它让我兴奋，彻底改变了我的内心。这是一场《特里斯坦和伊索尔德》[*Tristan und Isolde*] 的演出，对我而言绝对是“天降狂喜”。事情的原委是这样的。

我前面说过，在施特恩学院，在我父母那里，在与我相关的人群当中，有一种对瓦格纳根深蒂固的敌视。他们都是“老古板”思维。勃拉姆斯被认为是肩负着伟大音乐传统的人物，瓦格纳则是耳朵与灵魂的败坏者。他们并不否认，《罗恩格林》[*Lohengrin*] 和《汤豪舍》[*Tannhäuser*] 非常好——尽管真正的瓦格纳拥护者，已经开始不屑于谈论这些早期作品了。不仅我的亲朋好友接受了这些剧目，而且它们也得到了学院的认可。然而，《罗恩格林》之后，瓦格纳作品的合唱效果表明，他已经走上了邪路。另一方面，我有逆反心理和英雄崇拜情结。比如，俾斯麦遭到批评，为我周围的人所诟病，而我更倾向于视他
为伟人。听到所有人都在反对瓦格纳——所以我感到有必要站在他一 40
边。但我不了解他，也缺少有力武器。当我明确表示，一个写了两部如此优美歌剧的作曲家不可能立刻就江郎才尽时，就一定会听到有人

轻蔑地唱起“哇嘎拉维阿”[1]和“嚯唷托嚯”[2]。此外，“污秽的语言”也损害了音乐，同时摒弃了所有的节制与风范，用夸张的铜管和打击乐蹂躏管弦乐队的声音。每个懂音乐的耳朵都不能忍受这样的噪声。不仅如此，还有一个毒害了瓦格纳音乐的元素——它是被悄悄加入的，当时我还不能接受这一点儿。我很清楚他们所指的“淫荡”是什么，对此我倒是很有兴趣，感觉它一点儿也不邪恶。关于瓦格纳创造新语的倾向，我人微言轻，没有表态的资格，实际上也有几分不喜欢。但对瓦格纳还是越来越感兴趣，我渴望听到他的管弦乐之声，感觉他的肆意妄为非常具有诱惑力。因此我在家中叛逆地宣称：希望仔细品味一部瓦格纳作品。我必须挣一些钱，因为爸爸绝不会买票去支持这类“败坏”我灵魂的东西。我坐在柏林歌剧院座席的最高处，从大提琴声部第一个音符开始，我的心就一阵阵发紧。这种魔法，让我就像得了不治之症的特里斯坦，在第三幕诅咒的毒药“从心灵扩散到了头脑”。我的灵魂以前从没有被声音和激情的洪水如此淹没过，内心从没有被如此的渴望和极端的快感吞噬过，我也从没有因为如此真切的天堂般的荣耀而激动过。我不再属于这个世界了。散场后，我在街上漫无目的地神游。到家时什么也不想说，请求家人别问这是怎么回事。直到半夜，我的狂喜之心还在跳个不停。第二天醒来，我知道自己的生活已经改变，新的时代开始了：瓦格纳就是我的上帝，我希望成为他的追随者。

接下来的问题就是如何走近这位大神。我怎样才能进入瓦格纳这个完全陌生的世界呢？最关键的是——我需要时间。我很少有闲暇，因为起步阶段的指挥家要学的东西太多了，这耗费了我大部分在校的剩余时间。即便能挤出一些自由支配时间，来成全自己的瓦格纳梦想，我该怎么利用它呢？音乐学院忽略瓦格纳，在这儿找不到一部他

[1] “哇嘎拉维阿”[Wagala weia]：《莱茵的黄金》中，守卫指环的女神出场后的第一组台词，这是一种呼喊，毫无具体含义，曾受到评论家的严厉批评。

[2] “嚯唷托嚯”[Hojotoho]：《女武神》中布伦希尔德的唱段。

的作品，我也没有很多钱去买那么贵的东西。逆来顺受，听天由命，不 41
是年轻人的美德。我当然不会轻言放弃，尤其是当燃烧的心正充满渴望的时候。我必须了解瓦格纳，并沉醉在他的音乐中——此事刻不容缓。我发现了一条赚钱的门路，那就是为年轻歌手伴奏，做他们的艺术指导。当然，我只有很少的时间来做这个，每小时50 芬尼，无法让我的钱包迅速鼓起来。不管怎样，我还是挣够了钱，有机会去到阶梯剧场（剧院顶层走廊的别名）观看瓦格纳乐剧的表演。这里的座席价钱是1 马克，站票是60 芬尼。如此一来，我就能欣喜若狂地投身到自己的极度渴望当中。

当时的独唱歌手给我留下的记忆已经模糊。仅有一位非常动人的歌手，还清晰地浮现在我的眼前，那就是罗莎·苏赫尔[1]。她形象高贵，在美丽与灵秀两方面都无可挑剔。她举起高脚酒杯向特里斯坦发誓，挥动火把，脸上的面纱一起一伏。我相信狂热中的我，已经"喝下了那杯酒，看到了美女海伦"。但我不是唯一意识到苏赫尔的美丽与尊贵的人，人们都钦佩她表情和肢体语言里的英雄品格。很幸运的是，我心中的英雄性格与伟大悲剧概念，不曾因年代久远而衰退。约瑟夫·苏赫尔[Josef Sucher]，歌唱家的丈夫，当年是柏林歌剧院的瓦格纳指挥家。我非常感激这个人，欣赏他的真诚和音乐表达上的丰沛情感。事实上，我觉得所有一切都很精彩。但除罗莎·苏赫尔以外的艺术家我都淡忘了。尽管他们也曾让我的内心充满欢喜。

渐渐地，通过尽可能多的表演观摩，我熟悉了瓦格纳的大部分作品，除了《黎恩济》[*Rienzi*] 和《帕西法尔》[*Parsifal*]，我开始适应它们的氛围。我同样非常认真地去研读他的著作，共有十卷，《我的一生》[*Mein Leben*] 只在很晚才出现。他最早在巴黎写下的文字，让我开心，让我感动。我当时的理论功底不扎实，所以很难理解瓦格纳在音乐理论上的探索。事实上，我感受到其中两篇文章的深度并印象深刻。一

[1] 罗莎·苏赫尔[Rosa Sucher, 1849—1927]：德国女高音。

篇是他的“论指挥”[“Of Conducting”]，这是与我当时的理想目标相关的知识宝库。还有“论贝多芬”[“Beethoven”]一文，也是很精彩的著述。在书中，一位有创造力的天才，虔诚地探索另一位天才的神韵。在瓦格纳和勃拉姆斯之间进行选择，对我来说非常痛苦。我没有选择，两者我都喜欢。我不想去调和他们，在很多高人看来，他俩显然是水火不
42 容的。确切地说，当时我更多专注于瓦格纳，而不是其他人，他主宰了我的生命。尽管瓦格纳的光芒胜过所有其他人，却不能从我心里驱逐任何一位古典作曲家。在解释我的多重爱好时，我更愿意用二元论来忖度自己这种状态。我天性中有酒神的一面，也有太阳神的一面，它们好像拥有足够的肚量，为彼此的包容提供了足够空间。

除了辅导课，我找到了另一条满足我欣赏瓦格纳和日常杂费的生财之道。尽管我已然放弃自己的钢琴家梦想，但间或还是有机会与女歌手进行短期的音乐会巡演，特别是在假日。如果我父母觉得这些歌手还靠得住，我就能与她们一起外出，为她们演唱的歌曲和咏叹调伴奏，在演唱间隙再搞一点儿独奏。

我向音乐学院提出申请，让我进入罗伯特·拉迪克主讲的指挥班。要想将来成为指挥家，我要学通奏低音[thorough-bass]、阅读和演奏管弦乐总谱、曲式原则、作曲和乐器法。指挥班学员还要观摩合唱练习和管弦乐排练并逐渐参与其中。我们还被推荐参与器乐和声乐课程，这也是非常明智的选择。另外，我还选修了布斯勒的对位课，非常用功地谱写赋格和双重赋格。我的课业负担几乎是超负荷的，因为如果不这样的话，所有的东西对我来说就太轻松。在我的记忆里，视奏管弦乐谱几乎没什么难点。老师还没向我解释超高音、中音和次中音谱号的含义，我就能毫不费力地奏出四个声部的众赞歌。我还没等弄明白乐器移调的法则，就能视奏海顿、门德尔松和贝多芬的总谱，好像它们是钢琴作品，抑或是歌曲的伴奏。我甚至记得，我能像玩儿一般地为管弦乐总谱移调，就像我常在迈耶的声乐课上给歌曲移调那样。

在拉迪克指导下，我兴趣盎然地学习奏鸣曲式和交响曲文献，并遵照要求为自己和他人的钢琴曲配器，谱写奏鸣曲、四重奏、序曲和合唱曲。所有的一切对我来说都这么容易，都如此的畅通无阻，但这种情况让我心烦。我还感到道义上的困窘。虽然我尊重拉迪克的为人，但却不赞成他的音乐趣味，我一直背地里坚持自己对现代派的推崇。我不愿说出自己对瓦格纳的喜爱，不是因为怯懦，而是因为清醒地感到任何 43
争论都没有意义。拉迪克永远不会为我指出超越他熟悉领域的路径。学院的课程和教材没有突破传统的东西，我学习越用功，完成课业的麻烦越少，就越相信自己的学习永远不会带我走向震撼我灵魂的那些作品。尽管学院课程相当完备，我却永远无法超越初级阶段。比方说，我怎样才能在自己的配器法课程中拥有自信呢？如果里面充斥着瓦格纳乐队的辉煌声音，我就会被告知任何对小号自然音色的使用，都是品味下流。我又如何能在作曲课上，耳畔萦绕着《特里斯坦》那高度半音化的音响，心里却一味顺从那些和声的清规戒律呢？更糟糕的是，即使在古典音乐方面，我似乎也没有学到什么。我所感觉到的东西，比课堂上所描述的都更自然、更纯朴、更激动人心、更有力量、更有个性。与此同时，我崇尚更高层次的学问与体验。总之，我每天愈发感到茫然。表面上我取得了快速进步，学院对我期待也更多，但我自己却意识到个人发展遭遇到瓶颈。当觉得在困境中无路可走时，我踌躇、焦虑，最终绝望。

这时，所有的一切突然被作曲班的一位怪才激活。他是个来自波罗的海省份的俄罗斯裔德国人，十六七岁，淡淡的金发，一口和蔼高调的波罗的海方言。他和我非常要好，经常一起聊天，一起摆弄器乐。当得知这位表面谦和、说话轻声细气、很有礼貌的小伙子，在音乐方面是个彻头彻尾的“异教徒”时，我非常惊讶。是的，他是个叛逆者，几近虚无主义。在一次私下关于瓦格纳的谈话中，我结识了他。我说起自己对瓦格纳的热衷，因学院教学而出现的问题，还有展现在我眼前的新世界。对这些问题，他非常淡定地给予了回应。他说，与学院的教学相比，古典音乐更让人不满，更显过时。我理解他所说的意思是，巴赫和亨德尔已属“老帮菜”，无法再让人感到任何兴趣。莫扎特，虽然曾
44 写出过精致的旋律，也很无趣。贝多芬，尽管还有点意思，却没有创造力。总之，我们在音乐学院，完全生活在过去，生活在一座窗户全部封闭的博物馆里，里面的空气让人窒息。不可否认，瓦格纳为音乐开辟了新路，但他为剧院创作，而剧院只会吸引那群“大老粗”。我们这个世纪（19 世纪）唯一真正伟大的音乐家是柏辽兹，我们必须追随他，认真遵循标题音乐的现代理念。这位温文尔雅的叛逆者，无法动摇我的信条。他的义愤填膺对我并没有多大影响，但他的热情感动了我。我们碰巧从接下来在爱乐大厅通俗音乐会演出的柏辽兹《浮士德的沉沦》[*Damnation de Faust*] 中，找到了那种狂放的音符。我们去聆赏，尽管我没有被深深感动，却还是被其管弦乐的魔力所吸引。我向这位朋友抱怨，这类新的诱惑只会加重我的焦虑不安，因为我没有机会与其为伴，去探索它的特色。他指着我的鼻子，用诡秘的表情，建议我去皇家图书馆，因为所有的乐谱都能在那儿找到。

最终，这成了救赎的号令。他的话落在我备受煎熬的心中，就像一粒火花投在干火药上。第二天，我再次迈起离开福尔克高级中学，让自己从束缚中解放出来的勇敢步履。我变成我自己的导师，用15 岁不明事理的羞怯，走进皇家图书馆壮观的音乐部。图书馆管理员考夫曼博士，非常惊讶地注视着年轻的来访者。我语无伦次地请求阅读那些我曾无处寻觅，在学习方面急需的乐谱。和善的考夫曼表示许可，一阵兴奋的研读开始了。我的记忆只留下些许细节，记得我曾抄下过《汤豪舍》的序曲，《特里斯坦》的前奏，《帕西法尔》的前奏，贝多芬《庄严弥撒曲》的慈悲经乐章，还有很多其他作品。我还记得曾书面摘录了柏辽兹的配器理论，细读了瓦格纳和柏辽兹的管弦乐谱，还有其他作曲家的。因为有用的信息实在太多，我记得自己搞出过一项发明。为

了弄明白瓦格纳配器的秘密，我在无数纸条上，对着有趣的和弦和独特的配器环节记下文字。在每个字下面，我写下和弦和所配的乐器。在歌剧院顶层走廊上，我或站或坐，大衣和裤兜里揣满了这样的纸条，在应急出口的红色灯光下，借助这些整齐的笔记，靠聆听让自己的脑 45
子牢牢记住那些我曾写下的音符。到这个时候，我终于感觉自己走上了正轨。我清醒地意识到，虽然音乐学院的学习让我初窥门径，得以有能力来利用这些崭新而充足的学习资源，但我直到现在才开始自学那些令我终生不可或缺的东西。

图书馆的这些时光，给我一种过去从未体验过的奇特快感。当迈进音乐部高高的橡木门时，我感到自己好像已经走出了现实的迷茫，正被安静、秩序井然并强有力的过往所包围。在进入大厅开始阅读乐谱之前，我常要蹑手蹑脚地走动一番，凝视着后面数不清的一排排乐谱和图书，享受一下众读者在宽敞房间里专心阅读的那份安静。现在和那时一样，我非常容易受到图书馆大厅庄重气氛的影响。在这里，蕴藏着几个世纪的精神食粮；在这里，最聪慧大脑的思想成果得以永久展示；在这里，一代又一代人前赴后继，去探寻无穷教诲与升华的源泉。这个宁静之所，远离现世的喧嚣，触摸不到未来的绚烂，只能感受到往昔无限真切的精神世界，同时，它蕴含着未来的思想与造物的种子。即使是个孩子，我也感到了一些令人激动的东西，它们到今天依然鼓舞着我的心。当看到书架上的藏书，我心里就有一个声音在呼唤：我的朋友们！

不久，我开始减少在学院的功课，代之以在图书馆学习。这样既可以不引起别人注意，也不会影响任何人的心情。此举更像我最终承认自己的“罪过”之前，短期的失踪。我还清楚地记得那件令人惊讶的事，珍妮·迈耶在她的课上，让一位像我一样偷吃“禁果”的英国年轻男中音，用他自己的方式演唱《师傅歌手》中的“丁香独白”。之后，迈耶转向以我为中心围成一圈的学生们，友善大度地说：“我不喜欢这种音乐，也不愿意在这里听到它，但是，”话说到这儿，她看着在钢琴旁的我说，“我希望让我们的布鲁诺快乐一下。”

如此一来，我如释重负，再没有不舒服的感觉。现在，我的工作似乎变得有意义了，因为它让我转到自己希望的方向。如此一来，天也晴了，清风鼓起风帆，我的航船终于得以畅快前行。

第七章

爱乐大厅的交响音乐会后，我把汉斯·彪罗奉为偶像。我的思绪紧随着这位伟大的指挥家，以其事业为指南，希望有朝一日成为他那样子。我渴望深入了解这位音乐家，特别关注他的个性。我对他个人性情与言论的探寻，不仅只是被少年的好奇心所驱使。直觉告诉我，如果缺乏对其本人的了解，就不能全面地把握这位如此强调悟性的音乐家的造诣。他每次亮相，都会激起我的兴趣。这个拥有前挺的额头和灰白胡子的瘦人，如果身材再高一点儿，或许会让人们想起堂·吉诃德。他的怪癖，他好斗的理想主义，还有生活中表现出的以及他的举止所预示的骑士品格，恰好契合人们对堂·吉诃德的想象。不过他矮小的身躯，活泼的肢体动作，额头上的高贵灵性，特别是他反复无常的心绪，显现出他与霍夫曼笔下的乐队指挥克莱斯勒有更密切的关联。 46

我第一次听到彪罗的作品的时候，他无疑被看作德意志交响音乐的主宰。在古典交响乐演出方面，他的权威已被牢固确立。而且，公众对他的昂扬斗志，他的任性易怒，以及他富有想象力的俏皮话都很有兴趣。其他音乐家的声望似乎都无法与他比肩。可惜的是他已不经常在柏林指挥。身体和精神上的煎熬，磨蚀了他的生命力，他音乐会的数量逐年减少。我相信自己几乎出席了他晚年的所有演出，因此我有足够的机会聆听经典作品以及诸多有价值的新作品的本真演绎。最重要的是，这里有贝多芬的交响曲，也有莫扎特、舒曼、舒伯特、勃拉姆斯、韦伯和其他人的作品。在我记忆中，他不再演出瓦格纳的作品。彪罗整个前半生都效忠于他，但自从两人分道扬镳，这位朋友把他的妻子带走后，一种彻底的疏远，无论在人情上还是在艺术上，就横亘在那儿了。

我认为自己没有资格谈论彪罗音乐生涯的特点。第一次见到这位伟大音乐家时，我是个没经验的孩子。我不知晓其他的杰出指挥家，
47 缺乏个人观点，也没有比照说明的根基。因此，只能谈谈他演出中那些让人信服的力量（尽管他表演的主观性，连一个小男孩也能感觉到），说一说那种无法回避的真实印记。不管怎样，他的演出闪耀着伟大艺术的纯洁之光，永远不会被令人不安的自由速度所破坏。他音乐素养中的严肃认真，还有他对作品的敬畏态度，不允许那种情况出现。他每一场演出，都浸透着自我意识，假如说这个“自我”是复合性的，被轰轰烈烈的生活所深深烙印，那么即便是一场彻头彻尾的“忠实”表演，也会流露出演绎者的个人喜好。因此，非常有可能，特别在晚年，彪罗的情绪和突发奇想，时常影响他演出的诸多非原则性细节。当时，我多次听到人们谈起这个话题，但我总能发现他演出的质朴与伟岸，将他的主观仅当作一种个人魅力去体味。然而，关于他不可预测的反复无常，我可以说出很多，这些东西会自我流露，即使不在音乐自身，也与其相关。比方说，我记得在一次激昂的贝多芬《英雄交响曲》演出中，葬礼进行曲（第二乐章）开始前，彪罗的脑子里冒出一个疯狂的念头，他戴上了一副黑手套。演到最后，我听到他的著名言论，大意是说：既然贝多芬撕掉了这部交响曲献给拿破仑的题赠，“我们应该把它献给俾斯麦，他是在世最伟大的德国人”。随即有部分观众，或许出于仇恨俾斯麦，或许出于对音乐厅政治倾向的抗议，开始发出表示反感的嘘声。彪罗掏出他的手帕，拭去鞋上的灰尘，用此姿态表示：看哪，我是如何抖掉鞋子上的柏林灰尘的！在这个象征性的动作之后，他随即离开了舞台。附带说一句，我不能说，他此后是否真的减少了柏林的

指挥场次。直到今天，我仍然惊诧，他曾在同一场音乐会上，把贝多芬《第九交响曲》连演两遍。其弦外之音也许是，向那些对这部作品的大胆构思依然感到厌恶的心胸狭窄之人发出责难。但我记得，尽管本人对自己心中完人的所有放纵言行都照单全收，但继合唱末乐章的欢庆之后，第一乐章的开头让我重陷黑暗中时，我感到了些许叛逆的意味。

彪罗作为钢琴家，也在德国音乐生活中占据着重要地位。在赫尔曼·沃尔夫[Hermann Wolff]为他安排的英国、俄罗斯和美国的音乐会巡演中，他的钢琴演奏成功地给那里的人们留下盖世无双的印象。我 48
尤其记得他精彩的贝多芬演奏会，不过我想说 下，他钢琴演奏中的学究气或多或少冲淡了他在交响乐中表现出的率真。古典钢琴音乐同样属于他的能力范围，在这里，他依然是一位薪火传递者，传播光明，照亮深渊，燃起热情。他的钢琴才华给后世音乐家以启迪，但音乐史只能首先将他列为第一个伟大的指挥家——他是“音乐诠释”这一领域的奠基人和先行者。在他之前，几乎没有人触及这一领域。

就像前面提到的，我努力想勾勒出彪罗的个性。他对悲痛经历的免疫力渐渐衰退，对此我多有耳闻。旧日的精神动荡，日益膨胀的过敏神经，还有天生的霍夫曼式的异想天开，已经遮蔽了他的高尚精神和纯洁道德。尽管当时我对他的奇特之举感到怪异，但还是努力去探寻它们，搜罗轶事，来印证他百科全书式的学问、才智和机敏。他的诸多俏皮话时常让音乐家们沉溺其中，但它们很少与他的含蓄和勇气一道广为流传。下面这个小故事表明，他对一些事情的处理，也夹带着一种深邃多变的风趣。谈到唯利是图的评论家T先生——别人掏点小钱，就能买到此君的赞誉——彪罗说：“还好，他收取这样少的报酬，几乎可以称他廉洁了。”更重要的一点儿是，彪罗应答的风趣和机敏，印证了他的好斗精神。因为彪罗是政治上的叛逆者，是位斗士。直到他去世，他的勇气和好斗性格还让人记忆犹新。早年，他曾捍卫过瓦格纳的理念，但后来，他拥戴勃拉姆斯。每一次，他都站在天才一边，反抗对其理念怀有敌意的一方。那些希望体察其内心的人，最好去读一读他在自己的生活经历大磨难后写给柯西玛的信。如果男人失去了自己最爱的人，这是一种可怕的不幸；如果他因为没面子而说不出话，就更可怕。彪罗同时受到双重打击，当他发现朋友和太太都在骗他，自己不仅被耻笑，还被鄙视。慕尼黑还有人散布有关他的谣言，甚至可能有人真的以为：彪罗实际上知道这件事，却由于想得到职业上的好处，采取了默许态度。他给柯西玛的信中显示，在那个深深绝望和耻辱的时期，他达到了令人钦佩的理解和宽恕的高度。他的生活被毁了，再也没
49 有走出低谷，但他依然勇敢地活下去，去工作，去战斗。不仅在音乐史上，而且在人类的心灵史上，他都有资格进入荣耀的殿堂。

那些日子的钢琴艺术体验，影响了我的为人处世和成为艺术家的道路。我的老师，海因里希·埃尔利希，长期游离于公众活动之外。他一边教学，一边为《柏林日报》写稿。他的教学和写作，都言之凿凿，立意深刻，具有独创性。但因多年没有作为钢琴家登台亮相，他从未真正在音乐上走出自己的教学模式。尽管认可这位寡言者的音乐修养和教学能力，我们这些学生，却仍然把他当作一位年迈的、正在走下坡路的无用之人。某一天当校长宣布，埃尔利希教授将在一个特殊场合，为学院学生演奏贝多芬作品106 号《“锤子键”奏鸣曲》时，我们都大吃一惊。经历了亢奋与磨难，心情趋于平静的埃尔利希，一定是被某种强烈的情绪激变所驱使，要在从前的“自我”当中寻找安慰。与钢琴家莫里兹·罗森塔尔[Moriz Rosenthal, 1862—1946] 的论战，给他的名誉造成了相当大的损害，他在报界和柏林音乐生活中长期受尊重的地位也遭到破坏。他的夫人因癌症历经多年煎熬而去世。他的生活变得空虚，渴望在一项郑重严肃的任务中，找到庇护之所。埃尔利希突然开始练琴，生平最后一次对他那老而僵硬的手指的训练，或许能再为他提供必要的技术支持。音乐会的那个夜晚，他坐在钢琴前，矮小瘦弱

的身影，神思依然睿智。衰老、枯槁、冰冷、僵硬以及迂腐的颓势，都不能遏制他内心的洪流。因辛苦工作而泯灭的，因疏于练习而遗落的天生乐感，在剧烈痛苦的驱使下，再次附着在他身上，依靠找回犀利知觉的双手去传送到众人耳朵里。我们被深深打动，深刻地意识到这一刻的非同凡响。我再也没有听过海因里希·埃尔利希的演奏，但他对大部头作品的纯熟演绎，给我留下了难以磨灭的印象。能够得到他的教诲，我真的感到非常幸运。

埃尔利希燃起的音乐烈焰很快又熄灭了，尽管这位让人敬畏的老教师和施恩者的形象，在我追溯的凝视中已经暗淡，但另一个有为青年正在大踏步前进，他的才华将被音乐世界认可。年轻的尤金·艾伯特 *50*
迅速蹿升，赫赫大名我记得很清楚。我永远不会忘记他演奏贝多芬《降E 大调协奏曲》时巨人般的力量。我几乎要说，他不是在演奏，而是在将这部作品人格化。在我看来，在艾伯特与乐器的密切关联中，他就像"半琴半人"的新式怪物。尽管再没机会听到李斯特和鲁宾斯坦弹琴，但我认为或许他们就是这样演奏的。年轻钢琴家莫里兹·罗森塔尔和戈多夫斯基[Leopold Godowski] 的演出，因辉煌与迅疾的出色表现，给我留下梦幻般的记忆。而另一位年轻的作曲家兼指挥家，给我留下的印象更深，他的名字叫理查德·施特劳斯[Richard Strauss]。听说这个高高的、瘦瘦的年轻人，因肺部不适需要疗养，几年前去了意大利。他带回了一部题为《来自意大利》[*Aus Italien*] 的交响曲。汉斯·彪罗很喜欢它，建议将施特劳斯的新作《死亡与净化》[*Tod und Verklärung*]，在爱乐音乐会上演出，并邀请作曲家指挥他的柏林首演，进一步表达了对其创造才能的高度评价。我出席了这场音乐会。管弦乐配器醉人的光芒，以及结构中的戏剧力量，让我兴奋不安，而不是被深深感动。这种印象伴随我很长时间，我深信自己见证了一个值得铭记的事件。

这个时候，一种完全另类的青春创造力从意大利走来。意大利松佐尼奥[Sonzogno]出版社设立了一项作曲奖金，为剧院提供了两部新歌剧，其获得了世界范围的成功：马斯卡尼[Mascagni]的《乡村骑士》[*Cavalleria Rusticana*]和列昂卡瓦罗[Leoncavallo]的《丑角》[*Pagliacci*]。真实主义歌剧的出现，奇妙地与文学的自然主义时代同时发生。饥饿的纺织工和他们的经济问题被豪普特曼[1]搬上舞台。赫尔曼·苏德尔曼[2]将柏林房子前面的“格调”及其背后的“庸俗”，用戏剧方式表现出来。维尔登布鲁赫[3]因一种无产阶级背景而让公众惊讶。易卜生抛弃了《培尔·金特》[*Peer Gynt*]和《皇帝与加利利人》[*Emperor and Galilean*]的高贵氛围，在《玩偶之家》[*A Doll's House*]和《人民公敌》[*An Enemy of the People*]这样的剧作中，走向了社会戏剧的体裁。阿尔诺·霍尔兹[4]的诗歌和约翰内斯·施拉夫[5]，也转入类似的方向。演员们努力在舞台上表现自然，尽管他们的自然主义概念
51 在当时很可笑。那时的氛围中一定有一种对于升华性风格的厌恶情绪。在这样的情况下，歌剧舞台上那种淳朴率真的表演会被热情接受，也就不奇怪了。第一批真实主义歌剧的迅速成名，还应该归因于其音乐思想和戏剧情感的丰富，特别是《乡村骑士》，属于独一无二的精品。

布拉格歌剧院的导演安吉洛·诺依曼[Angelo Neumann]，通过大胆成功的瓦格纳《指环》[*Ring*]巡演出了名。他靠自己的指挥家人选，尼基什[Nikisch]、马勒[Mahler]和穆克[Muck]，还有后来的博丹斯基[Bodanzky]和克伦佩雷尔[Klemperer]，展现出经理人的手腕。现在他又着手筹集资金，想要取得《乡村骑士》的轰动效应。为了撑起歌剧院整晚的演出，他需要另一部歌剧。他的选择让人诧异，也让人称赞，他选中的竟然是科内利乌斯[6]的《巴格达理发师》[*Der Barbier von*

---

[1] 格哈特·豪普特曼[Gerhart Hauptmann, 1862—1946]：德国剧作家，曾获1912年诺贝尔文学奖。

[2] 赫尔曼·苏德尔曼[Hermann Sudermann, 1857—1928]：德国剧作家、小说家。

[3] 恩斯特·冯·维尔登布鲁赫[Ernst von Wildenbruch, 1845—1909]：德国剧作家。

[4] 阿尔诺·霍尔兹[Arno Holz, 1863—1929]：德国自然主义剧作家。

[5] 约翰内斯·施拉夫[Johannes Schlaf, 1862—1941]：德国剧作家。

[6] 科内利乌斯[Peter Cornelius, 1824—1874]：德国作曲家。

Bagdad]。据我了解，这部歌剧从未在柏林上演过。尤金·古拉[1]，一个优秀的歌手和演员，因为表演勒维[2]民歌而出名，被聘为领衔主演。

因为古拉意外生病，不莱梅歌剧院[Bremen Opera]一位很有才华的滑稽男低音约瑟夫·阿登[Josef Arden]成了替场之人。这下我得到了机会，阿登之前向迈耶学习过，曾经听说过我。阿登请我帮助他学习《巴格达理发师》。这是我第一次有机会为职业歌剧演员作艺术指导。他后来向我学习阿尔贝里希[Alberich]、贝克梅塞[Beckmesser]、范·贝特[van Bett]，以及其他角色的时候，我感到好像自己本来就是个歌剧指挥。

科内利乌斯的歌剧，非常合我心意，如今已经在剧院中拥有牢固的地位。它特有的幽默，它动听的旋律，它丰富的音乐构思，是其他轻喜剧无法匹敌的。相比于科内利乌斯的作品，没有哪一部童话背景的歌剧，更具有天方夜谭的味道，或者更合适那样的氛围。

彼得·科内利乌斯，尽管是瓦格纳的朋友兼门徒，却在音乐和精神方面受到舒曼浪漫主义的影响。他的诗意风格受东方诗歌和吕克特的语言艺术所支配。我将他归于最知名的后瓦格纳主义者。如果他生活在瓦格纳之前，他的才能会为他早早地打开世界的大门。瓦格纳发起的戏剧风暴，淹没了科内利乌斯温柔的声音。无论如何，他死后在德国被赋予很高的声望。我把他迷人的幽默浪漫作品，保留在我担任指挥的歌剧院剧目中，也很幸运能拥有维也纳的理查德·迈尔[3]和慕尼黑的保罗·本德[4]为我扮演阿布·哈桑[Abu Hassan]这个角色。

安吉洛·诺依曼在柏林的事业取得了巨大成功。穆克指挥的这次
演出非常精彩。《乡村骑士》受到热情欢迎。剧中的大胆突破和火热 52
激昂的旋律让我印象深刻。《巴格达理发师》也赢得了很多人的心。歌

[1] 尤金·古拉[Eugen Gura, 1842—1906]：德国男中音。

[2] 勒维[Carl Loewe, 1796—1869]：德国作曲家。

[3] 理查德·迈尔[Richard Mayr, 1877—1935]：奥地利低男中音。

[4] 保罗·本德[Paul Bender, 1875—1947]：德国男低音。

剧院非常幸运，在其常规剧目的一开始就拥有天才男低音。

至于文学上的滋养品，我很久以前就放弃了那种疯狂的阅读模式，转向了对自己喜爱的作家的“深度有序”阅读。因此，我最终发现了通向歌德的路，他的《威廉·麦斯特》[*Wilhelm Meister*]和《诗与真》[*Dichtung und Wahrheit*]已经给我灌输了一种自我教育和逐步发展的激情欲望。我特别希望这种欲望能很快结出果实。真的，我还不知道迈向哪一级台阶，但在脑子里已经埋下了一粒种子，明确了自己的方向。

可以理解，相当长的时间里，我完全沉迷于《浮士德》。其结果让我第一次转向了哲学课题。我努力研读文德尔班[1]的《哲学史教程》，尽管作者只对希腊哲学体系进行了简单介绍，但这仍然超越了我的思维能力，不过却为我打开了哲学思想的世界，让我认识到哲学话题中的趣味。我的兴趣点很快从历史转到哲学本身，勇敢地走近康德的《纯粹理性批判》[*Critique of Pure Reason*]。康德的理想主义不仅对我的思维，而且对我的生活，具有一种强烈影响，这一点儿我后面还会提到，故在此暂不细表。尽管我不会与诗人海因里希·冯·克莱斯特[2]有同样的命运——康德的时间和空间理论几乎让他自杀，但在康德影响下，我的乐观信念的逐渐衰退让我忧心。我在心灵气质方面产生了持久的改变。

1891年，抑或是1892年，我成为拜罗伊特奖学金的受资助者，有机会免费赴拜罗伊特旅行，观摩三场节日剧院的演出。年份我记得不太准了，更弄不清获得这份殊荣的缘由。也许学院被赠予了这份奖学金，并要求分发下去。学院选中我，可能因为我日常的功课，也可能因为我根据歌德《平静的海洋与幸福的航行》[*Calm Sea and Prosperous Voyage*]创作了管弦乐伴奏的合唱曲——门德尔松的同名管弦乐作品，也是受到这首诗歌的启发——在学院的一次公开测评中，我指挥学院合唱团与柏林爱乐乐团一起演出这部作品。依据我后来的判断，这首

[1] 文德尔班[Wilhelm Windelband, 1848—1915]：德国哲学家。

[2] 海因里希·冯·克莱斯特[Heinrich von Kleist, 1777—1811]：德国诗人、小说家、剧作家。

曲子总体缺乏独创性，尽管给人印象很深刻，而且配器相当好。不管怎样，它给了我作为指挥的第一次公演机会。 53

我现在还不理解，为什么拜罗伊特会给一个，说得好听一点儿，从不对瓦格纳感兴趣的学院，安排一份奖学金；为什么施特恩学院会接受如此阴险的诱惑。但是，奇迹真的发生了。一天早上，我第一次孤身一人离开柏林，离开父母，径直去冒险。晚上，我到达了神圣的拜罗伊特，山上坐落着节日剧院。街上挤满了人，我耳朵里充满了嘈杂声。徜徉在克林索尔的大型魔术花园，我心中一阵阵惊喜。但是这儿有个沉重负担压在我这个毛头小伙儿的心头——我还不知道在哪儿过夜呢！尽管我熟悉歌德《浮士德》所有的场景，经常与康德的思想为伴，却还没有获得足够的心理成熟，去与旅店经理或者公寓主人单独打交道。我像所有15岁的小大人那样既腼腆又缺乏自信，最终我就像先前在威尔默斯多夫湖跳水那样鼓足勇气，强迫自己按响了一座其貌不扬的建筑的门铃，询问有没有空房间。看管房子的胖胖的巴伐利亚妇人，还有那间不通风的，窗户朝向楼梯的房间，正是我这个没经验又胆怯的人所期待的。我记得房内的样子，还有主人温柔的话语："这洞穴里住着小妖怪呢！"但我从未担心过妖怪！也没有在意过洞穴！白天和黑夜都属于我。我漫步在旺佛雷德别墅，伫立在瓦格纳墓前，凝视着一辆辆豪华马车走近小山——柯西玛和她的孩子们就在其中一辆马车上——最终来到节日剧院。夜色中，"神秘深渊"轻轻升起"最后的晚宴"主题。多么精彩，多么让人难忘，我的激动和快乐难以言表！我聆赏了赫尔曼·列维[Hermann Levi] 指挥的《帕西法尔》和《特里斯坦》，如果我没记错的话，还有菲利克斯·莫特尔[Felix Mottl] 指挥的《漂泊的荷兰人》[*Der fliegende Holländer*]。回到柏林，我深深沉溺于瓦格纳的世界，它深深印刻在我的严肃意念和艺术信仰当中。

我愈发努力去丰富自己的音乐素养。古典主义作曲家、浪漫主义作曲家，还有瓦格纳，尽管他们与我心心相通，但都不能阻碍我均衡

开拓自己的知识领域。我饶有兴趣地学习德国、意大利、法国还有俄罗
54 斯的歌剧，以及各类交响音乐，热情虔诚地用钢琴演奏练习，达到了如饥似渴的地步，这让我熟悉了大量音乐文献。我还演奏了李斯特的狂想曲和其他精彩的钢琴作品，但我对钢琴和音乐之爱，自然而然地聚焦在更早的古典作曲家以及舒曼、肖邦和勃拉姆斯的作品上。我最喜爱的曲子是舒曼的奏鸣曲、《狂欢节》[*Carnaval*] 和《交响练习曲》[*Symphonic Etudes*]，肖邦的《F 小调幻想曲》和《B 小调奏鸣曲》，勃拉姆斯的《叙事曲》和《F 小调奏鸣曲》。我长时间在钢琴上使劲儿摆弄它们。有几次，面对艺术大师的无限创意，我感受到自身局限；当我与那些尊贵的朋友心心相印时，我满心欢喜。后者，也就是我被舒曼《C 大调幻想曲》所吸引的那一刻，我获得了深刻洞察作曲家内心世界的能力。直到今天，它对于我来说还是那样亲切；直到今天，我还能在舒曼的歌曲里，发现抒情性音乐中最让人陶醉的花朵，特别是基于艾兴多尔夫诗篇的那些作品。在音乐家与诗人的灵魂之间，有一种怎样的神秘亲和力！艾兴多尔夫的诗，难道不是舒曼音乐变成了文字？舒曼完美的灵性之作，难道不是因艾兴多尔夫的诗篇才芳香四溢？舒伯特在这一阶段，也成为我的精神财富。不仅他的歌曲唱进了我的内心，他的器乐旋律更让我体会到一种极特殊的流动的快乐，这是其他作曲家的灵感所不能给予的。那些日子，我开启了毕生对贝多芬《庄严弥撒曲》的依恋。尽管我那时还年轻，但这部“经典中的经典”一开始就用先知的声音在向我诉说，一想到此，我总是非常满足。后来，莫扎特彻底震撼了我，让我充满幸福快乐。对我来说，他就是个外星来客，我尚不能感受到其魔法中的那份严肃，其美丽中的那份孤傲。

让歌剧指挥的梦想成为现实，我要做些什么呢？柏林有不少剧院代理人，但听说他们多数情况下只对歌手感兴趣。宫廷和市政剧院的导演邀请他们，为年轻歌手试听，与他们看好的歌手签约。在我看来，出席这样的场合也不是什么稀罕事。珍妮·迈耶班上一些初出茅庐的

歌手，会央求我为他们的啁啾之声伴奏。如果此道能让我常有的浪漫幻觉得到些许的音乐表达，我会特别高兴。就像这些歌手，因即将出 55
演诗意的阿加特[Agathe，歌剧《魔弹射手》中的女主人公]或者妩媚的苏珊娜，会激动得说不出话。尽管也有演出经理和导演表现出对专业伴奏者的兴趣，尽管代理公司负责人德伦克先生，在介绍我的时候常说“这个年轻人是我这儿的骄傲”，但似乎永远不会有一扇门为我打开。没有人会替我做什么，我也觉得主动找上门去有失体面。

后来，罗伯特·拉迪克因为不得而知的原因离开了施特恩学院，他的位置被阿尔诺·克雷菲尔[Arno Kleffel]接替。克雷菲尔此时已成为科隆歌剧院的首席指挥，他的工作在那里得到了一致认可。在音乐学院的最后日子，我让他担任我的作曲和指挥课程老师，但因为我的长足进步，他很快成为我的顾问。对于当时的情况我只有模糊的记忆。很多场合，我都起到了“专业”人士的作用，像教钢琴课，担任歌手们的艺术指导，举办小型音乐巡演。我还在克雷菲尔指导下作曲。私下里我创作了一部歌剧，《阿格尼斯·伯诺尔》[*Agnes Bernauer*]，根据黑贝尔[1]的悲剧改编。我熟识的一位年轻人，其文学天赋有限却抱负远大，已经改好剧本。我记得自己完成了歌剧的前两幕，第三幕的音乐我也写出了框架。尽管总谱中有几段好听的抒情曲，但整个作品非常不成熟，而且说来也怪，一点儿瓦格纳的味道也没有。

克雷菲尔对我很感兴趣，一本正经地与我谈起我的未来，他明确支持我从事歌剧指挥这个职业。当克雷菲尔说，他不认为年轻会妨碍我起步时，我长舒一口气。为表明对我能力的信心，克雷菲尔做了一件实实在在的事情，他给科隆歌剧院[Cologne Opera]经理写了一封长信，强力推荐我担任演出辅导。做梦都想不到的事真的发生了。歌剧院的负责人霍夫曼导演，发给我一份合同。从1893年9月开始，我要在科隆市立歌剧院工作一个演出季，每月薪金100马克。

---

[1] 弗里德里希·黑贝尔[Friedrich Hebbel, 1813—1863]：德国剧作家。

至此，我的学生时代告一段落。对第一份工作，我充满期待和信心。我希望，就像艾兴多尔夫所说：“在这世界上有所成就。”尽管对自己的美好愿望和已经确立的远大前程毫不怀疑，但我的能力仍须经受实际工作的考验。

56 天下依然太平。这是伯克哈特在其《权力与自由》[*Force and Freedom*]中所描述的时代，政局清明，信仰虔诚，也有一些人“好像专为文化的目标而生活”。我在此所描述的年轻岁月，都是在这样一个“文化阶段”度过的。我记得，是一种使命感让我阅读起报纸的政治内容，尽管我迟钝的大脑对这些东西几乎毫无兴趣。但我贪婪地读着专给知识分子开设的栏目的所有内容。就是在那儿，某一天我读到了对马勒《第一交响曲》表示轻蔑的评论文章。它燃起了我要了解这部古怪作品，及其“胆大妄为”的作者的愿望。命运对我这个愿望给予了最大满足。与此同时，世界政局某种关键性的变化已经隐约显现。1890年，俾斯麦突然被免职。年轻皇帝的演讲，开始在德国和海外引起骚动和焦虑。地平线上微弱的闪电，预示着一场即将到来的“骚动性气流”。

第二卷

第一章

每年出版的《德国舞台年鉴》[*The German Stage Almanac*]，都有一份国内所有的宫廷及市立剧院的清单，并附有与这些剧院相关的人员姓名。它好像是一幅德国剧院生活全方位的画卷。所有的城市无论大小，几乎都有定期的演出。规模较小的剧院通常只演话剧，但还是有很多小城市搞起了歌剧，至少也有轻歌剧。事实上，像罗斯托克[Rostock]、奥尔登堡[Oldenburg] 和特里尔[Trier] 这样的小镇也有歌剧院，音乐生活相当繁荣，这为人们提供了一种兴致盎然的精神生活方式。 57

当然，这份清单同样罗列出相当多的低水平的草台班子。它们的惨淡经营甚至比《尼古拉斯·尼克尔贝》[*Nicholas Nickleby*，英国作家狄更斯的小说——译注] 中克拉姆尔斯先生[Mr. Crummles] 的巡演剧团还要夸张。我记得，年鉴里介绍过一家小剧院——如果我没有记错的话，那是在一座巴伐利亚小镇——它的总裁、出纳、演员和技术员，名字好像都叫皮尔茨[Piltz]，只有两个人例外。这表明是一个家族在管理着这座剧院，他们既要搭布景又要扮国王、恋人、歹徒、悲情人物、滑稽角色。那里尽管生活困窘，但这些人可能过得相当快活。我喜欢翻阅这类枯燥的表格，努力去想象那些皇家剧院[Royal Theaters] 富丽堂皇的尊贵画面，还有身着宫廷服装器宇轩昂的总经理、行政团队、著名歌手，大乐队还有合唱团。然后再想象一下皮尔茨剧院的样子，那儿的导演兼出纳必须在经理夫人铃声的指示下奔走于化妆间。他穿着威严的服装，脸上画着油彩，拉起大幕，摇动隆隆响的道具，在舞台上朗诵席勒的诗歌，同时他的太太、儿子、堂兄和亲戚们，更不用说那两个
58 不幸的外姓人，都要伸出援手去烘托舞台上的悲情，只为了在巴伐利亚观众面前营造出高尚生活的幻觉。然而，我发现落伍的皮尔茨总裁和他的巴伐利亚巡演剧团，与非常新潮的德累斯顿宫廷剧院总经理塞巴赫伯爵[Count Seebach]，隶属同一类目。那份年鉴的一串串文字，展现了悠久的历史进程，直到当下的年份。我很高兴地想到，或许某一天，我会令人满意地以我自己的努力，为更久远的历史线索的延续而贡献力量。

一方面，有相当多的小剧院（年鉴中可隐约显示出其演出条件）让人啼笑皆非；另一方面是柏林、维也纳、德累斯顿和慕尼黑富丽堂皇的剧场。然而，在国家文化生活中占据最多份额的，是大量的中等城市剧院。斯图加特、卡尔斯鲁厄[Karlsruhe]、曼海姆、威斯巴登和汉诺威，拥有大型的宫廷剧院；魏玛、迈宁根、达姆斯塔德、阿尔滕堡和什未林[Schwerin]的宫廷剧院稍小一些；此外还有汉堡、法兰克福、莱比锡、科隆、布雷斯劳[Breslau]、杜塞尔多夫和不莱梅位居前列的市级剧院；纽伦堡、卡塞尔、哥尼斯堡[Königsberg]、但泽[Danzig]及诸多其他城市的剧院虽不太重要，但也不可忽略。每座剧院都有一段辉煌的经历，详实的历史记录证实了它们对国家总体戏剧成就的宝贵奉献。厚重的舞台年鉴证明了剧院在国家各个社会阶层的真实声望。如此数量庞大的剧院分布在众多城镇，只有真正满足了大众的需求，它们才能够生存下去。剧院能对公众产生巨大的影响，仅仅是因为它顺应了人们的精神文化需求。在一些较大的城镇，歌剧和话剧在不同的剧院上演，或者在同一舞台轮换演出。我在慕尼黑指挥了10年，那里有3家剧院在进行歌剧表演：瓦格纳作品以及大歌剧[1]在国家剧院[National

[1] 大歌剧[grand opera]：兴起于法国的一种歌剧风格，以其题材重大、篇幅较长、阵容庞大著称。

Theater] 演出；皇宫剧院[Residenz Theater] 演出莫扎特和其他作曲家的作品；摄政王剧院[Prince Regent Theater]，原先只是为夏季瓦格纳音乐节使用，但后来也用作其他演出。尽管一周有一次或者两次节目互换。但通常情况下，王府剧院是话剧演出的大本营，国家剧院则是演歌剧的地方。法兰克福城内有一家演出保留剧目的剧场，还有一家同 59
等规模的每天变换节目的剧场。斯图加特的情况也是这样。宫廷剧院和市立剧院之外，每个大城市还有一定数量有特色的私营剧院。它们要么上演话剧，要么上演轻歌剧。很多小剧场兼顾歌剧和轻歌剧。不仅某个演员有时会被其他剧院借走，为了维持这一演出模式，还要供养一批特殊演员。最小的剧院一年演出6 或7 个月，大型剧院的演出季经常持续10 个月或者更长。演出每天都有变化。德国、法国、意大利、俄罗斯歌剧都被搬上舞台。

总经理作为宫廷派出的代表管理剧院。我到剧院工作的时候，总裁多数情况下都是以个人名义从市政部门租用剧院。这种形式后来逐渐消失了。城市会任命一个委员会，再由委员会选择总裁或者经理。王室和城市当局都不希望他们的剧院出现盈利，甚至自给自足都不行。财务管理部门会留出一笔钱，来弥补不可避免的亏空。经理或者总裁的任务之一，就是让这笔钱发生作用，或者证明某一项透支是合理的。至少，王室和城市的管理者认为，为了培植艺术，提供财政供养是其理所当然的职责，甚至在承租人年代，城市管理部门也会经常提供帮助，做一些义务照明，或者提供免费服装道具一类的事情。

内部情况考察揭示出德国剧院在那个时代的真实面貌。这些剧院强调的是个体天才艺术家的成就，而不是总体的艺术效果。舞台导演和指挥把艺术家团队组合成一个和谐的整体来支撑作品的时代尚未到来。演员和歌手仍然高高在上。1901 年维也纳宫廷剧院的节目单上，所有演出都要写上歌手的名字，指挥的名字却被忽略。这一事实清晰地证明，个体表演相对于整体艺术的优势。就在这一年我开始在维也纳宫廷剧院工作，其首席指挥家是汉斯·李希特[Hans Richter]和古斯塔夫·马勒。

从我所经历的剧院的发展过程（从辉煌到严肃，从技巧到艺术，
60 从无论效果如何都要屈从个体艺术家的角色表演，到所有的力量都要从属于作品本身所激发的共同意念）中，作者和作曲家的主旨在整个剧院范围逐渐成为主导思想。艺术作品的管理者——话剧的舞台导演，歌剧的舞台导演和指挥——希望捍卫创造型艺术家的主导地位是合情合理的，但这种主导地位却被大牌演员所窃取。演员们表现得既斯文又坚定，他们肯定认识到了一个更加合理的层级秩序。

舞台是艺术家的乐土，谁不愿意获得成功？谁会拒绝享受他的自主权以及时常呈现的灵感？剧院管理的最好方式，当然不是限制约束那些大牌艺术家，而是把他们协调组织好。曾经有很好的例证表明，伟大的戏剧艺术作品可以依靠井井有条的合作来实现。在这种合作中，所有的个体表演都会有非常自主的发挥而让人们印象深刻。歌剧表演要达到这个目标，比话剧要更困难，更复杂。话剧演出，领导者与演员的关系是淳朴自然的。有一个人牵头掌管演员排练，那就是舞台导演。演员阵容的选择依据的是演员独特的天赋，对某个角色的适应性，语言技巧，合适的相貌，还有其他条件。因此，在话剧舞台上，合作艺术的培育没有什么重大障碍要克服。导演对于自己的任务有一种至高无上的理念，没有什么能凌驾于他之上。他能深入剧目的精神当中，并学会如何将他的理念灌输给演员。

歌剧的情况就不同了。领导和演员的关系更复杂，在歌手聘用方面的内在规矩往往太片面，无法让人满意。歌剧不是单独一个人，而是有两个人——舞台导演和音乐总监在指导排练。这种情况让有效的工作方式出现了显而易见的麻烦。的确，这种工作方式的可行性甚至令人怀疑。而且，片面的不近人情的规范影响着歌手的聘用。依照蒙特

库科利伯爵[1]的著名论断，指挥打仗有三件事是最基本的：钱，钱，还是钱。歌剧的负责人以及公众所要求的，则是嗓音，嗓音，还是嗓音。他们很容易忽视表演动作的缺憾，令人不快的舞台形象于他们而言也 61
没什么大碍，甚至音乐素养的缺乏也可以原谅。过于看重嗓音，对于指挥家是个经常性的威胁，因为在没有良好乐感护佑的情况下，他无法仅凭歌手嗓音的展示来获得一场满意的表演。这势必会彻底击败舞台导演，他的成功很大程度上需要仰仗歌手的表演功力。因此很明显，歌剧距离一体化的音乐戏剧合作艺术还有很长的路要走，这一点儿严重阻碍了它的发展。

虽然这种强调嗓音的原则在歌剧院艺术管理当中会导致很不好的结果，但演员的特殊个性能够掩盖诸多短板。戏剧导演对艺术的良好感觉，使他们能发现歌手在嗓音和表演方面的天赋；歌手依靠自己努力，能够把握好嗓音和角色戏剧需求的平衡，为剧目增光添彩。观众的心被伟大歌手的精彩表演所吸引，但这种有缺陷的原则的广泛应用，依然对歌剧本身内在价值的全方位欣赏产生副作用。乐池里的人以及观众席上的上帝，都知道歌剧《魔弹射手》[*Der Freischütz*]永远不能像音乐会那样演出。如果卡斯帕不是凶恶的歹徒，阿加特不是可爱的新娘，安馨不是个可爱和善之人，如果三个人仅仅是唱好他们的咏叹调，韦伯的音乐就失去了意义。

然而，即使最具光彩的个人成就，也无法让那些有修养的观众忘记整体表演的薄弱之处，普通观众也会朦胧地意识到那些显著的缺憾。歌剧作为一种没有被严肃对待的艺术品，当时流行的是多种均势风格的奇异混合体。如果间或出现很好的演唱以及激动人心的音乐表演，人们就会满意。他们会对成功的表演或者优美的才艺表示感激，对于不到位的表演和戏剧性的苍白几乎不在意。总之，舞台上的表演“只是歌剧”而已。

[1] 蒙特库科利伯爵[Montecucculi, 1608—1680]：奥地利陆军元帅、军事理论家。

在一起策划实施战略行动的两位“将军”中，指挥家处在更讨人喜欢的位置。受聘歌手的嗓音归根结底是一件乐器，它的使用权归属
62 于指挥。但如果嗓音好的歌手缺乏其他方面的素养，舞台导演该如何是好呢？导演所关注的让舞台上的一切活跃起来所必需的才能，在歌手招聘的时候考虑得很少或者没有考虑。导演因此经常要求演员尽其所能实现他的戏剧理念——假如这些演员拥有一些能力的话——但他对歌手们提出的要求往往无法实现。在为歌剧分派角色的时候，导演为了支持声乐条件好的歌手，经常不得不放弃某个表演能力强的演员。有些歌手因为气息控制不好或者音色欠佳的原因，无法实现某些段落的效果。此外，如果再考虑到合唱场景戏剧化制作时的困难，那也就不难理解为何舞台导演会认为自己的工作比西西弗斯还要辛苦了。也难怪，几乎所有歌剧导演都不会特别严肃地对待自己的工作，有些人很快就厌烦了这项工作。年龄大的歌手，在声乐才能衰退后开始担任导演。如果其自身辉煌的经历留给他们一些较高的艺术概念和期望的话，他们就能对有才华和有抱负的歌手提出很好的建议，这样时常会实现舞台的某些表演理念。但是如果他们只希望心情舒畅，那么作为舞台导演的要诀，就是他们十有八九要“无为而治”。另一方面，那些没有见证过往昔辉煌艺术从而形成心理负担，也不会被雄心壮志所激励的年长歌手，会很惬意地享受那些驾轻就熟的经验。他们安排与脚本相对应的规定动作（有时偏离传统，有时与传统背道而驰），他们冲着合唱队大喊大叫，粗暴对待谦逊的演员，对自以为是的人却彬彬有礼，让一切顺其自然。然而所有这些事情，他们其实都与指挥家相龃龉。还有另外一类歌剧导演，他来自戏剧舞台，经常能让歌手学到一些表演细节，但当他们把戏剧舞台经验应用于歌剧时却难免失败。剧中的咏叹调和重唱分曲，剧中的声乐难题以及音乐特质，共同召唤着完全不同的执导原则。

拜罗伊特渐渐出现了朝着更好方向发展的决定性变化，瓦格纳

已经在那里创造出新型的歌剧表演，由柯西玛和副手们监督并管理
着。拜罗伊特的样板对于德国歌剧有一种振兴和指导效应。瓦格纳歌 63
剧的演出首先从中获益，不过所获益的并不单单是这些剧目，因为歌
手和导演领悟了这一新手段，从而获致了更深刻的戏剧严肃性。后来，
古斯塔夫·马勒成为维也纳宫廷剧院的领导人，在此确立了更高的歌
剧水准。马勒的行动与创意大大地影响了其他剧院的导演和指挥的
作为。他们中的新一代被马勒这个典范所激励。至于我自己，我相信
贡献出了我最好的一面——在慕尼黑，在柏林，在萨尔茨堡和维也纳，
我获得了进一步的发展，增强了这些创意原则在歌剧舞台上的应用。

第二章

伴随着父母的祝福和我内心的焦虑，我于1893年8月底离开柏林，63
开始了自己的旅程。第一站来到“古老神圣的科隆”，此地因海涅与舒曼的《诗人之恋》[*Dichterliebe*]获得了不朽之名。火车越过了宽阔的莱茵河大桥，我看见了大教堂，它让我心驰神往。还没有打开行李，我就匆忙从出租屋返回到教堂广场，去瞻仰这座宏伟建筑，感受它的震撼力。以前从没有看到过哥特式建筑，现在哥特艺术进入了我的生活，我的心被深深触动，它们给我留下了深刻的印象。我在它的四周徘徊，最终走进了它庄严幽深的内部——一座石头的森林，它对我来说就是
这个样子。越来越多的惶恐告诉我，我永远无法完全领悟这种庄严多 64
变的神秘结构，却甘愿每日听命于它的感化。因为我无法升华到这座美丽建筑的精神境界，便幼稚地相信它将会俯就于我。我很快意识到，自己并没有过多屈从于哥特风格语言的丰饶与表现力，渐渐看得更加清晰，有所感悟，连同这座巨大建筑对内心与感官的裹挟。音乐与诗歌的奇迹用另外的方式影响着我。不可否认，它们同样充满了创意的神秘。我不仅感受到音乐的要旨为我展开，自己置身于莎士比亚的世界，而且感到音乐和诗歌的适应力更强一些。可以说，它们是与时俱进的，而建筑在空间上的庞大实体淹没了我的洞察力。我的音乐才思全归因于我所受到的困苦，因为我的眼之所见不如耳之所闻那样深邃。

诗人李皮纳[1]，我后面将提到，当他提及艺术的时候曾经告诉我，一个人对伟大艺术的态度，跟在朝堂上与王侯将相的交往相似：不要说话，等待别人跟你说话。这就是我面对科隆大教堂的直觉。在科隆期间我每天都要去那里拜望它，即使在夜里也一样。渐渐地，它在我安静的凝视中不再傲慢，像每座哥特建筑一样，给我留下非常冷漠的印象。尽管某些装饰的怪相很和善，但它所面向的似乎是天堂而不是芸芸众生。

“大教堂，莱茵河，古龙香水！”，这是用迷人的低地德语对这座城市魅力所做的概括总结。其中的第二项，被广为称颂的莱茵河，并不是我想象中的样子。流经科隆的这段宽阔宁静的河水，不会让人们联想起急速穿过瑞士的那条活泼可爱的山间河流的模样，更谈不上荷尔德林[2]诗中描述的“愤怒的半神”。毫无疑问，莱茵河将其最后的凶悍，投入到了壮丽的沙夫豪森瀑布[Falls of Schaffhausen，瑞士境内]当中。遥远的地方也有山峦和城堡倒映在水中的浪漫梦幻，女妖罗蕾莱[Lorelei]的歌声不再与河水的喧闹交织在一处。换一个角度说，此地的莱茵河，还没有达到它在荷兰入海处的恢宏气势。在科隆这个地方，莱茵河是一副严谨高效、勤勤恳恳的模样。它运载着货船和汽艇，尽职尽责地劳作着。尽管我喜欢在岸边或者在桥上注视它，但对它却没有什么特别的感觉。至于这座城的第三魅力——古龙香水，人们将它与大教堂和莱茵河相提并论显得太无趣。倒是漂亮的于利希广场——散发着馨香的科隆香水产地，给我留下了美好的印象。我有时会去那里散步，穿越老城的窄街和大广场，走过数不清的风格各异的教堂，还有熙攘的市场。没有历史趣味的新教柏林和天主教科隆之间的巨大反差愈发让我惊讶，在我不知疲倦的漫步中，它越来越吸引我。

到达科隆后的第二天早上，我就前往市立剧院[Municipal
65 Theater] 报到，那时候宏伟的科隆市立歌剧院还不存在。第一次享有

[1] 李皮纳[Siegfried Lipiner, 1856—1911]：奥地利作家诗人。

[2] 荷尔德林[Friedrich Hölderlin, 1770—1843]：德国浪漫派诗人。

从员工入口走进剧院的特权让我兴奋异常。在办公室，我认出了几位歌唱家，昨天晚上我已在一家书店的橱窗里看到过他们的剧照。走进艺术圈让我感到兴奋。剧院总裁霍夫曼高兴地接见了我，还提起克雷菲尔信中对我的一番赞扬。他的坦诚友好对我这个新手来说是一种鼓励，整个演出季都如此。说实话，我们之间的关系从来没有特别亲近过。话又说回来，一名年轻的排练辅导，除了剧院首脑偶尔表现出的友善之外，还能期待什么呢？然而，有某些场合，这种坦诚证明了他对我拥有的才能与判断力的信任。他的太太，一位端庄的黑发女人，其外貌会让人联想起一位非常棒的女低音——这种印象维系了我一生，类似的第一感觉很少欺骗我。我在科隆工作期间，她与我只有很少的几次会面，但她总表现出通达的温情。20 年之后，我成为巴伐利亚的音乐总监，在慕尼黑再次见到她，她在那儿教声乐。她告诉我，自己夫君因为“发现”了我而感到自豪，而且早有预言，我将成为著名指挥家。她还能清楚地记得我的敏感、热情与腼腆。

霍夫曼是天生的经理人。他有发现天才艺术家、让他们发挥出最好一面的才能。我工作的那段时间，演员中的杰出歌手并不多：夏洛特·休恩[Charlotte Huhn]，能力超强的女低音；巴普蒂斯特·霍夫曼[Baptist Hoffmann]，嗓音雄健的男中音；还有梅塔·卡尔曼[Meta Kalman]，妩媚的喜歌剧女高音。霍夫曼的最大发现是男高音埃米尔·格策[Emil Götze, 1856—1901]，一位拥有俊美扮相和地道好声音的歌手。我在科隆时，他只偶尔作为客座艺术家登台，但依然是公众的偶像。我还清楚地记得他扮演的罗恩格林，仿佛真的“来自幸福与辉煌”。据说霍夫曼通过与格策合作赚了不少钱，但因无节制的享受又挥霍掉了。霍夫曼中等个头，很粗壮，酒徒模样的红脸膛上，一双笑眯眯的蓝眼睛在凝视你，他是个好心肠的享乐主义者。他对戏剧的热情，对别人才智的诚挚推崇，以及乐观进取的精神让他卓尔不群。科隆确实应该感谢他在歌剧方面的杰出才能。

当时的指挥有威尔海姆·穆尔多夫[Wilhelm Karl Mühldorfer]，我记得他是个有能力的传统型指挥家；还有约瑟夫·格罗斯曼，一位年轻、
66 有天赋、情绪化的维也纳人，然而，他似乎缺乏认真态度，不太稳重。不管怎样，他的《指环》演出让我强烈的瓦格纳热情得到满足。他原本可以让我成为他的忠实信徒，但他愿意这样吗？很遗憾，他对我不感兴趣，向我展示的是上司的威吓态度。但指挥家那掩耳盗铃般的轻微敌视和首席舞台导演的专横无礼比起来又算得了什么呢？我还记得自己坐在管风琴的凳子上，这里距台面很高，我是顺着一架铁梯子爬上来的，要演奏《乡村骑士》间奏曲的管风琴伴奏。这里有敌视我的人——一个没教养的、胖胖的、大约60岁的老者。他喘着气，拖着重重的身躯，爬上木架子，硕大拳头里握着根小棍，通过侧翼的一个孔，循着指挥的示意为我打拍子。当他看到我干活很麻利，便感到有必要在爬下去的时候轻蔑地哼上一声，表达一下他的失望。我一下子就明白了他反感情绪的微妙起因，还有他的表现欲。作为一个好的音乐家和一个乐观主义者，我本应大度地容忍这类人。但是，年轻时代的我把这些情况想象成了一种侮辱。哎，我的青葱时代啊！似乎我可以通过斯提福兹[Steerforth]的马仔利蒂默[1]的话，看到我自身的样子。利蒂默的每句话和表情都威胁到大卫·科波菲尔[David Copperfield]：“你太年轻，先生！你太年轻了！”总裁和指挥，歌手和办公室雇员，舞台导演和舞台管理，甚至餐馆侍者和铁路搬运工，他们都有这样的态度——直率地对我说：“你太年轻！你实在太年轻了！”

在暴君式的老板、舞台导演和指挥已渐渐消失的时代，这种无礼的行事风格以及专制管理依然频频跃入人们的视野。那时的聘用合同赋予老板们一年后就可单方解除契约的权力。只有大牌艺术家可以规避这一条款。有些合同甚至给予老板在演出季开始后四星期，就可以解聘雇员的特权。我常常惊讶而又同情地看到那些员工被草率开掉

[1] 利蒂默[Littimer]：狄更斯小说《大卫·科波菲尔》中的人物。

后的绝望神情。很容易想象，这种条款为独裁和粗暴提供了温床，导
致一方专横跋扈，另一方忍气吞声。19 世纪末，剧院租赁模式逐渐被 67
废止，取而代之的是总裁任命制。剧院总裁或对城市当局负责，或对剧院管理委员会负责。与宫廷剧院总经理相似，其权力受到明令限制，诸多导致其过分专横的诱因被排除。德国剧院委员联盟，成功废止了“四星期开除”这项条款，在剧场合同框架内保护双方有对等的提前通知权。这些事实以及独唱演员、乐手、合唱团员和舞台监督最低工资的大幅提升，是德国剧院在组织和效益两方面得到发展的可喜证明，它相当程度上得益于总经理联盟和演出协会的积极态度。

从科隆合同期开始，我进入到戏剧行业，那时年仅17 岁的我完全是个涉世不深、经验不足的年轻音乐家，我暗下决心，要尽我所能做好这项工作。可在这险情丛生的新环境中，我还顾不得去把这些被迫卷入的乏味活动与我那青葱年代的梦想做个比较。上午，将会有《游吟诗人》[*Il Trouvatore*] 的乐队合练；其间，我可能被舞台经理叫走，来到《罗恩格林》的乐队排练场去指挥幕后的小号；下午，我要辅导一位女高音排练，她将在《齐格弗里德》[*Siegfried*] 中充当林中小鸟；后面是《魔弹射手》中的阿加特与安馨[Ännchen] 的排练；然后，我必须去考察一位年轻女子的嗓音，再通报总裁她能否扮演《汤豪舍》里的牧羊人。一部新歌剧的谱子就在我胳膊下面，因为总裁希望两星期后能见到这部作品的评估报告；我还要在《乡村骑士》中演奏管风琴；合唱团一位女士站在侧翼，等待我用手势示意她发出尖叫，这将宣布剧中人图里杜[Turiddu] 的死亡……正是这忙乱的表象，成就了我在新环境生疏旋涡中的定力。因为每当涉及音乐的时候，我都有专业方面的自信。只是在遇到人际交往问题时，我才感到生疏和没有把握。不管怎样，在我的专业领域，我与生俱来的腼腆从没有真正束缚过我。即使在早期的危难阶段，我在艺术方面也成功地维护了自己。比如，履职后不
久，我需要与一组独唱演员排练《师傅歌手》[*Die Meistersinger*] 第一 68

幕。每当我纠正错音和不准确的节奏，或者提示注意瓦格纳的力度指令时，都能感受到歌手们的不满和焦躁，扮演波格纳[Pogner]的演员曾对我说出“年轻人，你是在与年长的艺术家讲话，别给我们任何教导，别把你的纠正太当回事”之类的话。让我惊讶的是，我自己能平静地主动应对。纠正音乐上的错误和不精确是我的职责，我必须坚持这样做，并请他别为难我。我用自己的方式让活跃的排练延续下去。凭借这种反抗我愈发振作起精神。排练到最后，先前始终跟我对着干的一位普通歌手伸出胳膊拥抱我，想表达他和同事们对我的极大认可。从那时起，我与艺术家们相处得越来越融洽。甚至有了这样的感觉，在这个团队，我的年轻已被遗忘。很快，不少歌手，特别是年轻人请我为他们排练。我很高兴，希望凭我的能力让自己有用武之地。事实上，我不单单以指挥的身份来处理歌唱的声部，而是也从歌手和演唱两方面加以处理，这使我获得了歌唱家认可和信赖。我很早就养成了自己歌唱的习惯，演示到底效果该是什么样子的习惯。我从不勒令歌手超越其嗓音的潜能，但需要真正得到他们能力范围内的所有东西，并坚决要求他们从音乐和戏剧角度对角色进行均衡的处理。

我与多数歌手关系融洽这一事实，引发了一些针对我的恼怒和不满情绪。我与歌手一起排练好的细节，所酝酿出的强烈表情，会在登台排演时因指挥家采用了太快的节奏速率而荡然无存；抑或是因他对音乐的拖延而崩溃；抑或是因为舞台导演的指手画脚变得效果全无。舞台表演对剧本和音乐都满不在乎，让我非常痛苦。对当时盛行的束手就范之风，我无能为力。然而，根据我的记忆，格罗斯曼指挥的声乐和戏剧表演，更严重地受到演员懈怠的影响，而非乐队的原因。这一点儿多次给我留下了深刻印象。我还记得在后台，被《众神的黄昏》[*Götterdämmerung*]的葬礼音乐深深打动，它势不可当的声浪从乐池荡漾到我这里，同时，舞台监督来回奔走，我站在圆号手的旁边，等待着为他提示。

当我在“艺术家包厢”听演出的时候，作为艺术指导所遭受的甘苦就全部丢在脑后了。让我在这里为“艺术家包厢”——这一充满艺术和人文气息的安排，说句发自肺腑的赞美话吧！它普遍存在于大型的宫廷剧院，小规模的市立剧院也有。此举体现出，在不影响经营收益的前提下，剧院给予艺术家的人文关怀——对于满座的剧院来说，两个预留包厢意味着相应的票房损失，但在艺术方面却是弥足珍贵的。它给年轻人提供机会，通过观摩成熟艺术家的表演来获得经验，从整体上熟悉作品，并体会剧院的一贯风范。每个剧院都有两个这样的预留包厢，一个供女生用，一个是供男生用，其通常位于剧院相对的两面。有时候，爱神会引诱两侧包厢中的男女观众把目光从舞台移开，魅惑地将其转换成令人陶醉的双人对视。在专心使用这一设施的很多年里，从与年轻艺术家——也有一些长者——共同观摩学习，通过讨论演出的乐趣，我得到了许多收获。 69

只要后台不需要我，我总会去这个地方，但我的兴趣点绝不只限于歌剧。对于精彩的戏剧表演，我也一丝不苟地欣赏、观摩，它们与歌剧定期轮换上演。间或会有引人注目的戏剧演员亮相，其中有两位给我印象深刻，他们是阿道夫·索嫩塔尔[1]和弗里德里希·米特沃泽[2]。我看过前者主演席勒《华伦斯坦之死》[*Wallenstein's Death*]，惊叹于他的高贵举止和犀利的演说，这是我以前没有见识过的。我还知道，这位伟大艺术家代表着源自维也纳城堡剧院[Vienna Burgtheater]的最优秀的欧洲戏剧传统。这是我第一次间接与维也纳的接触，现在我很欣喜地意识到，就在那时，来自古老文化的信号拨动了我的心弦，并且持续发出声响。米特沃泽肯定不代表传统，更确切地说，他代表了某种天赋。我发现他是个新型演员，是一个百变之人。我看过他演出的瓦伦斯坦、梅菲斯托[Mephisto]，还有邦迪克斯[3]的喜剧角色，剧名我

[1] 阿道夫·索嫩塔尔[Adolf von Sonnenthal, 1834—1909]：奥地利演员。

[2] 弗里德里希·米特沃泽[Friedrich Mitterwurzer, 1844—1897]：奥地利演员。

[3] 邦迪克斯[Hermann Bendix, 1859—1935]：德国作曲家。

忘记了（我记得它被称作《一部喜剧》），还有在《掠夺萨宾妇女》[*The Rape of the Sabine Women*] 中扮演剧院老板。很难认出这四个角色是同一个人演的。每台戏他都像完全换了一个人，用他的每个手势、语气和
70 姿态，来体现他所演人物的性格。这是全然不同的性格，它似乎不是通过整合角色的个体特征，而是通过一个独立的特征，使角色成为清晰可辨且深思熟虑的人。我平生第一次接触到同时扮演着“对戏者”双方的神奇效果，这是所有艺术表演的基本功，特别在音乐方面。

霍夫曼对我的能力日渐认可。开始委派给我指挥层面的任务，这些任务尽管还达不到常规歌剧指挥的级别，却能很好地满足我这个年轻艺术指导的胃口。这是我初次担当指挥的机遇，我非常乐于接受，自不待言。我还记得自己负责的两部作品。一部叫作《从摇篮到坟墓》[*From the Cradle to the Grave*]，混合着哑剧和芭蕾的因素，赖内克 [Reinecke] 作曲。我印象中，这出戏配器非常好，用一种接近门德尔松的风格写成。另一部是童话剧，叫作《流浪汉》[*Lumpazivagabundus*]，对我来说完全是享受，不是因为其本不足道的音乐，而是因为内斯特罗[1] 那精彩而富有想象力的创作，再次向我展示了维也纳精神。这种奥地利式的亲切与尖刻、轻浮与深奥、敦厚和傲慢的结合体，我似曾相识，我似乎体验着久已确立的和谐感。后来，我在维也纳站稳脚跟后，时常回想起它。

我登台指挥的日子终于到来了。老板让我负责排演洛尔青的佳作《军械士》[*Der Waffenschmied*]。1894 年2 月或者3 月我指挥了它的演出。我这个还不到18 岁的小伙子，第一次指挥歌剧该是怎样的感觉呢？我最清晰的记忆是没有什么感觉：我没有丝毫的犹豫不定，无所担忧。我已经把总谱装进了脑子里，通过多次排练，歌手角色我已经熟悉。事实上现在对我来说，抛开钢琴指挥管弦乐团已不是生疏的负担，而是能让我持续感到快乐的源泉。我的手自然知道该怎样做，它

[1] 内斯特罗[Johann Nestroy, 1801—1862]：奥地利剧作家和戏剧演员。

具备控制乐团一起演奏的能力，能让独唱、合唱与其和谐一体。在咏叹调和重唱方面，我认真辅导歌手，乐队足够精确，没有剥夺表演者的自由与活力。我的直觉技巧得到了发挥，没有遇到节外生枝的问题。在每个艺术行当，直觉技巧必不可少，它是天分的标志。它预示着一种能力，这种能力必须通过一步步地克服诸多困难才能获得。但在获得它之前，它已经奇迹般地存在了，给表演者一种虚幻的安全感，然而随着成熟度的增加，它将经受许多严峻考验。我对自己非常有信心。甚至当 71
同一部歌剧再次上演时，有位歌手突然生病，导致必须更换主角，我也感觉自己的手和大脑能应付任何意外变故。没有困窘与不安，我照样成功地指挥演出直到尾声。当然我还很不成熟，对真正的指挥困难还没有感念。另一方面，我觉得自己不应该因为自信而受到特别的赞扬。对我来说这是理所当然的。我仿佛还记得，自己手上的一个动作，就可以让乐队的能量得到释放，这让我非常兴奋。我把音乐的波澜推送到剧场，把握铜管的光彩和定音鼓的力度，让弦乐为木管独奏拉出轻柔的伴唱，并为木管的渐强力度提供支持。我很高兴通过眼神和手势，保持住适合音乐进程和舞台剧情的稳固节奏，让乐队达到声音和情绪的白热化，再用左手的示弱姿势，让夸张的力量缓和下来。这种立竿见影的享受，与轻歌剧妩媚轻松的快乐相伴，还有自己的悉心排练在清晰悦耳、生机盎然的演出中结出成果的满足感。尽管舞台导演很无趣，但在与演员们的私下讨论中，我努力燃起一朵火花，这使他们非常乐意接近我。第一次演出的总体效果，让我占据了命中注定属于我的那个位置，这太令人鼓舞了。

我不仅可以轻松完成歌剧技术方面的指导，对其他任务也驾轻就熟，因此，产生了低估艺术工作的重要性而高估自身能力的危险。看看周围的音乐家，我感觉他们都比不上我。对于剧院的那些指挥，我无法从欣赏的角度去评判，尽管格罗斯曼拥有很好的乐队控制技术。著名歌手和演说家路德维希·维尔纳[Ludwig Wüllner, 1858—1938]的父亲，弗朗茨·维尔纳[Franz Wüllner,1832—1902]领衔的古泽尼奇[*Gürzenich*]音乐会，在我看来也枯燥乏味。有段时间，我的确非常自负。

为什么每样东西对我来说仿佛都很容易？一定程度上，当然因为我是真正的音乐家，从先天禀赋和后天训练方面来说都如此。但当时让我引以为荣的还不是我的音乐能力，而是我能轻松掌握一些新东西，
72 这是歌剧行业的特殊要求。我当时并不明白我正在将一件事混淆为另一件事，即相对于其他艺术而言，歌剧更像是处在一个较低的平面上，更要讲究实际，我认为自己能够做好。我不再忙于贝多芬的《费德里奥》总谱，却要为科隆剧院制作的《费德里奥》而忙碌，因为它是这儿的保留剧目。当时我还不曾想到（我那时涉世未深，怎么可能想到呢？），日后我的主要任务就是清除常规陋习，抛弃陈腐的约定俗成，以重新揭示作品的内核为目标，就像它的世界首演那样制作它。这不是件容易的事。下意识习惯性的自我“净化”让事情变得更加复杂。然而那个时候，在科隆，我屈从于这种能力的诱惑，依照惯例了解到如何磨平艺术上的粗糙点，如何把大师作品改造成剧院项目。我开始为自己能轻松完成剧院领导交办的每件事而自豪。正是这种剧院的一贯作风导致了我的自傲，这是艺术家的职业病。然而演艺圈的氛围，会生发出一种敬畏感。尽管我真心以为，自己从来没有贪图虚荣，但我心中一直有一种对自己不满的声音，不断问我自己：还要不要提升自己？我想我的读者从现在起可以注意到，我身上有一种浮士德情结，永不满足，不会沾沾自喜，不会摒弃自己强烈的探究精神和对悟性的渴望。这就是为什么我能轻易获得的专业满意度（不管起初怎样让人高兴），总会转变成深度的怀疑，甚至让我最终厌恶自我。

报界非常认可我的首演。我记得口碑极好的《科隆新闻》评论员奥托·奈特泽尔[Otto Neitzel]，提到了我指挥方面的显著才华。《科隆人民报》的沃尔夫[Wolf]预言，将来我会成就大事业。只有一家报纸不太客气地谈到我的年龄还太小，应该在幕间给我“送个奶瓶”。

那一年，威尔第的歌剧《法斯塔夫》[*Falstaff*] 出版了，霍夫曼总裁获得了演出版权。报纸在报道此剧在外地的演出时指出，《法斯塔夫》是一部老者之作，一方面技巧娴熟，另一方面也体现了创造性灵
感的衰落。我借来钢琴谱，非常快乐地沉浸在作品的氛围中。我前面 73
说过，霍夫曼逐渐信任了我的音乐才能，他来询问我对《法斯塔夫》的看法。我告诉他，与报纸评论相反，在这部戏中我看到的不是伟大事业的终结，而是喜歌剧更高层次的开端，有着标志性的惊人新意和高贵的成熟。听到这儿，霍夫曼激动地握住我的手向我吐露：剧院的指挥们用他们的负面判断，几乎已经说服他放弃这部作品了。让霍夫曼感到高兴的是，他自己的看法现在得到了颇有才华的年轻音乐家的支持。

这件事在某种程度上拉近了我们的距离。我被邀请到他家喝茶。在那儿，作曲家斯皮内利[Spinelli] 弹奏了他的歌剧《下落涟漪》[*A Basso Porto*]。这是一部真实主义风格作品，就像《乡村骑士》和《丑角》，在我看来其戏剧感染力和旋律创意要优于这两部作品。当我6年后在里加指挥《下落涟漪》的时候，这一判断被证明是完全正确的。

科隆歌剧院推出的《法斯塔夫》由格罗斯曼指挥，获得了不温不火的成功。我依然记得，在几个星期与歌手们快乐的钢琴排练后，看到台上所有东西都因不讨人喜欢的木呆呆的表演而走样，最重要的是它们被不合适的节奏所扭曲，我心中感到特别遗憾。我现在还因最后赋格“整个世界是一场玩笑”中对“庄严的行板”这一速度标记的随意处置而感到内疚。

另一方面，斯皮内利充满暴力与情欲的歌剧同样由我排练上演，取得了很大成功。我相信，这部戏的演出证实了我的判断，尽管同时我也滋生了自满情绪。

老板对我的友善态度，没有带来我所期待的升职，让我很失望。我决定冒险去别的地方试试运气。我已经不记得我是怎么从科隆离开到汉堡工作的了。我猜想，霍夫曼不让我晋升，可能是因为对我抵触的

舞台总导演的反对。有位经纪人从科隆剧院的歌手那里听到对我的赞誉之词。他帮助我获得了汉堡剧院的合同。就这样，我带着越来越多的自信，还有相当充实的剧院实践经验，离开了自己的第一个工作岗位。

我想记录下告别科隆时的两次相遇：一次是与一位男高音，另一次是与一只夜莺。男高音名字叫布鲁诺·海德里希[Bruno Heydrich]。他演唱过特里斯坦、西格蒙德，还有齐格弗里德，嗓音强健但缺少魅
74 力。他在音乐上是可信赖的，作为演员还算称职。他是个高大笨拙之人，他的同事认为他或多或少有些性格缺陷，未知真相如何。几年后我听说，他已经离开了舞台，在一所音乐学校担任管理工作。曾被捷克的“威廉泰尔”处决的纳粹在布拉格的刽子手莱茵哈德·海德里希[1]就是他的儿子。每当提起这个畜生的名字，我就会想到那个嗓音不佳的平庸歌手，他自己完全不具备残忍的性情，却命中注定会培养出一个魔鬼。

离开科隆前，我有幸听到了一种比恶魔父亲要好听一些的声音。我一直记得那个夜晚，不是因为什么大事件，而是因为那种氛围远离凡人琐事，已经超越了尘世。那是个月光皎洁的夜晚，恰似歌德诗中所云：

停步江湄
幽谷浮现出灵光
魂魄感受到魔法之力。

我与剧院一起来到波恩。我要在第二幕才登台，所以想到美丽的公园里去转一转。在那里，我生平第一次听到了夜莺叫声，令我乐而忘忧，心情完全平静下来。鸟儿和谐的鸣叫，哀婉动人，在我听来好像是美妙的讯息。如此娴静的瞬间铭刻在我心中，因为每次回想起它我都很高兴。尽管我们这个世界有海德里希这类人，但还有月夜，还有夜莺。当邪恶的重压遁去，我们走出磨难，就会想起这些美好的东西。这样的多愁善感，是一种强化我们的生命能量，是对思想和感情都有所裨益的感悟，不是吗？

[1] 莱茵哈德·海德里希[Reinhard Heydrich, 1904—1942]：纳粹军官，被捷克民兵袭击身亡。

第三章

歌剧《费德里奥》中的莱奥诺拉曾唱道：“是的，此乃天意！”当 74
命运仁慈地奉送给我一份汉堡城市剧院总裁波里尼[Pollini] 签署的合同时，我也自言自语地喊出了这样的话。这份合同让我有幸与古斯塔夫·马勒共事，它彻底改变了我的艺术生涯的发展轨迹，乃至整个生命的轨迹。

汉堡是德国第二大城市，但在当地人看来，它是位居榜首的。大 75
城市间有一种竞争，它们彼此看低对方。在布卢门撒尔[Blumenthal] 的一出喜剧中，一位汉堡参议员对一个自称出生于柏林的年轻人说：“哦，好吧，人总要有一个出生地的。”柏林人认为，这座海滨大城相当乏味，而汉堡人则将首都视为暴发户所在的城市。不管怎样，汉堡作为一座城，拥有比柏林更难以言状的品格。历史选择了这片毗邻阿尔斯特湖的辉煌之地，少女堤[汉堡购物中心] 熙攘的交通，巨型的港口，乱纷纷的圣保利海员娱乐中心，美丽的易北河布兰肯赛度假胜地，以及很多其他景观都蛮有特色。所有这些体现了一座汉萨同盟城市[德意志北部沿海城市结成的商业同盟] 面向大海的生活，而大多数德国城市却深受内陆影响。更重要的一点儿，汉堡不仅是一座城，还是一个邦国，它拥有同其他德意志邦国，特别是牛气冲天却人缘不济的普鲁士相比肩的重要价值。汉堡人因其自尊和举止高贵而闻名。城市官方对艺术教化非常重视，他们意识到汉堡作为文化中心的价值。汉堡当时被称作剧院之城，剧院及其艺术家享受着人们发自内心的尊崇。歌剧和话剧在城市剧院和其他场所上演——塔利亚剧院连同其精彩演出是其中的翘楚——成为汉堡人关切的焦点，被很多人津津有味地讨论着。

城市剧院管理层同样负责阿尔托纳剧院的歌剧和话剧演出。这是小城阿尔托纳[Altona]一座用煤气灯照明的旧式剧院，沿着通往圣保利的路就可以到达。我永远不会忘记我在那儿指挥列昂卡瓦罗的《丑角》，原因有二：首先，我指挥得很卖力，手指多次被指挥桌边滚烫的汽灯烟筒灼伤；其次，每当我面向第二小提琴，总看到右边第一排有个女人在织袜子。不论我是否在指挥，她都会时不时越过栏杆，用讨好的口气问我，是不是演出快结束了。恐怕她觉得歌剧指挥没那
76 么重要。总之，阿尔托纳人对艺术家所做的回应，需要我们拿出相当多的幽默感来看待。

汉堡当地的情况大不相同。每当有好演出（这是常有的事），保证客满。所有文化机构都体现出这座城市的传统价值以及它在现世的重要性。汉斯·彪罗成为了汉堡交响音乐会的指挥，古斯塔夫·马勒这位先前的布达佩斯皇家剧院指挥，成为了汉堡歌剧院的音乐总监，让这里的人倍感骄傲。汉堡对戏剧的兴趣，可以追溯到莱辛著名的《汉堡剧评》。相比于莱茵河畔宁静晴朗的科隆，北德雨雾交加，在被称为“汉堡气象”的阴沉天空下，歌剧的地位更加显要。其实，柏林人也欣然认可汉堡剧院的重要性。首都的报社派遣其首席评论员，赴汉堡撰写重要首演的评论已成为惯例。我期盼汉堡的工作合同，这在当时并不奇怪。但我渴望的焦点是古斯塔夫·马勒，就是其妙趣横生的交响曲被评论家轻蔑对待的那位作曲家。我将他想象成新的柏辽兹。一想到如此富有想象力的音乐诗人，是我即将工作的这家歌剧院的指挥，就让人感到激动。我怀着敬畏心情，期待见到这位重量级的创作天才。

到达汉堡后，我对它的第一印象有些出乎意料。这座商业大城市

火车站四周，是一片寻常甚至有些冷清的区域。我走出火车站，“鬼火小精灵”在眼前飞舞，绚丽地照亮夜空。那是汉堡的电车，在用流动的焰火欢迎我的到来——汉堡是德国第一个开通有轨电车的城市。这快乐闪烁的精灵，伴随我初次漫步在汉堡宽阔的街道，走过位于火车站的大桥，徜徉在漂亮的内阿尔斯特湖畔[Inner Alster]。在少女堤的比伯画室橱窗，一张照片吸引了我的目光。这张头像一看就是音乐家的，所以令我驻足。我很快意识到这个人就是马勒。只有《“泰坦”交响曲》[1]的作者才会有这样的形象。他真实的外貌证实了我的判断。77
第二天早上，我来到波里尼的办公室，拜见我的新老板。在那里看到的第一人就是马勒，一个瘦瘦的、正为琐事烦恼的个子不高的人。他有宽阔的前额，长长的黑发，高度敏锐的眼睛，戴着眼镜，嘴巴尤显高贵。波里尼把我们介绍给对方，然后是一段简短的谈话。这段谈话，马勒的妹妹常常笑着向我复述。

“这么说，你就是新来的艺术指导喽，”马勒对我说，“你钢琴弹得好吗？”

“很好，”我据实回答，在伟人面前，故作谦虚似乎是不合适的。

“你擅长视奏吗？”马勒问。

“哦，是的，什么都行。”我又如实禀报。

“歌剧的常规曲目，你都熟悉吗？”

“我都很熟悉，”我做出了一万分的保证。

马勒大笑一声，高兴地拍拍我的肩膀，最后说了句：“好吧，听起来很了不起嘛。”

我很快得到机会，证明自己并非言过其实。在那个演出季排演的第一部新歌剧——洪佩尔丁克[Humperdinck]的《汉塞尔与葛莱泰尔》[*Hänsel und Gretel*]——的例行排练中，马勒站在舞台上，我看出他感到钢琴伴奏很不给力，内心渴望去填补这个缺憾。我的愿望就要实现

[1]《“泰坦”交响曲》["Titan" Symphony]：马勒的《第一交响曲》的别称。

了，因为突然间，马勒的目光落到我身上，他说：“你跟我说过，你能视谱演奏所有的东西，你有没有信心，演奏你不熟悉的歌剧？”我说可以，马勒挥手让那位伴奏离开，我高兴地坐在钢琴前。（在所有的马勒排练中我都不愿放弃这个位置）。

之后不久，我被询问能否胜任合唱队指挥，因为前任的合唱队指挥达不到马勒的要求。我尽管以前从未做过合唱工作，还是接受了。这样，一天早上，18 岁的我坐在合唱大厅的钢琴前，负责起《罗恩格林》的合唱排练。后来马勒告诉我，波里尼寻找合唱队负责人时，我是如何被推荐的。马勒对波里尼说：“他有很多经验。”关于这一点儿，马勒有他自己的看法：在剧院，才华经常被认为是经验，那是天才的经验。我随后的观察证实了这一看法。

马勒的表演和排练方式，深深影响了我的工作态度。我不再孤芳自赏，开始懂得除去那些对我来说特容易的东西，我应该追求更深
78 的造诣。很难让歌手既拥有仪器般的精确度，又让戏剧表现力得到充分体现。热烈情感的抒发，容易出现延迟或者加速，从而忽视八分音符旁的附点。另一方面，精确会扫兴地阻塞表达路径。对于像我这样，经常为了激情而忽视精确的小伙子来说，有很多东西要学。马勒的努力目标，是将音乐和多重风格的戏剧恰如其分地关联在一起。对这个话题，我们进行了深入探讨，很快它就开始主导我的思维，成为我排练中一项实质性任务。马勒给歌手下达的不容置疑且富于想象力的指令，还有他对作品的深刻领悟，他的钢琴排练成为我难忘的教诲。乐队排练中，他很有个性且专制，用极度的恐吓和热切的启迪要求着每位乐手。这些经历，让我依稀尚存的所有自满感觉彻底终结。每天站在一个要求自己和别人都发挥出极限的人面前，是件很好的事。我完全被迷人的场面所吸引，感觉自己的灵魂被一股燎原之火点燃。尽管我还年轻，却拥有一个老对手，那就是自己的平庸浅薄。如今我不再惧怕它。现在有了这样一个人，平庸浅薄对他无能为力，他无时无刻不在完善

自己，在工作和重要原则方面，从不放松。艺术家生活中的各种压抑体验——例如，艺术是崇高的，而生活是平淡的，艺术家的日常生活必定充满屈辱等，都被一个伟大的音乐家化解。马勒不会虚度光阴，他不去想，也不会说出有可能违背其内心的言语。与马勒17 年的友谊，我总看到他屹立在至高点。

波里尼，城市剧院的负责人，一个强势的老板，他组建起让人惊叹的演出阵容：才华横溢的首席指挥古斯塔夫·马勒；天分极高的副指挥奥托·洛泽[Otto Lohse][1]；以及许多相当有实力的音乐家担任其他工作。歌唱家中的佼佼者有凯塔琳娜·克拉夫斯基[Katharina Klafski][2]，她就是声音壮丽、格调庄重的莱奥诺拉、伊索尔德和布伦希尔德的化身；还有多才多艺的欧内斯廷·舒曼–海因克[Ernestine Schumann-Heink]；抒情角色诗意的诠释者贝尔塔·福斯特–劳特尔[3]；嗓音很一般，但扮相与个性令人印象非常深刻的瓦格纳男高音马克斯·阿尔瓦里[Max Alvary, 1856—1898]；在声乐方面颇有造诣的男高音比伦科文[Willi Birrenkoven, 1865—1955]；以及强有力的捷克男低音威尔海姆·黑施[Wilhelm Hesch, 1860—1908]。这里有许多表演出 79
色的歌唱家。马勒指挥的单场演出，我已经没有太深印象了，但我知道，汉堡歌剧院在他指导下一定会走向繁荣兴旺。马勒书房的墙壁上挂着一个花环绶带——我相信，这是他保留的唯一纪念品——上面写着“献给汉堡歌剧院的皮格马利翁[4]——汉斯·冯·彪罗。”彪罗献给马勒的象征性颂词，给我留下了深刻印象，因为它给两个人授予了荣誉：马勒被美妙地比作赋予无生命的东西以生机的人；彪罗给予他人如此巧妙的热心致敬，彰显了他艺术家的高尚情怀。马勒坚定艺术信念中的巨大能量，扫除了剧院的陈腐与疲态，引领新歌剧时代的到来。这个

[1] 奥托·洛泽[Otto Lohse, 1859 —1925]：德国指挥家、作曲家。

[2] 凯塔琳娜·克拉夫斯基[Katharina Klafsky, 1855—1896]：匈牙利女高音。

[3] 贝尔塔·福斯特–劳特尔[Bertha Förster-Lauterer, 1869—1936]：捷克女高音。

[4] 皮格马利翁是希腊神话中的塞浦路斯国王，曾用神奇技艺雕刻了一座美丽的象牙女像，并爱上了她。

时代以热情活跃的表演和纯净的音乐为标志，给彪罗苦痛的晚年带来一丝慰藉。这一点儿，被旁人为我描述的一个奇特场景所证实。一次，彪罗在汉堡指挥音乐会，刚走上指挥台，看到马勒在音乐厅前排就坐，他顾不上感谢观众的欢呼，匆忙下台阶朝马勒走来，把指挥棒交给他，彬彬有礼地邀请马勒代替自己指挥。当马勒为难地拒绝后，彪罗才再次走上去，指挥起音乐会。尽管这次两人只是偶然碰面，但他们的深厚友谊以这样的特殊方式在音乐厅里得到印证，即使在彪罗死后还在显现。马勒《第二交响曲》第一乐章，应该属于最有力度的交响作品，它是马勒在彪罗葬礼印象的感召下构想出来的。

在汉堡，如果有一个人分享不到马勒指导下的精彩歌剧演出唤起的巨大狂热，那就是马勒本人。他被舞台总导演搞得大伤脑筋，无论是某些优秀演员的天分，还是马勒音乐素养所提供的戏剧真实感，都不能弥补这位舞台总导演的缺陷。马勒那时没有同我聊起舞台总导演方面存在的根本性障碍，他在维也纳推行改革的过程中，已然对这些障碍的实质非常清楚了。然而对舞台总导演B 的人格缺陷与荒谬，马勒用尽了各种方式进行抱怨，从诙谐地摇头，到绝望的急性爆发。B
80 导演那积极的（其实更像是妨碍性的）合作，令马勒叫苦不迭。B 是个高个子壮汉，与前面提到的他那位科隆同行O 导演，同属一个艺术行当。尽管B 更有礼貌，更和蔼一些——我很幸运，没有引起他的敌视——但他对马勒非常不友好。对于马勒在艺术上和管理上的强烈需求，他用自己的懒惰和固执，进行实质性的阻挠。他们之间没有爆发公开冲突，只是因为B 导演懒得去争。在一定程度上，他呆板的表情，恰似一种强硬的回绝。B 导演排练合唱场景的方式也值得说一说。他先给四位声部首席指定其舞台位置。做完这个事情，他认为自己的任务完成了。但他总要额外增加几条整体性的指令。比如，他建议汉堡的中年妇女在《卡门》[*Carmen*] 第一幕中要表演调情，好像她们是活泼的西班牙少女；要么，他会在《汤豪舍》第二幕中让那些杰出人士，以王公贵族的儒雅之态，大步走过沃特堡大厅。他不在乎浪费自己的时间进行解释，总是喊着：“活泼一点儿，大家伙儿，活泼一点儿！”接着命令合唱队：“共同融入剧情！”于是合唱队里就会出现一个整齐划一的动作，男人和女人齐刷刷注视着正在表演的独唱演员，但很快就没精打采，直到B导演打起响指，再度警醒大家。B导演成功地将打响指发展成一门真正的艺术，即使在演出中，他也试图从侧幕位置，给合唱团团员挥手，为合唱场景注入活力，“让这些人注意力集中”。但因为他很少留意演出进程，常常不假思索地弄出他喜欢的尖利口哨。舞台上或许正在讲笑话，合唱团正进入高潮，他的响指声非常出人意料，非常不合情理。我永远不会忘记霍赫伯格[Hochberg]的《狼人》[*Der Werwolf*]最后一幕，合唱队的几位女歌手，需要庄严地站在那里，手里拿着棕榈叶，身后背着天使翅膀。她们整齐划一地向空中挥动棕榈叶，只因B导演突如其来的一声响指，让此场景韵味全无。很容易想象，这类玩笑式的行为，对马勒和我意味着什么。它们令人难以忍受，最终导致马勒对其深恶痛绝。

我的能力很快获得了波里尼的信任。作为艺术指导和合唱指 81
挥，我已经证明了自己的价值。马勒对我的认可，或许也令波里尼印象深刻。在我顶替一位突然生病的指挥，帮助剧院走出尴尬境地之后——记得是一场《乡村骑士》的演出——他渐渐开始信任我，让我指挥一部又一部歌剧。起先，多数是洛尔青[Lortzing]的《沙皇与木匠》[*Zar und Zimmermann*]、《乌亭》[*Undine*]、《两个投弹兵》[*Die beiden Schützen*]和弗洛托[*Flotow*]的《玛尔塔》[*Martha*]一类的轻歌剧。波里尼希望用我的年轻朝气，来革除老指挥们的陈腐陋习。我非常喜欢我的工作(特别是广为人知的洛尔青的歌剧，拥有快乐的幽默、美妙的乐思)，努力奉献出活泼动人的表演。接下来是威尔第的《游吟诗人》。从美声角度而言，我手下的“曼里科”不太符合我的要求，但他在结尾段落难以置信的高音C，总能获得满堂彩。这位演员名叫海因里希·鲍特尔[Heinrich Bötel]，汉堡当地人。有一天，他从自驾的出租马车上爬下来，让波里尼听他的演唱。聪明的经理通过亚当的歌剧《隆瑞莫的驿车夫》[*Le Postillon de Longjumeau*] 把他引荐给观众，从此这位男高音声誉鹊起。他精彩的高音赢得了观众的喝彩，同时他熟练地挥动马鞭，获得了聚集在旁听席上那些先前扮演过马车夫的同行们的雷鸣般的喝彩。鲍特尔是一个和善的聪明人，对学习非常渴望。他的高音C 没有让他冲昏头脑，他不仅有自然得体的台风，而且拥有扮演时髦年轻人的天分。我很高兴地记得一场斯美塔那《被出卖的新嫁娘》[*Bartered Bride*] 的演出，在马勒指挥下，在黑施[Hesch] 那典范式出演的克查尔[Kezal]，以及福斯特–劳特尔[Förster-Lauterer] 扮演的可爱玛丽的身旁，鲍特尔完全将自己与角色融为一体。我与欧内斯廷·舒曼–海因克[1] 有很多艺术方面的接触。她演唱的阿祖切纳[2]、卡门，以及（我在汉堡的第二年出演的）安奈瑞斯[3]、乌尔丽卡[4]等角色都是我指挥的。但我们从未建立密切关系。固执的个性和不寻常的天赋，使得她不喜欢像我这样的年轻音乐家。最终我让自己在排练时专注于纯粹的音乐理解，我知道她会以全然到位的艺术方式发挥自己的天赋。她的天赋，是一种新颖的，类似民间音乐的特性。我将永远记得，她尽管孕肚已经很明显，还是努力去演唱卡门——这种情况增加了一种违背原作者意愿的家庭生活细节，让剧情更趋复杂。在分娩一个多星期后，她再度登台，出演安奈瑞斯。

82 我与英雄男高音马克斯·阿尔瓦里成了老熟人。他来自杜塞尔多夫一个名叫阿肯巴克的画师家族。在画家群中长大，他却改弦更张，要来当歌手。但是，“视觉艺术”转向“听觉艺术”的努力没有完全成功。在演唱汤豪舍或者齐格弗里德时，他依然是个画家。他拥有雄壮的嗓音，歌唱起来却不优美，他的表演缺乏戏剧腔调。然而有趣的是，他因出色的扮相而备受欢迎。观众喜欢他、赞美他。他与艺术的亲和力，

[1] 欧内斯廷·舒曼–海因克[Ernestine Schumann-Heink 1861—1936]：奥地利歌唱家。
[2] 阿祖切纳[Azucena]：歌剧《游吟诗人》里的角色。
[3] 安奈瑞斯[Amneris]：歌剧《阿依达》里的角色。
[4] 乌尔丽卡[Ulrica]：歌剧《假面舞会》里的角色。

让他在舞台上脱颖而出。他好像是来自另一个世界的访客，有些错位，却凭借其坚实有力的个性，让人们忘却其内在的疏离感。他的生动风格，已经达到了完美境地，绝非只体现在冷静的摆姿势上。尽管他存在缺陷，却因为某项专长而令人称道。他时而古怪的演唱方式，对于马勒的耳朵来说是极大的冒犯，致使两个人之间无法建立起友好的关系。但是阿尔瓦里真诚的音乐责任心具有抚慰效果，缩小了戏剧音乐家和能唱歌的画家之间的距离。更重要的是，阿尔瓦里是个有悟性有教养的艺术家。可以说，我很欣赏他对自己角色的理解，这种欣赏来自我与他的沟通，而不是来自他的表演。

我对来汉堡工作的第一年里与艺术家们的私人交往，已经没什么印象了。但通过与艺术家的业务沟通，我获得了成长体验。其结果让我恍然大悟，除了让音乐悦耳动听，指挥家最大的难题是人的问题。指挥家自己不出声，而是依靠他人。对于这些人，他必须用手势，用语言，用他的人格力量来引导。所产生的效果，取决于他与人相处的能力。这一点儿也说明，具备与生俱来的天赋，也就是张扬自己个性的本领，才是最重要的。这要靠不断努力，靠每天的经验积累，才能得到培植。不管其音乐天分、能力、学识如何，如果这个人生来就没有威信，缺乏起码的人格魅力，就无法获得成为指挥家的坚实基础。他可以在钢琴或小提琴上凭借娴熟技巧表现自我，但他永远不会成功地组建起一支乐队或者歌剧团队，使其成为自己的一件乐器。与一个能力稍差却拥有威信的 83
音乐家相比，他指挥出的效果会更显冷漠、更微不足道、更没有感染力。

一想到这个问题，我就焦虑不安。由于个人的特殊原因，它一直困扰着我。但最终我明白了，年轻人很难在行动中具备那些人格魅力。在崇尚权威的年代，这种人格魅力在决断时刻当然非常重要。无论如何，现在的我还人微言轻。我渐渐意识到，那些因我年轻而责备我的人是有道理的。而且，在汉堡，歌剧院领衔指挥的权力和影响，被一位天生有管理才能的人所行使，后者甚至有专横倾向，令所有人心生敬畏。因此，歌唱家和乐手更愿意避开这位恐怖且令人生畏的管理者，在一位完全平和的年轻人那儿，寻找轻松安逸。我能理解这一点儿，所以努力用恰当的且符合我性格的心理手段，去感化那些艺术家。在此期间，我的努力虽然并不总是成功，但它们至少在我的禀赋中注入了一种令人欣慰的洞察力，对此我原来没有太多注意，现在越来越感到自己有教化他人的天赋。

马勒的所作所为既让我深受刺激，又让我有时有点儿压抑，这是很自然的事情。我问自己，当与如此崇高的完美相比的时候，我那点收获还是否值得一提。我记得，有一天马勒的妹妹贾斯廷[Justine]向我吐露，他哥哥在听过我指挥的《阿依达》[*Aïda*]后对她说："哎呀，这个小伙子是个天生的指挥家"。对此，我是那么欢欣鼓舞。

我获得了相当多的指挥经验，并确立了一条原则，即但凡有同事因病告假而推荐了替补者，我一概批准。回想起来，我这种友善精神让很多人报告自己发低烧，于是我更有机会表明自己善于变通了。我总能迅速做好准备工作，轻松驾驭自己的任务。我回想起这样一件事，它让我非常兴奋，也是我被破格提拔的原因。幸运的是，它不是缘于某人生病。一场《齐格弗里德》的舞台排练，乐队已经安排就绪，马勒却没到场。大家都在等他，波里尼最终焦急地转向我，问我是否有信心指挥这场排练。我当然很自信，一分钟之后，我多年积聚于心的崇高愿望——指挥瓦格纳——终于实现了。那是第三幕的暴风雨般的开头，
84 智慧女神埃尔达[Erda]醒来，我幸运地召唤出了歌手神秘真切的嗓音。我的好运在持续，一直排练到流浪者和齐格弗里德在一起的场景，直至他们"穿过火焰"。马勒因为记错时间，晚来了一个半小时，他没有马上替换我，而是心平气和地向波里尼建议，让我继续指挥。

我的音乐才能得到了反复印证，在指挥台上驾轻就熟，指挥业务开始增加，渐渐与我的合唱指导工作发生冲突。若不是凯塔琳娜·克拉夫斯基和她丈夫指挥家奥托·洛泽在1895年春天要终止合同远赴美国，我在汉堡工作的第二年会依然延续我的合唱指导业务。他们的

离任，让我们经历了艺术和精神上的双重损失。我记得波里尼因这一变故备受打击。心情平复后，他邀我去见他，告诉我从专业和个人两方面来讲，他对我都很信任，问我是否有胆量接替洛泽的位置。对此我欣然接受。这样在1895年秋天，我成为汉堡城市剧院的常任指挥。在寻找杰出的克拉夫斯基的替代人选这一过程中，波里尼再次证明了他天才经理人的判断力。他发现并聘用了一位新人，安娜·冯·米尔登伯格[Anna von Mildenburg, 1872—1947]，一个来自克拉根福（奥地利南部城市）的年轻女孩儿。波里尼在维也纳试听过她的演唱，当时还是鲍姆加特纳－帕皮亚夫人[1]学生的她，后来成为德国歌剧舞台上伟大的悲剧演员。

若说这次破格晋升深深地激励了我，那有点夸张。担任常任指挥使我的言行更具权威，排练和指挥的机会大大增加，让我很是兴奋。卸掉了合唱指导与艺术指导的重担，我感到轻松。尽管我心甘情愿继续辅佐马勒，但同时我瞄向了更高的目标。不仅仅是职位的晋升，我更希望获得观察能力并拓宽视野，从而提高自己的心智高度。

我感觉到，与马勒的合作是上帝赐予我最大的恩惠，它对我音乐方面的成长具有无法估量的价值。我不用像在科隆那样，在我不认可的、才华实际比我逊色的指挥手下工作。我享受着为一位具有伟大音乐天赋和强烈人格魅力的大师服务的机遇，并就职于一所红火兴旺的艺术机构。在这座圣殿，那些艺术成就的阻碍，那些好逸恶劳与夸 85
夸其谈全无容身之地。除了音乐方面的成长，我还收获了很多。马勒与我在剧院办公室初次见面后不久，就邀请我去他家，他和两个妹妹一起住。我经常同他散步，沿着格林戴尔大道[*Grin dellee*]和红林公路[*Rotebaum-chaussee*]，谈话的内容涉猎很广，就像他的思想那样，包罗万象。我真正意识到比我年长16岁的马勒在艺术与精神境界的优势，也同样深信自己从一开始就深刻领悟到他疯魔的个性。对于马勒的创

[1] 鲍姆加特纳—帕皮亚夫人[Paumgartner-Papier, 1859—1932]：奥地利歌唱家。

作，我在尚不具备基础认知的情况下，就开始向他发问。而正是他，坐在钢琴前，为我介绍他的《第一交响曲》，他年青时代的这部作品，先前那些乐章的构思过程，葬礼进行曲的美妙构想，还有那暴风雨式的末乐章。在其《第二交响曲》总谱最后的润色阶段，他在钢琴上为我弹过。马勒还给我展示了《悲叹之歌》[*Das klagende Lied*]，为我唱了钢琴与乐队两个伴奏版本的音乐旋律。那时，这些作品还躺在他的书桌上秘不示人。在他的引领下，漫步在这片新天地，我该怎样描述自己深深的感慨？感悟着这位伟人的精神，因对人世的悲悯和对上帝的渴望而走向其深邃，我该怎样诉说自己经历的那种震撼？

“阿廖沙[Alyosha]和伊万[Ivan]，谁是谁非？”马勒的妹妹艾玛，在一次我造访他们家时这样问我。看到我面呈惊愕，她解释道，她所说的是陀思妥耶夫斯基[Dostoyevsky]《卡拉马佐夫兄弟》[*The Brothers Karamazov*]中“兄弟结交”这个章节。这个话题让她哥哥痴迷，所以她理所当然地认为，他曾与我谈起过。伊万和阿廖沙的谈话所生动描摹出的某种境遇，与马勒的精神痛苦相似，与他因人世的不幸而产生的磨难相似，与他求索的欣悦升华相似。从本质上讲，马勒所有的思索、谈话、阅读和创作，都与“从何处来”“到哪里去”“所为者何”这类问题相关。他在自信静处的时刻，喜欢安岑格鲁贝[1]勇于创新的剧作《十字画押者》[*Die Kreuzelschreiber*]中那位修路工汉斯[Hans]的美妙语句：“你会安然无恙。”他的灵魂深处如暴风雨一般让人捉摸不透。冷不防，他会像孩子那样高兴地笑，然后又无缘无故地表现出内心的惊厥，激烈发作，痛苦异常。

马勒引导我去读陀思妥耶夫斯基，这位作家很快摄取了我的魂魄。正是他激发了我对尼采的兴趣，《查拉图斯特拉如是说》[*Thus*
86 *Spake Zarathustra*]曾令他手不释卷。马勒注意到我对哲学的爱好，在1894年将叔本华的著作作为圣诞礼物送给我，这本书为我打开了

[1] 路德维希·安岑格鲁贝[Ludwig Anzengruber, 1839—1889]：奥地利戏剧家、小说家。

一个我此后从未迷失的世界。我对自然科学的兴趣也让马勒感到高兴。在与我的谈话中，他关于物理学理论富有想象的论断，让我的思绪自由驰骋。比如，他用太阳的排斥力取代地球的吸引力，并坚持认为他的论断比牛顿万有引力定律更实用。他还用倾角和反倾角理论去解释原子能，把原子论说得活灵活现。尽管自然王国每个细节都会引起他的关注，但马勒的兴趣点主要在赋予哲学以新思维的自然历史现象方面。他那些专业从事自然科学的朋友，常被他逼问一些非常尖锐的问题。与他常见面的一位知名物理学家对我说，马勒对物理学终极理论的直观理解，及其结论与质疑的敏锐逻辑，都难以形容。然而今天在我看来，从艺术角度而言，马勒沉溺于物理学这件事，与费希纳[1]对植物精神生活[soul-life of plants]的哲学思考，以及"天使比较解剖学"[The Comparative Anatomy of the Angels]相比，绝非艺术家的恣意妄为。很遗憾，马勒从来不认识费希纳。《阿维斯陀经》[*Zend Avesta*，波斯古经]的作者，本应该成为他的朋友。在这里让我提一下马勒建议我阅读的一本书，艾伯特·朗格[2]的《唯物论史》[*Geschichte des Materialismus*]，这是一本关于人类思维能力的经典著作。它对与我思维相似的所有意向，都给出了明确的结语。

在马勒家里，除了灵魂的忏悔、哲学和音乐之外，还有其他东西，其中有很多快活之事。正是马勒兄妹张口就来的维也纳方言里那种奥地利风格，触发了我心灵的共鸣。那些维也纳糕点、可口糖果，还有技艺娴熟的厨师埃尔斯，在马勒餐桌上展示的无穷变化其诱人魅力太让人难忘了！马勒非常喜欢奥地利菜肴。他所热衷的玩笑是声称谁若不喜欢某道菜就肯定是傻子，然后再去问他的客人是不是喜欢这道菜。马勒具备幽默天赋，很欣赏其他人讲的俏皮话。但他不喜欢别人当着他的面开玩笑。在这种情况下，他总是不动声色，令讲述者深感扫兴。我

[1] 古斯塔夫·西奥多·费希纳[Gustav Theodor Fechner, 1801—1887]：德国物理学家、实验心理学家，心理物理学、实验美学的创始人。

[2] 艾伯特·朗格[Friedrich Albert Lange, 1828—1875]：德国哲学家、经济学家。

们最喜欢的消遣活动是演奏舒伯特、莫扎特、舒曼、德沃夏克等作曲家
87 的二重奏。有时候，马勒会为舒伯特的进行曲或者舞曲，配上维也纳方言的歌词。这些歌词与音乐非常合拍，好像原本就是为它们谱写的。

我在汉堡的第一年飞逝而去。夏天来了，我返回柏林。作曲、阅读占去了一部分假日时光。我期待着一俟季节允许就前往蒂罗尔[Tyrol，位于奥地利西部的阿尔卑斯山区]，一偿夙愿地登上终年积雪的山峰。滞留在柏林，我意外地获得了来自智慧山的清新气息。在一座让我魂牵梦绕的房舍中，我结识了公众瞩目的德意志剧院的演员麦克斯·莱茵哈特[Max Reinhardt]，一个22岁的年轻人。我们爱慕着两姐妹，到女孩儿家中探望后，我俩习惯于长时间散步，一起谈论年轻人对建立伟业的渴望，诉说那些让我们感兴趣的戏剧音乐事件。莱茵哈特喜欢音乐，乐感极好。在热情诉说未来的剧院梦想时，他经常谈到音乐在话剧高潮来临时的重要性。他被认为在年青一代中最适合扮演性格单纯的角色。后来，在1901年，我有幸欣赏到这位年轻演员真正的优秀作品——比尔－霍夫曼[1]的《夏洛莱伯爵》[*Der Graf von Charolais*]中的伊兹格[Itzig]和易卜生《罗斯莫庄》[*Rosmersholm*]中的摩腾斯果[Mortensgaard]。这些人物，尽管性格对于莱茵哈特本人来说是陌生的，却让我一直难忘，原因就在于这个演员敏锐有力的刻画。关于莱茵哈特，我在后面还要谈到。

我前往蒂罗尔，欣喜地看到可爱的博岑[Bozen，蒂罗尔行政区首府]和梅拉诺[Meran]。我还能记起让人兴奋的13小时马拉邮车上的旅程，走过尘土飞扬的奥地利公路，穿过酷热的温施高[Vintschgau，意大利境内]，来到索尔登[Sulden]高地，这里被白雪皑皑的群峰环绕。我们在晚上到达那里。一位出色的蒂罗尔向导，为我传授登山的入门知识，我表现出了测量山体高度和攀登冰山的些许才能。在漆黑的深夜，我们离开宿营小屋，点着灯笼一路穿过冰碛，看到照耀着周围山峰

[1] 比尔-霍夫曼[Richard Beer-Hofmann, 1866—1945]：奥地利剧作家、诗人。

的第一缕阳光，还有脚下飘落的雪花，通过艰难的攀登而最终到达人
迹罕至、风光无限的峰顶，所有这一切是多么让人难忘啊！当我忧心
忡忡地问向导，我们究竟怎样才能走下坡路中最困难的那一段时，他
笑着用浓重的蒂罗尔口音绝妙地回答我：“这里没有魔鬼帮你上去，但 88
是所有圣徒都会帮你下来。”我一向认为，山地旅行最美妙的瞬间，是
当我在山上感到孤独时，当山谷退出视线时，当地面上熟悉的树木和
放牧羊群都不见时，当看到冰凌与雪景，感受到寒风与孤寂重重地撞
击着我的心，好似来自神秘世界的一声庄重的问候时。

我精神焕发地回到汉堡，这里有一大堆新任务在等待着我。波里尼委托我指挥《阿依达》和《汤豪舍》，如果我没记错的话，还有《魔弹射手》和《魔鬼兄弟》[1]。阿依达和伊丽莎白两个角色，由米尔登伯格演唱。我很高兴地记得她进步神速，我后来还与这位才女排演过伊索尔德。

在大量研读新歌剧的那段时间，某一天我碰到了真正的金子。我恰巧看到了汉斯·普菲茨纳[Hans Pfitzner]的《可怜的海因里希》[*Der arme Heinrich*]。起初，我更看重的是其开头那深刻感人的病恙场景具有的强劲表现力，不同于瓦格纳笔下的特里斯坦式结局。经过深入研究，我更清晰地意识到了一种引人注目的音乐家灵感和独特的创造力。遗憾的是，我不记得马勒对我的热情通报作何反应。我的发现很可能发生在波里尼和马勒关系紧张的时候，因此马勒认为推荐普菲茨纳的作品已经没有意义了。我认为我肯定将自己的想法告诉过波里尼，但没有获得任何成效，足足等到四年之后当我担任柏林歌剧院的指挥时，我终于可以排演普菲茨纳那富有朝气的作品了。

1895 年底发生的历史性音乐事件，必须在此有所记载。马勒的《第二交响曲》在柏林第一次全曲演出。马勒已经厌倦了身为作曲家却“像南极点那样不被发现”的状态。他决定自费征用柏林爱乐乐团

[1]《魔鬼兄弟》[*Fra Diavolo*]：奥博的歌剧。

演出他的《第二交响曲》。演出前，他对这部新颖艰深的作品进行了足够的排练。马勒还成功获得了柏林合唱协会[Singakademie]的协助。12月13日，这部关于人的命运与信仰的悲剧交响曲在柏林爱乐大厅演出。尽管有难以忍受的偏头痛的袭击，这部交响曲在马勒的大师级指挥下，依然获得了巨大反响。我自己被深深震撼，观众和表演者都显出狂喜之情，这让我永生难忘。尽管有些评论是敌对的、恶意的、鄙视
89 的，但不乏热心的品评，甚至还有见地深刻的感悟。最正面的报道来自《福斯日报》[*Vossische Zeitung*]的音乐评论家马克斯·马斯卓克[Max Marschalk]。他曾为格哈特·豪普特曼[Gerhart Hauptmann]的戏剧《翰奈尔升天》[*Hanneles Himmelfahrt*]写作迷人的配乐，我在汉堡的第一年，很喜欢指挥它。多年来，马斯卓克通过其报章支持马勒的事业。有段时间，他也曾疏远马勒，我记得那是缘于《第五交响曲》。但马勒去世后，通过《大地之歌》[*Das Lied von der Erde*]，他又回归到了支持马勒的道路上。在一次拜访马勒的过程中，我与这个真诚和蔼之人相识，从此，我俩意气相投。这一友情，没有因他多年的"变节"蒙上阴影，他"回归"之后，又持续了很长时间。后来他在柏林开了家出版公司，推出了我在1890年代后期创作的一系列带钢琴伴奏的歌曲，让我感到非常荣幸。我们最后一次见面是1935年在瑞士恩加丁的锡尔斯玛丽娅，在那儿，我和他一起追忆往昔。

波里尼与马勒的分歧，不可避免地让他们之间的对抗愈演愈烈。波里尼的不苟言笑和马勒的火爆冲动，注定会导致两人最后的分道扬镳。马勒人在汉堡心在维也纳，这是很自然的。每当他的门铃响起，他就会说："南方神明的召唤来了。"他劝我也离开。他认为，我与他的友谊，在汉堡只会给我造成伤害；在这个地方，我已经获得了周围的认可，现在该走出这个世界了。我同意他的说法，却不敢当面承认。我意识到，他的影响对于我是一种福分，但可能变成我未来发展的某种危害。马勒给布雷斯劳城市剧院的总裁西奥多·勒维[Theodor Loewe]写信。回

复中他被告知，那儿有一个年轻指挥的空缺。我很快便获得了这份合同。然而，勒维建议我把“施莱辛格”[Schlesinger] 这个族名更改一下，因为在西里西亚首府[即现在的波兰城市弗罗茨瓦夫，德语称作布雷斯劳]，它出现的频率太多。想到了瓦尔特·施托尔青（Walter von Stolzing，瓦格纳歌剧《纽伦堡的名歌手》中的男主角），沃尔特·福格威德（Walther von der Vogelweide，1170—1230，德国中世纪著名诗人），还有《女武神》中的西格蒙德希望成为“快乐”（Frohwalt），却被迫称呼自己为“不幸”（Wehwalt），于是我把瓦尔特[Walter] 改作了自己艺名。1911 年我获得奥地利国籍后，瓦尔特成了我的合法名字。

我在汉堡的第二个演出季结束后，马勒邀我与他们兄妹一起，在奥地利美丽的萨尔茨卡默古特地区[Salzkammergut]，阿特湖畔的斯坦巴克[Steinbach] 度假。来到奥地利乡村的湖光山色之间，马勒非常放松健谈，以前我从未看到过他这个样子。在其房舍与湖岸之间的草坪上，屹立着他的“作曲家小屋”——一个有顶有窗的空间。那个夏 90
天，马勒在那儿写下了他的《第三交响曲“自然”》的大部分内容。此间，我们一起远途散步、聊天、演奏音乐，还大声诵读。马勒为我们读了《堂·吉诃德》[*Don Quixote*]。他有见地的评语，让我们与他一起发笑。湖的另一端，就是伯格霍夫别墅[Berghof，后来成为希特勒夏季避暑之地]，距此有半个小时的航程。这个地方属于伊格纳兹·布吕尔[1] 家族，我曾在汉堡指挥过他的歌剧《金色十字架》[*Das goldene Kreuz*]。在伯格霍夫，我获得了最友好的款待。过去经常去此地的勃拉姆斯，那个夏天没有来。他生病了，无法离开伊舍[Ischl，奥地利的温泉小镇]，便在那里消夏。马勒到那儿去拜访过他，后来告诉我们，这位老者阴郁、闷闷不乐的情绪，与他那《四首严肃的歌》[*Four Serious Songs*] 的第一首相契合。

马勒说，在黄昏时分，他离开了勃拉姆斯，穿过暗色走廊向门口

[1] 伊格纳兹·布吕尔[Ignaz Brüll, 1846—1907]：出生在摩拉维亚的钢琴家、作曲家。

走去。此时，马勒回头观望，看到病中的勃拉姆斯走到火炉旁，从里面拿出一节香肠和几片面包。马勒诉说着老人节俭孤寂的晚餐让他心生的那种无奈与悲哀，不停地喃喃低语：“所有一切，终成虚空。”

理查德·施佩希特[Richard Specht, 1870—1932]，一位抒情诗人，后来成为评论家，他还是理查德·施特劳斯的传记作者，他也住在伯格霍夫，多次来到斯坦巴克看望我们。几位文学新星，给伯格霍夫的社交生活增添了魅力。这个圈子里最令人感兴趣的人物，是22岁的雨果·冯·霍夫曼斯塔尔[1]。奥地利的文学青年礼赞他为天才诗人。那个阶段，他创作的诗歌（被认为可以与歌德和荷尔德林比肩），深深地激荡着我的心。我们都把他看作新一代歌德。我非常高兴那个夏天与他的交往。尽管我们之间的交集没有发展成为友谊，但仍然持续了很多年。这位出色的诗歌天才在日后的发展，没有完全达到其早年所预示的辉煌状态。我认为，他的语言技巧似乎是造成这一结果的缘由。对他而言，语言技巧比诗性思维更重要，而语言原本是起辅助作用的。他曾经告诉我，一个非常活跃且充满爱意的诗人，很少有创作心情，因为“底盘太大就飞不高了”，也就是说，生活对于他而言比诗歌创作更为重要。我倾向于认为，霍夫曼斯塔尔的情况正相反：他更忠实于艺术，
91 而非生活。霍夫曼斯塔尔的一句话可以证明他的谦逊以及善于辞令的禀赋。当我们在斯坦巴克和韦森巴赫[Weissenbach]之间散步的时候，我快步赶上他，表达我对他的诗剧《昨日》的兴趣。他回答道：“我对这部诗剧不再满意。对我来说，它就像是一只金丝雀在模仿雷鸣。”

我想用一连串诗意的语言，努力描摹出那两年在马勒的影响下，我的内心与外部世界所企及的充盈状态。我已经接触到有创造力的伟人，感觉自己已步入正轨，对未来的步伐坚定不移。我用无言的感激告别马勒兄妹，开始展望布雷斯劳[Breslau]新的征程。

---

[1] 雨果·冯·霍夫曼斯塔尔[Hugo von Hofmannsthal, 1874—1929]：奥地利作家，与马克斯·莱茵哈特一起创办萨尔茨堡音乐节，与理查德·施特劳斯合作了许多歌剧，如《玫瑰骑士》《失去影子的女人》《埃及的海伦娜》等。

第四章

离开汉堡后，我在布雷斯劳的经历仿佛是一次坠落。这是一片不 91
洁之地，它不像我山地旅行的下坡路，会有圣徒辅佑。我没有跌倒，却也不能自许曾骄傲地昂起头，用坚实的步履越过了凶险的路障。我是误打误撞走过来的。

我与布雷斯劳城市剧院的第一次亲密接触，就让我见识了这是个什么地方。我走进办公室求见总裁。S秘书，一个留着长长的灰白胡子的人，面对我的请求板起脸说：“很抱歉，勒维总裁刚刚去世。”当他看到我面现惊讶之后，又用奥地利方言闷声说道：“葬礼明天在兽医站举行。”我当时就意识到，自己遇到了一个卑劣的喜欢恶搞的家伙，他想用老套的玩笑让新人感受一下剧院的氛围。这个灰白胡子的人，的确常用这样的应答来对付剧院官员的每一位来访者。他属于精神困乏的一类人，一则俗不可耐的笑话能让他受用好多年。我惊讶地得知，这样的笑话，还有如此低俗的直抒胸臆，在这家剧院的领导与员工那里已是稀松平常之事。

布雷斯劳剧院到处都谈笑风生。嘻嘻哈哈的痼疾，让艺术受到损害。在这种交情至上的地方，艺术不会繁荣兴旺，反而会背弃严肃认真，在一团和气、吹吹拍拍、玩笑打闹中寻找乐趣。汉堡剧院因其自身的所有特质，是一个艺术上具有强烈个性的剧院，勤勉的员工会为

了达到共同目标做好分内之事，坚守着艺术圈里成文和不成文的规
92 矩。而这里，在布雷斯劳剧院忙乱的氛围中，我仿佛置身于邪恶的巢穴。这儿没有对艺术的敬畏，连起码的规矩都不懂。作为年轻的副指挥，我那时是怎样迫使他们听从命令的呢？我是如何从员工们那儿获得了比剧院首脑——首席指挥与舞台导演——更高一级关注度的呢？

剧院总裁西奥多·勒维博士[Dr. Theodor Loewe]，绝非等闲之辈。他学过法律和哲学，痴迷于休谟[Hume]和伯克利[1]的认识论。拥有如此思想倾向的他，是怎样当上剧院总裁的我无从知晓。然而，他的注意力主要集中在戏剧方面。这也许就是为什么在这所剧院，戏剧演出的成绩要强过歌剧的缘由。我任职期间，总裁与我几乎形同陌路。几年后，据说他曾骄傲地提起在其指导下我的作为，这让我非常惊讶。一次在火车上偶然遇到他，我看到这位老者眼睛里闪烁着快乐，还听到他对我的夸赞。我在布雷斯劳唯一值得称道的，肯定不是我的成就，而是我的善意。不管怎样，我都为这份迟至的温暖感到高兴。我对他的记忆是负面的、批判性的，但绝非对这个人没兴趣。他很睿智，表面上尊重艺术，却常常回避真诚的艺术商榷与谏言。对于别人的要求与抱怨，他习惯用挖苦性的俏皮话来应对。即便是艺术机构最重要的秩序和纪律问题，也很难让他感兴趣。他油滑的逃避战术的最典型一例，据说发生在我来这儿工作的一年前，有可能让一位诚心诚意的艺术家彻底寒了心。一个圆号手在排练时受到首席指挥的训斥，他愤愤不平地反唇相讥，说指挥家不是一个能“让泰晤士河燃烧”[2]的人。这种粗鲁的轻蔑比喻，使得指挥家到总裁那里去告状。勒维不得不把两位召集在一起，以平息事端。最终，勒维的一句话导致三人不欢而散。他用刺耳的男高音说：“指挥先生，如果你考虑一下这句措辞的基本含义，就必须客观承认，你真的没办法让泰晤士河燃烧。这就够了，先生！”

---

[1] 乔治·伯克利[George Berkeley, 1685—1753]：爱尔兰哲学家。

[2] “让泰晤士河燃烧”：英语习语，意思是“做出惊人之举，取得非凡成就”。

可以想象，这样的管理方式对纪律原则的伤害有多大。的确，在那种特殊场合，勒维个人对这位指挥的不悦，可能已经促使他得出了自己 93 的结论。总的来说，在剧院里他不是个颐指气使的人，但我在重要原则问题上，同样不能指望他的襄助。

首席指挥W，那个遭遇勒维冷嘲热讽之人的后任，是一个有天赋却脾气不好的匈牙利音乐家。他指挥起任何作品来都信心满满、热情洋溢，却不喜欢排练。当演出遇到暗礁险滩，他总是靠手上的技巧驶过。首席舞台导演属于我前文中已充分描述过的那类人。更重要的，他还有一个嗜好，就是诱导年轻歌手做出曼妙的肢体动作。他乏味的美学概念和对戏剧真谛的错误理解，经常让我在排练中陷入绝望。剧院有几位才华横溢，有声乐天赋的歌手，他们大多和气厚道不讲原则。也就是说，就个人而言他们很容易相处，在艺术上却很难合作。懒惰、轻浮甚至玩世不恭的风气让我灰心丧气，我开始感到自己与这个地方格格不入。就连我努力发出的最基本的纠错指令，也让歌手们要么坚决抵制，要么漠然置之，原因在于这里盛行的"宽容"态度。我在这里发生过好多次不愉快的辩论、争吵。我在给马勒的信中，诉说了自己的苦恼。马勒回信耐心给我指点迷津：

"鼓起勇气，别灰心……不要让这些人导致你失去面对大家的快乐友好的表情。记住，你肩负的行囊里终将会有你的指挥权杖。今天或者是明天，又有什么关系呢？"

所以我决定继续奋斗，忍耐，并且拒绝任何形式的随波逐流。

相对于工作环境的一塌糊涂，更糟糕的是能力的下降。懒散拖沓大行其道，成为此地的特色。这时候我的批判态度就像同事们身上那种市侩的自鸣得意一般不合时宜。然而，有一位艺术家却出淤泥而不染。他才华横溢，像沙海中的一块漂砾，又像一座高塔，在我沮丧时为我带来勇气与慰藉。我说的是伟大的瑞典男低音约翰尼斯·安布拉德[Johannes Elmblad]，从身材和人品上讲，他都称得上高人。通过马勒

94 的介绍，我对他的非凡个性有所了解。马勒在布拉格安吉洛·诺依曼手下工作时就认识他。第一次见到安布拉德，就让我想起马勒生动描述的神奇力量。一天晚上，我从灯火通明的排练大厅下来，走进通向舞台的幽暗走廊，发现自己正面对着一个远离世俗的形象，我吓了一跳。这是来自瓦格纳《众神的黄昏》[*Götterdämmerung*]里高大威猛的哈根，穿着哗哗作响的盔甲，留着黑色胡须和乱蓬蓬的头发。这位黄头发蓝眼睛的瑞典巨人，即使他穿着寻常百姓的衣衫，也会产生一种神话效果。不管怎样打扮，这位拥有粗犷雄健嗓音的巨人都会让旁观者的意识回到传奇时代。在体格、才能、艺术爱好，甚至在其无拘无束的个性方面，他都远远超越剧院的一般人。我很高兴地注意到，这位来自埃达传奇的史前异类渐渐开始喜欢我，并欣赏我的才能。他酷酷的仪表，经常让我忘记布雷斯劳的无聊与庸俗。遗憾的是，北欧家乡的气候条件，使得他嗜酒如命。他不经常喝酒，但与他的同胞易卜生[Ibsen]在戏剧《野鸭》[*The Wild Duck*]中刻画的传教士莫尔维克[1]的不同之处在于，在突如其来的狂饮中，他发起酒疯如同恶魔。让他可爱温柔的太太难堪的是，我们的多次聚会都在瑞典猛拳导致的骚乱中结束。在这种场合他变成了一个相当危险、完全无助之人。然而，他的艺术家素质和专业能力，没有因为他的粗野习性受到太多影响，我从来没有遇到过比他更优秀、更认真，对角色演绎更加精益求精的人，这也是他名望的根基。他塑造的洪丁、法夫纳、哈根和卡斯帕，均以令人惊叹的磅礴大气而闻名。我还愉快地回想起，他在尼古拉[Nicolai]《温莎的风流娘儿们》[*Merry Wives of Windsor*]中扮演的法斯塔夫[Falstaff]，还有别的喜剧角色，因其强烈的亲和力而光彩照人。我在他家时，他让我了解瑞典歌曲，其中有肖格伦[2]富于阳刚之气的作品。他还告诉我很多关于斯特林堡[August Strindberg, 1849—1912]的事情，他非常熟

[1] 传教士莫尔维克[Molvig]：以贪杯著称。

[2] 肖格伦[Emil Sjögren, 1853—1918]：瑞典作曲家。

悉这位瑞典作家。总之，在布雷斯劳惯常的沉闷气氛中，我从他的狂暴气息里寻找到宽慰。安布拉德的两个小女儿，拥有好听的瑞典名字，英嘉[Inga] 和萨嘉[Saga]。他讲述的那个发生在6 岁萨嘉身上的小故事，现在仍萦绕在我的记忆中。有一天，他听到这孩子唱起一首歌，当歌词中出现“百年以后”这样的字眼时。他让孩子停下来，说一百年之后大家都不在了，她们的妈妈不在了，两个女孩自己也都不在了。听到这儿，女孩儿回答说：“哦，不，肯定会有足够多的人留下来，为这首歌插上 95
翅膀的。”我记得，这些话让我们两个成年人非常激动，特别是那段时间正处在抑郁怀疑心绪中的我，被孩子的信心所感染。后来听说，精神错乱致使安布拉德的生命结束得很悲惨，这令我非常痛心。我一直用敬佩的心铭记着他的伟大人格。20 世纪30 年代，当我在斯德哥尔摩指挥的时候，两位淑媛来到艺术家室向我表达问候，让我高兴地想起了安布拉德，因为她们自我介绍是英嘉和萨嘉。

高大威猛的安布拉德尽管只是偶尔喝顿酒，但在那种场合，就连神鬼都要惧他三分。布雷斯劳剧院的人喝酒上瘾，尽管每次喝得不多。剧院附近的法里希咖啡馆，还有其他类似的地方，从上午排练到午餐，总可以看到各色人等，在预留的餐桌上喝上几口，为自己壮壮神威。有几次，我也随波逐流误入歧途，但很快意识到佐以剧院闲言碎语的早间啤酒，并不合我的意。但晚间在一群快乐之人的簇拥下喝喝酒，让我愈发感到惬意，而且宠辱皆忘，我用靡菲斯特[Mephisto] 的话来打消自己的顾忌：

住手吧，不要再和你的烦恼游戏，
这如像那秃鹰嗜食着你的生机。
你纵使是走到那最下乘的社会
它也会使你感觉是与人同居。

[译文源自郭沫若译《浮士德》第一部，人民文学出版社1959 年版第78 页]

招致我心情不爽的一个外在因素，是布雷斯劳这座城市本身让我不感兴趣。我努力想让自己的目之所及和心之所向，在城市风景中得到慰藉，而都以失望告终。除去一些古旧建筑，这里的街道和广场都毫无特色，其面貌缺乏魅力。奥德河从城外流过，市内唯一可以看到的水域，是不足称道的施韦策护城河，它游走于装饰呆板的庭院间。我冬日散步时，其缓缓的水流只能让我回想起夏天的不良气味和饥渴蚊虫的叮咬。

我在布雷斯劳的散漫生活，在一个讨人喜欢却怪里怪气同事的撺掇下，变得妙趣盎然。他操着一口德国方言——我记不得那是巴拉丁话[Palatine] 还是撒克逊话[Saxon]，对文学很感兴趣，在工作和个人
96 生活两方面，都对我忠心耿耿。不晓得这个人是怎样让我迷上了他的怪念头。很可能是以一幅荷兰油画为由头，他成功地举行了一场酒会。这次酒会的参与者晚上经常聚在一处，一起用长长的白色的荷兰旱烟抽烟。这种有趣的物件儿，有细细的直杆，大约有胳膊那么长。它们很容易折断，这就要求吸食者保持一种安静的、略显拘谨的“荷兰”姿势。我们没来由地自称“荷兰移民俱乐部”，在黑黢黢郊外的一间西里西亚破酒馆的密室里抽烟喝酒，沉溺于彻夜闲聊的惬意。这一切通常发生在晚上，抽烟的人个个气定神闲，可以开开玩笑。所以，当我们离开酒馆后，就会胡闹一通，搞起学生式的恶作剧，这对于精力旺盛的20多岁的年轻人来说，是再平常不过的了。早上，脑袋胀痛加上荷兰烟草的余味，经常弄得我心情忧郁。我居住的陈设齐备的寓所，还有我的女房东都不能排解我的不悦情绪。我曾想用一幅精美的穆里罗[1] 画的、怀抱耶稣的圣母像复制品来缓解屋中的沉寂。此举因怪僻女房东严格的道德观而放弃，她认为在她墙上挂赤裸的乳房不合适。她的清规戒律让我觉得蛮有趣，因为我从没有遇到过这样的事。后来我发现，穆里罗慈祥虔诚的画作所触犯的那种怪怪的、令人生厌的忠贞理念，

[1] 巴托洛梅·埃斯特班·穆里罗[Bartolomé Esteban Murillo, 1618—1682]：巴洛克时期西班牙画家。

绝不是我的女房东所独有，它非常广泛地根植在西里西亚人头脑当中。几年后马勒告诉我，有一年夏天，克恩滕州沃尔特湖区[Woerthersee in Carinthia，在奥地利]的妇女，抗议他3岁的女儿在自家花园光着身子玩耍。他们说："在上帝眼里赤身裸体是让人不愉快的。"这让我想起我在布雷斯劳的经历。音乐，也被我的女房东认作是对上帝耳朵的冒犯。假日，我在屋里弹奏巴赫的《B小调弥撒曲》，习惯性地大声唱出来。女房东闻此冲进房间，命令我在休息日放尊重些，不要用音乐来亵渎它。我谦恭地反驳说，这是教堂音乐，我刚才唱的就是一首荣耀经，她用西里西亚方言回答："不行，荣耀经也不行！你必须停下来——音乐就是音乐。"我一直没有离开这个可恶偏执的住所，不是因为我的惰性，也不是因为我对不愉快事件苦行僧式的坚忍与超脱，而是出于我的幽默感。当瞬间的怒火平息下来，我的幽默感会让我长时间以此为乐，它就像一件防水大衣，为我抵挡住天气的险恶。 97

在布雷斯劳剧院，我最初很散淡，很少被人注意。或许是那张冷酷愤青的脸，让我获得了神通广大的S秘书关于员工突然离职一类的每日新闻。最终我依靠临时顶替一位同事取得了成功。因为在这家剧院，只有多面手和才思敏捷者才能得到赏识，所以我这个人一下子受欢迎起来。歌剧演出接踵而至。它们都是常规演出曲目，不需要排练。我借此获得了经验，却失去了音乐的条理性。大家对我日益增长的善意，被我的内疚所抵消，但是作为一名助理指挥，我不能违抗总裁的命令。没有合同条款来保证一场演出拥有足够的准备，于是我开始妥协，用对未来的憧憬来安慰自己：我将远离布雷斯劳——就我自己而言，我后来就是这个样子——成为首席指挥，不管是在什么鬼地方。

当我在排练不充分的德国歌剧中，表现出跨越暗礁险滩的果敢后，我被委托在意大利剧目中实施类似的救场行动。我必须承认，自己将一盘散沙的演员聚合在一起，在舞台表演濒临崩溃时，用闪电般的速度实施干预，从而获得了一种成功的快乐。这个时候，我陷入了作

古斯塔夫·马勒，1907（题赠给作者的照片）

古斯塔夫·马勒（左一）、奥西普·加布里洛维奇（左二）、布鲁诺·瓦尔特（左三），1908，布拉格

为音乐家的道德低谷。我一直对自身缺陷的真实状态心知肚明，费尽心思去调整自己，却一直感觉像个局外人。若非如此，我的救场本领一定能在布雷斯劳剧院为我赢得荣耀。“像陌生人一样我来了，像陌生人一样我又走了！”这念头持续在我的脑子里打转转，我在普雷斯堡[Pressburg，斯洛伐克首都，现名布拉迪斯拉发，下文均按现名译出]的日记里这样写道：“噢，主哇，让我保持自我吧！”——布雷斯劳的经历促使我写下了这样的话。

成功来得如此蹊跷，让我感到茫然，然而成功就是成功。剧院安排我指挥多尼采蒂[Donizetti]的《卢克蕾齐亚·波吉亚》[*Lucrezia Borgia*]，并给予了足够多的排练时段，这让我又惊又喜。我的工作得到了认可，这样重排莫扎特《魔笛》[*The Magic Flute*]的任务也落到了我头上。我只记得自己内心的亢奋和良心的愧疚，满腔热情和全身心努力的结果都忘在脑后了。然而我依稀能记起，安布拉德有时会担当
98 助理导演，负责舞台监督，我们合作得很愉快。结果这还算是一场非常生动的演出，安布拉德扮演高贵的萨拉斯托[Sarastro]，在牧师场景中，营造出庄重的和谐。当然，这出戏也留下了一个20岁指挥不成熟的印记。

尽管指挥了《魔笛》，我还是因为疑虑而感到深深的压抑与不安。此时，仁慈的命运用一个非常好笑的经历，暂时打消了我的忧愁。这件事时常让我咯咯发笑。一个年轻的低音歌手，为了一纸有望签署的合同，将客串出演萨拉斯托。因为非常紧张，他恳求我看在上帝的面上，对所有与他有关的音乐提示，手势要特别清晰。你们可以想象他当时有多么激动。这个不走运的家伙被一辆马车拉上舞台。走出马车时，他被斗篷绊倒，直挺挺地摔倒在了台上。这个意外事故，与萨拉斯托的尊贵气派完全不搭调，成了舞台混乱的导火索。帕米娜跪在他面前，请求他对其逃走的原谅，可他对帕米娜没有在意。他眼睛只看着我，等着我提示他演唱“帕米娜，起来，安慰你自己”。这一时刻到了，我抬起

胳膊给他提示，只见他一脸迷茫的表情。实在没办法了，我再次给他示意，这个年轻人只抬了抬手，用食指指着自己的胸脯，无声地发问：“你是说我吗？”我使劲点了点头，他才最终开唱。演出在我俩儿哑剧般的问答游戏中停了下来，然后又继续进行。

《魔笛》演出之后，勒维总裁主动提出与我续签长期合同，可我打定主意，即便无所事事，也不能忍受在普通市立剧院担当副指挥的命运了。恰在此时，我惊喜地得到颇有声望的里加城市剧院[Stadttheater of Riga]提供的首席指挥职位，瓦格纳在1837到1839年间曾活跃于此。我欣然表示接受。然而，我的履职要等到1898年新总裁接手这家剧院才能开始，现在我面临的问题是，履职前几年的时光该如何度过。这个问题同样有了着落。布拉迪斯拉发城市剧院，一个规模小但管理有条不紊的剧院，那儿的总裁，肯定对我的赞誉报道有所耳闻，发来了一封措辞挚诚的电报，让我担当那里的首席指挥。这正是我所期待的，一个低调环境中的领衔职位，在那儿我有机会证明自己的能力。我回电表示热心接受。现在，我决意开始成为我自己。

这一系列的顺风顺水还没到头。马勒邀请我赴维也纳宫廷剧院 99
举行客座演出，据了解，他已被认定为宫廷剧院艺术总监雅恩[1]的合适继任者。马勒的这次时来运转，对我意味着更多。我不仅高兴地看到这位伟大音乐家身居要职，朝着他的目标挺近。同时对我极具诱惑力的是，维也纳距布拉迪斯拉发仅有一个半小时的火车旅程，我可以在那里目睹这位伟人指挥的重要演出，用马勒的精神食粮来恢复我因布雷斯劳遭际而造成的系统失调。我坚决认定，布雷斯劳是我一生的低谷。

1897年夏天我所有的记忆，是反省自己在布雷斯劳的精神溃败。在辅导柏林歌剧院新来的英雄男高音恩斯特·克劳斯[Ernst Kraus]的

[1] 威尔海姆·雅恩[Wilhelm Jahn, 1835—1900]：奥地利指挥家。

同时，我也找到了些许宽慰。我渴望秋天到来，这样我就能找到回归之路，弥补自己的过失。然而在此之前，我将拥有一段期待多年的体验，那就是游览维也纳。

从很小的时候开始，每当我站在柏林腓特烈大街车站或者动物园车站的城铁月台，我渴望的目光会早早地转到长途车站方向，那里高耸的路标指引着通向大千世界的坦途，历数着列车将要抵达的城市。大写字母诱人地写着巴黎和彼得堡、阿姆斯特丹和布鲁塞尔、维也纳和布达佩斯等诸多迷人地方。但没有哪座城市的名字像巴黎和维也纳那样，能在男孩子心中激起特别强烈的渴望。后来，只有维也纳吸引着我。维也纳——莫扎特、舒伯特、贝多芬和勃拉姆斯曾生活的地方，那里仙乐飘飘，是世界上最华丽的歌剧院的故乡——在我心中就是音乐的同义语。现在，秋天已经来了，我登上一列驶向音乐之都的火车。多么愉悦的心情，多么美妙的愿景，多么快乐的生活，它们积蓄在我心中，在长时间的抑郁后突然得到迸发。13 小时的行程，穿过萨克森州、波西米亚和摩拉维亚[Moravia]。我坐在木头长凳上，唱着歌，一直陶醉在快乐当中，前往布拉迪斯拉发之前，我在维也纳逗留的日子，可谓狂喜时光。我对这里的街道、广场、古迹和建筑有种梦幻般的熟悉。若说我是来了解维也纳的，或者说我是来通过其陌生的街道寻找方向的，那么这只会弱化如下一个事实，即我是以梦幻般的熟悉感徜徉或是悠游于它的街道、广场和纪念碑之间的。这里有普拉特[Prater]
100 游乐场，主干道边是成排的栗子树，飞快的马儿拉着胶轮车在疾驶。这种观光马车非常有名，很多歌中都唱到它，它让街景充满活力。这里有城堡剧场，我谙熟它骄人的历史；圣斯蒂芬教堂高耸的样子，我在不少插图中看到过，这让我感觉既熟悉又亲切；庄严的圣查尔斯教堂，勃拉姆斯在它的庇护下度过了一生；施瓦茨佩纳大街，贝多芬在这里去世；雄伟壮丽的皇宫，弗朗茨·约瑟夫皇帝居住的地方；美丽无双的环形路；博物馆，还有金色大厅，也就是交响乐大厅，那里的墙壁回荡着绚丽的音符。最重要的是，这里有美妙的皇家宫廷剧院，努尔[1]和西卡斯堡[2]设计建造，现在这里的主宰是在世的最伟大的音乐家。我怎能不被这样的辉煌所倾倒？我怎能不陷入“所有一切都似曾相识”的奇特境地？我感受到了普菲茨纳[pfitzner]宏伟的歌剧中帕莱斯特里纳[Palestrina][3]的那种激情，主人公被长眠大师的魂灵所环绕，他庆幸地低声对自己说：“这是我自己的世界！”白天，我欣赏着环形大道，还有内城巴洛克迷宫的风景，几十年后，这个地方依然有令我解不开的谜团。晚上，我要么在格林景[Grinzing]酒庄喝上一两杯葡萄酒，要么走访普拉特的咖啡屋，在那儿吃一小份炖牛肉，外加一大块从穿街走巷、肩挎藤条篮子的面包男孩儿那儿买来的面包，边吃边听女子乐团演奏的维也纳音乐。维也纳方言听起来让人感到和谐愉快。我感觉我属于维也纳；从精神角度而言，我是个维也纳人。

马勒的妹妹为我预订了一个安静的房间。它位于奥尔斯佩尔格大街[Auerspergstrasse]，在第八街区。房子是老维也纳式的，有一处蜿蜒的石头楼梯，一条粗糙的石径小路。巨大的双扇门，其中一扇门板嵌入了一个小门。大门白天开着，晚上10点肯定关闭。如果我晚上10点后回来，就必须摇门铃，昏睡着的看门人会打开小门，我必须送他一笔小费——因为给他添了麻烦。

在马勒兄妹那靠近巴尔滕施泰因弄堂[Bartensteingasse]的漂亮寓所中与他们一起吃晚饭，我感觉非常舒适。但一看到宫廷剧院高贵
奢华的内饰、马勒富丽堂皇的房间、他的总监办公室，还有毗邻的排 101
练厅，不禁让人屏住呼吸——所有这一切在40年后，从1936年到1938年，都将属于我。我结识了马勒的朋友，对他们慕名已久，他们将与我建立几十年的交情。与这些人士一起交谈的时光，真诚、活泼、友善是显而易见的——这一切对我的意义可谓说之不尽，它们让我的未来看

[1] 范·德·努尔[Van der Nüll, 1812—1868]：奥地利建筑师。

[2] 奥古斯特·冯·西卡斯堡[August von Siccardsburg, 1813—1868]：奥地利建筑师。

[3] 帕莱斯特里纳[Palestrina, 1525—1594]：意大利文艺复兴时期作曲家。

起来一片光明。我怀着“已经赢得了一个世界的财富”的感觉离开维也纳。一想到后面4 个月里，只要获得布拉迪斯拉发的工作允许，我就能一次又一次回到这儿，我心里就特别高兴。

第五章

一个绚丽秋日的早晨，在多瑙河的威斯格柏桥码头[Weissgärber 101
Bridge Station]，我乘坐汽船前往布拉迪斯拉发。这座漂亮的小城，距边境线很近，原来属于匈牙利，它的匈利亚语名称是“波松”[Poszony]。第一次世界大战后，它成为捷克斯洛伐克的一部分，于是有了“布拉迪斯拉发”这一斯拉夫语名字。我那6 个月的合同约定，在布拉迪斯拉发工作4 个月，在腾斯法[Temesvar] 工作2 个月。腾斯法当时是匈牙利南部的一座小镇，后来划归罗马尼亚。对布拉迪斯拉发小剧院的艺术资源——歌手、乐队、合唱团、布景和服装，我不抱幻想，但我下定决心让所有同事使出浑身解数，必要时我打算要强迫他们这样做。我的演出风格至少应该是极具美感的。我决意要弥补布雷斯劳的损失，它重重地压在我的心头。那些日子我一直生活在自责当中，渴望为自己的未来找回必要的自尊。

“楼梯上的机智！”[*L'esprit d'escalier*] 这句睿智的法国成语，意指谈话结束后，人已经步入楼梯，才想出合适的回应之辞[1]。一定是某个动机可疑的精灵，在我还是个小婴儿的时候，把一种反应能力迟钝的品性赋予了我。我们可以管“楼梯上的机智”叫作楼梯上的愤怒。我

[1] 类似于中国人所说的“马后炮”。

的性格似乎总是对自己或者他人的过错，后知后觉一些，过了一段时间才缓慢地达到爆发点。起初，我体会到一种总体上的不愉快，之后，经常是在很晚的时刻，才感到被迫长时间生活在愤恨中。“你必须做自己，你不能逃避自我”，我的朋友们对我的怪异之举，可能会抱歉地或
102 者高兴地说出这样或者那样的话。我希望向他们指出，我对生活模棱两可的态度——对此我后面还要说到——是反应速度迟缓的合理解释。

布雷斯劳留给我的那种愤愤不平的状态，经过整个夏天，演变成一股对我自己的强烈怨恨，这种怨恨在维也纳的“蜜月期”获得了些许平复，没想到再次发作时会更强烈。我意识到，如果想实现我的布拉迪斯拉发宏图，首先需要净化自己。我决定坚持写日记，用每日的自省来检讨自己的行为，引导它，让自己步入正途。以前我也写过一些自省文字，逐渐就不写了，但现在我想继续对自己严格审视。在我整个职业生涯中，没有评论家的批评曾像我当时的自我批评那样，对自己毫不留情地严格要求。它最终让我走向绝望的边缘——我可以保证那些音乐评论家，从未令我如此。我的自省不仅针对自己的音乐活动，还针对我的禀性和态度（评论家们从不如此），这些批评自省的意见从一开始就是偏激的。我的名望在布拉迪斯拉发再次得到提升，这一事实仍无法阻止自我批评在公正准绳面前对我的传唤，不仅仅作为艺术家，而且作为一个人。任何效益既不能抵制已然蔓延在我周身的忧郁情绪，也不能阻止我把在布雷斯劳的经历想象得比实际情况更糟更坏。总之，我陷入了危机，它严重威胁着我的精神健康。很快，痛苦的思绪被激发出来，我在日记里咒骂自己，令我日夜心绪不宁。我变得虚弱无力，几乎失去了意志，我感觉我在向灾难靠近，就像在水中游泳，被旋涡之力所裹挟。后来我毁掉了那些日记，那段“孩子诉苦”的起因与过程，在我脑子里不再清晰，其中的暴虐也显得不可理喻。但因为它彻底影响了我的成长和日后的生活态度，所以我要重新构建自己的精神状态，直到若干年后才达到自我认可的目标。

我记得非常清楚，这场“大扫除”的后果之一，是深深的怨恨开始在脑海里蔓延：怨恨，因为我在日常争论中经常让步；怨恨，因为我对粗鲁专横之人的过分要求缺少反抗；怨恨，因为我曾违心地与猥琐之人结交。总之，这些怨恨是因为我对周围人和外来袭击的软弱而导致的自责。但自我剖析并没有让我改过自新。我继续发现自己的新错误，最终意识到我与生活不合拍，不够强悍，无力抵抗周围的人，无力对 103
抗命运，这一切导致我不敢与强势力量做斗争。我发现的每一条“缺乏个性”的新证据，都让我有种恶性的“快感”，这让我愈发受折磨，开始憎恨自己在生活中过于软弱，尽管我拥有音乐方面的才能，却没有看到这样的事实：过早的精神和艺术成熟，已产生了妨碍我形成坚定意志的负面影响。也没有意识到，一个21岁的年轻人哪能指望达到成熟，而只有达到这种成熟，那对于自我性格的透彻谴责才具有合理性。

就像我前面提到的，孩童年代我在音乐学院与成年人一起度过，对我自信心和抵抗力的发展都有不利影响。后来，我在激发自己斗志方面的努力，因为不良习性而遭遇困境，那就是我总以为别人是对的。即使客观上别人确实有过错，然而在我看来，这种做法似乎符合他的性格，符合他的逻辑，或者说符合他的处境，从他的见解和行为上看，他主观上依然是正确的。当时，我哪里能找到反击正确者的勇气呢？只要我本能地换位思考一下，自己的态度就会软下来，不堪一击。唯有在生活的奋斗中处于强势的人，有能力坚持其主张的人，只认识自己的目标而对旁人视而不见、不闻不问的人，一生下来就戴着有色眼镜的人，才能将所有精力专注于自己的目标之上。艺术上，也许我被赋予了很多有才能的人所具备的健全的自我中心倾向，可是一旦涉及日常生活，这种倾向显然会离我而去。然而我只是个艺术家吗？难道我不需要生活吗？生活和艺术不是相互交错、界限难分的吗？个人的软弱难道不会在艺术领域产生影响吗？难道这只是在布雷斯劳才发生的事吗？因此，我感到无法接受自己的性格，也失去了艺术上的自信。

我掉入了自卑的泥沼，不愿意为自己寻找“情有可原”的借口，也看不到任何的改善机遇。回首往事，我现在可以说，在生活真正的重要关口，我总是勇敢地去战斗，不屈不挠，但在不重要的问题上，我一贯抱顺从态度；不是因为懒惰和息事宁人，而是因为我与生活有些隔绝而未能融入其中，对我而言，生活的真实似乎隐藏在层层面纱当中。
104 从青年到老年，这种思维倾向赋予这个世界一种朦胧的表象，我在康德和叔本华的学说中为其找到了佐证。康德教导我：我们了解到的仅仅是世间万物在我们不健全的知觉中显现的样子，而绝非“事物本身”的状态。叔本华已经为我证明，这个世界是我的想象力所显示的，它的本质就是“意志”。然而，这一点儿似乎无法被我完全理解，有些云山雾罩。我搞不清自己的精神压抑是怎么回事，感到自己是在梦一般的半信半疑中进行着精神探索。

最终，在一个虚拟的现实中，始终没有我自己可靠的停泊之所，就像一些真实可靠的东西，本身仅仅是对梦幻世界的凝望。归根结底，“自我”难道是这样不容置疑、不可分割的吗？人类世界到底有没有这样的东西？我们所有人对它实在太了解了。谁没有在生活中一次又一次地体验过这样的情况：我希望走出去，“自我”却希望我待在家里？许久以后，马勒曾写信问我：“我们身上什么东西在思考？什么东西在行动？”我自戕式的思索甚至超过了这些不祥的疑虑；在一种绝对否认“我”这个概念，甚至引领我进入到神秘主义世界的德国哲学理论中，这些思索得到了滋养。

布拉迪斯拉发城下，沿河是广阔的多瑙河草地，上面散布着一簇簇漂亮的乔木。午后，傍晚，有时在夜里，我喜欢沿着起伏的路面散散步，若有所思。傍晚时分，雾气在河面升腾起来，弥漫在草地上，伤感地走进我的脑海。好像是梦寐以求的天堂馈赠降临到我身边。那些日子，雾气一直与我保持着真挚友情。每当这位幽灵般的朋友用他的忧郁魔法遮封住现实，这份友情就变得更加深邃。在多瑙河草地漫长的漂泊中，自悔与迷茫困惑着我，最终汇成远离世俗的念头，浮现出一种对于自身烦恼绝妙的解决方式：我强烈感觉到死亡的诱惑。作为音乐家，一旦我们进入到黑暗领域，似乎没有什么比生活不和谐更痛苦，也没有什么比在最终的和谐平静中得到解决更自然了。我强烈感觉到死亡的诱惑。感觉自己安身立命的依傍，好像在雾霭中消失了，我只能看到一条慰藉之途。

真实的一切都是虚空吗？我再没有任何东西可依傍了吗？有一天——可能是在一些音乐感受之后——我的日记用诘问的方式进行了回答：为什么我没有把音乐当成我生活中的真实来认识呢？不管怎样，音乐是清晰的，是真切的，不是一种梦境。让所有物化的东西都虚无 105
缥缈，音乐的无形本体肯定不是对感觉的欺骗。我有一个可以坚实依傍的真切现实。总而言之，那里是否有一位富于灵感的创意者？他就是我与神明之间的沟通媒介，他的每部作品都拥有超越所有可疑现实的真谛。还有比歌德的《浮士德》更加真切的东西吗？当这个世界变得阴沉，我的精神世界就令人欣慰地变得清晰起来。我若是更明智些的斐耶斯科[席勒戏剧《斐耶斯科的谋叛》中的主人公]，则本该对画家罗曼诺[1]说："你只画出了我表现出来的东西！"

我终于在一位伟大诗人的智慧和仁慈中，为自己内心的纷扰找到了慰藉，以这样的方式获得了坚定的精神取向。快乐的天性让我走向让·保罗[Jean Paul]，我翻开他的《泰坦》[*Titan*]，读着读着，我就放下包袱，开始了深度的精神修复。几年来，我只读让·保罗的作品。我高贵的心中涌出爱的溪流，让·保罗坚定深邃的虔诚根植于理性基础，他高傲的诙谐还有丰富的想象帮助我、指引我远离"自我剖析"的责难。《泰坦》中的罗凯洛尔，是一个反面典型。同样是这个罗凯洛尔，他的自嘲为马勒《第一交响曲》中的葬礼进行曲提供了灵感。

这位诗人的手不仅让我远离无谓的自怨自艾，他的思想，他的言

[1] 朱利奥·罗曼诺[Giulio Romano, 1499—1546]：意大利画家，拉斐尔的学生。

辞，他的忠告指导我回到信仰当中，回到基督世界。我曾几年前走近它，那时我迷失了方向，此后再也没有迷失过。慢慢地，我借此找回了面对自己和面对生活的那种和谐。我精神世界的彻底改变，成为这次生活危机的长效成果。一幅面纱已经挂在世界与我之间，这是一幅从那时起再没有被真正掀起的面纱，类似于剧场舞台使用的，为寓言荒诞场景增添遥远迷离幻觉的那种东西。而我已经学会了去相信精神生命那无可置疑的真实性，以及它那创造性显现的真实性。

就在我内心的悲剧悄悄蔓延、四处弥漫、直至得到宣泄的同时，我的艺术家良心所渴望的净化也在发力前行。布雷斯劳的挫败之后，我心中生发出异常坚定的实现伟大目标的决心与渴望，即使《德国舞
106 台年鉴》中所列的剧院全部联合起来，也无法匹敌我的巨大雄心。在这种亢奋精神的驱使下，我全身心投入了这小小的布拉迪斯拉发剧院。这不仅让我开始爱上了我征途上的所有阻碍，而且也让所有的门都为我敞开。这里不存在我在布雷斯劳经历过的“冷漠世界的阻力”。即使存在，我的热情也会让我忽略它。剧院的大部分成员都是有才华的新手。他们在执行指挥家的意愿时，力求以旺盛的精力来胜过他人。我最密切的搭档，是那位副指挥兼轻歌剧指挥。他自称巴德力克[Baldreich]，但他的真名叫巴佐伯哈迪[Brzobohaty]，是一位出色的捷克音乐家，一开始就坚决地站在我一边。他的态度从未改变过，总是热心地依照我的想法与乐团和歌手们一起工作。乐队首席也坚定地支持我，这对我是个不小的帮助。这里的小型合唱团也在尽其所能来演唱，但做得不够好。就连我并不挑剔的耳朵，有时也听不下去。我以为，这里的艺术效果与其他小剧院一样平庸，但他们也已大大超越了观众所习以为常的状态。好评如潮，演出场次很多，观众用鼓掌尖叫表达他们的支持，总裁也非常满意，或许我已将自己当作那里的英雄，我的心里波涛汹涌，外表却没有显现出成为扭转乾坤角色的喜悦。

不定期的维也纳访问，让我获得了更多的勇气与活力，在那儿

我享有观摩马勒指挥演出的特权，了解在宫廷剧院有修养的观众面前，这些演出所获得的迷人效果，从中学习领会并超越我在汉堡时期收获的那些东西。我记得有一场难以名状的高水平演出，上演的是比才[Bizet] 的歌剧《贾米莱》[*Djamileh*]，颇有天赋的玛丽·雷纳[1] 担任主演。布拉迪斯拉发剧院的总裁拉乌尔，也密切关注着维也纳的歌剧和轻歌剧演出，他马上将《贾米莱》列为我们的演出剧目。对比两场演出，既让我受益良多，也让我倍感沮丧。然而，马勒和歌剧院不是维也纳仅有的诱惑。这座城市本身也强烈吸引着我，我喜欢这里的一切。我去卡尔剧院，欣赏那里精彩的轻歌剧表演。我永远不会忘记吉拉迪[2]，他是维也纳一线演员中最具本土风格的一位。我很高兴能看到他在其拿手好戏——费迪南·赖蒙德[3]《挥霍者》[*Spendthrift*] 中扮演的瓦拉丁[Valentin]，我还听过他演唱的维也纳歌曲《马车夫之歌》[*Fiakerlied*]。

我在布拉迪斯拉发工作得很辛苦。乐队编制小，只有两支圆号，因此需要将所有的“大”歌剧进行重新配器。这种局限导致的声音变 107
化让我很痛苦。将经典进行肢解，这让我非常内疚。我总是将自己的座右铭牢记在心：“噢，主哇，让我绝望下去吧！”我不断提醒自己，决不能屈从于困难条件的强迫而做出不光彩的事情。客观情况所迫，是我妥协的唯一理由[主观上则不可以]。

我能够上演的一部新歌剧是里列昂卡瓦罗的《波西米亚人》[*La Bohème*]，歌剧《丑角》的作曲家使用了穆杰[Henri Murger, 1822—1861] 为普契尼的歌剧提供的脚本[4]，演出很成功。尽管我一点儿也想不起其中的音乐了，但我的确还记得首场演出后发生的一件事。我和几个朋友来到皇宫酒店餐厅——我记得是这个名字，吉普赛乐队

[1] 玛丽·雷纳[Marie Renard, 1864—1939]：奥地利次女高音。

[2] 亚历山大·吉拉迪[Alexander Girardi, 1850—1918]：奥地利男高音。

[3] 费迪南·赖蒙德[Ferdinand Raimund, 1790—1836]：奥地利戏剧家。

[4] 列昂卡瓦罗作曲的《波西米亚人》1897年5月6日在威尼斯首演，普契尼的版本1896年2月在都灵首演——译者注

停下了他们的舞曲，演奏起这部歌剧里的几个主题。这个乐队的首席前不久刚听过这部不知名的新作，一些旋律让他印象深刻，其他乐手用巧妙的即兴伴奏来帮衬他。过了一会儿，当其中一位乐手游场走过我们的桌子时，我向他表达钦佩之意，他好像非常高兴的样子。可当我试图把一些钱放在他的收纳盘里时，他猛地抽回了盘子：他不愿拿同行的任何东西。

在布拉迪斯拉发工作4 个月后，我沿着通往布达佩斯的路去了腾斯法。所有剧务职员——乐队除外——都与我同行。在腾斯法，我再次将目光转向外面的世界，对陌生的环境产生了兴趣，循着歌德的忠告毅然决然地去探索。这里的乐队编制比布拉迪斯拉发还要小。每当总谱要求大提琴声部演奏不同的旋律时，乐队唯一的大提琴手的前额就会显出绝望的皱纹。他是个厚道人，如果他的技巧和乐器的潜力允许的话，本该给我奏出双音效果。我努力制止他无望的努力，告诉他我已经把第二大提琴的角色交给了中提琴，如果声音太低，就让巴松来演奏。但大提琴手出于好心却没有演好的双音，还有那绝望的皱纹，直到演出季结束时还是那样显而易见。剧院毗连着人来人往的酒店，它类似于霍夫曼在其《唐璜》中描述的那种地方。这里没有沉醉于音乐的诗人被萦绕于心的歌剧劫持到走廊，所有的只是驻扎于此的腾斯法
108 守备部队的年轻军官，他们因为酒精的刺激而异常兴奋，正在寻找肆意妄为的冒险。

尽管我能在歌剧院里维持纪律，但有种放浪情绪在非与艺术相关的事务中蔓延。这虽不妨碍我工作，对我却是一种冒犯和羞辱。在好脾气的巴佐伯哈迪的陪伴下，我找到了庇护所。很多夜晚，我们在咖啡馆一角下棋——我喜欢这种游戏，虽然下得不好。吉普赛人表演得很狂热，酗酒的人们大发脾气，高声叫着，在我们周围唱来唱去。一对不经常来这里而喜欢独处一隅的情侣，吸引了我们的目光。每当乐队领班离开舞台的位置，冲着他们俯下身，摆弄起欢快旋律的时候，这

对情侣的头、胳膊和肩膀，会随着音乐的节奏，狂热地摇动起来。这样的夜生活结束后，我经常会去牧场散步。匈牙利草原，铺展在无垠的月光下。我享受着四周古老永恒的宁静，还有我辛苦赢得的新的和平。在这样美好的夜晚，在静寂的草原，每当回忆起往事，我都会想起贝多芬的《康复者对神明的感恩颂歌》[1]。

演出季结束时，已经到四月天了，我希望在返回熟悉的环境之前，更多地了解这个毗邻巴尔干半岛的陌生国度。所以我没有马上向北走向布达佩斯——我只在返航时匆匆掠过，算已谋面，但仍希望再次游历——而是向南行进，沿着宽阔的多瑙河，径直来到巴兹亚斯[Bazias，属罗马尼亚]——一个风景如画，丘陵起伏，被暗色的河水漂洗过的地方。我见过各种颜色的多瑙河，但据我所知，这条河只在施特劳斯圆舞曲中才是蓝色的。我在巴兹亚斯过夜，梦里憧憬着新的一天。我聆听最迷人的吉普赛音乐，在夜色下漫步，在雾霭中攀岩，不再为自己沮丧，而是让自己感觉与友善的精灵为伴。我继续我的多瑙河旅行，顺流而下来到奥尔绍瓦[Orsova]，来到铁门峡谷，来到土耳其那安详沉睡在水中央的艾达科勒岛[Adah Kaleh]。一叶小舟带着我穿过暗色的波涛上岸。我第一次品尝到地道的土耳其咖啡，在此安心散步，穿过岛上奇异的静寂。然后，我沿着迷人的布达佩斯和可爱的维也纳，回到柏林。在那里我度过夏天，期待着即将到来的里加歌剧院首席指挥的荣耀。

[1] 取自贝多芬《A小调第十五号弦乐四重奏》（OP. 132）第三乐章。——译注

第六章

里加城市剧院尽管当时属于俄罗斯帝国的版图,《德国舞台年 109
鉴》[*German Stage Almanac*] 依然将其收录,因此它被认为是一家德国剧院。这里的歌剧和话剧演出,与这里的观众一样,都使用德语。剧院的管理层,首都里加乃至整个拉脱维亚大多数有教养的人,也全说德语。地方官、公务员和军人是俄国人,而土著则是拉脱维亚人。沙皇允许德语和德国文化在一个隶属俄罗斯帝国近200 年的地区占据主流,确实不可思议。中世纪后期,德国的教团骑士与汉萨同盟的商人征服了当地土著。后来,这里先后被波兰人、瑞典人和俄国人征服。基于历史原因,此地贵族与商人社区的划分,仍然清晰地显示出德国式的社会结构。尽管德国人被强迫与俄罗斯人和当地人杂居,但俄罗斯人对他们来说形同陌路,拉脱维亚当地人因受压制而心怀敌意,所以三者没有形成紧密的社会组织。波罗的海[Baltic] 的贵族与大小行会的商人之间实际上没有多少联系。我的印象是,德国人和俄国人在里加主导着不同的生活方式,尽管是一种“背对背”的关系,却有一点儿共同之处,那就是鄙视当地人。拉脱维亚人被排除在所有显要位置与重大活动之外。我仍然记得,有一天一位当地作曲家创作的歌剧被送到我这里,让我非常惊奇。遗憾的是,它几乎没有值得肯定的地方。但附送的一封用蹩脚德文写的信,向我展示了他追求更高目标的努力,以及作为一个被压迫者的痛苦。

我永远不会忘记当地的马车夫是怎样被对待的。乘客常常不告诉他们要去哪里。有人上了马车，用俄语喊一声“帕稍！”[*paschol*l]，短毛小马就会奔跑起来，乘客击打车夫的右胳膊或者左胳膊，告诉他走哪个方向。如果车走得太慢，乘客就击打车夫的后背，下手一点儿也不轻。如果要车夫停下来，乘客会粗暴地用双手抓住他身上的斗篷向后拽。或许是语言隔阂造就了这些可怕的习性。附带说一句，乘客
110 和车夫都不在乎这些。而且，这些习性有可能是俄罗斯农奴时代的产物。不管怎样，它们自觉或不自觉地表达出一种会带来可怕后果的鄙视。第一次世界大战结束后，当地人开始管理这一地区，据说发生了一系列恐怖事件。我了解到，政局恢复安定后，当地人才认真对待文化建设，并卓有成效。多年后，我几次收到邀请，让我作为客座指挥赴里加城市剧院演出。此时这里已经变成拉脱维亚语剧院。遗憾的是，我当时档期太紧，无法应邀。

我在这里工作期间，里加剧院有一套很好的管理模式，已经成功运行了几十年。既有钱又有文化的市民聚合在一起，为剧院的经济运转提供保障，每个担保人都有义务承担可能出现的亏损。从担保人中选出剧院委员会，委员会再任命一位总裁。总裁必须向每周召开的委员会议提交工作报告，并呈送财务报表。我报到的时候，路德维希·特鲁特勒[Ludwig Treutler] 先生是这儿的总裁。他出身话剧舞台，偶尔还会粉墨登场。我仍然记得他扮演的相当不讨人喜欢的李尔王。尽管组成委员会的那些人都是很有声望的市民，但他们在艺术上是外行。对于他们来说，剧院的重要性在于它代表德国文化的精髓。理查德·巴尔德[Richard Balder]，在我来里加的第二年占据了总裁位置，像他这样在艺术上雄心勃勃的人，很难与委员会搞到一起。在我的建议下，他上演了莫扎特的《魔笛》，但没有获得票房成功，年迈的委员会主席一本正经地向他表达不满，用气喘吁吁的嘶哑嗓音向他建议，剧院应该上演“更优秀的作品”。

36小时愉快的汽船之旅穿越波罗的海，把我从斯德丁[Stettin，波兰西北城市]带到里加。这座城市坐落在美丽的里加湾附近，处于道加瓦河口[Duna River]。作为首席指挥，我能不能在一家具备优良传统，时下又很显赫的大剧院取得成功，期待里加能为这个重大命题提供答案。然而在我抵达之前，人在旅途中，我的一个极其重要的个人问题就已经得到解决。爱德华·鲍恩费尔德[1]——他是舒伯特与施温德[Schwind]的朋友——的喜剧《表白》[*The Avowals*]的开幕场景中，一对男女分别从舞台两侧迎面走过。男子将女子打量一番后，下定决心说："那就是我未来的妻子！"这个场景在这里重现，虽与鲍恩费尔德的剧情略有不同，就戏剧节奏而言却十分相似。情节发生在摇摇晃晃 111
的汽船甲板上，这位女子是里加歌剧院的抒情女高音埃尔莎·科尔尼克[Elsa Korneck]。剧院的全部演职人员几乎都在船上。她没去散步，而是虚弱地坐在隐蔽的角落，显然是因为船体摇动，让她保持一种斜靠的姿势。但这不要紧，看上一眼就足以让我意识到，那里坐的就是我未来的妻子。我打定了主意，两年半后大功告成。

在里加，空前的生命光彩让我的职业大方向得到确立，其中当然不乏成功的事例。作为22岁的热血青年，我长时间孜孜以求的，并在过去的一年已经成功获得的，就是拥有超越同行的权威。现在我统领着一家颇具声望的歌剧院的雄厚资源，有幸在崇尚艺术的城市里工作。我终于可以在没有压抑、没有困惑、物料充裕的情况下，排演自己喜爱、熟悉的作品。我感觉好像是在梦中翱翔。人们似乎情愿忽视我的年轻，尽管我可能是里加城市剧院指挥台上最年轻的指挥。众人的态度可能源于我留起了胡子。刚刚过去的这个春天我去了维也纳，马勒的"家庭会议"得出这样的结论，我看起来太年轻了，不像个首席指挥。他们授意我用胡须的尊严来弥补我年齿的不足，其效果似乎达到了大家的预期。

我的业务优势，我在剧院的成绩，与我在里加的名望同步增长。

[1] 爱德华·鲍恩费尔德[Eduard Bauernfeld, 1802—1890]：奥地利剧作家。

我愈发清醒地意识到自己的能力，而绝非自负。公众的热情因为报纸对我的大力推崇而变得高涨。在成就与褒奖的氛围里，我感觉非常愉快。我不能断定自己的造诣是否真的当得起他们的热情称赞。里加歌剧院多年没有一位好指挥的客观现实让我受益。此外，与艺术家们的愉快合作，以及乐队与合唱团的专注态度帮助我鼓励我，使我干劲倍增。

下面的小故事，是我鼓足勇气坚持我的艺术需求须被尊重的典型
112 例证。里加剧院的大部分演员都是善意之人，只有一人非常倔强。他就是英雄男高音S，一个匈牙利中年人，拥有粗犷的嗓音，在音乐方面相当自信，但他不体谅别人，没有气度，也没有艺术感觉。他常常歪着脸，好像正在品尝变味儿的食物。我的所有努力仿佛都无法让他有所改变。在热烈的排演氛围里，他的冷漠无聊令我如芒在背。后果便是相互的抵触，他用消极抗拒来表达他的情绪。当我建议恢复《罗恩格林》[*Lohengrin*]中的“隐秘重唱”[1]时，S先生的消极抗拒变成了主动挑衅。他顽固地拒绝练习这段合唱中他的唱词，似乎对可能遭受的处分毫不在意，无论怎样都要顽抗到底。我知道不能指望总裁特鲁特勒全力支持，我连续的胜利深深伤害了他的自尊与雄心，所以打定主意亲手摆平这件事。我们合唱队里有一位男高音，他一再给我写长长的、漂亮的书信，希望得到一次试听机会。实际上，他在摩拉维亚[Moravia]的兹诺伊莫[Znaim，现捷克南部城市]时，每次签下自己的名字阿洛伊斯·卢卡[Alois Luka]后，总要加上这样的字眼“即兴视唱和无伴奏歌手”。这让我意识到他或许具备足够的乐感，能在公演前的短时间内，学会“隐秘重唱”中罗恩格林那一部分。我把这个任务交给他，发现他尽管略显阴柔，却是个帅气的中年人，有副好嗓子和罕见的乐感。我的要求让他激动万分，第二天，他就为我表演了这个唱段，显示出他对这个唱段的正确理解，而且是背谱唱的。与乐队合练时，我让他控制一下自己，

[1] “隐秘重唱”[secret ensemble]：第三幕罗恩格林诉说自己身世的唱段。

轻柔地哼出即可。在那些场合，与我作对的S 阴着脸不说话，所以“隐秘重唱”当中，罗恩格林的几个重要声音都听不到，这让其他歌手感到惊讶。然而正式演出时，来自兹诺伊莫的这位即兴视唱歌手，证明他是名副其实的救场之人。在“隐秘重唱”中，他从合唱队列里走出来，表演了罗恩格林的唱段。我猜想这是第一次有两个罗恩格林同时站在舞台上，一个穿着光闪闪的甲胄尴尬地保持沉默，另一个像圣杯骑士一样的无名小卒，在快乐地歌唱。我如此这般得到了我的“隐秘重唱”，S 只能强忍同事们的嘲弄。稍显笨拙的“二号罗恩格林”拥有了一次快乐经历。遗憾的是，我记不得我这一谋略的结局是什么样子了。但是因为S 的态度让我感觉不错，我认为有理由相信一切在按我的意愿发展；后来的演出，要么是穿漂白亚麻布的罗恩格林从骑士队列里走向前台。要么是S 悔恨地决定屈就他的合唱角色。然而，S 对我的敌视并 113
没有彻底收敛。一年后，在一次《师傅歌手》演出中，他演唱施托尔青，我的未婚妻唱艾娃。第二幕，这两个人坐在波格纳房前的凉亭里，观众和我惊讶地注视着这对世界上最没有爱心的情侣。艾娃第一次温柔的靠近被拒绝，她做出一种顺从的姿势，施托尔青却背过身去，表现出难以克制的厌恶。演出后，巴尔德总裁向我们的男高音指出，对艾娃的温柔态度，就像要用正确的音符演唱那样，是他专业职责的一部分。总裁还试图让他明白，他的报复选错了方向。S 先生默认了这一切，但我不能说在下一次《师傅歌手》演出的同一场景，他的温柔会让人信服。他的态度是一种鄙夷的冷漠。

我与其他歌手的关系都很融洽。其中几位还成了我的好友。我偶尔的专横要求也被接受并服从。在新戏首演或旧戏复演的前一个星期，我告诫演员们要克制自己，不出席晚会，不参与狂欢。他们都表示接受，并落实在行动上。歌手、合唱队以及乐团成员，在我的精细排练中表现出的态度值得称道。我们形成了一个快乐祥和的温暖家庭。限于篇幅，不能把有特色的表现都罗列出来。但我想提起韦伯《魔弹射手》一

瓦尔特在指挥

（图上）萨尔茨堡莫扎特大学，1934
（图下）维也纳金色大厅（维也纳爱乐乐团），1936

布鲁诺·瓦尔特的女儿，洛特（左）和格雷特（右）（萨尔茨堡，1936）

次浪漫温馨的表演，我的未婚妻扮演阿加特，还有一个非常动人的马施纳[1]《汉斯·海林》[*Hans Heiling*]的演出，当时给我的印象特别深刻。我排演的其他歌剧有莫扎特的《唐璜》《费加罗》《魔笛》，贝多芬的《费德里奥》，柴科夫斯基的《叶甫盖尼·奥涅金》，以及瓦格纳的《女武神》、《罗恩格林》、《汤豪舍》和《漂泊的荷兰人》。还有一次《卡门》演出，贝林乔尼[2]辉煌的演唱与表演为其增色不少。斯皮内利[3]的歌剧《下落涟漪》，我在科隆就对其有所了解，在我的指挥下进行了它的里加首演。

舞台导演方面尽管粗糙，却不再像以前那样让我感到不高兴。舞台监督听命于我，乐于按照我的想法行动。在里加，我还生发出一种无法抗拒的，想要介入导演势力范围的倾向，这是一种经常让我的同
114 事到总裁办公桌去抱怨，让我陷入冲突之中的倾向。尽管我在第一次提出这样或者那样要求时总是非常客气，但我认为势在必行的那种压力，让我很快就失去了自我控制，于是我很容易直接转向舞台上的艺术家，这是一种不由自主地把舞台导演放在尴尬窘境的做法。但如果我面对要么破坏作品精神、要么伤害导演心情的抉择，我总是选择后者，尽管事后我感到抱歉，总是愿意主动去道歉。幸运的是，我总有机会让总裁桌前的同事们服从我的行动，因为他们感到我的行为是出于内心冲动，或者意识到我的愿望是合情合理的。确实有直接对抗的事情发生，但每当遇到重大问题，或者涉及音乐和戏剧底线的事情，我总是不屈不挠，而且要坚持到底。另一方面，我终于明白了如何依靠特殊的客气口吻和态度，来表达自己的诉求，如何轻松地让舞台导演让步或接纳我的想法。这绝不是预先的策划，而是我本能地意识到它是我获得艺术成果的最有效途径。

我在里加的第一年，1898 年的10 月，古斯塔夫·马勒主动提出让

---

[1] 海因里希·马施纳[Heinrich Marschner, 1795—1861]：德国作曲家。

[2] 洁玛·贝林乔尼[Gemma Bellincioni, 1864—1950]：意大利女高音。

[3] 尼古拉·斯皮内利[Niccola Spinelli, 1865—1909]：意大利作曲家。

我到维也纳宫廷剧院当指挥，任期从1900 年开始，在我的里加剧院两年任期之后。他在信中说，到那时我就能获得相应的成熟，可以胜任维也纳的工作。从长远来看，他不能没有一个相互理解的合作者，于是想起了我。我的心向往着维也纳，但仔细考量一番后又打消了这个念头。我感觉再次置身于马勒的强大气场之前，须将自己的基础打牢。里加的工作刚刚开始，我怎么晓得到1900 年，自己能否获得相应的自信。所以等到我的自主意识坚实成形后再去，似乎更明智一些。我回信给马勒，进行了坦诚的说明，但他并不认可我的辩解理由，对我感到失望，他觉得被他曾经信赖的人抛弃了。这样，我们之间产生了第一次，也是唯一一次纷争。虽然它重重地压在我的心上，却不能让我改变抉择。

尽管剧院乃至整个里加都颇具德国特色，我依然清醒地意识到这是俄罗斯帝国的版图。假日里，所有演职人员要演唱沙皇赞歌，我
必须去指挥。庄严音乐中的优美段落让我快活。有好几次，地方长官 115
举行招待会，我和几位剧院艺术家被请到贵族的城堡里。我想起一件“犯忌讳”的事情，它可能对我很不利。地方长官请一位歌手演唱几首歌，要我为那位歌手伴奏。但屋里一直安静不下来，人们还在说话，我无法让演出开始。长官的随从催促我，我告诉他，这里需要安静下来。幸好长官是个通情达理之人，他做了个手势要客人们安静。在其他场合，我的态度可能被视为对沙皇代表的大不敬，会受到严厉惩罚。结果，我记得我再没有接到过进入城堡的邀请。

虽然工作占去了我的大部分时间，但我在里加的生活，因为与一些杰出人物的交往而变得多彩而又温暖。我的未婚妻和我，与另一对可爱诚挚的情侣过从甚密。其中的丈夫叫理查德·殷麦曼[Richard Immelmann]，是剧院的英雄男中音，拥有辉煌的嗓音和高贵的形象。我在施特恩学院就认得他。他和蔼的幽默，是我兴致勃勃即兴言说的一种衬托。我们的关系维系了很多年，即使事业上分开后也没有中断。心地善良、精通音乐的伊尔契克[Irschik] 夫妇，非常喜欢我和我的

未婚妻。1898 年圣诞除夕，我们俩的婚约就是在他们家中宣布的。这份友谊延续了几年后，一位新成员加入到这个活跃的朋友圈，那就是剧院的第三指挥弗里德里希·魏格曼[Friedrich Weigmann]，他是非常出色的音乐家，知识渊博，兴趣广泛，素养很高。这个人大约30 岁，外表腼腆，性格内向。相当长的时间里，在我面前很矜持，直到一个熟人谈起他与魏格曼的一次海边旅行。里加并不直接通向外海，但有很多吸引人的游泳胜地，短途火车即可到达。魏格曼是个不事张扬的音乐家，据说第一次见到海令他欣喜若狂。他伸开双臂，站了很长时间，满怀激情，然后突然把帽子抛向空中，得意洋洋地大叫。我心想："能结交这个人该有多好。"我结识了这位非凡之人，他非常稳重，很有修养。他的相貌让人想到的是科学家而不是音乐家。尼采式的小胡子装饰着他的忧郁表情。他是个爱冲动的严肃作曲家，但缺乏灵感。总而言之，我更多的是被他的人文造诣所吸引，而不是他的音乐才能。他
116 很健谈，会说又会听，也喜欢平静的沉默。所以我俩一起散步，有时会延续几个小时，在寻访、思考和间或的活跃交谈中快乐度过。我们经常来到道加瓦河畔，河上横跨着一座铁路桥，上面耸立着高大的钢架。我们喜欢沿着轨道边的小路散步。冬季的夜晚，当狂风吹过河面，沉重的大桥瑟瑟发抖时，在那儿的感觉让人非常愉快。魏格曼喜欢释放他因暴风与河水而产生的热情，勇敢地走在铁架子的上面，这种高难动作正好适合他的长腿和体操运动员式的敏捷。然后他会再次与我会合，从桥中央的阶梯跳到道加瓦河一个叫哈森霍姆[Hasenholm] 的小岛上。如果我没有记错的话，这是一片狭长的沙地，有几间黑色简陋的小屋。站在岛上，我们仿佛置身于黑色的潮水中。只有远处堤岸上闪烁的灯光告诉我们，光明、人群，还有世界依然存在。我们小小的朋友圈，因为气质各异而激情四溢，因为性情和善而快意融融，即使命运让大家分离，我们依然紧紧团结在一起。殷麦曼离开舞台后，回归老本行，当起了兽医。魏格曼，他的兴趣从一开始就在音乐和社会活动间

徘徊，最终被后者强烈吸引。他定居在汉堡工人们的生活区，接管起当地的合唱协会，给孩子们上音乐课。

尽管处在事业成功的氛围中，作为歌剧指挥有很多的表现机会，但我丝毫没有自己的音乐才能将被耗尽的感觉。从根本上讲，我所专注的不止是戏剧音乐，我的内心深处更倾心于无标题的纯音乐。我在纯音乐的氛围长大，当戏剧音乐这个“另我”[alter go]在“大吃大喝”时，我音乐天性最本真的那个“本我”，当然不能“忍饥挨饿”。渐渐地，我回归到室内乐。我在乐团的首席中，物色到一位技巧精湛而且态度严谨的小提琴手，决定与他一道演出钢琴和小提琴奏鸣曲音乐会。黑头屋[1]，它的名字还有地道的早期哥特风格，让人联想到里加的基督教传统。现在这里成为商业协会所在地，拥有一个大厅，其建筑特征、 117
音响效果和场地规模，都非常适合表演室内乐。有时我会叫上乐团的首席大提琴，一起演奏三重奏。如果不提在美妙的黑头屋的那些音乐会，我在里加的事业总结就是不完备的。它们对这座城市的音乐生活非常重要。

里加第一个演出季结束后的那个夏天，我去但泽[Danzig，波兰北部港口]拜见我未婚妻的家人，还在美丽的波罗的海海滨度假胜地索波特[Zoppot]逗留了几个星期，这里位于但泽郊外。然后我回柏林待了一段时间，给男高音恩斯特·克劳斯[Ernst Kraus]做艺术指导，在克劳斯的家中，我结识了汉斯·普菲茨纳，歌剧《可怜的海因里希》的作曲家。我在汉堡就对这部作品进行了饶有兴趣的研究。关于这位卓越而又言行不一的伟人，我后面还要谈到。普菲茨纳当时正在创作他的《爱情花园中的玫瑰》[*Die Rose vom Liebesgarten*]。在他相当简陋的家中，他依照刚刚写完的总谱为我演奏。我从一开始就喜欢上了其中的美妙旋律和感人效果，对普菲茨纳作品的每次深入接触，都让我有充实与振奋的感觉。在与普菲茨纳以及他聪明可爱的太太——他太太

[1] 黑头屋[Schwarzhäupterhaus]：据说其门卫是黑人，当时波罗的海一带黑人比较少见。

是科隆作曲家和指挥家费迪南·希勒[Ferdinand Hiller]的女儿——交往与鼓舞下，我回到了里加，开启我的第二个演出季。我满怀喜悦地期待，能与普非茨纳继续保持良好关系。

我到达的当天，城市剧院的新总裁理查德·巴尔德就登门拜访，他身穿双排扣礼服，戴着圆顶礼帽和浅色羔皮手套，神采奕奕。他这样正式的穿戴，让怯生生的我大吃一惊。年轻时我还不习惯如此庄重的社交礼仪，我绞尽脑汁想找个话题，给儒雅老成的来访者和缺乏社交经验的我找到共同的谈资。我俩几番尝试，都不是很成功。屋外天气的变化，霍然将我们谈话舒缓的引子转为振奋的快板，就像早期前奏曲的风格。我的公寓离剧院很近，由两个小房间组成，位于市中心窄街上一座老房子的第三层。它的另一个优势是透过窗户可以看到蓝天，还能看到对面屋顶的景象。下雨时，我的目之所及会出现更多奇观：一
118 群摇着尾巴的大老鼠，坐在屋顶的檐槽里饮水解渴。我和巴尔德正费劲地互相客套着，突然下起了倾盆大雨。我注意到我的客人立刻呈现出孩子般的快乐表情。“你这儿的风景不错啊！”他说。从这一刻开始，谈话随意起来。那个下午老鼠们的特别参会，结束了例行的客套，把我们的谈话引到自然航向，让我们得以深入交流。巴尔德后来告诉我，他认为礼节性地拜访首席指挥，对建立友好关系是很有益处的。我意外的青涩、率直表情让他感到很窘迫，但老鼠小插曲之后，他对我们未来的密切合作感到很有信心。巴尔德担任舞台导演的时候，常用内在的坚定信念和外在的儒雅谈吐，来回应我的心愿。他不仅控制力很强，还具备卓越的戏剧才能，所以我们相处得非常好。我与巴尔德夫妇充满活力的社交沟通越来越多，很多时候我们都在一起愉快地聊天喝酒，直到凌晨，那种畅快自由已是常态。我回想起演出柴科夫斯基的《叶甫盖尼·奥涅金》[*Eugen Onegin*][下简称《奥涅金》]之后，有一次大规模的庆祝活动，不仅延续到凌晨，而且接下来还到郊外滑了一阵雪橇。我们来到一家客栈，叫老板起床，让他给我们弄点早餐。当我

们回到城里时，里加人称作摊位的商店刚刚开始营业。

在布拉迪斯拉发的时候，我就开始专注于让·保罗的作品。然而，《奥涅金》让我走向了普希金，安东·鲁宾斯坦[Anton Rubinstein] 的歌剧《恶魔》[*Demon*] 让我走向了莱蒙托夫[Lermontov]。两位诗人的作品直接走进了我的内心。从那时候起他们一直令我钟爱。他们的生活，他们的创作，还有他们荒谬的人生结局——都是在决斗中被杀死的——让我对俄罗斯人的性格有了新认识。

有趣的是，在为我演唱的年轻歌手中，两位未来之星从我的鉴定与忠告中受益。他们是赫尔曼·雅德洛克[1]，优秀的男高音，还有约瑟夫·施瓦茨[Joseph Schwarz, 1880—1926]，美妙的男中音。他们俩后来告诉我，我曾经热情地提携过他们，这让我很高兴。

在里加的第二个演出季，我的演出活动日益频繁。条件允许的话，我在剧院外面的业务，也拓展到更广的范围。我接管了吉茨基[Gyzicki] 音乐学校的钢琴课。由歌剧院的歌唱家，以及城内的合唱协会参与的门德尔松《以利亚》[*Elijah*] 演出，让我首次有机会检验一下 119
自己在排演清唱剧方面上的技巧。还有一系列在贸易协会大厅举行的剧院乐团音乐会也请我参与。这些演出意味着我开始涉足交响乐领域，但我记不得它们的效果怎样了。

这样，里加第二个演出季的前几个月过去了。巴尔德开始考虑一份新合同。我很希望继续工作下去，满意地感到这里已经成为自己的剧院。在一个我越来越喜欢并善待我的城市里，我好像找到了避风港，这里还有一大批忠实于我的演职员。当我的公益演出即将到来的时候，为了买票，人们夜里就开始排队。我引以自豪的那种热情，再次显示出一种喜爱。这种喜爱在里加自始至终温暖着我的心。但在1899 年底，我收到了柏林歌剧院的来信，那里给我提供为期5 年担任普鲁士皇家指挥[Royal Prussian Conductor] 的合同。我怎么能拒绝呢？想想

[1] 赫尔曼·雅德洛克[Hermann Jadlowker, 1877—1953]：俄罗斯歌唱家。

吧！我就是从这座圣殿的顶层走廊获得了自己孩童时代的决定性信念。在这里，我平生第一次听到《特里斯坦》，它又即将成为我工作的地方。我将要指挥这里的交响乐队，其声音长久回响在我的耳畔。我将要在欧洲顶级歌剧院的观众面前亮相，能让自己的父母和兄妹，享受他们的儿子和兄弟的工作成果。还有，这份合同终于可以让我结婚了。所以，在没有向马勒通报这个决定并收到他的嘉许之前，我就接受了下来。

我在里加的最后一个冬季到来了，此间我沿着美丽的城市街道，进行了多次沉思漫步。接下来是春天的白夜，这段时间非常适合机敏的思考。我得出这样的结论，我是在里加真正开始了解自己。我的每一分勇气现在只集中于下一个目标。我不必焦虑、忧烦，在对一天工作无限的关注中，获得了对生活的美好展望。我再次看到“坚毅地生活”是多么重要。我天真地认定，自己已经完全持久地把握了“坚毅地生活”的真谛。无论如何，我按照当时的原则来生活，相信自己能成为一名优秀艺术家，坚定地追求自己的方向。我的目标是全面掌握并实现歌剧的艺术性，就像我想象中的亨德尔在伦敦所做的那样，就像韦伯在布
120 拉格和德累斯顿那样激情奋斗，就像瓦格纳所教导和所成就的那番模样，就像马勒在汉堡那样勇于担当。完全在自然当中，没有蓄意客套，我在里加完成了自己的歌剧任务。所以，我满怀豪情地期待，在更辉煌的环境中，拥有更多的驾驭手段，在音乐世界的中心地带继续努力。

该回家了。两段火车行程之后，我们再次穿越波罗的海。一则奇特的旅途经历值得在此叙述一番，作为“人之常情”原理的样本，也可作为莫扎特《女人心》[*Così fan tutte*]中阿尔丰索“教义”[1]的一段悲喜交加的注脚。一位清秀可爱的年轻女孩儿，她是里加的演员，在刚结束的演出季，与我的未婚妻结为好友。这位K女士曾向我的未婚妻透露，她实际上已经与德国宫廷剧院一位男中音订了婚，打算今年夏

[1] 阿尔丰索在该剧第一幕中声称：女人都是靠不住的，一旦有了另外的机会，他们就会把原来的情人忘掉。

天嫁给他。因此，当K女士的闺蜜们注意到，她又与里加一位年轻演员建立起暧昧关系后，感到很吃惊。爱神是辉煌的胜利者，他无视受害者的脸色与行动，把真实情况明明白白地展示给所有人。一场悲剧似乎就要发生。“罗密欧”陪伴他的“朱丽叶”来到船上，恋人的分别让每个人都流下同情的眼泪。兰舟催发之时，美人一边哭一边向她憔悴的恋人挥手，直到他的身影消失在视野中。然后，K女士伤心地倒在甲板隐蔽角落的椅子上。走过的人都不敢惊扰她的悲伤，这悲伤慢慢地变成轻声的哀怨和伤感。她渐渐平静下来，甚至打起精神开始与我的未婚妻聊天。我未婚妻惊讶地告诉我，她在这位年轻女子身上感觉到某种喜悦的期待。我也意识到这种情绪变化。当轮船停靠在斯德丁[Stettin]，我们都惊异地看到这位爱神的宠儿向一位帅哥热情地挥手，显然那是她的未婚夫，他正在舷梯下面等她。两个人很快拥抱在一起。黛丝比娜[1]的好学生就在这个夏天与男中音结了婚，那是我们最后一次见到她。每当我指挥起《女人心》，黛丝比娜在我心中就等同于K女士。我莫名感动起来，开始感受到同情、宽容和理解。

遵照我岳父岳母的建议，我和未婚妻把婚礼推迟到第二年春天。
的确，一份大有作为的事业摆在我面前，而我“非常年轻”！我同意等
到柏林演出季获得成功，自己的经济状况有保障后再结婚。这样，我 121
的未婚妻接受了巴塞尔城市剧院的一年合同，而我走进了德弗林格
尔街[Derfflingerstrasse]的单身公寓。这里距福尔克中学[Falk Real-
Gymnasium]只有几分钟路程。大约九年前，我是那样不耐烦地离开
了这里。这个夏天，我部分时间在索波特，部分时间在黑森林[Black
Forest，德国西南部山林地区]，作曲、学习，享受徒步旅行。之后，我
向皇家普鲁士剧院的总裁报到。开启新征程，我已准备就绪。

[1] 黛丝比娜[Despina]：莫扎特歌剧《女人心》中，协助阿尔丰索，让两位年轻女子移情别恋的女仆。

第七章

普鲁士官员统辖的柏林歌剧院，其管理模式因循官场之道。歌剧 121
与话剧两个剧院的最高领导由霍赫伯格伯爵[Count Hochberg]，歌剧院总裁兼枢密院官员皮尔森[Pierson]，以及枢密院行政部的首脑温德[Winter]组成。其他各类委员都在他们手下供职。艺术家若有请示，须递交“请愿书”，“恭敬地祈求”一番。就连与艺术直接相关的事务也要受官僚主义的制约。刺耳的号令与艺术女神的咏唱难堪地混合在一起，来侍奉代表剧院唯一意志的那个人。不过，这家歌剧院也要为皇室提供服务。这些号令若非“军事命令”，便等同于“官方指令”，总之都要按部就班地严格执行。所以服从是对艺术家的硬性要求。艺术家可以变为附庸，受号令的管控，但艺术实践不是这样，在缺少自由的情况下，艺术会失去其本质特色。不管表面情形如何，艺术效果都无法达到高度完美。即使对于一支乐队及其指挥而言，如果上下级关系左右全局，也会是这个样子。一味顺从指挥命令的双簧管乐手，不会吹出优美的独奏段落，因为他的演奏需要用其内在精神来增添魅力。尊重其自由的指挥家，必须用更微妙的方式施加影响，而不是用居高临下的空泛命令。

艺术家受到行政机构的管制，当这些管制遍布于艺术领域的时候，艺术家只会顾虑重重并且失误连连。真正的艺术成就发生在管制范围

之外。官僚主义强制甚至会导致艺术准则的丧失，这不奇怪，也无法
122 避免。管理行为和艺术成就纠结在一起，它们不同的目标和愿景不断发生摩擦。前者无法驾驭后者，有时会为后者设置障碍，也会给管理者提出困惑的难题。

柏林歌剧院作为一家艺术机构，由各个艺术部门的负责人以不同方式实施寡头管理。这些寡头相应附属于官僚体制。然而，由于刻板的普鲁士准则不适于艺术事业，行政手段无法驯服艺术家的思想，这家机构或许可以比作因西班牙马术教练而苦恼的飞马[1]，既不能被驾驭，也无法腾空飞翔。

体制上的不当没有因为行政机构的复杂而有所改善。这些效忠于“皇帝陛下”的音乐部门由霍赫伯格伯爵负责。这个高高的、有些柔弱的人，曾经写下蹩脚歌剧《狼人》[*Der Werwolf*]。由于这次失败的艺术尝试，更确切地说以其为基础，他感觉自己是个音乐家，足以作为权威对歌剧事务指手画脚。我在柏林歌剧院与他发生了好几次冲突，这一情况最终让我没费太大周折便获得了我想得到的合同废止。霍赫伯格的“礼拜五”[《鲁滨逊漂流记》中鲁滨逊的仆人]，枢密顾问官皮尔森，是一位仁慈和善，顾虑重重又糊里糊涂的剧院总裁。他有点像管理层和艺术家之间的联络员。官僚作风与艺术创作间的势不两立，平日会引起很多冲突，纠结在他的办公室，也纠结在他的内心。让他愈发痛苦的情况还在于，他是某位首席歌手的丈夫。对艺术问题他不缺乏判断力，他的个人见解屡屡与强加于他的官方态度发生冲突。他常常明知不可为而为之，因此烦恼丛生。我与他相处得很好。他对我的艺术素养和个人能力都很信任。若不是我的态度导致霍赫伯格伯爵对我的憎恶到达了刻骨铭心的地步，皮尔森所付出的巨大努力和苦口婆心，原本是可以阻止我辞职的。

歌剧院当时的指挥有理查德·施特劳斯、卡尔·穆克[Karl Muck]

[1] 飞马[Pegasus]：飞马帕加索斯是古希腊神话中缪斯女神的坐骑。

和我。魏恩加特纳[Weingartner] 专心指挥皇家管弦乐团的音乐会，在歌剧方面很少参与。我的前任是弗朗茨·沙尔克[Franz Schalk]，他应马勒的召唤去了维也纳宫廷剧院。我的两位同僚，年纪与名望都远高于我，他们也许意识到在这间管控严格的狭窄作坊，其职位有其名而 123
无其实，所以只在维持音乐水准方面不遗余力。负责布景事务的是一位舞台指导和几位助手，他们习惯于以审慎却没有想象力的方式坚守传统。难怪我会倍感拘束，难于实现我的艺术理念。

我已下定决心“坚毅地生活”，所以不会因为雄心勃勃的目标和不如意的初始状态间的巨大反差而灰心丧气——我的登山经历已经彻底击碎了那种悲观思维——我告诉自己，当现行体制与个性发生冲突时，决不能忽略那些特殊的取胜机遇。你身处的体制不会荒唐到让坚强果敢的意志无法产生良好效果的地步。另一方面，即便是最理想的体制，如果不好好把握，也会徒劳无功。所以，我等待着自己的机遇到来（不过现在看来，我当时是白等了），尽情享受歌剧院精良的艺术设施：具有光辉传统的优秀乐团，辉煌有力的合唱团，以及众多杰出歌手。我要提一下才华出众的艾美·戴斯廷[1]，当时她的演唱活脱脱像一位天使。在柏林，她是我的卡门、阿依达、阿加特和伊丽莎白等角色的首选。我永远不会忘记她在《汤豪舍》的“祈祷”和《魔弹射手》的“卡瓦蒂那”中唱出的圣洁之声。还有我的朋友恩斯特·克劳斯，一位容光焕发的罗恩格林，一位神气活现的齐格弗里德，一位洪亮强健的力士参孙。最后，还有杰出的男低音保罗·克努法[Paul Knüpfer, 1866—1920]和多才多艺的男高音朱利叶斯·雷班[Julius Lieban, 1857—1940]。

我很快与大多数歌手建立起良好关系。乐队似乎喜欢让我来指挥，他们在我手下演奏得很好，但私人交情还显不足。尽管我能与其成员建立友好关系，但作为一个整体，这样的乐队让我感到陌生。多数音乐家们受官僚气息的影响，倾向于顺从那些主管，而不是满腔热情地

[1] 艾美·戴斯廷[Emmy Destinn, 1878—1930]：捷克女高音。

去协作。在20多年后的共和国时代，我在柏林指挥了很多场音乐会和歌剧，发现乐队的这种氛围并无改变，不过倒也维持着昔日的艺术水准。

我在柏林的事业，从一场《卡门》开始。这是一次决定性的、得到了广泛认可的成功演出。管理部门将剧院的所有成员为我所用。我有足够的机会来证明自己的效率，却鲜有时机展示我的高素质。然后，
124 一件大事发生了。普菲茨纳的《可怜的海因里希》[*Der arme Heinrich*]即将上演，由我担任指挥。我终于迎来了需要我使出浑身解数的任务。舞台执导的麻烦事似乎不必让我紧张，因为作曲家本人在场，他会注意到其布景意图是否得到了实施。

排演这部深奥作品的那些日子，我又激动又开心。我与普菲茨纳夫妇密切的沟通，更让这段日子难忘。我进一步理解了这位创作了苦行主义的《可怜的海因里希》和非常清新的《爱情花园中的玫瑰》，以及大量歌曲和重要室内乐作品的作曲家。我们长时间热烈地交换意见，那些异口同声的热情赞许，还有毫不迟疑的回绝，现在依然温暖人心；对于所关心话题的争执与分歧，现在仍旧令人心绪难平。普菲茨纳是一位坚强斗士，他可以很深入地阐释他的思想，用丰富的想象力对其进行论述。称他特别善于交谈或许有些不妥，因为他很少倾听别人，只热心于表达自己的观点。他用思想的深奥力度来弥补其视野的不足。我料想任何与他交谈过的人，都会被这样的谈话经历所充实。在他的家庭圈子里，在兴趣相投的好友和美酒的陪伴下，普菲茨纳不仅全心投入到严肃的讨论中，还喜欢愉快地东拉西扯。他的奇思妙想几乎取之不竭，在我认识的所有音乐家中，他是最接近汉斯·彪罗的爱说俏皮话的人。

我们朋友圈的聚会地点在商务顾问威利·莱文[Willi Levin]的家中。莱文喜欢艺术，崇拜艺术家，他一辈子都不遗余力地帮助普菲茨纳。他还是理查德·施特劳斯的老朋友，歌剧《埃莱克特拉》[*Elektra*]就是题赠给他和他太太的。雕刻家莱德勒[Hugo Lederer, 1871—1940]

和演员马克斯·莱茵哈特[Max Reinhardt, 1873—1943] 多次加入我们的聚会，恩格尔贝特·洪佩尔丁克[1] 也时不时露一下面。这个圈子里还有很多同道之人、想象丰富之人、智力超群之人和勇气可嘉之人，但他们的名字已经被我淡忘了。

《可怜的海因里希》的演出没有取得太大成功，主要原因在于作品阴暗痛苦的气氛。然而，它留下一道深邃的印记，为普菲茨纳确立了更远大的目标。作曲家的老友保罗·科斯曼[2] 来到柏林，出席了最后的排练和首场演出。这个非同寻常的人物，用他的热情，他深邃的艺术 125
领悟，还有他超凡的精神力量，为朋友圈营造出快乐氛围。我在慕尼黑岁月记录中还有更多有关他的内容要说。

之后不久，皮尔森让我指挥全本《指环》。我非常激动。我，一个24 岁的年轻人，有权指挥这部巨作，就在我8 年前从高高的顶层走廊如饥似渴地观看这部大剧的地方。

这件大事完成后，紧接着是一次伤脑筋的经历。曾长期担任约阿希姆四重奏团第二小提琴手的皇家管弦乐团首席卡罗·哈里尔[3]，对我不是很友好。我感受到，在一位名气小要求严的指挥下演奏，让这位大牌乐师的自尊很受伤。他硬着头皮坐在首席位置拉起小提琴，只能用冷酷的表情和无动于衷的姿态来表达他的不满，他心里可能早已痛苦不堪了。他这种态度对我伤害极深。面对这样一张脸，不得不忍受首席乐师的蓄意不合作（我一生中很幸运，这样的经历并不多），这总是勾起我想要违背第六戒条[《圣经》十诫第六条规定“不可杀人”]的嗜血本性。如果是他暗中踩了我的脚趾，我肯定会原谅这个胖胖的汉子。但他这样“明火执仗”地与我作对，难免要激起我的斗志。一场冲突在所难免。正当我下定决心要责问这位肥硕的对手时，他的不当之举让事端进入高潮。《魔笛》中众赞歌赋格之后是塔米诺的唱词“死亡的

[1] 恩格尔贝特·洪佩尔丁克[Engelbert Humperdinck, 1854—1921]：德国作曲家。

[2] 保罗·科斯曼[Paul Nikolaus Cossmann, 1869—1942]：德国记者。

[3] 卡罗·哈里尔[Karl Halíř, 1859—1909]：捷克小提琴家。

恐惧不会让我动摇”，莫扎特原本希望用持续如一的速率来演唱，表达一种镇静刚毅的决断。尽管这段乐谱没有标示要改变速度，但缘于一种有害的惯例，这个地方的节奏常常被转成“更快”[*piu mosso*]，这是对莫扎特本意的歪曲，必定会招致所有鉴别力强、爱较真的听众的不满。塔米诺这个角色由罗伯特·菲利普[Robert Philipp] 扮演，他是个有才华，但乐感不佳的歌手。排练过程中，我费了很大的劲才让他摆脱“更快”的习惯，但演出的那个晚上，他又旧病复发。我试图用接下来的弦乐八分音符保持我认可的速度，以此方式控制住那匹“脱缰的马”，哈里尔觉得他的机会来了，不顾我的指挥，回归到传统的“更快”——
126 非常突兀，声音很强而不是很轻——让一些弦乐跟随着他，阴险地造成一片混乱。我义愤填膺，用极其严厉的口吻指责这位搅局者，乐队前排的人都可以清晰地听见。我欣慰地看到，我的对手气鼓鼓的，无话可说。接下来是一系列非常有趣的书信往来。哈里尔在写给总裁的告状信中指出，他的巨大声望和我的年轻没经验之间的格格不入。我在写给总经理的回信中说，即使是世界上最伟大的小提琴家担任乐队首席，他也有责任遵从世界上最差指挥的拍子，不然演出就会陷入灾难。官司打到理查德·施特劳斯那儿，他写到，尽管他认为我的做法从本质上讲有理有据，但我的态度应该受到批评，这缘于哈里尔作为艺术家的地位。最后，穆克写来一封信，他断然认定我是对的。事情平息下来。我想不起哈里尔是否还在我手下演奏过，是不是有一个睿智的工作安排，让我和他从互相的阴影里得到了解脱。

那一年，我与小提琴家有过多次冲突。一家新的音乐会代理公司——它的名字我忘记了——希望介入柏林的音乐生活。公司领导人告诉我，我被视为后起之秀。他希望接管我的演出业务，组织一场由我指挥的柏林爱乐乐团的音乐会。演出在新落成的音乐厅举行，如果我没记错的话，距离“新世界”[New World] 很近。这个人的甜言蜜语和十足把握，让我非常开心。他表现出很靠谱的样子，于是我就接受了。大概是在1900年底，或是在1901年初，我首次在柏林指挥交响音乐会。我记得节目单上的主打曲目是柏辽兹的《幻想交响曲》。担任协奏曲独奏的，是很有名的小提琴家B，他要演奏贝多芬的《小提琴协奏曲》。乐队排练时，我们在前两个乐章合作得很顺利，但在最后的乐章却争执起来。当他用夸张的快速节奏拉出第三乐章的第一小节时，我叫停乐队，小声告诉他，我不同意他的拉法，问他能否用更稳健的速度重新开始。他用很自负的态度大声回答说，这是他在演奏协奏曲，而我——一个年轻人！——所要做的就是为他伴奏。不管怎样，这违背了我的原则，在全奏段[tutti]中，速度问题毫无疑问要由我来负责。
我绝不能用如此仓促的速度演奏这个主题。排练结束后，我对这个从 127
云端俯视我的人说，我认可他自己对速度的责任心，会用他希望的速度进行配合，但是在管弦乐的间奏段落，我将选择我认定的节奏。那场奇特的演出就是这样进行的。回旋曲的节奏，突然从独奏家令人窒息的急速，变成强劲活泼的快板，这是我一辈子认定的这部作品的自然节奏。附带说一句，世界顶尖的小提琴家都乐于认同我的这一节奏。

排演齐格弗里德·瓦格纳[1]的《懒汉》[*Der Bärenhäuter*]，是一次有趣的、令人亢奋的经历。经常受雇于拜罗伊特音乐节的助理导演布伦瑞克先生告诉我，“女主人”将要出席当晚我指挥的演出。第二天，他递给我一份请柬，邀请我到温莎公爵酒店去拜见柯西玛·瓦格纳[Cosima Wagner]。我怀着敬畏的心情期待见到这位传奇女子。尽管两个小时的谈话之后我很失望，但仅仅是弗朗茨·李斯特之女，彪罗、瓦格纳之妻出现在那儿，便是一件大事。我得到了她的女儿艾娃[Eva]的迎接，被带到了她的面前。柯西玛会见我时身着黑衣，端着帝王的架子，对于她儿子的歌剧的精彩演出向我致谢：它的确非常轻松自然，给她带来了莫大的喜悦。我感到宽慰，顺着她的话题说，作品中的自然特色和民间风味让我印象深刻。然而，这还不能满足柯西玛作为母亲的骄

[1] 齐格弗里德·瓦格纳[Siegfried Wagner, 1869—1930]：理查德·瓦格纳之子，作曲家。

傲。她的回答令我至今难忘：“它在一定程度上超越了自然和民间风味。通过他的《懒汉》，我的儿子已经成功地创作出自《师傅歌手》之后最好的非悲剧歌剧[non-tragic opera]。”理查德·瓦格纳的遗孀讲完这番惊世骇俗的话之后，我只能换一下话题。谈话很快成为这位贵妇的一次演讲，我只能偶尔蹦出一句低调的评论。她涉及的诸多话题，我现在都记不起来了，只记得我犯下了一个大错。这次，我全然不顾拜罗伊特的禁忌，提起了威尔第这个名字。瓦格纳夫人的脸变得冰冷僵硬起来。当我用毫无戒心的诚实，大胆地说出威尔第的作品，从《欧纳尼》[*Ernani*]到《阿依达》[*Aïda*]，直至《法斯塔夫》[*Falstaff*]的惊人变化与发展后，她只是说：“发展？在《欧纳尼》和《法斯塔夫》之间，我看
128 不出什么差异。”我再没有见过柯西玛，印象中，我对威尔第的评价让她对我最初的好感完全消失。我对她的敬仰之情，也在这次会见中受到损害。尽管她这个人给我留下了长久的印象，但我因为她的观点而产生的失望也在蔓延。很多年后，我有机会读到她与她的女婿休斯顿·张伯伦[1]的通信。这些通信勾画出的这个奇女子的真面目，当然会让我对其心生厌恶。

说来也怪，我几乎记不起我在柏林看过的那些歌剧和听过的音乐会了。一场由施特劳斯指挥的《特里斯坦》，我感觉特别火爆，但与我几周前在维也看听过的一场力度十足的马勒指挥的表演相比，它在音乐上显得过于随意。穆克指挥的《众神的黄昏》让我印象很深，尽管它缺少我渴望的戏剧性冲动的自然抒发。施特劳斯和魏恩加特纳指挥皇家管弦乐团的音乐会，在我记忆中是一片空白，但我的确还记得爱乐大厅几场真正伟大的演出，那是尼基什指挥的。他的自然纯朴和扎实的音乐修养给我以温暖，他的指挥技巧令人钦佩。一场震撼人心的柴科夫斯基《悲怆交响曲》[*Pathetic*]，还有完美的、浪漫构思

[1] 休斯顿·张伯伦[Houston Stewart Chamberlain, 1855—1927]：《牛津国家人物传记大辞典》中称他为“种族主义作家”。他撰写的《十九世纪的基础》成为纳粹种族政策的重要文献来源。

的韦伯《欧丽安特》序曲，依然回响在我耳边。我还能愉快地想起莱辛剧院的易卜生作品演出，还有柏林剧场上演的席勒和莎士比亚作品，马特沃斯基[Adalbert Matkowski]是最优秀的英雄角色扮演者。我对迈宁格学派[Meininger school]的舞台导演不太感兴趣，那时他们在德国戏剧舞台上很时兴。它所强调的是穿上夸张的服饰，大开大合的表演，以及荡气回肠的哀婉。这种非常表面化的倾向被称作迈宁格风[*Meiningerei*]。奥托·布拉姆[Otto Brahm]，还有后来的马克斯·莱茵哈特，却将其视为一种戏剧风尚。这种风尚也被用于歌剧中，后来被自然、严谨、忠实于剧本的风格所替代。

坐了两夜火车，我来到维也纳观看马勒的演出，出席了斯美塔那[Smetana]歌剧《达里波尔》[*Dalibor*]的维也纳首演，我醉心于这部宏伟作品。在霍赫伯格和皮尔森主政的幽暗之所长时间的艰苦摸索之后，维也纳宫廷剧院对我来说，就像洒满阳光的世界——这才是属于我的世界。每样东西仿佛都是完美的：歌唱和表演，乐队的演奏，舞台的外观，还有这里的指挥。在爱乐乐团的音乐会上，我听到了马勒年轻时代的作品《悲叹之歌》[*Das klagende Lied*]，灵魂深处被感动。我十二 129
分地确信，这才是我干事业的地方。

命运把我从柏林的束缚中解脱出来——当然不是用特别温柔的方式。可能是商业方面的考虑，促使总裁在克罗尔剧院的常规夜晚，增添了轻松题材作品的演出。因为我已经在奥博[Auber]的《魔鬼兄弟》[*Fra Diavolo*]、洛尔青的《沙皇与木匠》这样的剧目，以及莫扎特的作品中证明了我的“轻巧处理方式”，我被告知将在克罗尔剧院指挥吉尔伯特[Gilbert]与沙利文[Sullivan]的《日本天皇》[*The Mikado*]。得益于演员阵容的强大，这部迷人作品的演出非常成功。这促使总经理要用另一部轻歌剧试试运气，我被要求上演勒科克[Alexandre Charles Lecocq, 1832—1918，法国作曲家]的《昂戈夫人的女儿》[*La Fille de Madame Angot*]，对此我表示反对。在孩童时代我就在小孩子玩的乐器上演奏过这部轻歌剧的旋律，后来我都听腻了。然而，我不能以此为理由拒绝它。但我原则上坚决反对这部作品的排演，尽管它很精巧，却明显不及《日本天皇》的艺术水准。最终，我屈服于皮尔森善意的劝说，担负起排练工作并指挥了首场演出。这是一段不愉快时光的开始，最终导致了我选择辞职。

马勒又给我写信，提供给我一份5 年期合同。在我的柏林合同依然有效期间，我还无法接受。但如果我能心平气和地解除柏林合同，就能铺平我去维也纳的道路。这是我梦寐以求的结果，因为在柏林歌剧院再待4 年的前景，真的让我不寒而栗。在林登大街剧院[Opera Unter den Linden] 和克罗尔剧院同时安排演出，显然让管理部门吃不消。由此产生的混乱局面，若在布雷斯劳剧院也许不算什么，可一旦与严厉的普鲁士官僚秩序扯在一起，就成了一杯特别难咽的苦酒。一天晚上，我正在歌剧院指挥《莱茵的黄金》[*Das Rheingold*]，尼布尔海姆[Nibelheim] 场景已经启帷，我却不得不停下来，因为阿尔贝里希[Alberich] 和迷魅[Mime] 还没有到场。几分钟过后，我才能再开始指挥，这次使用了极快的速度，因为这两个矮人晕头转向气喘吁吁，用仓促的速率唱起他们的前几个小节。扮演迷魅的雷班刚才在克罗尔剧院的《蝙蝠》[*The Bat*] 第一幕里扮演了阿尔弗雷德。这一幕刚结束，他
130 们赶到歌剧院，匆忙换上《莱茵的黄金》的装扮与行头，心里还盘算着返回克罗尔，去演《蝙蝠》的最后一幕。糟糕的是这个时间表不能正常运转。令大家忍无可忍的是在克罗尔剧院《昂戈夫人的女儿》中扮演拉维夫蒂埃尔[Larivaudière] 的男低音克努法[Knüpfer]，同时还在歌剧院承担着角色。当这样的组合明显难以运转时，皮尔森派出一位老练而且办事利落的剧院侍从来到林登咖啡屋，自由歌手们习惯于上午在这个地方消磨时光。剧院侍从在这座奇异的“证券交易所”，找到一位过去很有名的轻歌剧演员，把他带到我的办公室。我在很短的时间里试听这个人，并谢绝他的服务。克努法必须放下他在克罗尔剧院的

演出任务，为我所用。我告诉皮尔森，我认为出现这样的事情是可耻的，而且我一定要提出辞呈。皮尔森让我相信他个人对我的尊重，并把我以后的前景描述得天花乱坠，但我不想听。我给霍赫伯格伯爵写信，言辞恳切地请求让我离职，最终得到了批准。我赶紧来到电报局。在那儿我撞见了列奥·斯莱扎克[1]。我俩儿高兴地互相通报前来此地的相同事由——打电报接受马勒提供的职位。注定要享誉世界的斯莱扎克，一度不得不在柏林委身于小角色。他跟我一样，唯有辞职，才能去憧憬到达维也纳的那一刻。

一待柏林的工作得到了许可，我就迅速赶往了巴塞尔，去看望我的未婚妻，在她面前找到我对柏林失望的解脱，谈论未来的计划。我们在5月上旬结了婚，搬到了动物园附近巴蒂肯纳勒街[Brückenallee]的一套舒适公寓。还没有等到暑假开始，我们就作为恩斯特·克劳斯的客人去了拜罗伊特。我们与安东·范·鲁伊[2]一起，住在位于多恩多夫的漂亮别墅。屋子里回响着音乐，范·鲁伊证明自己是一个合适的歌曲演唱者，这一事实随后促成了一系列的舒伯特演唱会。在节日剧院，我们倾听了几场莫特尔指挥的精心排练的演出，还在阿尔卑斯山的蒂罗尔待了几个星期，然后前往维也纳。

我的读者可能会感到奇怪，我在1893年到1901年间的生活经历中，没有述及此间发生的政治事件。事实上，这部书所记录的我的生活，到那时还没有受到政治因素的影响。引用雅各布·伯克哈特[3]的话
来说，不是因为文化在这一时期依然处在突出位置，而是因为国家和 131
世界的事情还没有唤醒我的政治意识，更谈不上让我去考虑他们的政见了。我的性格促使我冷眼看待这些事情。一旦我参与其中，就像进入到德赖弗斯的审判[4]。这是因为我被惹恼了，而不是政治因素。事实上，

[1] 列奥·斯莱扎克[Leo Slezak, 1873—1946]：奥地利男高音。

[2] 安东·范·鲁伊[Anton van Rooy, 1870—1932]：荷兰低男中音一起。

[3] 雅各布·伯克哈特[Jacob Burckhardt, 1818—1897]：瑞士历史学家。

[4] 德赖弗斯的审判[Dreyfus trial]：1894年法国陆军犹太籍的上尉德赖弗斯被诬陷犯有叛国罪，法国右翼势力掀起反犹浪潮。此后不久真相大白，但法国政府却不愿承认错误，直至1906年德赖弗斯才被判无罪。

除非人道主义情感被唤起，我更倾向于对周围发生的重大事件进行历史性的审视，这让我成为与政治无关的人。对我来说，克利俄[Clio] 是位缪斯女神。我阅读过蒙森[Mommsen]、兰克[Ranke]、卡莱尔[Carlyle]、麦考利[Macaulay] 还有其他人的历史典籍，就像我阅读文学作品那样。我本能地从历史的角度看待威廉皇帝的克鲁格电报[1]，他对暴力的提及，西美战争，还有法绍达事件[2]。我无法用现实的眼光看待它们，因此不会强迫自己确定政治立场。成为政治家是一种"与你有利害关系"的感觉。然而，我如何能将发生在幕后的事情，视作前面章节提到的与我有关事情呢?

当政治问题濒临人性的领域，关乎社会问题，那就是另外一种情况了。社会民主运动是对旧式不公平体制的一种抗争，其人权平等的民主原则，对于出身特权的蔑视，国家对个人尊严的认可——所有这些愿望和努力都与我心心相印，深深地影响着我，尽管它们不会让我积极参与政治生活。我相信，我生来就是要成为音乐家，我希望能够远离那些让我感觉不适的争斗。

此外，尽管其宪法非常不民主，难道德国那个时代的生活不快乐吗? 虽然有俾斯麦和与他志趣相投的继任者，但德国的社会思想和社会福利依然在蓬勃发展和提高，文化事业繁荣，经济状况也很好。体制是有缺陷的，但成效让人满意。我的窗户敞开着，门也没有上锁，却没有政治风潮飘送进来。我找不出去寻觅它们，并邀请它们进来的理由。

但是1901 年到来了。我去了奥地利，那里，政治正在等待着我。

[1] Kruger dispatch，1896年1月3日，德皇威廉二世发给南非特兰斯瓦邦总统克鲁格的电报，祝贺他击退了来自英国控制区的詹姆森入侵部队，该电报让英德关系恶化——译者注

[2] Fashoda incident，1898年英、法为争夺非洲殖民地，在尼罗河上游的苏丹小镇法绍达发生的冲突——译者注

第三卷

第一章

当维也纳人离开位于斯卓腾托尔[Schottentor]的内城区，走过美丽 132
优雅的沃蒂夫教堂[Votive Church]，进入瓦灵格大街[Währingerstrasse]，目光就会定格在让人心旷神怡的卡伦山[Kahlenberg]上。这是一处新颖别致、永不褪色的迷人风景，每天都给我带来灵感，让我得以抛开皇城喧嚣的街道，仰望宁静美丽的山峦。每当走到这个地方，眼前就会感受到维也纳森林静寂和睦的召唤，这是多么清爽惬意的事情！当我把这座大城市特有的忙碌抛在脑后，在温柔山峦的怀抱中，漫步走过卡伦山脚下迷人的郊野，从海利根施塔特沿着田园小溪，走向努斯多夫的时候，你能否猜得到，循着贝多芬昔日步履的音乐家在思考着什么呢？

优雅的奥地利社交礼仪萦绕在我的耳畔和脑际，其抚慰效果同样不能低估。每日里频繁的“我吻你的手”“我很荣幸”“大人”“仁慈的先生”“博士先生”这样的客套，或者仅仅作为人名前缀表示高贵的“冯”[von]字，就为单调乏味的生活带来了调剂。真的，迎来送往中“我吻你的手”这句迷人的说辞，相对于上奥地利以及其他山区而言，在维也纳显得更加舒适随意。它作为正宗奥地利人亲切友善的表达方式，只是日常礼仪的一种细微改变。但它指明了通往友情的金光大道，我坚信，它是这里的人民和这个国家特色的根基，与奥地利君主统治飞扬跋扈的历史恰恰相反。

历史！我们能不能通过国民的历史领悟到这一民族的性格？先前的历史是由亲王和政客书写的，全然不顾国民的兴趣嗜好，甚至与其
133 完全对立。这里的诗歌，这里的生活习俗，这里的风景，这里的方言俗语所展示的，难道不是此地的特性吗？难道我们不能通过这片土地诞生的音乐，最深切地了解一个民族的精神吗？如果某个音乐家认为，除了对国家和居民的个人印象，他还通过斯美塔那的音乐，进一步了解并懂得了捷克人民，这完全可以理解。如果一个人不熟悉普希金、莱蒙托夫、果戈里、陀思妥耶夫斯基、托尔斯泰和高尔基的作品，没听过穆索尔斯基、鲍罗丁和柴科夫斯基的音乐，他就没有资格以“俄国通”自居。在我熟悉的欧洲诸多民族形象当中，每一个都为我展示出可爱的、感人的、妙趣横生的风貌，而奥地利的形象以其特殊的友善，对我的吸引力最为强劲。在我看来，维也纳森林、萨尔茨卡默古特[Salzkammergut]和蒂罗尔的奥地利风光里有朗朗的笑声；这些地方年轻姑娘的裙裾之上，人们使用的方言里，赖蒙德[1]的诗篇里，内斯特洛伊[2]的讽刺作品中，蕴含着微笑。我经常思考富于启发性的调侃1918年战争的笑话，德国人认为当时的局面“严重，但并非毫无希望”，而奥地利人说法是：“毫无希望，但并不严重。”这里显示出奥地利人的内心，他们意识到严重的恐怖，却还能保持微笑。这样的性情拥有诸多表现方式。它可能恶化成完全可耻的蠢行，或者升华为豁达虔诚的内心安宁。无论如何，它没有化作滋育政治勇气的源泉，因为奥地利已经陨落。但在陨落中“她”又得以幸存，依靠让世界得到安慰的奥地利式友善，变化成了音乐，由莫扎特、海顿、兰纳、小约翰·施特劳斯，特别是舒伯特，焕发出不朽的光彩。难道我们没有理由假设，轻盈摇曳的四三拍就诞生于奥地利，它是对四四拍和四二拍这两类更世俗化的拍号的一种优雅补充？在奥地利，人们或许在学会微笑之前就学会

[1] 费迪南·赖蒙德[Ferdinand Raimund, 1790—1836]：奥地利剧作家。

[2] 约翰·内斯特洛伊[Johann Nestroy, 1801—1862]：奥地利剧作家。

了音乐。但我从不怀疑，不妨稳妥（而非臆想）地声称，四三拍音乐的
引入，须被认定为一个具有精神和历史意义的事件。抛开这些从历史
与科学两个视角看不太能成立的音乐想象，如下事实依然存在，即很
多前往维也纳和萨尔茨堡的外国游客之所以被这些地方所吸引，主
要源于奥地利人典型的形而上的友善，他们的文化，他们的风景，但 134
更具说服力的，还是他们的音乐。

莫扎特、海顿、舒伯特、兰纳、小约翰·施特劳斯、布鲁克纳和马勒都是奥地利人，贝多芬和勃拉姆斯的精神和作品也都深深根植于维也纳这一事实，显示出奥地利作为音乐之乡，具有多么重要和特殊的意义。另外，奥地利人对音乐的真心喜爱，以及他们的歌唱与表演，共同彰显出奥地利人的天性。还有什么能比他们的音乐更具代表性呢？在郊外喝酒的地方，音乐是必不可少的佐餐之物。更具特色的是人们讨论音乐事件和人物的浓厚兴趣，以及宫廷剧院和大音乐厅涌动的人流。音乐是奥地利的一股势力。我与维也纳相关的无数记忆都有一个共同特征：它们都在我的灵魂深处产生了共鸣。

许多特殊的民间音乐，让我们拥有了对奥地利人性格的深入洞察，这是不是比煞费苦心的精神分析所揭示的还要深入？奥地利进行曲本质上具有“fesch”这种基调，这个单词的大概意思是睿智、欢快。但因为它是独具特色的奥地利词，德国人几乎无法领悟，别的国家就更别提了，它具有不可翻译的奥地利个性，就像其他民族也有不可翻译的词那样，我只得再回过来求助于音乐：“fesch”就是老约翰·施特劳斯的《拉德茨基进行曲》《骑士团首领进行曲》，舒伯特的《D大调军队进行曲》那种感觉，《双鹰进行曲》也是如此，尽管不那么精妙。一种更崇高的“feschness”，可以在许多奥地利古典音乐中听到，比如在莫扎特和海顿的作品中。“fesch”也可以指维也纳无忧无虑的时髦年轻人。在旧日的好时光里，他们沿着环形大道漫步，那种漫不经心满不在乎的样子令人羡慕，还有奔跑在普拉特主街的胶轮出租车——观光

马车，以及皇宫庭院里卫兵的换岗，也让人觉得非常轻松（完全不是普鲁士风格），钹和铜鼓的引子之后，是辉煌的奥地利军乐。在奥地利通俗音乐里有另外的声音，轻松诱人的圆舞曲之声，叩动着维也纳人
135 的心弦。当其奏响之时，最恰当的描述便是："卖掉我的衣服，我要去往天堂了！"它意味着，在音乐带来的，或许还有葡萄酒带来的狂喜情绪中，人们不再愿意背负尘世的负担。

音乐的滋养，为我揭示了奥地利人性格的特殊一面。另外一面我通过赖蒙德、格里尔帕策[1]、施蒂弗特[2]、施尼茨勒[3]、霍夫曼斯塔尔、维尔德甘斯[4]的诗歌创作得到了解。日常生活的体验令这幅图画趋向完整。我不打算涉及太多细节，只是想提起一个遍及全国的喜好，当然，我自身的奥地利主义倾向于回避它。我指的是司空见惯的咖啡馆习俗。世间怎么会有那样一些人，能够一天在咖啡屋里坐上好几个小时呢？1897 年第一次来到维也纳时，我多次去过位于环城大道的帝国咖啡厅。有几个人天天下午都聚在这儿，我的注意力被一个年轻人所吸引。他拥有一张聪慧的脸，似乎是个睿智的辩论者。一次不经意的引荐让我了解到，这个人是埃克斯坦博士[Doctor Eckstein]。他后来出版了一本有趣的书，名为《无名的旧时光》[*Old Unnamable Days*]，谈到他与布鲁克纳[Bruckner]和雨果·沃尔夫[Hugo Wolf]的交往。后来的40 年里，每当我进入帝国咖啡厅，这个人都在那儿，我们会礼貌地互相鞠躬。1938 年2 月，我离开维也纳前不久，看到这位老人依然坐在每天落座的那张桌子旁，已经与人争论了个把小时。他是典型的奥地利人，对他来说每天待在他的咖啡屋，就像穿衣和脱衣一样自然。一个人走进一间咖啡屋，只需几次，侍者就会了解他并很好地进行服侍，无须询问就能提供给他最喜欢的咖啡组合，把他最初索要的报

[1] 弗朗茨·格里尔帕策[Franz Grillparzer, 1791—1872]：奥地利剧作家。

[2] 阿达贝尔特·施蒂弗特[Adalbert Stifter, 1805—1868]：奥地利小说家。

[3] 亚瑟·施尼茨勒[Arthur Schnitzler, 1862—1931]：奥地利剧作家、小说家。

[4] 安东·维尔德甘斯[Anton Wildgans, 1881—1932]：奥地利诗人和戏剧家。

纸放在他的胳膊肘边。人们通过咖啡屋的地址就可以写信或者捎口信给他。咖啡屋是做出决断，发生历史文化大事件的地方，是重要的政治谈判和科学研讨的场所，当然也是阴谋与谎言的温床。

至于我自己，面对这种咖啡屋绝非无动于衷，我也花了很多时间泡在那儿。然而，这种“规矩”一直让我感到陌生，我不知道是否该把同事们的疏忽懒惰，以及相当多的阴谋以及闲话归因于这种“咖啡屋精神”。但不管善良还是邪恶，这里都体现出奥地利人性情的总体特
征。如果我们不能容忍，或赞同这里人们的弱点与怪癖，我们怎能交 136
到朋友，并接纳他们呢？我们怎能获得女人的爱并让它保持长久呢？不管怎样，咖啡屋里有一种我完全认可的特质：那里的气氛适合聊天。精神与情感的书信告白时代已经结束，但交谈依然不可或缺。在我看来，尽管一封字斟句酌的信肯定比即兴聊天层次更高，然而口头交流也可以从容有致地探讨个人观点，具有书面交流所不能比拟的优越性。说话者的言辞激发着聆听者脑海里的新思维。相对于书面文字的定型效应而言，口头的言辞拥有“可撤回的优势”（这是霍夫曼斯塔尔创用的一个说法）。在电话、电影和收音机年代，我仍然坚持着“现场崇拜”，在音乐表演中，在戏剧演出中，在谈话当中，在恋爱当中，只有真人露面，才能够营造出温暖销魂的气场。此时此刻，人的最大潜能在付出与接受中得到激发。我还相信，在从世纪之交到第一次世界大战爆发的这段时间里，奥地利这种厚重的“交谈”文化是令人尊敬的。当我想到著名的讽刺作家卡尔·克劳斯[Karl Kraus, 1874–1936]，还有他的圈子里的那种有趣形象时——其中的突出人物是聪慧的阿尔弗雷德·波尔加[1]，令人惊叹的诗人彼得·艾腾贝格[Peter Altenberg, 1859–1919]，及他在中央咖啡馆的朋友们——我感到有必要将维也纳咖啡屋对谈话天才们起到的激发效用堂堂正正地称赞一番。

我在维也纳的11 年间，也就是1901 年秋天到1912 年底，奥地利

[1] 阿尔弗雷德·波尔加[Alfred Polgar, 1873—1955]：奥地利记者。

的精神和文化生活非常繁荣。宫廷剧院在天才马勒射出的纯净光芒照耀下熠熠生辉，城堡剧场继续保持其辉煌传统。其他的维也纳剧院——民族剧院亦在其中——也奉献着精彩的演出。文学创作和造型艺术得益于那些勇于创新的才华横溢的人物。伟大的科学事业也建树颇丰——想想毕罗[1]、诺特纳格尔[2]、朱利叶斯·瓦格纳–尧雷格[3]、诺伊塞尔[Neusser]、皮尔凯[4]和弗洛伊德为代表的维也纳医疗学派的国际名望。光彩照人的社交生活，展现出古老的君主制几乎无法比拟的魅惑之力。此外，君主制是陈旧而且病态的，其不稳固的政治形势在《新自由报》等报刊上被预言家富有表现力地表达出来。

137 真的，报纸上的非政治版面似乎表明，我们依然处在艺术繁荣的伯里克利年代。聪明绝顶、完全痴迷于音乐的朱利叶斯·科恩戈尔德[Julius Korngold, 1860—1945]取代了才华横溢的爱德华·汉斯力克[5]，成为《新自由报》的首席音乐评论员。斯派德尔[6]被威特曼[7]和奥恩海默[8]、萨尔滕[9]和洛塔尔[10]这样的聪明人所跟随。自由撰稿人，像维德曼[11]和斯皮特勒[12]，知道如何保持文艺专栏的传统魅力。《新维也纳日报》的音乐部由麦克斯 卡尔贝克[13]领衔，他是勃拉姆斯的传记作者和朋友，一位老练的写手，却是个极端保守之人。尽管这个国家丰富的精神生活，被精挑细选的词汇描绘得淋漓尽致，社论和日常报

---

[1] 西奥多·毕罗[Theodor Billroth, 1829—1894]：奥地利外科医生，业余音乐家。

[2] 赫尔曼·诺特纳格尔[Hermann Nothnagel, 1841—1905]：德国内科医生。

[3] 朱利叶斯·瓦格纳–尧雷格[Julius Wagner-Jauregg, 1857—1940]：奥地利医生，1927年获得诺贝尔奖。

[4] 克莱门斯·冯·皮尔凯[Clemens von Pirquet, 1874—1929]：奥地利医生。

[5] 爱德华·汉斯力克[Eduard Hanslick, 1825—1904]：奥地利音乐评论家。

[6] 路德维希·斯派德尔[Ludwig Speidel, 1830—1906]：德国作家，19世纪后半叶维也纳最知名的音乐戏剧评论家。

[7] 雨果·威特曼[Hugo Wittmann, 1839 —1923]：奥地利作家。

[8] 拉乌尔·奥恩海默[Raoul Auernheimer, 1876—1948]：奥地利作家。

[9] 菲利克斯·萨尔滕[Felix Salten, 1869—1945]：奥地利作家。

[10] 恩斯特·洛塔尔[Ernst Lothar, 1890—1974]：捷克作家。

[11] 约瑟夫·维德曼[Joseph Widmann, 1842—1911]：瑞士作家。

[12] 卡尔·斯皮特勒[Carl Spitteler, 1845—1924]：瑞士诗人和小说家。

[13] 麦克斯·卡尔贝克[Max Kalbeck, 1850—1921]：德国音乐评论家。

道却以同样精巧娴熟的笔调记录着国家政治的内在危机。这就是“弥尼提客勒”[mene tekel]——迫在眉睫的灾难警告。[1]

维也纳的市长卢埃格尔[Lueger]，让反犹太主义成为维也纳公众生活的一股势力。另一股更强烈的反犹浪潮在苏台德区蔓延，以纳粹主义的先驱伊洛[Karl Iro, 1861—1934]、舍内勒[Georg Schönerer, 1842—1921]和沃尔夫[Karl Hermann Wolf, 1862—1941]为代表。他们建议废除基督教历法，以条顿堡森林战役[2]作为纪年起点。议会中发生了肢体冲突，德国人和波西米亚捷克人的关系突然恶化。匈牙利和奥地利之间，奥地利王国各民族代表之间，基督教社会党和社会民主党之间，矛盾越来越尖锐。在巴尔干，奥匈帝国与俄罗斯发生利益冲突。每天早上，我从报纸上看到奥地利和匈牙利议会的报道，布拉格的骚乱，俄罗斯的革命情绪，摩洛哥危机，以及“阿加迪尔黑豹的跃起”[3]的报道，又有了天天喝毒药的感觉。不幸的是，我对它没有抵抗力。维也纳当时有两家报纸，完全听命于反犹太主义。尽管我从来不读它们，却从善意和恶意两个方面听到了诸多流言蜚语（这是那些报纸赖以生存的食粮），还有对马勒和我的抨击。

必须遗憾地承认，这个音乐之乡同时也是仇恨情绪的渊薮，这种情绪的蔓延促使国家社会主义逐渐崛起。心理学导向的历史研究，也许有朝一日可以将奥地利的衰落追溯到民族分裂，或者至少追溯到高度明确的文化倾向与极度野蛮倾向的不可调和性。

---

[1]《圣经》记载：巴比伦伯沙撒王曾大宴群臣，忽然有人的指头显出，在墙上写字。伯沙撒王看到写字的指头，脸色大变，召先知但以理解字，所写的文字是“弥尼，弥尼，提客勒，乌法珥新”。但以理解释：“弥尼”就是你国的年日到此完毕。“提客勒”就是你被称在天平里，显出你的亏欠，“乌法珥新”，就是你的国家分裂。

[2] 公元9年秋季，日耳曼切鲁西部落首领海尔曼，在条顿堡森林伏击罗马军团3个军团，两万余罗马士兵只剩不足百人生还。——译者注

[3]“阿加迪尔黑豹的跃起”：1911年7月，德国向摩洛哥西南部城市阿加迪尔派遣黑豹号军舰，试图挑战法国在摩洛哥的权利。

第二章

马勒主宰着维也纳宫廷剧院的命运，赋予它精神力量，使之不为 138
迫在眉睫的灾难所动摇，不被政治、艺术等方面的攻击所困扰。他离开的时候，这座剧院巍然屹立在文化探索的中心地带。时至今日，马勒10年演艺生涯的记忆依然活在他同伴们的心中，铭刻在那些有幸目睹这一拥有伟大个性与良好机制的傲人业绩的人们的脑海里。

环形大道上的这座宏伟建筑，只在占地面积上被非常相似的巴黎歌剧院所超越。巴黎歌剧院耸立在壮观的剧院广场，而维也纳歌剧院则沉静地坐落在环城大道边，对面宽宽的林荫道甚至没有留出方便进出的路口。这座建筑的立体风貌会让悉心的观察者感到有些压抑，妨碍了若非如此便会显得高大的印象。据说建筑师范·德·努尔[Van der Nüll] 曾被承诺街道标高会降低，当这个诺言没有兑现，想象中的高大比例无可避免要遭到破坏时，他在落成建筑的阳台上双手抱头叫苦不迭。然而，建筑物的外观仍因它的美丽给参观者留下深刻印象，其内部——巨大的楼梯、包厢的排列、办公室以及工作间——与我知道的所有其他歌剧院不尽相同。剧院具有始终如一的贵族气派和高尚礼仪。我刚来维也纳时，其礼仪还包括宫廷的四轮马车为女主演提供服务，把她们从家中接来，演出后再送回去。城堡剧院的女演员享受同样的待遇，这规矩直到共和国时代才被废止。

总经理的办公室位于布劳纳街[Bräunerstrasse]，从歌剧院步行要10分钟。大量的精明策划与管理事务在这里进行。尽管官僚作风亦染指于此，但行政官员都不敢干预歌剧院纯粹的艺术事务。马勒直接给皇帝的大管家蒙特诺沃亲王[Prince Montenuovo]提交工作汇报。蒙特诺沃是宫廷歌剧院、城堡剧院，及其联合管理机构的最高长官。他赋予马勒所需的权力。亲王的办公地点设在皇宫。我经常陪伴马勒来
139 到皇宫侧门，这地方的屋顶上有一尊展翅的双头鹰。1911—1912年的演出季，我经常自己去那儿，设法让蒙特诺沃亲王接受我的辞呈。

弗朗茨·约瑟夫皇帝的这位大管家，是奥地利公主玛丽·路易斯的嫡孙。玛丽·路易斯的第一任丈夫是拿破仑，第二任丈夫是奈佩格男爵[Baron Neipperg]。蒙特诺沃亲王是个温文尔雅、发白如银的人，中等个子，脸上装点着灰色胡须。这个人性情冷漠，自以为是，官僚派头很足，但非常值得信赖，他在信念上从不动摇。10年来他一直在提防着针对马勒的阴谋与敌意，这一点儿值得高度赞扬。上流社会的男男女女，甚至一些大公的随员，试图让蒙特诺沃注意到他们废黜马勒的用心。马勒的内心因为亲王一本正经外表下诚挚的敬重与支持感到欣慰，但他也没让蒙特诺沃轻松。有一天，亲王私下里告诉马勒，一位“尊贵的大人物”对某个女歌手很有兴趣，希望她能被宫廷剧院聘用。但在试听之后马勒公然宣布，基于艺术方面的原因，他不同意聘用这位歌手。过了一会儿，蒙特诺沃问马勒，能否看在这位女士拥有权贵眷顾，而且皇帝本人业已准许的情况下，重新考虑一下他的决定。马勒回答说：“阁下，我知道歌剧院必须遵从陛下和您的愿望，所以我期待陛下传旨聘用这位女士。”蒙特诺沃后来告诉马勒，他已经把这些话逐字逐句地禀报了皇帝。老先生[1]对此的回应是：“我绝不会下达这样的旨意。”这样，马勒在这件小题大做的事情上，俨然成了胜利者。

当马勒去意已决，蒙特诺沃询问这位伟人对其继任者人选的意

[1] 弗朗茨·约瑟夫一世当时已年逾七旬。

见。商讨结束后，蒙特诺沃握着马勒的手，真诚地表示："我们是朋友。"我敢保证，这个很少表现出和蔼与热心的人——他对奥地利王储夫妇[1]非常敌视，甚至在两人的葬礼上都刻意表现出来——在马勒任期的后半程给予他大力支持。很难想象，假如马勒在他的位置上再待10 年会怎样。尽管亲王的确没有艺术方面的偏好，但他信任这位伟大的艺术家以及他的正直诚恳。亲王在宫廷剧院积累了丰富的人生阅
历后，马勒道德上的纯洁对他意味着全新的改变，对此他用无畏的忠 140
诚作为报答。蒙特诺沃后来对我的态度，也让我心存感激。

马勒在他的维也纳生涯伊始，就建立起一个囊括了诸多优秀艺术家的名册。另一方面，演员阵容出现了几个空缺。一些维也纳最受欢迎的歌手上了年纪，寻找年轻人接替他们的角色势在必行。马勒辛勤努力的成果，是聘用了埃里克·施莫德斯[2]、斯莱扎克、利奥波德·德穆特[3]、费里德里希·魏德曼[4]、威尔海姆·黑施[5]、理查德·迈尔这样的男歌手，还有安娜·米尔登伯格[6]、玛丽·古塞尔-施若德[7]、塞尔玛·库尔兹[8]、贝尔塔·福斯特-劳特尔这样的女歌手。他们都是年轻一代的杰出代表，这些人的崛起与马勒的维也纳时代密切相关。马勒努力招揽年轻艺术家的举措招致了诸多反对意见，在剧院工作人员内部、公众、官员和报界，出现了越来越多与他对抗的小团体。出于对老艺术家的真心眷恋，这些人担忧，他们的位置会因为年轻人的涌入而难以保全。其他人的愤怒直接针对马勒勇猛好斗的行事风格。骚动不安的批评意见打破了这座著名艺术机构的平静。马勒自己也给他的对手提供了足够的口实。凭着拥有旺盛创造力的乐观精神，他允许第

[1] 1914年6月28日在萨拉热窝遇刺的费迪南大公和他的夫人。——译者注

[2] 埃里克·施莫德斯[Erik Schmedes, 1868—1931]：丹麦男高音。

[3] 利奥波德·德穆特[Leopold Demuth, 1861—1910]：捷克男中音。

[4] 弗里德里希·魏德曼[Friedrich Weidemann, 1871—1919]：德国男中音。

[5] 威尔海姆·黑施[Wilhelm Hesch, 1860—1908]：捷克男低音。

[6] 安娜·米尔登伯格[Anna von Mildenburg, 1872—1947]：奥地利女高音。

[7] 玛丽·古塞尔-施若德[Marie Gutheil-Schoder, 1874—1935]：德国女高音。

[8] 塞尔玛·库尔兹[Selma Kurz, 1874—1933]：奥地利歌剧女高音。

一印象不错的歌手在宫廷剧院进行客座演出，但他们的现场表演没有达到试听时的预期水准。由此他被指控有失察之责，他没有注意到这样做的结果是让经验不足的新手代替了见多识广的维也纳观众业已习惯的杰出艺术家去担任重要角色。马勒固守他的方向。即使他不得不宣布，几天前还作为崛起的歌唱天才得到他赞许的人，实际是个没有天赋的业余歌手，这对他也不是什么大不了的事情。每次失望只会让他更艰难地去寻找。马勒继续安排客座演出，派我外出探察每个可以想到的德国小镇。我的判断相对于他的抉择，经常会有更多失误。然而，我们最终成功地聚集了一班演员，他们的声乐造诣与个性，可以让先前不当之举招致的不满平息下来。

歌剧演员的唱功与表演，只有在预期的公演中才能得到公正评判。
141 为判断歌手对于某家剧院是否合适，在房间或在空荡荡的剧场试听，以及在另一家剧院公开演出，都不能让我们放心。一个曾在著名的威斯巴登剧院登台的歌手让我心仪，我非常希望他在维也纳进行客座演出。在空空的剧院里他的声音听来很美妙，晚上演出时却几乎听不到了。只有在经历过很多错误后，我才能更细心更有鉴别力地去聆听去鉴定，但我也承认，直到现在我还必须保持警觉，以避免过分乐观的判断。

在我的记忆里，维也纳音乐生活最重要的一股力量从未与马勒有过龃龉，尽管大多数拥护抑或反对某些歌手的争论在这一地带发生。我指的是“四层廊席”，这一区域如此重要，让人赞赏不尽，我可以毫不夸张地说，几乎所有的维也纳音乐家和歌手还有普通文艺青年，都是在“上方”那个位置获得了具有决定性的艺术印象，而且，顶层楼座那些常客们都梦想着能“下来”表演。一群情绪激昂之人坐在维也纳宫廷剧院的奥林匹斯山高地，举止既不粗俗也不喧嚣。他们热爱音乐，盛赞心仪的艺术家，用青春冲动大胆表达他们的见解。尽管如此，据我了解维也纳剧院“四层廊席”的观众从不沉迷于无节制的嘘声，或者其他粗鲁的表达反对意见的方式，这些表现在意大利和西班牙很常见。这些廊席上的“神明”们对于不赞成的东西，适度地予以强调，对于热衷的话题，则表现出激烈与放纵。许多有趣的怪僻都与这个高傲的群体有关联。比如，美妙的男中音西奥多·赖克曼[Theodor Reichmann]与雄健的男高音赫尔曼·温克尔曼[Hermann Winkelmann]拥有同样多的崇拜者，两拨人努力在喝彩声中胜过对方。因为两位明星名字的末尾都是同样的音节，男高音的拥趸称呼他为“Winkel”，男中音的支持者则用“Reich”做回应。然而，短短的“i”相对于宽广的“ei”，不大适合发出强大的声音。于是，在《汤豪舍》或者其他由两位歌手担任主角的歌剧演出结束后，观众席会出现持续很久的“二重合唱”。“Winkel, Winkel”用快节奏的尖声喊出，与慢长且洪亮的“Reich, Reich”相映成趣。二重唱的参与者全然顾不得他们示威时的那些滑稽效果。他们所关心的是用最有效的方式抒发自己的热情。“四层廊席”对待艺术的认真程度，从他们对瓦格纳乐剧删减的反应就可见一 142
斑。马勒因恢复了以前这些剧目里的所有删减，赢得了那部分观众的特别鸣谢。当马勒的继任者再次提出要删改《女武神》的时候，喜爱并了解他们的瓦格纳的“四层廊席”群体，表示强烈反对，指挥家不得不在随后的演出中恢复了未删减的版本。

年轻人和“四层廊席”被马勒火爆的性情，他的勇气，甚至他的恣意放纵所吸引，是很自然的事情。尽管如此，马勒的可靠支持者不仅只有这些人，还包括年迈的贵族观众，中产阶级人士，以及所有那些为奥地利赢得“音乐故乡”美名的人们。有意无意地，他们都把马勒视为能够延续并振兴维也纳音乐文化高贵传统的音乐家。他们是马勒永远的朋友。当马勒经受病痛的袭击时，自主管理的爱乐乐团显现出敌意的暗流，剥夺了他的领导权，将其转移到约瑟夫·赫尔梅斯伯格[Joseph Hellmesberger]手中。赫尔梅斯伯格是个天才的芭蕾舞作曲家，却不是出类拔萃的交响乐指挥。然而，马勒继续频繁出现在歌剧院的指挥台前，所有的攻击都指向他的艺术方略，包括人员聘用、剧目安排、演员阵容以及其他细节。这些攻击与他在音乐方面势不可当的气势相比，显得软弱无力。不管是什么演出，无论是瓦格纳还是莫扎特，《霍夫曼的故事》抑或《胡格诺教徒》[梅耶贝尔作曲]，《叶甫盖尼·奥涅金》还有《犹太少女》[1]，《沙皇与木匠》或者《白衣夫人》[2]，他在观众心中的地位从没有失落过。

马勒作为歌剧指挥，其音乐力量在维也纳有种震撼效应，那些年他成为了高贵纯正歌剧表演风格的缔造者。他努力实现音乐与舞台表演的和谐交融。新颖的表现方式让公众和报界分裂成两个对立阵营，但这种探索尝试为当今与未来歌剧演出的准则奠定了基础。

阿尔弗雷德·罗勒[3]向马勒递交了他对《特里斯坦》的全新设计。马勒立刻意识到这些表现方式的应用对于这部乐剧的重要意义，决定与罗勒联手。他们的合作产生出许多成功并颇有争议的歌剧风格处理
143 方式，最终诞生了格鲁克的《伊菲吉尼在奥利斯》[*Iphigenia in Aulis*]和贝多芬《费德里奥》的理想解决方案。罗勒的艺术追求倾向于磅礴、大气、庄重，他对瓦格纳《特里斯坦》和《指环》的舞台设计，他对《费德里奥》和《伊菲吉尼在奥利斯》的处理，还有他为莱茵哈特所做的设计工作，都体现出这些特色。然而，他的莫扎特作品还处在不确定和探索当中。对于莫扎特的歌剧，他缺乏悟性。罗勒认同马勒的过人之处，欣然追随他。马勒却不能给他指定明确的任务，因为他感到剧院的场地规模，迫使他对每部作品都做出不同程度的妥协。只有《魔笛》适合进入大框架。创建一种“莫扎特风格”是不可行的，原因很简单，压根没有这种风格。经过深入观察就可以认识到，《唐璜》的风格是一个样子，《女人心》的风格则截然不同，其他作品也是这种情况。尽管马勒由此进行的莫扎特表演，留下了“试验品”的痕迹，而且由于维也纳歌剧院的特色，还存在着力度方面与风格方面的缺陷，但它们

[1]《犹太少女》[*La Juive*]：法国歌剧，阿莱维作曲。

[2]《白衣夫人》[*La Dame Blanche*]：法国歌剧，布瓦尔蒂厄作曲。

[3]阿尔弗雷德·罗勒[Alfred Roller, 1864—1935]：奥地利画家。

依然拥有活力四射的效果并显示出独创性。人们必须熟悉先前的表演，才能充分体味到马勒对莫扎特作品的不朽诠释。马勒将莫扎特从欺骗性的优美和学究般的无聊中拯救出来。他为这些作品的表演注入了作曲家那种戏剧性的严肃感，他的真诚与活力。马勒借此将公众对莫扎特歌剧单纯的尊敬，转变成一种热情。这种热情撼动了整个剧院，甚至让票房经理冷却的心也狂热起来。

就像我先前所说，我认为马勒维也纳时代初期的《特里斯坦》和晚期的《伊菲吉尼在奥利斯》，是他作为歌剧领导者的巅峰作品。在《特里斯坦》的表演里，布景和灯光与音乐和表演是那样的契合，音乐允满了戏剧精神，在由此产生的和谐当中，可以说马勒已经为其将来的工作树立了标杆。但是瓦格纳之前作品的音乐和戏剧样式，在表演和布景风格上需要有些不同，所以每次排演时，那种至高无上的和谐统一构想都在发生变化。莫扎特《女人心》表演中的音乐戏剧结合体，必须体现出与瓦格纳《女武神》完全不同的精神风貌，采用截然不同的手段来实现。韦伯的《魔弹射手》则又会带来彻底迥异的难题。让这部历史悠久的作品很难得到理想演绎的主要困难在于，需要在音乐与舞台表演和谐相融之前，就弄清楚它那没有言明的内在法则。瓦格纳的作品，可以以最初的舞台版本以及作者本人明确交代的演出规则为基准。至于那些更古老的作品，由于缺乏场景备注，作曲家的舞台描述很笼统，或许会造成布景外观的粗疏与随意。马勒为格鲁克《伊 144
菲吉尼在奥利斯》创建了理想表演风格的不朽贡献因此是显而易见的。格鲁克也没有明确表述什么，这部作品的固有规则需要从作品本身去发现，然后再将其融合到音乐、表演和布景效果中，并以此来掌控整个表演。实际的舞台表演正是这样进行的。格鲁克对希腊精神的高度感悟在此得到了合意的诠释，这种注释在音乐戏剧领域几乎无法被超越。

马勒在其大胆的歌剧制作理念中，探索出自己的路子，不是刻意地追随某种体系，而是凭借直觉与尝试。聚集在他周围的众多忠实拥护者，比任何时候都更加坚定不移，更加富有热情，但同时他的对手也为其反攻配备了足够的资源，撩拨起市侩的怒火，发出轻蔑的嘲笑。马勒习惯在首场演出后的早上问：“哦，尊贵的头领们是怎么说的呀？”他当然指的是那些评论家，这些人的话语常常相当恶毒。在《唐璜》演出之后，争吵越发激烈。罗勒设计了两个静止的塔，放置在舞台两侧，各种场景变化都在它们之间进行。评论家们全然看不到，一种业已被创立的原则（其基本理念连同表演方式）将成为场景画面未来发展的决定性因素。几乎不用怀疑，从那时起所有重要的歌剧演绎，已经受到马勒维也纳时代的启迪和影响。

尽管歌剧院的最高领导不在意对马勒的先锋性业绩的抨击，这位作曲家却因为公众和评论家最初缺乏理解而忍受了太多折磨。连布鲁克纳都没能坚持自己的路。维也纳相当保守的音乐会听众，对马勒交响曲大胆的新声音采取了敌对态度。至于我自己，我感到很幸运能在相关活动中目睹这一切并予以协助。对马勒交响作品的历史重要性，我向来不曾有过一丝怀疑。

第三章

在维也纳建立的朋友情谊，让我在那儿的生活充满温暖与美好，145
给我带来了舒适幸福之感，使我能够挨过不安定的仇视阶段——当然不是彻底安然无恙，却没有长时间的痛感。就在那个时候，我领悟到友情的真正意味，以及在可敬之人慈祥、挚诚的呵护下，安全感所带来的无限慰藉。因为这些朋友至死都对我忠贞不渝，因为他们构成了这些篇章的生活故事，我必须努力描绘出那些为我提供过热心交流机遇的人们。我的学识随之日渐丰厚，最重要的是获得了一种理念和人文价值标准。即使在生活最黑暗的那段时间，我也可以有所依傍。我要讲述的这个圈子，由马勒的老朋友们组成。最重要的是，那里有妮娜·施皮格勒[1]和齐格弗里德·李皮纳[2]。马勒与妮娜·施皮格勒的关系主要在音乐方面，他与李皮纳之间的交集是在文学和哲学方面。然而，马勒与这两个人的关系——还有与妮娜的第二任丈夫艾伯特[3]以及与李皮纳的第二任夫人克莱芒蒂娜[4]之间的关系——是一种可以追溯到他年轻时代的深情厚谊。

[1] 妮娜·施皮格勒[Nina Spiegler, 1855—1937]：曾是马勒弟弟奥托的女友，后来与李皮纳结婚。

[2] 齐格弗里德·李皮纳[Siegfried Lipiner, 1856—1911]：出生在波兰的奥地利作家、诗人。

[3] 艾伯特·施皮格勒[Albert Spiegler, 1856—1940]：奥地利医生。

[4] 克莱芒蒂娜[Clementine, 1864—1926]：艾伯特的妹妹。

齐格弗里德·李皮纳个子很矮，有一头金色卷发，络腮胡子也是这样的颜色，蓝色眼睛熠熠闪亮。他是个善于观察，有创造力，口才好的诗人。他会因为一个话题，一段记忆，或者一幅图画而痴迷，很容易“进入状态”。在这种情况下，他的唇间就会流露出丰富的思想智慧，虽是即兴而发，却表述得相当完美。当他还是个17岁小伙子的时候，就写下了一首名为《解放的普罗米修斯》[*Prometheus Unbound*]的诗歌。就此，尼采在给欧文·罗德[1]——《心灵》[*Psyche*]的作者——的信中写道：“最近，我因阅读《解放的普罗米修斯》而度过了神圣一日。倘若这位诗人不是真正的天才，那就是我已忘却了这个词的含义。诗中所有的东西都很精彩，我感觉自己像是在面对一个兴高采烈的神化自我。我会向能够体验并创作出这些诗句的人鞠躬致敬。”尽管我不知道李皮纳是否与尼采有过个人交往，但我知道瓦格纳对他（李皮纳）兴趣浓厚。1880年代早期，他曾邀请李皮纳前往拜罗伊特。
146 但年轻的李皮纳有着特立独行的姿态，拒绝委身于旺佛雷德那群人[Wahnfried circle]的思想体系，瓦格纳所期待的亲密交往，没有获得什么成果。

霍夫曼斯塔尔写道：诗人隐蔽的根基，比他茂盛的树冠生发得更为广阔。用这些话来描述李皮纳也许更妥当。相比于写作，他更享受生活，挥霍着自己[的人生]，他在思想方面的积累并不多。他出版的作品包括《解放的普罗米修斯》、《新唐璜》[*The New Don Juan*]、剧本《亚当》[*Adam*]——基督三部曲的序篇。《亚当》耗费了他一生的心血，他一写再写，最终没有完成。还有悲剧《希波吕托斯》[*Hippolytos*]，在这部作品中，他抓住菲德拉[Phaedra]主题的本义，将它写成一部高贵的诗剧。我还记得他笔下关于《浮士德》中侏儒形象的有见地、富有启发作用的散文，但不知道是否出版过。如果李皮纳的作品成为纳粹暴政和战争劫难的牺牲品，他的诗人灵感有可能会失传，但他

[1] 欧文·罗德[Erwin Rohde, 1845—1898]：德国学者。

对语言的娴熟驾驭，至少可以通过他对波兰诗人密茨凯维奇的《忍耐》[*The Forbears*] 和《塔杜斯先生》[*Pan Tadeusz*] 的杰出译本得以保留。

在中学和大学阶段，李皮纳的才思敏锐就令老师和同学们惊讶。兰克隆斯基[1] 认为他是波兰文学新生代中的一员，将这位贫穷的年轻人招致门下。通过奥地利议会爱好文学的波兰裔议员的帮助，李皮纳获得了议会图书馆管理员的职位，让他解除了日常的顾虑，有足够的时间用于写作和思考。但李皮纳没有写出太多的东西，因为他天生是一位即兴诗人，擅长在演讲和人际交往中进行自由发挥。如果他生活在亚里士多德时代，一定会成为逍遥学派的一员，四处游走，以谈话的方式教授门生。在诗人主要通过印刷品与同代人对话的年代，李皮纳成了异类人物。而且，人际关系成了他的全部生活，他需要与人相处，需要倾听，需要被人理解，需要被人们的询问与感悟所激励。他从不缺少这些东西。李皮纳也不缺少女人的爱慕，这些女人有机会在明亮与温暖的精神氛围中生活一段时间，感到非常幸福。李皮纳作为热爱生活的诗人，自然会一次又一次被爱情俘获。我觉得很奇怪，尽管性欲
与慈悲经常分道扬镳，却在他的精神世界合二为一。在他的情史中，总 147
少不了一些女子因为身患疾病，经济困难或者精神压抑需要照顾的例子。也很奇怪，他生活中的很多女人，都能彼此友好相处。这些女人知道，或者至少彼此间拥有某种暗示，她们的短暂快乐通常是一种不含嫉妒的快乐——大概这就是李皮纳教化的结果。像赫拉[2] 一样，他的太太是唯一能忍受这种像宙斯一样对生活充满渴望的人。然而，她的爱，她的敬佩，还有她心甘情愿的宽恕，直到李皮纳去世的那一天也没有发生动摇。

我很幸运能够分享李皮纳的广泛交游，他的友情，还有他对我音

---

[1] 兰克隆斯基[Karl Lanckoronski, 1848—1933]：波兰作家。

[2] 赫拉[Hera]：宙斯之妻。

乐禀赋的认可。当我在脑海里梳理生活呈现给我的美好事物的时候，就感到必须将10年交往过程中，李皮纳与我相伴的时光计算在内。当他从自己的大文件夹里拿出一幅古代艺术或者文艺复兴画作的复制品，放在工作室的画架上乞求从中获得灵感时，或是当他谈到索福克勒斯和欧里庇得斯，谈到柏拉图和亚里士多德，谈到普洛丁[1]和安哥拉思·西勒辛思[2]时，再或当他深邃敏锐的注释让我们联想起以赛亚和圣徒保罗的形象时，他都会成为灵感附身的言说者、诗人和恋人。从这位学养丰厚之人的口中，我从未听到过一句说教式的言语；也没有什么辩论，除非是他在评论歌德《浮士德》（这是他的专长领域）之际受到攻击的时候。李皮纳特别钟爱陀思妥耶夫斯基，在他的头发开始变成灰色的时候，他与这位作家有一种引人注目的形似。

李皮纳50岁之后没过几年就去世了，那是在1912年1月，马勒死于1911年5月，但他的精神生命并不比马勒长久。这个常常用舌头说话的人，最终死于舌癌。他忍受了剧痛，表现出难以形容的精神上的坚韧。他天生的快活最终也离他而去。

曾有一天，我在电车上见到李皮纳，那情形相当可怕。他的样子让人震惊，孤身一人摇摇晃晃，我心里非常担忧。我问他去什么地方，是否需要我陪着他。他费力地答道："不用，不要告诉任何人你看到我了。我要去医院做个手术，会在下午让他们给克莱姆打电话告知这件事情。"克莱姆是克莱芒蒂娜的简称。他将自己的手指放在唇边，示意我不要声张。但过了几分钟，他问我要去什么地方。我告诉他，马勒的
148 50岁生日就要到了，我正忙着制作一个集子，将朋友们的祝福放在一起。我很遗憾他的那份无法呈现了。他默默地按了按我的手。当我想要跟着他的时候，他焦急地示意我不要动，并下了车。大约5天之后，我收到了他的一首诗，是他亲笔所写，笔力遒劲，标题是《音乐家

[1] 普洛丁[Plotinus, 204—270]：古罗马时期的希腊唯心主义哲学家、新柏拉图主义创始人。

[2] 安哥拉思·西勒辛思[Angelus Silesius, 1624—1677]：德国牧师、诗人。

如是说》[*The Musician Speaks*]。这是他对马勒生日的祝福。这首诗用自由体的韵文写成，呈现出李皮纳对马勒“终极问题”的最后答复，这个问题两位老友曾在许多场合讨论过：关于灵魂不朽的问题。此前的几年，他们见面的机会不多，因为马勒有美国的邀约，在维也纳待的时间不是太长，还因为两人之间的龃龉。我成功地安排他们两人在李皮纳的议会办公室再度见面。在那个场合，马勒很高兴，无休止地问这问那，李皮纳善意地进行了多次反问并予以解答。离开的时候，马勒对我说：“这有多好哇！我就像是坐在他脚边的一个小男孩，正在学习。”

对于马勒来说，李皮纳的诗歌具有无法抗拒的影响力。“我认为这是有史以来最美妙的诗歌，”他曾用其孩子般的夸张口气这样说，并一直把李皮纳的诗歌带在身边。总是摇摆于确信和狐疑之间的马勒，紧紧抓住李皮纳关于人的生命死后会延续的论断，作为知己的信条。一想到这位诗人对音乐家最后的祝福，是那种先知先觉的话语，就让人深深感动，这些话语提供了对于生命永恒的寻觅，两个人已经走到了这个时间节点，不久之后他们将重新相聚。那种好朋友之间的火热精神的消亡，对于我们意味着无法挽回的损失。

更深入的友情，让我们这个朋友圈凝聚得更加紧密。其成员除了我们几个，还有李皮纳遗孀的哥哥艾伯特·施皮格勒，以及施皮格勒的夫人妮娜。1938 年艾伯特死于耄耋之年，他是我遇到过的最善良之人。作为营养学研究专家，他试图凭借个人努力和实验性研究证明其理论的价值。而作为生病女人的丈夫，作为需要帮助与劝慰之人的朋友，作为慈善家，更要紧的任务使得他无法完全投身于自己的学科研究。他像个隐士，居住在舒适的环境，远离尘世纷扰，却因为无数的生活需求，无心从事自己非常喜爱的专业工作。有他这样的朋友真是不错。
无论是严重的精神动荡，抑或仅仅是婴儿的病痛，在得知艾伯特在场 149
的时候，人们就有安全感，他会想尽办法给予帮助。而且，他还表现出始终如一的孩子般的快乐，这让我想起了我父亲对于科学和艺术问题的深入思考，使他得以用非常个性化的方式面对人际交往问题。奥地利社会民主运动的几位杰出人物，维克托·阿德勒[Viktor Adler]，还有恩格尔伯特·佩纳斯托费尔[Engelbert Pernerstorfer]，是他和妮娜的朋友。在施皮格勒的家中，我曾与佩纳斯托费尔进行过多次热烈的长谈。

尽管艾伯特宽厚仁爱，李皮纳才华横溢，但我们这个圈子公认的核心人物却是妮娜。我们都喜欢她。妮娜对周围人的影响，是她平和娴静的举止所散发的一种温柔光芒——没有比这更恰当的描述了。她让我们感觉好像生活在一个更高的层次。每个人，不管是圈内成员还是不太亲近的朋友，都是带着忧虑和疑问来到她那里，不仅仅因为她的善意仁慈和敏锐感悟，还因为她身边那种乐而忘忧的氛围——所有人都在此感觉振奋，疲惫者找到了舒适和自信。她身体虚弱，忍受着病痛，让我想起歌德诗作中那些高贵的女性，如《威廉·麦斯特》[*Wilhelm Meister*]中的玛卡丽[Makarie]，这都是源于她周围所有人对她的近乎敬畏的热爱。我想补充一点儿，她那充满活力、渴望知识并汲取营养的个性的源头，就是她在齐格弗里德·李皮纳的精神世界所感到的完全放松。她异乎寻常的母爱情愫，最具代表性的是这样一个事实：为了儿子的成长，她学习了拉丁文，后来又学希腊文，直到自己能轻松阅读奥古斯丁的《上帝之城》[*De civitate dei*]和索福克勒斯的《安提戈涅》[*Antigone*]。她的头脑中有才气闪耀的一面，而这一面完全地体现在她对音乐的热爱之中。为理解她的性格，人们必须认识到这一事实：她与音乐缘分深厚，或许可以把她称作“乐界生灵”，就像歌德笔下的玛卡丽是太阳系的生灵那样。她对音乐的专注开启了她与马勒的友谊，同样可以说成是我们的友谊。这份友谊40年来一直生命力旺盛。在我的生命当中，作为音乐家，没有人对我的理解像妮娜·施皮格勒那样深刻。

150 这些人与我和我的妻子建立了最崇高的友谊。他们融入朋友们的生活当中，不分彼此。他们心地善良，乐于助人，不失时机地提出忠告，他们的友谊同样通过人情交往的其他方式得到了证明，那就是分享快乐，分享生活。

人们可能会问我，为什么没有谈到马勒的友情，我曾因此受益匪浅，其他人也是如此。原因在于，马勒的友情具有平淡如水的自我中心倾向，这是高贵的有创造力之人所独有的。天降大任让他对自己的伙伴视而不见。他对音乐的专注，常常会导致对他人情感的漠视。马勒绝不是没有怜悯之情，无法分享快乐的那种人。他能够支持某项事业并体贴他人，勇于提供帮助，富有同情心。他了解友谊的内涵，用自己的方式做朋友。但他的心中没有一以贯之的温暖之源。它会喷涌而出也会干涸断流，尽管马勒临终之时，紧紧地与朋友相依偎，我当时甚至将他与朋友的这种关系称作"间歇的忠诚"。我们可以信赖他，但真正友情的含义，还是需要那些忠义之士为我们揭示。他们对马勒表现出坚定的忠诚，对待我们也是如此。事实上，富有创造力的李皮纳在朋友当中经常显现的忠贞不渝，或许是他无法触及创造力最高点的根由。他所缺乏的，恰恰是那种以自我为中心的气质。这种气质，是所有伟大独创性作品的根基。尽管很少见，但情况果真如此，李皮纳表现出的非常不切实际的性格组合，阻碍了其天赋的施展。这是李皮纳同代人的收获，却是后人的损失。

我想不起是在何时何地结识亚瑟·施尼茨勒的。他创作的《恋爱三昧》[*Liebelei*]、《阿纳托尔》[Anatol cycle]、精致的中篇小说《古斯特少尉》[*Lieutenant Gustl*]、《死者无语》[*Dying*]，以及《聪明人的太太》[*The Wise Man's Wife*]，我一直都很喜欢。我差点把他的《生活的召唤》[*Call of Life*]改编成歌剧。施尼茨勒非常喜欢音乐。正是他对我在歌剧院和在音乐厅演出的喜爱，开启了我们之间的交往。这位热心聪明的诗人的举止让我很欣赏。谈话时他喜欢随意挥洒自己的丰富思想、生活见闻和广博兴趣。每当得知他来观看歌剧，看到他坐在音乐厅前排，脸上沉思、友善的表情，他淡红色的头发和胡须，我都会感受到激励和温暖。我意识到他是我的知音，他能体味我的情绪。有一天，施尼茨勒和他年轻的妻子来看我。他就她需要技术改进的嗓音向我
151 咨询。我从音乐学院开始，就对歌唱技巧有着浓厚的兴趣。在每天与歌手接触的漫长过程中，我的耳朵可以很容易地听出精准发声的优势，以及压抑发声的劣势。我认为自己可以帮助奥尔加·施尼茨勒，而且获得了成功。不论如何，这件事为我们提供了很好的经常见面的机会。在阿图尔·施尼茨勒家中，有一段难忘的午后记忆。雨果·霍夫曼斯塔尔当时也在场。我依然记得那种高贵的语气，以及关系密切的诗人圈所特有的热烈交谈。其中还有雅各布·瓦塞尔曼[1]以及理查德·比尔－霍夫曼。我记得是在稍晚的时候结识了后者，但瓦塞尔曼和霍夫曼斯塔尔当时跟我已经很熟了。瓦塞尔曼是《劳林和他的人们》[*Laurin and His People*]、《鹅人》[*The Goose Man*]，还有《卡斯帕·豪泽》[*Caspar Hauser*]的作者，他和太太朱丽一起住在格林津[Grinzing]的卡斯戈波[Kaasgraben]。朱丽[Julie]，以“加娜”[Ganna]这一形象，在他的《克科文博士》[*Doctor Kerkhoven*]中留下了非常震撼人心的描述。这是有史以来最痛苦的婚姻故事，超越了斯特林堡[Strindberg]设计的所有地狱场景。瓦塞尔曼是个非常有才华的故事讲述者。其长篇作品的构架，比如《毛里求斯案件》[*The Maurizius Case*]，非常令人称道。但他追求高目标的责任感，让他明显背负着沉重负担。我的心目中充满了对他强劲努力和卓越成就的钦佩。与此同时，他忧郁本性的痛苦煎熬，让我深表同情。霍夫曼斯塔尔飘忽不定、妙趣横生、诙谐幽默的性格，是瓦塞尔曼的直接对立面。他受到朋友们的普遍爱戴和钦佩。作为《死神与傻瓜》[*Death and the Fool*]的作者，以及《凡人》[*Everyman*]和《埃莱克特拉》[*Elektra*]的改编者，他的谈话能够达到无人企及的高度，那是他沉稳地、深思熟虑地说出自己

[1] 雅各布·瓦塞尔曼[Jakob Wassermann, 1873—1934]：德国犹太裔作家。

的判断，以及他轻松自如的闲谈所达到的境界。他曾在我家度过了一个愉快夜晚，记得还有杰出的诗人和但丁作品翻译者鲁道夫·博哈特[Rudolf Borchardt, 1877—1945]，从兴高采烈到沉思凝视的频繁切换，让我印象深刻。我还高兴地记得霍夫曼斯塔尔位于罗道恩[Rodaun]的漂亮房子，我在那儿见过他几次。记得他的书房面向一个精心修剪的花园。他的书桌上有个小盒子，里面装满了彩色玻璃球，他在运用想象力构思时喜欢玩弄这些玻璃球，让它们在指间滑来滑去。我告诉他，席勒在寻求灵感时喜欢闻烂苹果，这两件趣事有得一比。[1]

享受与文学人士交流的精神氛围的同时，与挚诚之人的热心合作也让我兴奋不已。那里有阿诺德·罗斯[Arnold Rosé]，还有他的夫人 152
贾斯廷[Justine]——马勒的妹妹。她是个迷人的、活泼开朗的女人，对自己的兄长一往情深，却念念不忘与我的旧情，一辈子都与我的太太交好。还有独具特色的捷克男低音威尔海姆·黑施[Wilhelm Hesch, 1860—1908]。我在汉堡的时候就知道他。他与家人住在维也纳森林西部边缘的卡扎尔堡，那是一座大大的花园环抱的房子，以斯美塔那《被出卖的新嫁娘》[*The Bartered Bride*]中他所饰演的角色命名。他很像一位农夫，常在自己的花园里，穿着硕大的高筒皮靴昂首阔步。花园里养着各种动物。我们喜欢长途跋涉之后顺便来这儿拜访一下。贝尔塔·福斯特－劳特尔和她的丈夫，作曲家约瑟夫·博胡斯拉夫·福斯特[Josef Bohuslav Förster, 1859—1951]是热心的忠诚之人，经常与我们在一起。我们与玛丽·古塞尔－施若德的交往，最初基于良好的艺术感悟，后来发展成美好真诚的友谊。这份友情一直延续到这位歌唱家1930年代去世。她最热心的崇拜者是威顿布鲁克－埃斯特哈齐伯爵夫人[2]，她起初是马勒的朋友，后来很快成为我的忠实同盟。这个

[1] 歌德回忆录中有这样的记载：歌德去席勒家拜访时发现，席勒的抽屉里，居然有一对烂苹果！席勒的妻子解释说，是席勒故意让苹果腐烂的，不知何故，这种气味能激发他的灵感，“没有它他就无法工作，活不下去”。

[2] 威顿布鲁克–埃斯特哈齐伯爵夫人[Wydenbruck-Esterházy, 1859—1926]：奥地利金融家。

优雅活泼，身材苗条的女子，说着典型属于她的阶层的奥地利语。她对艺术和艺术家敬仰之至，用一种经常忽视语法规则的贵族方言讲话。社交活动她无所不在，这是众所周知的。在她柔弱的胸前，价值不菲的珍珠项链下面，跳动的是一颗非常善良忠挚的心。从我们认识的第一天起，到她1920 年代去世（想必如此），她都是我坚定的支持者。有几次在她家中，我见到了她的朋友梅特涅王妃[Princess Pauline Metternich, 1836—1921]，当时她已经很老了。这个古怪的女人让我感到非常有趣，她举止刚毅，低沉的嗓音充满活力。她年轻时，作为奥地利驻法国大使的夫人，出席了歌剧《汤豪舍》的巴黎首演。当时，她被赛马俱乐部反瓦格纳分子的行为激怒，当众撕毁了自己的扇子。这种冲动行为，对于外交使团夫人来说非同寻常，也为她赢得了在瓦格纳研究文献中的持久地位。作为传奇的克莱门斯·梅特涅亲王的儿媳，她是维也纳的公众人物。奥地利精神在她的仪表和演讲中变得生机勃勃。

153 一般情况下，我很少关注维也纳的社交圈。但我不希望忽略位于林荫街的维特根斯坦宫。维特根斯坦家族延续了维也纳名门望族的高尚传统，他们认为自己在促进艺术进步和艺术家的发展方面，有义不容辞的责任。然而维特根斯坦家族并没有被显赫的社会地位赋予他们的责任感所裹挟，他们对艺术有真诚的热情。勃拉姆斯与维特根斯坦家族交往甚密，约阿希姆和他的四重奏团经常在他们家中演奏。如果我没有记错的话，勃拉姆斯的单簧管五重奏就是在那儿进行了维也纳首演，伟大的单簧管演奏家穆菲尔德[1] 担任独奏。维特根斯坦宫时常有音乐家光顾，杰出的画家和雕塑家也经常莅临于此，还有来自科学界的杰出人物。卡尔·维特根斯坦[2] 对现代艺术非常有兴趣。克林格[Klinger] 的《贝多芬》[*Beethoven*] 在分离派画展上展出后成为他的藏

[1] 穆菲尔德[Richard Muhlfeld, 1856—1907]：德国单簧管演奏家。

[2] 卡尔·维特根斯坦[Karl Wittgenstein, 1847—1913]：奥匈帝国晚期最杰出的企业家。

品。古斯塔夫·克林姆特[1][Gustav Klimt]，以及其他现代画家，也在他的展厅里拥有突出的位置。很高兴维特根斯坦家族对我恩宠有加。其中的一位兄弟，路德维希·维特根斯坦[2]，我曾经多次与他非常热爱音乐而且迷人的夫人一起演奏音乐。还有一个妹妹克拉拉，她使得索尔达-罗格四重奏团[3]的使命得以延续。不管是顺便来访，还是一起演出室内乐，在传统的神圣沙龙里，我一直享受着充满人文气息的氛围。卡尔·维特根斯坦的儿子保罗，在第一次世界大战中失去了一条胳膊。他一点儿也不气馁，依靠专心致志的研习与勇气，让自己成为一个有特殊成就，并获得高度评价的独臂钢琴家。

在我的记忆中占有一席之地的还有作曲家兼诗人朱利叶斯·比特纳[4]。他在戏剧和音乐方面都很有天赋，但他过剩的创造力阻碍了具有传世价值艺术品的诞生。马勒对比特纳非常感兴趣，很早就把他引荐给我。我指挥过他几部作品的首演。马勒离开维也纳歌剧院的时候，我上演了比特纳的《红色》[*Die rote Gret*]，玛丽·古塞尔-施若德的领衔主演令人难忘。接下来我还指挥过他的《音乐家》[*Der Musikant*]和《地狱的黄金》[*Das höllische Gold*]。在我成为慕尼黑的音乐总监之前，我在此排演过他的《天池》[*Der Bergsee*]。大约在1926年，柏林市立剧院上演了他的《月夜》[*Mondnacht*]。包括这些剧目在内的他的所有歌剧，都表现出无可争议的戏剧和音乐才华。尽管拥有很多激动人心的细节，然而他似乎永远无法做成一个完美圆满的整体，或者说达到成熟。比特纳最好的作品也许是他的《赫伯·奥古斯丁》[*Der Liebe Augustin*]。我非常喜欢他为《新自由报》写的专栏文章，拥有迷人的轻 *154*
松笔触。他的个性总是让人印象深刻。他是典型的维也纳人，高高的个子，不爱说话，黄色头发，淡红色脸庞，嘹亮的声音，爽朗的笑声。他

[1] 古斯塔夫·克林姆特[Gustav Klimt, 1862—1918]：奥地利象征主义画家。

[2] 路德维希·维特根斯坦[Ludwig Wittgenstein, 1889—1951]：20世纪最有影响的哲学家之一。

[3] 索尔达-罗格[Marie Soldat-Roeger, 1863—1955]：奥地利小提琴家，15岁被勃拉姆斯发现，后来她组建起全部由女性组成的四重奏团。

[4] 朱利叶斯·比特纳[Julius Bittner, 1874—1939]：奥地利作曲家、诗人。

很睿智，富有幽默感。虔诚的宗教信仰帮助他挨过了一种可怕的慢性病，以及双腿的手术。临终时分，他还保持着乐观和耐心。他举止高贵的妻子悉心地站在他身边，充满了爱意。丈夫的病痛和频繁的经济困顿，都没有摧毁她旺盛的生命力。在这两个人身上，人们可以学到很多东西。他们不会陷入绝望，是前文所提到的奥地利人能力的典型。两人的维也纳方言也很有特色，是非常地道的那一种。

马勒离开维也纳前不久，承蒙他的好意，让我结识了一个非常有趣的人，我们渐渐成为朋友。埃塞尔·史密斯[1]前来拜访马勒，随身带着她的歌剧《救援队》[*The Wreckers*]总谱。马勒把她引荐给我。我面前站着一个憔悴的英国女人，大约48岁，穿着不伦不类的宽松衣衫。她告诉我，以前她曾在莱比锡学习过。勃拉姆斯对她的室内乐很感兴趣，她的歌剧《森林》在德累斯顿进行了首演。她这次来到维也纳，想让我们见识一下她的最新歌剧，它改编自亨利·布鲁斯特[2]的剧作《泳者》[*Les Naufrageurs*]。我暗自感叹，思忖着在我面前会发生什么。但还没等她用一种不吸引人的嗓音将其中的声乐部分唱上十分钟，我就让她停下来。我跑到马勒的办公室，恳求他跟我一起来：这个英国女人是真正的作曲家。很遗憾，马勒当时没空，我只好自己回来了。我们花了一个上午欣赏她的歌剧。分别的时候，她的作品和人品完全吸引了我。我邀请她来到我的家，她在维也纳期间我们多次会面。在耄耋之年告别人世的埃塞尔·史密斯，以内心的强烈火焰著称。当她作曲的时候，当她写作的时候——她笔下的作品有非常吸引人的《留下的印象》[*Impressions That Remained*]和《希腊三足游》[*A Three-Legged Journey in Greece*]——当她是个激进的妇女参政主义者的时候，当她穿着日本和服指挥乐队的时候，当她谈话的时候，这团火焰不停地燃烧。险恶的环境让我无法在维也纳和慕尼黑排演她的歌剧。但我在一

[1] 埃塞尔·史密斯[Ethel Smyth, 1858—1944]：英国女作曲家。

[2] 亨利·布鲁斯特[Henry Brewster, 1850—1908]：英国剧作家。

系列音乐会上指挥过《救援队》第二幕描述大海景色的前奏曲，并于1909年在伦敦指挥了全剧。

谈到我的维也纳朋友，就必须说一说维也纳合唱协会，也就是后 155
来的爱乐合唱团。我们的关系非常好。至于维也纳的音乐公众，多年以来我们之间也建立起非常热情的关联。我出现在指挥台时他们的那种愉悦表露，以及演出结束时他们的认可标志，都具有深情的特色。我认为，把我和维也纳音乐界的关系称为友情也是有道理的。

我认为这座城市，还有它对音乐的重要意义都是非同寻常的。这种非同寻常，也体现为可以与无名的人群建立友情。但归根结底，这不是完全没有性格的一群维也纳人。维也纳的音乐爱好者是一个特殊群体。舒伯特、莫扎特、贝多芬、格里尔帕策[Grillparzer]、施蒂弗特[Stifter]以及其他高贵灵魂所忍受的那种奥地利人的轻浮，冷漠的放任，迟钝，庸俗，以及所有的鄙视和挑剔，都无法降低这一群体的重要性。

维也纳的艺术氛围对于德国人有魔幻般的吸引力，而那些鄙视乡下人随和态度的奥地利人，对柏林空气中的坚毅与冷静感到入迷。双方都受到错觉的影响，结果常常导致幻想的破灭。“大柏林”的客观环境不会影响这座城市艺术生活的神气活现以及不断增长的财富。世纪之交之后，柏林发展成国际性的文化都市。马克斯·莱茵哈特[Max Reinhardt]的戏剧走向巅峰，交响音乐被亚瑟·尼基什呈现得光彩夺目。唯有歌剧，在胡尔森[1]的领导下，没有成为主导角色。维也纳不是国际性大都市，任何人也不能说维也纳已成为音乐事件的理想发生地。维也纳确曾对其文化施加过影响并赋予特色，其艺术机构和艺术实践拥有某种主观因素，就像在音乐表演中拥有一位非常主观的指挥家，而他的个性在每一次亮相时都会体现出来那样。城堡剧院和宫廷剧院，以及爱乐乐团的演出(实际上连同维也纳的一切文化事件)都是维也纳风味，最挑剔的味觉系统也会对这种风味感到满意。

---

[1] 伯索奥·冯·胡尔森[Botho von Hülsen, 1858—1922]：德国剧院经理。

第四章

我于1901年秋天来到维也纳，住进了新施蒂夫特街[Neustiftgasse]的临时住所，就在德意志人民剧院的后面，我和太太决定闲暇时节在那儿安家。我俩吃午饭的地方，是米市大街[Getreidemarkt]一家颇具风味的餐馆。我提及此地，是因为我依然用怀恋的微笑想起拿着奥地利旧币古尔登和十字硬币买单的情形。这些旧币不久就被奥地利金币和铜币取代了。我的太太获得了马勒兄妹以及我们的朋友家人的热诚接纳。马勒亲自为我引见剧院各位行政官，还有部门负责人。当我第一次指挥独唱演员、合唱团和乐队的排练，以一场《阿依达》演出开始自己新事业，并听到马勒向我道贺时，我平心静气、自信满满地期待着在这崇高的艺术殿堂拥有一段丰富多彩的职业生涯。 156

在维也纳歌剧院的指挥当中，汉斯·李希特[1]依然被他与瓦格纳多年友情的光环所环绕，这让我非常感兴趣。我观看了一场梅耶贝尔[Meyerbeer]《非洲女郎》[*L' Africaine*]的演出，显然他是以不太乐意的心情来指挥这出戏的，还有一场《师傅歌手》，他在其中展现出了全方位的掌控力。我还记得马勒表现出的对李希特的高度敬仰，将他奉为艺术大师、举世闻名的音乐家。在他的办公室我曾亲眼看到，马勒

[1] 汉斯·李希特[Hans Richter, 1843—1916]：奥地利指挥家。

翻开放在窗前立式办公桌上的硕大剧目册，让李希特随意挑选要指挥的剧目。但马勒挽留这位著名同僚的所有努力都落了空。李希特很快离开了维也纳。他的离去可能缘于不愿看到自己业已确立的名望，被马勒事业的辉煌所掩盖。他去了英国，接管起曼彻斯特的哈雷管弦乐团。他还在伦敦指挥了一系列定期音乐会。我高兴地回想起与他，还有他的女儿，在那里度过的一个特别兴奋的夜晚。

我的其他同事还有罗伯特·富克斯[1]，他将近60岁了，很快就要领养老金退休。还有弗朗茨·沙尔克[2]，时年38岁，他是我在柏林的前任，我俩成了熟人。我将在维也纳与他合作11年，然后在萨尔茨堡继续与他搭档。剧院有一间办公室是“履行公事之所”，里面坐着首席舞台监督奥古斯特·斯托尔[August Stoll]，他以前是男高音，还有艺术部
157 长卡尔·翁德拉[Karl Wondra]，他以前是合唱指挥。俩人坐在自己的桌前，脸对着脸几十年。在这里，在职责驱使他们的任何地方，他们代表着过往时代那种不屈不挠的精神，直到“时间”这个唯一胜过他们的力量让他们的事业抵达终点。

我满怀憧憬的心情，很快因为一次沉重打击而烟消云散。我指挥的场次很多。马勒指派给我几部他业已排练好的歌剧，相信我能够保持他演出时的艺术水准。另外，还有相当多的其他作品也交到我手上，其中就有《汤豪舍》。我感觉这次演出，除了一个角色安排不当外，并不缺少戏剧与音乐方面的活力。但第二天早上看到维也纳主流报纸《新维也纳日报》对我的猛烈抨击，我感到非常奇怪，甚至是震惊。这不仅仅是非议，简直比人身侮辱还要过分。在如此醒目的地方，我读到的是对我工作的厉声呵斥，就像一场要将我彻底摧垮的战役号令。我有生以来第一次遭遇到如此激烈的恶语相向，内容又是如此恶毒——其中之一是我“甚至连步兵乐团的头领都不配当”。当一系列类似的

[1] 罗伯特·富克斯[Robert Fuchs, 1847—1927]：奥地利作曲家。

[2] 弗朗茨·沙尔克[Franz Schalk, 1863—1931]：奥地利指挥家。

针对我的反对声音接踵而至时，我陷入了深深的焦虑，愈发感到迷茫。马勒第一时间告诫我——我后来发现他说得太对了——这些抨击不过是矛头朝向他本人战役的第一声号角，这一战略既清晰又歹毒。马勒行使剧院管理权到了第四个年头，他凶恶的对手已紧密勾连在一起。必须承认，马勒粗暴的行事风格，在艺术问题上不容争辩的态度，以及他对艺人的聘用和解雇，与传统旧习的抗争，使得在艺术员工里他的敌对阵营越来越"膨胀"，特别在乐手那里，还有剧院的行政官员、观众，以及报人那里。即使他不进行任何有效进攻，他积极有创造力的行为方式，对于庸人市侩也是一种冒犯，对在奥地利具有广泛代表性的保守倾向是一种挑衅。那些对马勒怀恨在心并试图暗中破坏其事业的人，有些是被原则问题所驱使，有些从一开始就持反对态度，有一部分是庸俗的市侩，另外一部分，特别在维也纳有很多，是《诗 158
篇》[1] 作者所说的那种"嘲笑者"。他们都憎恨马勒，向他开火，就像老加图[2] 反对迦太基。对马勒本人的直接攻击，无疑会让他众多的支持者行动起来。另一方面，在维也纳音乐生活的显赫之地[宫廷剧院]，任命一位经验不足的年轻指挥，可能会提供音乐总监在用人方面缺乏责任感的明证。同时，马勒支持者不会出面抵制，因为他本人还未受到攻击。

这就是马勒和他的朋友们，对我所遭受打击原因的分析。所以，我努力把事情做到最好。但敌对行为愈演愈烈，直至我注意到就连艺术家队伍中也出现了对我的排斥。一些读者甚众的小报也加入到这场战斗。马勒和我——因为他聘用了我——在这些报纸的评论栏目中受到指责。似乎没人站在我这一边，马勒也帮不上什么忙。更糟糕的是，他自己还心事重重。马勒结识了"维也纳最漂亮的女孩儿"阿尔玛·辛德勒[Alma Schindler]，与她坠入爱河。不出所料，他生命中迟来的精

[1]《诗篇》为《旧约圣经》的一部分，是以色列君王大卫所辑录的一部诗歌集。

[2] 老加图[Marcus Porcius Cato，前234年—前149年]：罗马执政官，晚年曾大力鼓吹彻底消灭罗马的劲敌迦太基。

神风暴（当时他已经41岁了），使他无暇旁顾。他似乎不了解我的处境，或者至少还没意识到其中的危机，我感觉他不愿把我的烦恼太当回事。就我个人而言，我对自己的处境之危认识得越清楚，就越不想麻烦朋友，不愿打扰那些对我的事业心怀好意之人。我惊惧得无法形容，完全处在困惑中。

我的工作当然还不至于被批得体无完肤，但我的个性让我扪心自问，我做的一切会不会招致严重的非难。如果对自己潜在的弱项与错误没有清醒认识，那就不像我了。我在工作中似乎缺乏批判性的警觉；我发现自己的和缓节奏有些无节制；还发现我的指挥技术不扎实，甚至有些粗劣。这样，刚过几个星期，我竟然不能指挥了，我开始相信那股恶意的指责洪流中也有些许真谛。

我职业生涯的根基发生了动摇，开始怀疑自身的音乐才能，自己作为指挥家的使命。以前的所有成功好像都不算数了。这儿是维也纳，是音乐之都——我选择的家园，我考察之后发现自己配不上这个地方。
159 碰巧就在这个节骨眼上，科隆歌剧院邀请我担任首席指挥，还有特殊的优惠待遇。大大的诱惑，让我可以在演出季结束后，脱离难以忍受的维也纳氛围，到更称心的环境里去找回自信。

我和太太几乎打定了主意，打算接受科隆的职位。此时我太太决定先听听马勒的意见。我建议她别让马勒陷入必须表态的苦恼中。如果他劝我别去科隆，我在维也纳的事业发展会给他增添责任压力，若是另一种状况，就好像他希望让我成为其对手的抨击对象。我太太不赞成我过分周详的考虑，决定在我不知情的情况下向马勒请教一番。过后，她承认已经拜访过他，出乎意料地告诉我，在马勒看来，尽管我没有过错，实力也不弱，却在维也纳“输掉了比赛”：在维也纳曾经输过的人，永远不会再成为胜利者。马勒当然希望我信守合同条款，但从我自身利益考虑，他还是劝我接受科隆的职位。这番话在我身上产生了意想不到的效果。我突然感觉强大起来，意识到自己的责任，坚信自己的抉择：我已经犯了一次错误，忍气吞声是怯懦的表现。我对太太说："让我先在这里成为胜利者，然后再离开"。她勇敢地表示赞成，我们留了下来，我获得了成功。

但我所面对的是一条既漫长又艰辛的道路。万事开头难，就像我以前说过的，当我认为自己不知道如何指挥的时候，每次面临拨奏和弦，每次乐队声部自由进入上拍[upbeat]，我都有不祥的预感。无论我怎么打拍子，和弦和上拍都缺乏准确性。当和缓的6/8 拍因我打成了两拍而变得不精确，打成了六拍而变得僵硬的时候，那是多么可怕！这种情形下，我不仅感到自己的指挥技术有力不从心的地方，也感到我的乐感出现了迟钝。当我必须在长乐句前做好预备动作，或者努力满足整体诠释之需时，我对细节的极度警觉就会造成干扰。我感觉自己好像掉入了泥沼，并且越陷越深。看到的人没有一个过来帮我。

我只能依靠自己。就像不可一世的明希豪森男爵[1]，我用靴带把自己从泥沼里拔了出来。我排练中的警觉力、自我调整力和技术探索能力都有所提高。另一方面，演出过程中我不再瞻前顾后，而是强迫自己集中精力专注于音乐的整体，把细节放在次要位置。然而最首要的 160
是，我再次感受到自己思想的力量，并再次找到了先前的"坚毅自我"。这种方法被证明是成功的。我的乐队排练技术探索取得了成果，对自身思想力量的呼唤，让我的音乐事业得以复兴。我渐渐发觉，演出中可以自然地起用自己不断增强的技巧造诣，在不妨碍音乐连续流动的前提下，进行一定量的批评性的聆听与观察。之后我意识到，我最重要的战斗是克服自己的不自信。

我再没有向马勒说起过自己的困惑。印象中那时他完全沉浸于儿女情长，对我的音乐事业发展没有太大兴趣。让我惊讶的是，一场格鲁克的《奥菲欧》[*Orfeo*] 演出后，哈辛格尔——马勒的随从，递给

[1] 明希豪森男爵[Baron Münchhausen]：德国作家拉斯伯的童话《明希豪森奇游记》的主人公，一个特别爱吹牛的人。

我一张折叠的纸，上面写着这样的话："好极了！非常棒。高贵的表达，节奏适中。非常令人满意。马勒。"这是在那个危急阶段，我从他那里第一次得到的勉励之辞。它对我的影响，就像来自童话宝瓶里的暖流，让所有的创伤愈合。

在我考虑从哪儿跌倒就从哪儿爬起来之前，针对我的围攻起哄已有所收敛，现在的局势已经明朗化了。于是我决定先在另外一个领域证明自己的音乐才华。与我在音乐方面交集深厚的阿诺德·罗斯[1]，恰好在此时邀请我在其室内乐演奏会上担任钢琴伴奏，地点在贝森多夫音乐厅[Bösendorfer Hall]。经常光临罗斯演奏会的嘉宾，还有报界人士，很热情地接纳了我。我在那儿得到的赞誉，以及之后来自可以被称作"维也纳音乐良心"的一班人对我的褒奖，既意义重大又为我带来了好运。从那时起，我与阿诺德·罗斯的关系变得更近了。后来，除了他常规的室内乐演出，我们还一起演奏古典奏鸣曲。我俩的定期演奏会延续了15年，成为维也纳音乐生活的固定项目。

阿诺德·罗斯从17岁开始，就成为维也纳宫廷剧院和爱乐乐团的首席小提琴。我永远不会忘记在《特里斯坦》第三幕里，他小提琴独奏的尊贵之美。它让我第一次意识到，一种独特的声音可以富有表现
161 力地从众多小提琴的热烈合奏[tutti]中脱颖而出。多年来，罗斯的乐队独奏魔力总能散发出迷人的效果。他作为乐队首席的卓越工作，让我永远心怀感激。他似乎能忖度到指挥家的每个意愿。无论排练还是演出，其高度的专注力从未懈怠过。他用自己在乐队的独特权威给予指挥家全力支持。在50多年的职业生涯中，他树立起乐队首席的理想楷模。他的四重奏团，步约阿希姆之芳尘，在成就和名望方面与其比肩。罗斯作为音乐会独奏家亮相的机会并不多，但他在那些场合也很成功。罗斯的音乐才华是天生的，凭直觉获得的。他天生有一副好耳朵，对音调和节奏的把握都非常精准。从在维也纳工作的第一天开始，他

[1] 阿诺德·罗斯[Arnold Rosé, 1863—1946]：出生在罗马尼亚的犹太裔小提琴家。

就热心效忠于马勒。在歌剧和音乐会演出中，同样对我展现出让人深感欣慰的坚定忠诚。直到现在，我们依然是好朋友。他音乐方面的雄辩之才，与他为人的沉默寡言形成鲜明反差，却促成了他在乐队以及四重奏小组中的权威。很难想象这个壮硕的，发型像教授的大胡子男人，年轻时是个在街上东游西逛的地道维也纳人。他曾驾着自己的马车，与一群志趣相投的年轻人一起，游走于普拉特的大街和酒肆，以及内城的时尚聚会。在与马勒的妹妹贾斯廷于1902年结婚后，他变成了模范丈夫，家里的顶梁柱。75岁时，罗斯不得不离开维也纳，英国友好地接纳了他。对这位艺术家所演奏音乐的真诚分享，让这个国家获得了无限荣光。

最终，在1902年，我获得了自己渴望已久的歌剧院的成功，这是对我所遭遇的诸多失望的补偿。马勒委托我排演威尔第的《假面舞会》[*Un Ballo in Maschera*]，剧院指派了最出色的年轻歌手。演出当晚，我征服了整个剧院，连我的敌人也无言地屈服了。尽管这些人过后又卷土重来，但他们再没有当初那样趾高气扬了。后来我的死对头们沦为了“挑错专业户”，却不是很有效，但这个行当在维也纳很流行。此后不久，布拉格剧院的负责人安吉洛·诺依曼[1]，邀请我们所有演职人员赴布拉格，以便让他的观众也可以欣赏到广受赞誉的维也纳歌剧
制作，我知道一个新的更有乐趣的工作阶段已经为我安排好了。在诺 162
依曼陪伴下，我度过了很多欣悦时光。长期的剧院生涯，让诺依曼拥有满腹的掌故。他遗憾地表示，“由于剧场历史上的一次重大失误”——这是他说的原话——我没能延续他的指挥家轶事系列。他给我讲述了很多关于安东·塞德尔[2]以及他指挥《指环》巡演的情况，还有尼基什、马勒和穆克的许多掌故。

在水果市场著名的老布拉格剧院指挥演出是一种荣耀。莫扎特本

[1] 安吉洛·诺依曼[Angelo Neumann, 1838—1910]：德国歌唱家、导演。

[2] 安东·塞德尔[Anton Seidl, 1850—1898]：匈牙利指挥家。

人于1787年在这里指挥过《唐璜》的首演。我前往波特拉姆卡[1]——约瑟法·杜舍克[2]颇具魅力的小房子，进行了一次小型的朝圣之旅，这里是不朽音乐作品的诞生地。走在妙趣横生的老街，穿越巴洛克风格的街景，过了火药塔，直到城堡区，跨过伏尔塔瓦河上的大桥，我深深爱上了这座奇特庄严、忧郁浪漫、色彩独特的城市。这种喜爱在我对布拉格的多次访问，以及经常在这里举行的音乐会中渐渐增强，一直延续至今。我会永远记住布拉格，还有莫扎特在这里被认可并获得的巨大成功，布拉格观众的热情给他的凄凉生活洒下了一缕阳光。

《假面舞会》演出后不久，罗斯和我应邀在布拉格举办奏鸣曲音乐会，地点在漂亮的鲁道夫音乐厅。这个地方后来被波西米亚小吃占领了，不再是一个音乐场所。那以后，喜爱音乐的布拉格不再拥有一座与其艺术成就以及音乐在公众生活中的重要角色相匹配的音乐厅，这很遗憾。然而，我要用感恩之心来回忆在卢泽纳音乐厅和斯美塔那音乐厅，与捷克爱乐乐团合作的那些美妙夜晚。那个年代，这些音乐会维系着我与布拉格之间令人陶醉的持久关联。

马勒与阿尔玛·辛德勒在1902年结婚。阿尔玛是画家雅各布·埃米尔·辛德勒[Jakob Emil Schindler]的女儿，漂亮而且才华横溢。雅各布设计的迷人的大理石花纹，是维也纳城市公园一道令人愉悦的风景。正是阿尔玛激发了马勒对视觉艺术的兴趣，他对这门艺术曾经非常陌生。阿尔玛母亲的第二位夫君，卡尔·莫尔[Carl Moll, 1861—1945]，也是一位杰出画家。尽管他多彩诗意的维也纳风景画很难被称为现代派，然而他将自己相当强劲的鼓噪之力，用于对前卫艺术的推进。他
163 是奥斯卡·科柯施卡[3]和古斯塔夫·克林姆特的狂热追随者，为促成维也纳分离派画展的举办起到了重要作用。这次画展以马克斯·克林

---

[1] 波特拉姆卡[Bertramaka]：布拉格的一处别墅，莫扎特在此完成了他的歌剧《唐璜》。

[2] 约瑟法·杜舍克[Josepha Duschek, 1754—1824]：古典时代的杰出女高音，莫扎特的朋友。

[3] 奥斯卡·科柯施卡[Oskar Kokoschka, 1886—1980]：奥地利剧作家、画家。

格[1]的半裸贝多芬，还有克林姆特大胆怪诞的壁画为核心内容。科洛·莫泽尔[Kolo Moser]，维也纳工作室[2]的创始人，是这个圈子的另一位成员，他属于那种对宫廷剧院的优秀音乐家和导演衷心向往之人。通过这些交往，马勒结识了阿尔弗雷德·罗勒[3]。

马勒与维也纳绘画界人士的友好交往，同样带来了面向创意艺术的精神转移。他与罗勒的合作无疑是重要的促进因素，但这主要归功于阿尔玛的影响。阿尔玛曾向盲人音乐理论家和管风琴手约瑟夫·拉博[4]学习过对位，向亚历山大·泽姆林斯基[Alexander von Zemlinsky]学过作曲。但在马勒跟前，她还有些胆怯，把自己为歌德、海涅、诺瓦利斯[5]、戴默尔[6]等人的诗歌谱写的歌曲锁在书桌里。直到丈大的晚年，她才被人说服，让马勒选择其中一些歌曲出版。除了对音乐、文学和绘画兴趣浓厚，这个小女子还是个很有天赋的雕刻能手。记得有一天，马勒与我漫步到普拉特公园，前往阿尔玛的老师埃德蒙·赫尔默[Edmund Hellmer]的工作室去接她。她涂抹手上和工作服上黏土的样子，依然清晰浮现在我眼前。她的脸因工作紧张泛着红晕，非常美。她与众不同的性情，我后面还要谈到。

风波业已平息，我和太太考虑建起自己永久的家。我们花了好几个小时流连在玛丽亚希法大街[Mariahilferstrasse]的家具店，出神凝望着那些最漂亮最昂贵的家居用品。当然，看过之后还是要赶紧去购置便宜货。但无论如何，搬进科司特勒胡同[Köstlergasse]漂亮的公寓套房，成为里面所有家当骄傲的主人，是件非常美妙的事情。这一时刻被特殊的节日气氛所渲染，两位友人不期而至，他们是朱利叶斯·比特纳[Julius Bittner]和古斯塔夫·布雷彻[Gustav Brecher]。后者当时是剧院的助理

[1] 马克斯·克林格[Max Klinger, 1857—1920]：德国象征主义画家。

[2] 维也纳工作室[Wiener Werkstätten]：维也纳视觉艺术家1903年结成的一个组织。

[3] 阿尔弗雷德·罗勒[Alfred Roller, 1864—1935]：奥地利画家。

[4] 约瑟夫·拉博[Josef Labor, 1842—1924]：生于波西米亚的管风琴师。

[5] 诺瓦利斯[Novalis, 1772—1801]：德国诗人。

[6] 理查德·戴默尔[Richard Dehmel, 1863—1920]：德国诗人。

指挥，后来成为法兰克福和莱比锡歌剧院的总监。两人在大白天穿着礼服，戴着丝帽和白手套，抱着葡萄酒和熟食，来庆贺我们的乔迁之喜。

我和太太都太粗心，租下这套房子时没考虑家里是要添丁进口的。所以，当我们必须为这事做准备的时候，就搬到了西奥博尔德胡同7
164 号更宽绰的住处。在那儿的3 年光景，我们的两个女儿洛特[Lotte] 和格雷特[Gretel] 出生了。

我发现那是我仅有的无欲无求的3 年时光，享受着安逸的中产阶级生活。婚姻美满，孩子降生，我们兴致勃勃地注视着她们的成长，考虑如何让她们长大成人（让·保罗《列薇娜》[*Levana*] 中的建议给了我们帮助）。衣食无忧的生活，美丽的费阿刻斯城市的迷人环境，古老帝国的光彩，儒雅爱交际的朋友——我开始享受这份舒适，成了自我满足的布尔乔亚。春季里一个晴朗的礼拜天下午，我们乘坐加米拉德尔[Gummiradler]——一种胶轮出租车，前往普拉特[Prater] 游乐场。

我问："多少钱？"

车夫乐呵呵地答道："您看着给。"

我当然知道，该付给他五个古尔登，外加一笔可观的小费。但这很划算。我们沿着拥有双排茂盛栗子树的普拉特主街，驶向克里奥或者鲁索斯，去喝上等的咖啡。看到一辆辆出租马车里，走出一拨又一拨快乐的衣着考究的人士，我感到又快乐又满足。不知怎的，从孩童时代笼罩于我躁动生活的那种裹挟之感仿佛已经消失。"火热的快板"之后，我的生活貌似进入到了"小行板"。但这只是一个短暂的间奏。当内外纷扰再度高涨，类似的满足感再也没有回到我身旁。

为避免我完全沉溺于好运道的娇惯，司职教育和惩戒之任的守护天使，在我们第一个孩子出生的那年，适时地给这段平静生活平添了一种疾病，令我焦虑万分。臂膀疼痛向我袭来——医学称之为职业痉挛，来势汹汹的它很像早期的中风。这种风湿性的神经痛越来越严重，我不能再用右臂指挥或者弹琴了。我遍寻名医，他们都认为我的病灶缘于心理因素。从泥浴到磁疗，我采取了多种治疗手段，最后还是决定请假去拜访西格蒙德·弗洛伊德教授，进行几个月的心理诊疗。这次诊疗过程是我始料未及的。他不像我这样的外行人所预期的那样，询问我幼年的性畸变，只是简单地检查了一下我的臂膀。我告诉他我的故事，感觉他肯定会从专业角度，对我的身体痛苦与一年前受到的不 165
公正之间可能存在的联系产生兴趣。他并不关注这些，而是问我去没去过西西里岛。当我回答还没去过时，弗洛伊德说，这是个非常美而且令人感兴趣的地方，比希腊本土更希腊化。简短地说，当天晚上我就启程，忘却了所有关于臂膀和剧院的事情，几个星期除了用眼睛观看，什么也不做，遵医嘱而行。我翻阅着所有能找到的关于西西里的文献资料，坐了一宿火车来到热那亚[Genoa]。徜徉在这座美丽城市让人兴趣盎然的街道，敬畏地凝望着古代宫殿的巨型阶梯。在意大利航运公司买到船票后，第二天早上驶向利古里亚海[Ligurian Sea]，前往那不勒斯，并用仰慕的神情回望着热那亚。

我当时知道的意大利风景点只有米兰与威尼斯。有意识地选择海路，是因为考虑到坐火车穿越佛罗伦萨和罗马这样的城市，一溜烟抵达西西里，花很少的钱就达到预期目标，是难以忍受的，甚至是造孽。正午时分，我到了那不勒斯。当维苏威火山、城镇连同它的郊区尽收眼底时，我虽未身死魂归，却感觉已不在“此世”了。需要用车夫的纠缠与骗局，街边餐馆的各种味道，沿街小贩的嘈杂声，翁贝托长廊[Galleria Umberto]的无稽清谈等诸多这片天堂的世俗元素，才能让我重返尘世。我终究要离开卡普里岛，让我感到很遗憾，但我的心一直憧憬着西西里。第二天晚上，我乘坐汽船来到巴勒莫[Palermo，西西里首府]。船小浪高，晕船让我狼狈不堪，但巴勒莫港的辉煌还有朝圣山的晨景，让我大饱眼福。

我没有忘却弗洛伊德的叮嘱，努力抛开自己的痛苦。在这方面，与希腊精神初次相遇的强烈兴奋对我大有裨益，它突然充斥在我的视觉与精神世界当中。陶米尔纳[Taormina]的希腊剧场，灌木丛中的乘船之旅，还有吉尔真蒂[Girgenti]的神庙，都给我留下了深刻印象。但是这些单独景点，在巍峨山峦的壮丽景观面前，在锡拉库扎四周让人赞叹的河流、田野，还有壮阔的海湾面前，都相形见绌。这里的的确确就像歌德想象中的沃尔帕吉斯夜景[1]。想到纷乱的往昔，那些岁月的
166 凭吊之地，还有背负其印记的大自然，让我激动了好几个星期，忘却了现实与苦痛。最终，对希腊文明更多的了解，让我的灵魂和内心受益匪浅，但胳膊除外。此外，这些地方很冷，我感觉我需要暖和暖和。所以，我决定把剩下不多的钱和时间用在法国的里维埃拉，那里和煦的阳光一直被报纸所热捧。

我不得不经历一个不舒服的时段，这一时段曾让我怀疑，自己还能不能再享受到太阳的光芒。我计划取道西西里与大陆间的海峡去那不勒斯。我入住了墨西拿的酒店。半夜里，一阵头晕目眩把我惊醒，我的屋子仿佛升起来又落下去，床板突然变成了活物，像一匹跃起的野马想甩掉让它厌烦的骑手，把我抛到地面上——我遭遇到一次地震。沉寂了几分钟后我试着站起来，屋子里又发生了一轮升腾、抖动与坠落，墙上的挂图在打转转——巴勒莫的晕船之旅与此相比，简直是小巫见大巫——我冷静地思考了一下，耐心等待这次大地“痉挛”结束，然后再上床躺下似乎更明智一些。第二天早上，我没有看到人们因惊吓而苍白的表情，也没有听到骇人的故事，这让我很失望。唯有侍者的一句礼貌用语：“发生了一次轻微的地震，先生。”显然，对于经历过大场面的墨西拿人来说，昨晚的震动已是见怪不怪的事情了。我告诉自己，这些人的满不在乎可能缘于这一带经常发生地震，我不必为初次经历这样的事而产生的极度恐慌感到惭愧。感觉到自己的生存之

[1] 沃尔帕吉斯夜景[Walpurgisnacht]：瑞典人将4月30日晚上定为沃尔帕吉斯夜，据说在这个晚上，生命和春天的力量将战胜死亡和冬天。

基——脚下坚实的大地在摇摇晃晃，真的非常可怕。在地震引发极度恐慌之际，人类的健康本能连最基本的事件也无力辨别。当我在1908年读到一次严重的地震对美丽繁荣的墨西哥带来了死亡和毁灭时，我又想起了那晚的“小地震”，还能想象出那位侍者的礼貌微笑会凝结成一个水母般的怪脸，周围的墙体正呼喇喇向他砸去。

墨西拿和卡拉布里亚[Calabria]之间有定时轮渡，昨夜晚间的遭际之后，我因为联想到“腹背受敌”[Between Scylla And Charybdis]这句俗语[1]而不敢乘坐公交客轮。我不顾途中旋涡潜在的危险，雇了一 167
位船夫和一条船，打算划过去。我用意大利语提出我的顾忌：船是不是足够牢靠，对航程有没有把握。对此，船夫用众多的手势，以及滔滔不绝的西西里方言做出了豪迈的保证。航行过程中，我没有听到席勒在《潜水员》[*Der Taucher*，叙事诗]里描述的卡律布狄斯咆哮，但大旋涡非常凶险，让我们的小船激烈颠簸了很长时间，船夫靠一叶红帆，一大堆诅咒，还有对圣母玛丽亚及守护神的呼唤到达顺水区，最终抵达了卡拉布里亚。坐了一夜火车，我来到了帕埃斯图姆[Paestum]。在满月的夜晚，这里有世界上最壮丽的希腊神庙景观，它永远印在了我的脑海里。我从那儿返回那不勒斯，在圣卡罗剧院观看了《弄臣》[*Rigoletto*]的夜场演出。尽管我对演出本身并不感兴趣，却很欣赏这座华丽的剧院，喜欢这里观众热烈的喧闹，还被一段小插曲逗乐了。除了在意大利南部，别的地方几乎不会发生这样的事。幕间休息时，我起身离开座位，邻座让我等一会儿。隔几个座位有一位年轻母亲正在给孩子喂奶。在别的时候特别喧闹无拘无束的那不勒斯人，此刻用怜恤的目光耐心等待着，直到小宝宝吃饱喝足。然后，他们又以那不勒斯式的急性子涌了出去。

我再次乘坐水陆联运列车回到热那亚，在那儿与太太会合，一起

[1] 斯库拉[Scylla]是位于墨西拿海峡一侧巨岩，其对面是卡律布狄斯[Charybdis]大旋涡，所以在英语习惯用语中有“Between Scylla and Charybdis”的说法，前有斯库拉巨岩，后有卡律布狄斯旋涡，有“进退维谷、腹背受敌”之意。

前往摩纳哥。为了把我不舒服的胳膊袒露在阳光下，我每天攀岩，但没什么效果。回到维也纳，我向弗洛伊德倾诉了我的苦恼。他建议我去指挥。

“可我的胳膊动弹不了啊。”

“不管怎样，你先试试吧。”

“如果指挥不下去了，该怎么办呢？”

“不会有这种情况的。”

“演出也许会出乱子，我能承担这个责任吗？”

“我来承担责任。”

这样我用右胳膊指挥了几场演出，然后用起我的左胳膊，间或还要用上我的头。有好几次，我在指挥音乐时忘记了胳膊的存在。我注意到在下一次会见弗洛伊德时他格外强调了“忘记”的重要性。我又尝试指挥了一次，感觉同样扫兴。就在这时，我发现了福伊希特斯莱本[1]所写的《论灵魂营养学》[*Contributions to the Dietetics of the soul*]。我进行了研读，在这本辉煌著作所表达的思想里努力寻找自己的解决路径。在这本书中，一位医生，同时又是一位诗人，睿智地为身处苦难的人们指出了一条可行之路。我依然努力用弗洛伊德的理念了解自己，并从他那里获得启示。我试图在不损害音乐效果的前提下，让指挥技术适应自己胳膊的弱点。这样，凭借众多的努力与信心，依靠学习与忘却，我最终成功实现了职业之路的回归。直到那时，我才意识到了，前几个星期就已放弃的一些想法。

---

[1] 恩斯特·冯·福伊希特斯莱本男爵[Baron Ernst von Feuchtersleben]：奥地利医生，诗人，哲学家。

第五章

我不是作曲家。然而我认为应该提一提我早期的创作，以及当我 168
依然抱有成为作曲家的幻想时，作为一名创作型音乐家的经历。

我曾为理查德·施特劳斯，当时的德国音乐协会主席，演奏过我写的一部交响幻想曲。记得那是他在维也纳参加《火荒》[*Feuersnot*]的最后排练和首场演奏时进行的。施特劳斯对我的作品似乎很感兴趣。来年(1904)在美茵河畔的法兰克福音乐节上，我指挥上演了这部交响幻想曲。我努力再现易卜生《培尔·金特》[*Peer Gynt*]的梦幻气氛，尾声采用了濒死的索尔维格[Solveig]带来宽恕与宁静的摇篮曲风格。这部作品引发了一些分歧性的见解，然而它获得的关注至少还是鼓励性的。在本次音乐节的另外一场音乐会上，施特劳斯的《家庭交响曲》获得了巨大成功。在回顾中我要指出的是，当代作品迥异的倾向与风格，彰显了音乐协会的开明态度。总之，我回想起德国音乐协会很多令人敬佩的活泼向上的精神，其责任意识，以及在促进音乐生活方面颇有价值的服务。此前在1902年的克雷菲尔德音乐节[Music Festival in Krefeld]上，马勒“酒神”式的《第三交响曲》获得了巨大成功。这标志着他生活的新阶段。这部作品给他贴上了伟大作曲家的标签，确定了他在现世趣味前沿地带应有的位置。然而，他的《第四交响曲》，不是在音乐节进行首演的，而是由慕尼黑的凯姆音乐会[Munich Kaim

Concerts] 率先推出。

1906 年，我的一首钢琴五重奏在埃森音乐节上演，马勒悲剧性的《第六交响曲》也在此进行了首演。根据我的记忆，我的五重奏还是能够唤起观众的兴趣与支持的。1908 年我的《第一交响曲》由我指挥
169 在维也纳上演，我后来还指挥过它，那应该是在1909 年，普菲茨纳在斯特拉斯堡安排的一场交响音乐会上。还有一部《第二交响曲》，以及一首基于席勒诗歌《庆功宴》[*The Victory Feast*] 创作的合唱与乐队叙事曲，但我不再试图演奏它们了。我确实很怀疑自己的创作能力。只有题赠给阿诺德·罗斯的一首钢琴与小提琴奏鸣曲，多年来我一直没有放弃，可能是因为它的行板，我现在依然很喜欢它。

我们在维也纳组建起创意音乐家协会。其成员包括亚历山大·泽姆林斯基、阿诺德·勋伯格[Arnold Schönberg]、格哈德·冯·科伊斯勒[Gerhard von Keussler]，还有我自己。马勒被推举为名誉主席。身为作曲家的勋伯格，地位无疑要高于其他人，对维也纳的音乐生活能够产生的影响更多。他刚刚完成了自己的弦乐六重奏《升华之夜》[*Verklärte Nacht*]，罗斯准备进行公演。马勒在观摩过一次排练后，激动地与我谈论起这部作品。《升华之夜》在贝森多夫音乐厅的精彩演出亦让我倾倒。尽管它具有瓦格纳风格，并大量采用模进手法，我还是感受到了它的独树一帜，在情绪上充满了狂放之力与感染效应，同时具备丰富的音乐质感。从第一个低音D 开始，我就被深深打动了，它所呈现出的一种魔幻境界让我痴迷。很多人都与我有同样感受，马勒也在其中。尽管我们热烈鼓掌，还是有人发出强烈的嘘声，对作品进行大肆嘲笑。马勒后来告诉我，有一个人看到他在鼓掌，便在他的面前发出嘘声，马勒建议他最好收敛一下自己。对此这个人回应道："嗨，我还嘘你的交响曲呢。"马勒用锐利的目光看了一下这个人，转身撂下这样的话："我猜也是！"事实上，《第四交响曲》——马勒交响曲中的牧歌，在首演时引起了强烈骚动。开演前不久，支持者与反对者几

乎要大打出手。音乐厅里的剑拔弩张之后，常常是音乐家与公众之间几个星期的激烈辩论，表明人们对音乐事件广泛而又热烈的兴致。勋伯格的交响诗《佩利亚斯与梅丽桑德》[*Pelleas und Melisande*]，以及后来引起更多关注的两首弦乐四重奏——特别是第二首，女高音古塞尔－施若德富有表现力的独唱——都具有轰动效应。所有这些作品逐步奠定了勋伯格坚定的个性，那就是不畏纷纭众说，勇敢地走自己的路。尽管我很钦佩勋伯格的勇气和坚定态度，尽管他优美的音乐给 170
我留下了深刻印象，尽管他后来的室内乐和声乐作品也吸引着我，但我愈发感到不能追随他的步履，因为我认定那是一条曲折之途。时至今日，我还是不能从精神上认同他庄严的风格，因为我不喜欢太抽象、太实验性的音乐语言。我非常珍视《古雷之歌》[*Gurrelieder*]中英雄的浪漫主义，崇高的抒情风格，以及异乎寻常的气魄，多次演出过这部力作。演出《升华之夜》的弦乐版，给予我很多快乐。截至1943年底，我在纽约演出过4次。但必须承认，我的音乐理念与他在其四重奏之后创作的音乐存有隔阂。毋庸置疑，阿诺德·勋伯格不仅仅是忠贞坚定的理想主义者，还是一位强有力的天才音乐家。如果在未来生活中，我能受益于更高级的音乐感觉器官，有机会请求他原谅我早期理解力的缺失，我将非常高兴——我是非常真诚地说出这番话的。

下面我要提起的这件事，与1904年马勒《第五交响曲》在科隆的首演有关。这件事体现出马勒特有的性格，给我的印象特别深刻。在克雷菲尔德[1]取得成功之后，他找到一位出版商。鉴于马勒当时的名望，此人为他正在创作的《第五交响曲》开出了高额酬金。马勒非常高兴地接受了这一报价，因为这标志着他作为作曲家越来越显赫的地位。当交响曲的总谱完成，他收到了15000马克，这在当时是罕见的高价。《第五交响曲》标志着马勒更成熟的复调风格应用的开始，这一风格让他的配器技法面临着新的难题。科隆的演出表明这些问题尚未解决。

[1] 克雷菲尔德[Krefeld]：德国西部城市，1902年6月马勒《第三交响曲》在此首演。

不知何故，声音线条听起来没有想象的那样清晰。马勒感觉到不对头，我忍不住向他确认了这一点儿。他决定立即对这部交响曲进行重新配器。马勒返还了出版商的酬金，用几个月的艰辛努力，把整个乐谱进行了重新整合。这样，他将相当大的一部分世俗奖励，献给了精神纯洁之追求。

只要马勒在歌剧院仍积极活跃，我与我的同事弗朗茨·沙尔克[Franz Schalk] 的境遇就会相形见绌。鉴于他的技巧和天赋，以及他作
171 为剧院总监的身份，这对我来说似乎是不言而喻的事。然而在马勒任期内，我的职位获得了决定性转变，我的事业赢得了声望与权威。“四层廊席”抓住每个机会为我欢呼，总而言之，我感受到观众对我表演的热情支持。音乐之都维也纳已经在真心拥抱我了。这一令人欣喜的事实，在歌剧院之外变得更明显——在我日益频繁的音乐会上，以及我间或作为伴奏钢琴家亮相的室内乐演奏会上。还有一系列来自布达佩斯的指挥邀请，我与布拉格的往来也在延续。卡尔·戈德马克[1]——《希巴女王》[*The Queen of Sheba*] 和《灶上的蟋蟀》[*The Cricket on the Hearth*] 的曲作者，两部作品我都在维也纳指挥过——请求马勒委托我指挥他的作品《冬天的故事》[*A Winter's Tale*]。尽管这部歌剧显现出作曲家创作力的衰退，但排练工作让我得以与这位聪明、卓越、脾气依然很暴躁的老大师频繁接触，我很享受这一过程。我还想提一下我复排的奥博[Auber] 歌剧《马萨涅洛》[*Masaniello*]。我依照阿尔弗雷德·罗勒[Alfred Roller] 的建议，实验性地将非常让人兴奋的小丑式角色费奈拉[Fenella]，也就那个哑巴女孩，分派给年轻的芭蕾舞演员格蕾特·维森塔尔[Grete Wiesenthal]。结果，我不仅获得了效果动人的费奈拉，而且在不知不觉之间蹚出了一条路，让人们全方位去欣赏这位天赋极高的舞蹈家的新颖风格，使她一举成名。

然而，相对我自己的事情，见证马勒在维也纳最后岁月愈发理想

[1] 卡尔·戈德马克[Carl Goldmark, 1830—1915]：匈牙利作曲家。

化的工作更显重要。先前的精彩表演，诸如夏庞蒂埃[1]的《路易斯》[*Louise*]，雨果·沃尔夫的《长官》[*Der Corregidor*]，以及奥芬巴赫的《霍夫曼的故事》[*The Tales of Hoffmann*]之后，他与阿尔弗雷德·罗勒的合作，开始建立起比以往层次更高的音乐戏剧风格。这一工作的大部分，就像我曾经说过的，是一种实验性质，不是每样东西都有望成功。自从马勒为我揭示过莫扎特的光彩之后，我对这位作曲家的理解越来越深刻。我从其作品重排的大胆革新中汲取知识，甚至从特殊场景的偏好中获得感悟。比如，《唐璜》中奢华的红色玫瑰床曾把我搞得心绪不定。罗勒也许想通过这些道具，生动表达"香槟酒咏叹调"里那种愉悦的生机勃勃的精神。但我很快意识到，莫扎特温和的管弦乐色彩与如此丰饶的色调并不匹配。一般而言，莫扎特歌剧的场景画 172
面必须与作品本身保持一种距离。莫扎特的音乐戏剧风格，似乎暗含着某种矜持与谦逊。尽管我永远无法证明自己的观点，但还是深信自己的直觉不会错。我决定向马勒提醒这一点儿。片刻踌躇之后，他承认我是对的。我很快就意识到了布景设置的基本原则所具有的重要意义，即要有一个舞台场景迅速切换的布景框架——尽管我认为《唐璜》中那些塔楼的设计有点刻意，而且其间出现了许多"非莫扎特"式的东西。所有对莫扎特作品进行夸张处理或过分强调的倾向，我都深恶痛绝。尽管如此，我还是对马勒演绎中的严肃表情感到满意。用顽皮风格表演的莫扎特歌剧和音乐会，我是无法忍受的。我甚至偶尔也喜欢那种干巴严谨的学院派表演方式。渐渐地，我在莫扎特温文尔雅的外观、表情与风格的背后，意识到他的魄力与伟岸，并怀着应有的敬畏与谦逊走进他的灵魂。

马勒在角色选派上所做的尝试，也让我眼界大开。比如，我记得他将《魔弹射手》中的男低音角色卡斯帕交给男中音约瑟夫·里特[Josef Ritter]。所有歌剧院的男低音都是宽厚之人，谁也不会想到他拥

[1] 古斯塔夫·夏庞蒂埃[Gustave Charpentier, 1860—1956]：法国作曲家，马斯奈的学生。

有“撒旦式的邪恶”。尽管男低音威尔海姆·黑施很有才华，有能力扮演恶魔角色，但很遗憾，他的捷克口音在《魔弹射手》的对白中，会让维也纳人听起来非常滑稽。另一方面，里特在表演凶恶角色方面明显拥有天赋。马勒的这一角色安排表明，他对戏剧性的需求高于声乐需求。这一尝试只获得了部分成功。因为角色音调太低，里特的表演显得有些木讷，强烈的个性无法完全施展，恶魔的表情无法掩盖他的声音缺陷，使得角色音乐所要求的激动人心的力量的抒发受到阻碍。总而言之，他没有演好，就连道白也不够理想。但这次不成功的实验也显示出马勒眼光的敏锐。正是这种眼光，让他的全部活动具有罕见的、节庆般的艺术性特质。在他那里，从来没有单调刻板的教条。尽管单调刻板教条的恶俗势力侵害着剧院的其他演出，但我相信，我也能在自己的工作中成功地驱散这些黑暗幽灵。

173 1905 年，马勒指挥排演了普菲茨纳的歌剧《爱情花园中的玫瑰》（即下文《玫瑰》）。他最初对此剧的剧情蓝本不喜欢，甚至在一定程度上也不喜欢它的音乐，但他最终妥协般地意识到，此剧有资格在维也纳上演。阿尔玛是普菲茨纳的狂热崇拜者兼好友，每天早上都会把这部歌剧的钢琴乐谱打开，放在马勒的钢琴上。马勒甚至没有注意到阿尔玛故意布下的“局”，起初只是用手指头心不在焉地翻翻乐谱，略感惊奇。但这不可避免地引起他越来越大的兴趣和认真的研究。马勒每次回到家，就会听到阿尔玛沉迷于《玫瑰》的美妙旋律。我以前常在朋友圈子里演奏并整幕整幕地哼唱这部歌剧。我依然记得一天下午，在古斯塔夫·施奈赫[Gustav Schönaich]——这是个聪明的兴致勃勃的法斯塔夫类型的人物，莫特尔的朋友，拜罗伊特的捍卫者——家中我成功地彻底说服了一群相当顽固的音乐家、音乐爱好者以及文学青年接受《玫瑰》的美妙。每当我用自己的音乐说服力，去激发观众对我钟爱作品发自内心的热情时，都伴随着最深切的个性冲动。我承认自己生命中有圣徒的一面，我也渐渐意识到，它对我整个艺术事业所赐予的悟性与推动。

首演的日子临近了。普菲茨纳为了这件大事亲赴维也纳。他住在我家，这是一位让人心悦的贵客，很多时候作为“汉斯大叔”与我两岁的女儿一起玩。平安无事的时候，他表现出愉快、友善与随和。但情况似乎越来越糟，普菲茨纳情绪开始低落。原本要在《玫瑰》剧中唱主角的女演员首演前几天病倒了，我们还能在哪儿寻到另一位米内雷德[Minneleide] 呢？普菲茨纳国外的朋友已经到达维也纳，即将出席这场演出，其中有柏林来的威利 · 莱文[Willi Levin] 以及从慕尼黑来的保罗 · 科斯曼[Paul Cossmann]。步履蹒跚的普菲茨纳沮丧到了极点，认为自己霉运当头。过了一阵子，情况略微有所好转。我们听说在距维也纳5 小时车程的格拉茨[Graz]，有一位歌手演唱过米内雷德。然而在我们首演的同一个晚上，她在格拉茨歌剧院也有演出。马勒立即派人去格拉茨，说服那里的总裁换戏，并准许这位歌手请假。格拉茨的总裁 174
会做出这样的牺牲吗？这个要命的问题让我们万分焦虑，普菲茨纳内心的绝望与紧张，只有他自己才能体会得到。我还有另外的担忧，如何能让普菲茨纳度过这段变幻莫测的时光？如何让他从等待的煎熬中解脱出来？因为马勒派往格拉茨的人在第二天中午前不会有回音，于是我建议大伙早上九点，都去莱文在布里斯托宾馆[Hotel Bristol] 的房间碰面，一起陪伴普菲茨纳。为了让他忘记时间的缓慢流逝，我想为大家进行朗读。尽管普菲茨纳态度冷淡，我的建议还是被接受了。大家坐在宾馆房间，聚集在这个抑郁之人周围，开始听我朗读李皮纳的剧本《希波吕托斯》[*Hippolytos*]。起初普菲茨纳的态度是漫不经心、无动于衷。然而，他很快开始倾听了。他的兴致越来越高，直到被我的朗读深深吸引。不知不觉时间溜走了。突然有人来敲门，剧院的一位官员冲了进来：“先生们，我们刚刚从格拉茨得到消息……”普菲茨纳不耐烦地打断他：“请安静！不要打扰我们。”然后他转向我，让我继续。

我在此记下这段往事，是因为想向大家展示普菲茨纳的典型性格，这也是浪漫主义艺术家常有的性情。其特征是完全沉溺于萦绕于心的那种感觉，把其他事情忘得一干二净。这种现时的专注为普菲茨纳一生所特有，其中蕴含着他的勇气与隐忍。附带说一句，那个消息好极了。“米内雷德”来了，马勒指挥了一场精彩的《玫瑰》演出，从那天起维也纳出现了一大批普菲茨纳的拥戴者。

稍后发生的一件事，值得在此书写一笔，因为它给人们留下了深刻印象，而且在戏剧发展史上具有重要意义。马克斯·莱茵哈特[1]给维也纳带来了他执导的莎士比亚的《仲夏夜之梦》[*A Midsummer Night's Dream*]。大胆的表演风格，对于森林的自然主义表现手法，活泼迷人的精灵场景，工匠场景的率真讽刺，以及整个演出过程中生机勃勃的浪漫主义，共同营造出深邃持久的印象，让莱茵哈特名声大震。普菲茨纳指挥的门德尔松音乐，大大增强了演出的快乐情绪。自从他欢快的柏林“声与雾”[莱茵哈特创办的夜总会性质的小型实验剧场]项目之后，我还没有看到莱茵哈特。“声与雾”计划是对席勒《唐卡洛
175 斯》[*Don Carlos*]的精巧模仿。此间，莱茵哈特成为德意志剧院的导演，现在被新时代的荣耀环绕着，他的荣耀永久铭刻在戏剧发展史上。马勒也特别喜欢《仲夏夜之梦》的演出。我记得我与他和莱茵哈特的会面，两个人后来与我谈话时都饱含热情。莱茵哈特在维也纳的成功更加引人注目，因为维也纳人精心守护着城堡剧院的声望。尽管“老”城堡剧院的伟大演员们离开了，但在保罗·施伦特尔[Paul Schlenther]的指导下，这家著名剧院仍然自许是一支卓越的团队。当时的名演员有约瑟夫·凯茵茨[Josef Kainz]、伯恩哈德·博尼斯特[Bernhard Baumeister]、洛特·梅德尔斯基[Lotte Medelsky]和海德薇格·布雷布特鲁[Hedwig Bleibtreu]。精湛的演出和优秀剧目让这家机构的四海威名得以保持。

如果我没有记错的话，在马勒任期的最后一年里，恩里克·卡鲁索[Enrico Caruso]在维也纳首次亮相并引起了轰动。他的大部分演出

[1] 马克斯·莱茵哈特[Max Reinhardt, 1873—1943]：奥地利著名导演。

都由我来指挥，这让我感到很享受。我清楚地记得，《弄臣》第一幕的“在佳丽群中”[“*Questa o quella*”]，卡鲁索演唱时的音量不适合维也纳剧院，这让观众们很失望。但大家的热情逐渐升温。第四幕，局面简直无法控制，因为雷鸣般的喝彩从头一直喊到结尾。我喜欢卡鲁索的嗓音，他的声乐天赋，他音色中所表达的那种美妙意味，他的滑音和自由速度，他高贵的音乐素养，还有他的自然质朴，都让我喜爱。可以说，在我们之间有一种完美的默契。我还指挥了马提亚·巴蒂斯蒂尼[1]在维也纳的一系列演出，从这位艺术家的音色变化和呼吸控制中我学到了很多。

马勒的任期渐近结束。他有一种气数已尽的感觉。尽管其支持者坚定地拥护他，他的对手却能更有效地与他作梗，因为他对这些人的诋毁不予理会。站在他一边的主流媒体只有《新自由报》。这家报纸的首席音乐评论员朱利叶斯·科恩戈尔德博士[Dr Julius Korngold]，他以雄辩之力和坚定信仰支持马勒。除了科恩戈尔德，只有理查德·施佩希勒站在马勒一边，其他媒体则用不同程度的暴力反对他。

就像夕阳的余晖，马勒事业的辉煌画卷再次展现出来。歌剧院的保
留剧目轮番上演，短时间内就会推出一系列经典剧目。这些演出代表了 *176*
他与同事们工作成就的最高峰。这是马勒离别的信号。他很高兴邀请自己的几位法国朋友，专程来维也纳观看他的演出。其中有德赖弗斯审判中的英雄皮卡尔上校[2]、数学家保罗·潘勒韦[Paul Painlevé, 1863—1933]，还有保罗·克列孟梭[Paul Clemenceau]，即“老虎”[3]的弟弟。30 年后我再度与潘勒韦会面，此时他在巴黎主持了一场为我举办的宴会，克列孟梭也在场。皮卡尔上校那时已经去世了。他到访维也纳时已然给我留

---

[1] 马提亚·巴蒂斯蒂尼[Mattia Battistini, 1856—1928]：意大利男中音。

[2] 皮卡尔上校[Colonel Picquart]：1894年法国陆军参谋部犹太籍的上尉军官德赖弗斯被诬陷犯有叛国罪，被革职并处终身流放，法国右翼势力乘机掀起反犹浪潮。此后不久即真相大白，但法国政府却坚持不愿承认错误，直至1906年德赖弗斯才被判无罪。法军反间谍处处长皮卡尔是军队中少数信奉新教的军官之一，他曾敦促军队重审此案。

[3] “老虎”：指曾任法国总理、绰号为“法兰西之虎”的乔治·克列孟梭[Georges Clemenceau, 1841—1929]。

下了深刻印象，可能是因为他在那桩案件中的英雄姿态。

1907 年，马勒夫妇美貌端庄的4 岁的大女儿去世了。此后不久，马勒被查出患有严重的心脏病。如此一来，除了丧女之痛，他还要牢记医生的忠告，在日常生活和工作中，在履行专业职责的时候，注意保重身体。离开维也纳的念头获得了充分理由，他接到来自海因里希·康里德[1]的邀请，要奔赴纽约大都会歌剧院工作。这次邀约意味着他将“干得更少，挣得更多”。借此，他能在几年内为家人挣到大笔的积蓄，考虑到他的心脏疾病，这是非常必要的。

一天早上，我正在排练，马勒的随从哈辛格尔叫我到马勒的办公室去见他。我和马勒在上午工作结束后，一般要去散散步，绕道穿过美丽的城市公园，我经常目送他走向位于奥恩布鲁格街的自己的家。那天，我们依然循着惯常的路线散步。但散步途中他告诉我：木已成舟，他要离开维也纳了。我谈到他离开后的失落感，歌剧院的严重损失。马勒回应道：“在这座剧院的十年里，我已经功成圆满。”我满腹同情，静静地走在他身边，一直走到他的家。晚上我写信给他，谈到他这一决定的影响，还有他在维也纳事业的历史意义，向他表达了我的感激。他回信说：“我们彼此的友情无须赘言。我结识的所有人都不能像你那样理解我，我相信，我也看到了你灵魂的深处……”

接下来他给剧院的同事们发去了文辞华丽的告别信，他写道：“我没有留下自己梦想中的完美事业，它尚未完成，需要修修补补，好像这
177 是命中注定……我没有权力要求我的观众对我工作的意义做出评判。但此时此刻，我可以对自己说：我的本意是好的，它确定了高目标。我的努力并不总能获得成功的荣耀。作为表演艺术家，没有人遭受过如此多的阻碍与中伤。但我已经遵循自己对目标的承诺，对事业的热爱，奉献出了所有一切。我没有宽恕过自己，因此也会公平地责令他人，让他们的能力发挥到极致。

[1] 海因里希·康里德[Heinrich Conried, 1855—1909]：大都会歌剧院经理。

“在纷乱的争斗中，盛怒之下，伤害与过失在所难免，你们是这样，我也是这样。但是当问题得到解决，工作步入正轨，我们忘却了所有的顾虑与纠纷，即使没有任何的外在的成功迹象，也感受到了丰厚回报。我们都在自己的路上获得了进步——剧院也是如此，它是我们共同努力的目标。”

马勒指挥的最后演出是《费德里奥》。在金色大厅的告别音乐会上，演奏了他的《第二交响曲》。之后不久，我和几位朋友来到火车西站，祝马勒和阿尔玛的美国之行一路顺风。欧洲文化史上一个重要的章节结束了。维也纳耀眼的光彩已经褪去颜色，曾经闪烁迷人的生活明灯失去了光辉。

第六章

选择魏恩加特纳[Weingartner] 作为马勒的继任者，没人会感到惊 177
讶。他是具有国际声望的指挥家，学识丰厚，出身于奥地利的名门世家。鉴于指挥兼任总监这一原则需要维系，他的确是为数不多的合适人选。

我只在音乐会上听过魏恩加特纳的演出，很欣赏他的火热性情，他的自然率真，还有他对乐队的严谨掌控。他的到来对爱乐乐团而言好处多多。一位著名的音乐会指挥家成为其领导，并同时担任剧院总监，将使工作流程更加顺畅。尽管我很尊重魏恩加特纳的音乐才能，以及他对交响作品所做出的贡献，但我不认为他具备戏剧天分，我预感到他作为歌剧院总监和歌剧指挥是不称职的。

魏恩加特纳指挥演出的过人之处在于其规整顺畅。他的音乐会总 178
是热情四溢光彩夺目，但音乐的戏剧元素明显不足，而这一点儿对于歌剧演出是必不可少的。舞台执导范畴的事务，他完全仰仗威尔海姆·冯·维梅塔尔[Wilhelm von Wymetal]。此人实际上是他请来的一位非常能干的舞台监督。维梅塔尔拥有丰富的戏剧想象力，是天赋极高的表演教师，但即便如此，他还是需要音乐家的辅佐。在这方面，魏恩加特纳与他缺少协作，音乐和场景在演出时无法形成互动。有一次排练深深地触动了我，因为其间魏恩加特纳严重缺乏戏剧感觉。他当时在排练《费德里奥》（就像马勒经常做的那样），希望全权负责排演事务。也许因为维梅塔尔还没到场，或是其他缘故，魏恩加特纳大包大揽起来。乐队前奏进入高潮，中提琴和大提琴柔美动人的和声，伴随着低音提琴庄重的拨奏，在经过马勒的调教后，这一切都表现出崇高的克制力和强烈的戏剧震撼。罗科[Rocco] 的念白：“安静，你认为我不能看透你的心吗？”之后，台上的4 个人会以安静的姿态表现他们的焦虑与期待的心情。而魏恩加特纳因为台上的人物缺少外在动作而感到惊奇，他认为这样过于平淡，想要让演员们动起来。为此，他要求弗里茨·施罗德特[1] 扮演的雅基诺，在序奏过程中将玛塞丽娜盛放亚麻织物的洗衣篮拿下舞台。尽管施罗德特内心有所抵触，还是照他的吩咐做了。但出于对那段神圣旋律本能的敬畏，他是踮着脚尖走到幕后的。

魏恩加特纳在维也纳的地位有利于其个性发展，他把更多的精力放在了音乐会上。尽管在歌剧院他为自己的声望博得了尊重，但没能收获唯有才华出众之人才能唤起的热情赞赏。

他对我的态度从一开始就很友好。他任期的3 年间，还有此后的日子，我们的关系一直很融洽。然而，我们在私交方面没有彼此走近对方，这可能是因为我们是性格迥异的两个人。

那时候我31 岁，在维也纳歌剧院工作了6 年多，早已不必因为年
179 龄问题，再用大胡子来装饰脸面了。所以在演出季结束后，我刮掉了蓬乱的胡须，结果我3 岁的女儿，第二天早上看到我没有胡须的样子，惊恐地流下了眼泪。当我们坐火车旅行时，她长时间怯生生地注视着我的脸，问道：“那个留着大胡子的爸爸，还待在维也纳吗？”这个痴情孩子对她爸爸的评价有些过高。我没有把那个特别崇尚权威的年轻人留在维也纳，“他”正与我坐在一起。虽然拥有了标准的艺术家形象，业已获得引人瞩目的职位，我依然认为在所处的环境中，在大千世界面前，自己还非常稚嫩，不管有胡子还是没胡子。这种感觉是有充

---

[1] 弗里茨·施罗德特[Fritz Schrödter, 1855—1924]：德国男高音。

分理由的，也有可笑的因素。前者缘于我对人们的敬畏，用一个政治方面的词来表达，就是我天生的“民主”倾向，它让我觉得每个人都拥有平等的权利。这一点儿使权威语气的获得增加了难度，而这种权威语气对于我的职业来说非常重要。我相信自己能够做到，但从我的嘴里说出来就显得有些虚幻。我通过实践获得真正的优势，做到表情坦然，说话有分量，花费了很长时间。而且，一看到周围人的坚毅果敢，就让我感觉很不自信，因为我成熟的步伐非常缓慢。建立在广博基础上的某种天性，必定会生发出更多的东西，相对于单一地点单一方向的蔓生，其成熟过程会经历更长的时间。但是我傻傻地认为，在每次排练前，在每次会见陌生人之前，甚至在辗转到其他地方之前，我自己必须先克服胆怯心理。我清楚地记得，第一次英伦之旅在布鲁塞尔候车的几个小时，我对即将在女王音乐厅进行的排练感到恐惧，曾想要打电报取消伦敦的音乐会。很多年后，我无意间向托斯卡尼尼[Toscanini]说起过这次胆怯，还有在布鲁塞尔的荒唐想法。老托本人也有过同样的境遇，第一次在纽约大都会进行乐队排练前夕，遭际过类似的状况。他的自信心给我以安慰。很幸运，我的恐惧心理在排练开始后很快消失了，就像以前说过的，我被一种内在的欲望所支配。此后，无论演出之前还是演出过程中，我再也没有过这样的焦虑。

在维也纳，尽管我已不再被视为马勒的门生，尽管我的拥戴者队伍正渐渐形成，但我对自己的事业和在歌剧院的地位都感到不满意。
总监（此时也是我的同事）把持着艺术特权。我认为可以自己做主的 180
探索领域，总是遭到限制。我并非被远大抱负所驱使，而是出于对更多责任与任务的渴求，出于拓宽事业领地的愿望，因为我已愈发迫切地意识到自己的诉求与能力。然而，我已经学会了忍耐。我觉得自己还比较年轻，在歌剧院的工作从表面看已经很充实，认识到我唯有继续等待，直到某家德国歌剧院音乐总监的位置出现空缺。

与此同时，一个我渴望已久的领域为我敞开了大门，比我预想的要早得多。记得那是在1908年，我的音乐活动开始唤起国外的音乐机构和音乐友人的兴趣。最初是伦敦皇家爱乐协会，他们邀请我指挥那里的一场音乐会。这标志着我与英国音乐生活关联的开端。此后不久，在1909年，托马斯·比切姆[Thomas Beecham]邀请我在他主管的科文特花园歌剧演出季，指挥瓦格纳的《特里斯坦》，以及埃塞尔·史密斯的《救援队》。我记不起在皇家爱乐协会和在科文特花园登台的情景，但它们肯定是很受欢迎的，因为来自伦敦的邀约越来越多。我能记起的是伦敦给我的印象，那的确是刻骨铭心的。

来伦敦前，我并没有做足功课。我不像英国小说的热心读者那样，谙熟英国式的套路。我对不列颠群岛历史的了解笼统而又模糊，在某种程度上对我而言，它们就是莎士比亚历史剧和斯科特小说的大杂烩。尽管事务缠身，但在访问过程中，我不禁用好奇游客的眼光来观察伦敦。我的视野游弋于对当下事务的兴趣，以及斯特恩[1]、狄更斯、萨克雷[Thackeray]的国度令人兴奋的意象之间。伦敦拥有大国气度，但其现实的感觉根本没有触动我，这一点儿非常奇特。我的旅行观察，让我有机会从感情方面走近英国人过分守旧的性格，有一些要在下面提到。日后更全面的观察，让我的那些第一印象愈发根深蒂固。我猜想，
181 这种保守是这一伟大国家力量之源泉。我确信，它将以这样或者那样的方式继续驻留在正走向复兴的英吉利王国。

双座小马车主导着伦敦的街道生活。这些漂亮的一匹马拉的出租车，驾车人端坐其后部，通过车厢上端的小帘子，用善意的伦敦方言与乘客交谈。我感觉自己魔幻般地走进了往昔岁月。我在公众仪式上看到的假发套，还有英国法院门前安静伫立的骑兵卫队，加深了这一印象。每天下午，我的房门口会被放上一大罐热水。对我来说，这似乎是女王音乐厅对面的朗廷酒店特有的加热设备。我的房间冷得像冰窖一样，多加一先令，就能保证增加半小时供暖。晚饭后，男女立即被严

[1] 劳伦斯·斯特恩[Laurence Sterne, 1713—1768]：英国小说家。

格分离，伦敦的饭店有上好的烤羊肉和烤牛肉，还有切得方方正正，品种单一的配菜——所有这些，连同一大堆同样古怪的东西，对外国人来说的确有些麻烦，但是它们的壮观气派，还是颇有魅力的。从一开始，我就有一种在平静之所安心休息的感觉。它与社交生活中的完美礼仪和亲切友善一道，为我带来幸福和安全之感，这是我在其他任何大城市没有体验到的。关于女王音乐厅和科文特花园，我后面还会有更多的描述。在这里让我提一下，我的朋友埃塞尔·史密斯的歌剧《救援队》的演出取得了很大成功。在同一个演出季，比切姆指挥施特劳斯的《埃莱克特拉》，也给人们留下了深刻印象。

此后不久，我接受了罗马圣切西利亚学院[Accademia di Santa Cecilia]的邀请，在奥古斯蒂奥[Augusteo]圆形大厅，指挥学院管弦乐团的一系列音乐会。对罗马的首次访问，还有那些音乐会，依然让我记忆犹新。它们标志着我与这所学院多年愉快合作的开端。我仿佛还能想起我指挥的施特劳斯《堂·吉诃德》[*Don Quixote*]的首场演出，这部辉煌却不易理解的作品，得到了罗马观众的热情接纳，让我非常高兴。当时的两件事还印刻在我的脑海里。对我来说它们代表了奥古斯蒂奥音乐厅观众的特色，同时，在一定程度上体现了意大利音乐听众的特点。我在节目单中加入了穆索尔斯基[Mussorgsky]的《荒山之夜》
[*A Night on Bald Mountain*]，这首曲子除了精彩旋律之外，还有一连串 182
令人压抑的模进。当同样的乐句第四次出现，一位认真倾听乐曲的观众喊道："够了，够了！"我必须承认我非常理解他的反应。在瓦格纳作品的专场音乐会上，观众大声要求将"齐格弗里德的莱茵之旅"再演一遍。但圆号手已感到疲倦，示意我不要重复此曲，以便让他休息片刻。我也用手势让观众理解，此曲不会重演了。乱哄哄的"请愿"持续了几分钟，最终平静下来，我开始了下一首曲子，没想到却被新一轮"请愿"的爆发所打断。圆号手终于决定要挽回局面，示意我可以重复。大厅再度安静下来，当我开启"莱茵之旅"时，一位观众通过悦耳

的呼喊予以褒奖："太棒了，布鲁诺！"

第一次来圣切西利亚学院演出的那些日子，最令我难忘的当然是罗马这座城市。在那里，我完全折服于往昔的力量。对我来说，这座永恒之城与现实的关联似乎是不调和的，就像从法兰西学院[French Academy in Rome，1666 年建立]的喷泉前观看意大利国王艾曼纽纪念碑[Victor Emmanuel Monument]，它突兀地闯入了城市的古典轮廓。我这次到罗马绝对是有备而来。但李皮纳为我讲述的故事，还有歌德情感深邃的回忆录在我的脑海里，比我阅读学习过的关于罗马和罗马历史的任何文献都更加鲜明生动，比西奥多·蒙森[1]、格里戈里厄斯[2]、伯克哈特[3]和其他人的描述都更加栩栩如生。事实上，我青年时代对意大利的渴望，被各类书以及意大利艺术品所滋养，这些足以培养起我的感受力。我所拥有的，肯定要比北欧人对于意大利风光与文化的一般意义上的倾慕要丰富得多。记得在孩童时代参观博物馆的时候，我就感觉自己莫名其妙地被意大利风景画所吸引，米尼翁[4]的《你认识这土地》[*Kennst du das Land*]，让我怀有感同身受的忧伤与思念。后来，蓝色的意大利天空与大海，松柏的样子，小镇狭窄的街道，甚至悬挂在阳台和街巷上的衣物，小客栈里的氛围，都成功地在我身上施加了魔法。我在意大利时须臾不曾缺离的迷恋感以及意大利语对我的耳朵所产生的魅力，都表明了我的本性中有对地中海风情的偏向，我与意大利音乐之间的不解之缘也表明了这一点儿。

183 那时候，意大利的火车总爱晚点；街道和广场上充斥着乞丐；脏兮兮的孩子身上斑斑点点。因为总是被街上纠缠不休的摊贩打扰，游客无法走近教堂，也无法尽情欣赏美景。游览过程中，避开这样的打扰可不是件容易的事，但我的意大利朋友传授给我很多办法。最有效

[1] 西奥多·蒙森[Theodor Mommsen, 1817—1903]：德国历史学家。

[2] 格里戈里厄斯[Ferdinand Gregorovius, 1821—1891]：德国历史学家。

[3] 伯克哈特[Jacob Burckhardt, 1818—1897]：出生在瑞士巴塞尔，著有《意大利文艺复兴的文明》。

[4] 米尼翁[Abraham Mignon, 1640—1679]：荷兰画家。

的方式之一，是伸出右手食指，无声地、慢慢地摇动。

奥古斯蒂奥音乐厅的排练安排在12点30分到15点30分，以及20点30分到23点30分举行。我喜欢这样的安排。它把整个上午留给了我。在阿拉尼奥咖啡店[Café Aragno]小憩之后，我的整个上午都可以用来参观。在罗马，我真正开始学会如何去观察。整个上午我都用于凝望浴场博物馆[Museo delle Terme]或者梵蒂冈的艺术品。午后，我以罗马古迹来焕发精神，或者在品奇欧[Pincio]公园或者在玛噶利亚塔游乐场[Passegiata Margarita]观赏城市风光。古罗马广场的那些夜晚令人难忘，月光照耀着圆形剧场[Colosseum]，马车在平地飞驰。没有晚间排练的时候，在费德里亚诺酒馆[Osteria Fedelinaro]吃过饭，我常会在世界上最漂亮的喷泉——罗马许愿池[Fontana di Trevi]前呆坐良久，悠闲地端着托斯卡纳酒[Tuscan wine]，倾听水的音乐。我从不会忘记向里面丢一枚铜币。依照一种古老迷信的说法，这样我就肯定能够再回来。我的运气不错，真的回来了。一次又一次，我徜徉在通向奥古斯蒂奥音乐厅的古朴的蓬替飞西街。甚至在它被拆掉之后，我依然作为学院的客人来到这儿，在阿德里亚诺剧院指挥演出。

向我发出邀请的外国城市不仅仅有西边的伦敦和南边的罗马，我同样接到东方的召唤，成为莫斯科的常客。这是一片陌生的天地，不同寻常，又令人兴趣盎然。俄罗斯帝国音乐学会[Imperial Russian Musical Society]定期举办音乐会。乐队纯正的乐感，它的气质和精湛技艺，以及观众对音乐的热爱，都让我着迷。我同样作为客座指挥在帝国歌剧院亮相。不知道是否就在那个地方，还是在后来的访问中，我指挥了柴科夫斯基的《黑桃皇后》[*Pique-Dame*]，在西敏歌剧院[Simin Opera]指挥了莫扎特的《唐璜》。我还清楚地记得此后两个音乐季的演出。莫斯科音乐生活的传奇人物，谢尔盖·塔涅耶夫[1]每天都
莅临我的排练，向我展示他的特殊兴趣。还有，《唐璜》演出结束后的 184

[1] 谢尔盖·塔涅耶夫[Sergey Taneyev, 1856—1915]：俄罗斯作曲家、钢琴家、音乐教育家和音乐理论家。

那个过去只在俄罗斯小说中有所耳闻的夜晚。塔涅耶夫是托尔斯泰和柴科夫斯基的故友，在俄罗斯很受尊敬。这位真正重量级的音乐家好像很喜欢我演出莫扎特的方式，这让我很高兴。我和我的太太欣然接受了到他府上喝茶的邀请。他居住的小房子，坐落在一所杂乱的老式院落中央。他在那里生活，有个老妇人照顾他。她曾是塔涅耶夫的保姆，粗暴苛刻地服侍着这位头发灰白、有些虚弱的老人。塔涅耶夫实际上很忌惮这位老妇人，安静地保持着孩子般天真的性格。对于一位非常有智慧有学问，思维特别清晰的人来说，这太少见了。桌上的茶壶一次又一次地被用来为我们续水。还有各种各样的俄式糕点，是这位女管家用她那坚硬却很灵巧的手烘焙出来的。塔涅耶夫只需挪挪椅子，就能拿到他想为我展示的乐谱。它们放在窗前满是乐谱的桌子上。在我印象中，他唯一的身体运动就是在餐桌和书桌之间的转身。他可以说一点儿德语，我喜欢他讲述柴科夫斯基的故事，他对音乐的看法，以及他身边那种友善、率直、极度认真的氛围。他不愿说起托尔斯泰。似乎他与托尔斯泰逝世前在诗人家中的那些争执，让塔涅耶夫感觉痛苦。当我称颂起勃拉姆斯，并说“他当然是个非常让人尊重的作曲家”时，塔涅耶夫变得沉默不语。

《唐璜》演出结束后，应歌剧院总监西敏[Simin]的邀请，我们来到斯拉瓦饭店[Restaurant Slava]。之后的痛饮只在一战前的俄罗斯才会有。数目庞大的各式的拼盘，被唤作“萨古斯基”[*Sakuski*]，还有让人眼花缭乱的一排排荷兰杜松子酒，由穿着高筒皮靴和白上衣的服务生端上来，让大家感觉吃完第一道菜后，就很可能不省人事了。但俄罗斯菜肴的魔法似乎让人的消化能力出现了奇迹。这类宴会的时长，也让这一切变得可能。宴会通常要延续到凌晨，之后还有其他的冒险活动。大约在凌晨3点，西敏对我说，他对这次演出非常满意，心里充满感激，问我还有没有什么愿望让他帮我满足，以此来证明他情谊的真诚。我想起在俄罗斯小说中常提起的旧式交通工具——三驾马车，我

是多么希望看到并排的三匹马拉着的雪橇哇！我问西敏，这样的东西 185
是否还存在。半个小时后，三辆三驾马车停在门口。西敏、我太太还有我自己上了第一辆，其他客人涌入了后面两辆。过了一会儿，这些马，伴随着叮当作响的铃声，碾着坚硬的积雪，穿过冰冷的空气和深雪覆盖的森林，一个小时后，到达了史翠娜[Strelna，彼得大帝的夏宫]——一个经常被当作莫斯科夜晚狂欢最后一站的地方。西敏召集的一支俄罗斯吉普赛合唱团，很快出现在我们的雅间。他们用美妙的嗓音和动听的俄罗斯民歌让我们亢奋起来。我们返程穿过森林的时候，天已蒙蒙亮。雪橇走过城市街道时，路上的行人用兴奋的呼喊，向这些难得一见的古老交通工具致意。

第一次世界大战爆发之前，我作为帝国音乐学会的客人，多次来到莫斯科。有一次，我结识了年轻的指挥家瑟奇·库塞维斯基[Serge Koussevitzky]，他领导着一支属于自己的美妙乐队。我听过他指挥的勃拉姆斯《第三交响曲》。那是一场精彩演出。我和太太在他的豪宅里吃饭。我还能回想起我与他之间热诚、惬意、让人兴奋的交流。那宫殿一般黄色建筑里的漂亮房间，依然浮现在我的眼前。我甚至记得主人那条特别聪明的狗，它慈爱的天性还有它的灵巧，对于爱狗人士的内心来说是一种愉悦。

从1908年到1912年，类似的客座旅行意味着我维也纳歌剧院工作的一种乐于接受的“打岔”。来自斯特拉斯堡[Strasbourg]的邀请让我特别高兴，那个时候这座城市还属于德国，当地歌剧院的指挥是普菲茨纳。我对这座城市，这里的大教堂，还有这里宜人的环境都很感兴趣，它一次又一次地让我联想起歌德，还有他的《诗与真》[*Dichtung und Wahrheit*]。与普菲茨纳为伍，并与聚集在他周围的精英圈子交往，实在太美妙了。与一支相当有能力的乐团一起演奏我的交响曲，也让我心里兴奋异常。普菲茨纳的助理指挥是一位年轻音乐家，他的才华和与众不同的品性，让我印象深刻。他就是威尔海姆·富特文格勒

[Wilhelm Furtwängler]，那时他刚刚23 岁。

至于维也纳，1911 年我终于在那儿获得了一片属于自己的天地，得到了更具挑战性的工作机遇，让我能更好地认识自己。维也纳当时有两个大型合唱协会，都致力于世俗和宗教清唱剧的排演。它们是
186 维也纳歌唱协会合唱团[Vienna Singverein]，著名的音乐之友协会的分支机构，还有维也纳歌手学院合唱团。两个团体都曾由约翰内斯·勃拉姆斯领导多年。歌手学院合唱团让我负责他们的音乐会。两年来，我一直指挥着这个古老而又显赫的机构的演出，直到我去了慕尼黑。我以亨德尔的《弥赛亚》[*Messiah*] 开启新的事业。之后是贝多芬的《庄严弥撒曲》，当我还是个孩子的时候，这部作品就是我心中的圣殿，它的演出现在已经成为一种我无法抗拒的体验。

间或，我还会指挥爱乐乐团的音乐会，魏恩加特纳被任命为这里的常任指挥。音乐会联盟乐团[Konzertverein Orchestra] 也多次邀我担任客座指挥。因为与马勒为敌的那些人在他离开之后一直悄无声息，马勒的支持者非常想念他，所以我可以将他的作品纳入节目单中，而不至于遭遇太多的阻挠。马勒在维也纳的时候，这些交响曲曾受到中伤与嘲弄，现在得到了听众的渴望和赞美。很快，一首马勒交响曲的演出预告，就足以让音乐厅满座。

阿道夫·布施[Adolf Busch] 是音乐会联盟乐团的首席。当他还是个22 岁年轻人的时候，就占据了这个职位。我永远不会忘记在贝多芬《庄严弥撒曲》降福经[*Benedictus*] 中，他小提琴独奏的辉煌之美。可以这样说，在那个时刻，这位神情专注的音乐家，已经俘获了我的心。在音乐会联盟乐团排演时，他和谐高妙的音乐技巧，给我的心灵带来快乐。我深感遗憾的是，因为国外音乐会的邀请太多，他难得有机会坐在乐团首席位置上。几年后，他离开这一职位，专注于独奏作品以及他的四重奏小组。后来，我们又有许多会晤机会。他与我指挥的乐团，曾多次演出贝多芬、勃拉姆斯和莫扎特的协奏曲。他纯正的演出风格，

大师级的音乐修养，高贵的表达，特别是他深邃的情感，让我在心中将他列为约阿希姆最合适的继承者。

间或，我会收到马勒的来信。这些信透露出的精神状态，用吕克特[Rückert] 的美妙词语“如痴如醉”来描述最合适。他和阿尔玛每次从美国回来，在维也纳进行短暂停留时，我都会前去探望。我还在布拉格见到过他，那是他《第七交响曲》首演的日子。然而，在此期间他被赫拉班·马乌鲁斯[Hrabanus Maurus] 的赞美诗《求造物主圣神降临》[*Veni Creator Spiritus*] 所鼓舞，内心世界泛起了新的狂飙。他由此谱写了《第八交响曲》的第一乐章，并用《浮士德》终场的音乐诠释将 187
整首交响曲完成。我希望这一巨大的创作活力，能够解除他内心积郁的诀别情绪。他告诉我，当第一乐章的构思即将形成的时候，他获得了一种让人魂牵梦绕的灵感体验。他激情四溢地为第一段赞美诗谱完曲之后，才发现自己手头没有后面的诗句。他给维也纳拍电报，但不巧的是，长时间没有收到回音。马勒非常烦躁，而第一部分开启的音乐灵感无法抑制，他继续创作。当完整的拉丁文本最终到他手上时，整个乐章的交响结构几乎已经完成。他准备重新开始，却发现没有这个必要了。这些诗句很容易而且很忠实地与乐谱相契合，这种形象化的神奇感觉，促使他继续创作下去。

音乐会演出经理埃米尔·古特曼[Emil Gutmann]，鼓起勇气支持这部巨作，马勒激动地称其为一场“巴纳姆和贝利的演出”[Barnum and Bailey show][1]。参加首演的大约1 000 名演员聚集在慕尼黑展览大厅。参与大合唱的维也纳歌唱协会合唱团在维也纳排练，另一支合唱团和儿童合唱团在慕尼黑排练。我负责独唱演员的遴选，并与他们一起研究角色。我相信1910 年9 月的那个夜晚，标志着马勒生命的巅峰，没有哪位参与者或者聆听者会忘却这一时刻。

[1] 言指类似于巴纳姆和贝利马戏团的表演，该马戏团于1881年在美国成立，其演出号称是“地球上规模最宏大的表演”。

用你的光点燃我们的理性，

用你的爱注满我们的心。

尽管死亡的阴霾已在他心中，但他可以用歌手们强有力的声音，向世界大声呼喊出其焦灼的内心世界的这一主旋律，他能够发出生命与信仰的主题，这是超越他所有生命体验的兴奋。演出结束时，观众热情的喝彩响彻大厅。马勒快步走上舞台阶梯，来到儿童合唱团那里。他走过孩子们的队列，欣喜若狂地抓紧每一只伸向他的小手。这是祝福青春的象征。

我与马勒在维也纳再一次见面时，他递给我《大地之歌》[*Das Lied von der Erde*] 的管弦乐总谱，让我研读。他没有为我弹奏他的新作，或许是害怕《大地之歌》可能引起的那种兴奋。我研读了这部作品，经历了好几天剧烈的心绪动荡。那种独特的诀别之声，饱含着激昂、苦涩、顺从、祈福之情，深深打动了我，那是濒死之人最后的告白。
188 奥地利音乐家与中国诗人之间迟到的深切友情，营造出别样的音乐灵感。他的《第九交响曲》，封缄在死亡阴影当中，充满了别离的神圣之感。直到马勒去世，我才发现这部作品的乐队总谱。在阿尔玛的要求下，我将它与《大地之歌》一起出版。命运没有让马勒听到这两部作品的正式演奏。

1911 年2 月，马勒在美国因心内膜炎病倒。回归途中，他被带到巴黎的一所安养院。这个坏消息传到维也纳时，我正在排练德彪西的《佩利亚斯与梅丽桑德》[*Pelléas et Mélisande*]。我请了假，与马勒的妹妹贾斯廷赶赴巴黎。在讷伊[Neuilly] 的安养院，我发现马勒已病入膏肓。我与他谈起他的作品，但他的言语很痛苦，我认为能让他高兴起来就好，于是尽力去这样做。尽管沮丧至极，但他依然表示希望回到维也纳，阿尔玛带他返回故里。5 月18 日夜晚，我得到消息，马勒已到弥留之际。我迅速赶往勒维安养院[Loew Sanatorium]。我到达后不久，马勒就与世长辞了。莫尔、罗斯还有我跟随他的棺椁走向格利岑[Grinzing] 公墓的小教堂，那是一个暴风雨之夜。第二天早上，马勒被送入墓穴，很多人虔诚地伫立在四周。我想起让·保罗《泰坦》[*Titan*]中写到绍珀之死时的壮美诗句，它们非常契合此时的场面：

> 你求索着超然生命之物；
> 吾等非凡夫俗子，亦难流芳百世，
> 唯有至高无上的天主，才能永恒不朽！
> ……
> 如今你得到了真正的安息。
> 死亡从黑暗心灵上荡涤了生活的所有阴云，
> 久久寻觅的永恒之火已昂然升起。

第七章

1911年魏恩加特纳离开了歌剧院，曾经执掌柏林喜歌剧院的汉 188
斯·格雷格尔[1]被任命为其继任者。魏恩加特纳并没有离开维也纳，他继续指挥爱乐乐团的音乐会。离任之前，魏恩加特纳将我的合同续签了几年。我听从权威人士的建议，担任宫廷剧院指挥10年之后，加
入了奥地利国籍。聘用格雷格尔意味着体制的转变。掌控环形大道上 189
的这所剧院的不再是雅恩[Jahn]、马勒、魏恩加特纳那样的指挥家，而是所谓的戏剧权威。格雷格尔有丰富的舞台阅历和剧院管理经验。因为他在柏林获得了现代歌剧舞台总监的名号，蒙特诺沃[Montenuovo]认为他很适合在宫廷剧院实施新的管理模式。尽管魏恩加特纳的离开，意味着我和我的同事沙尔克[Schalk]事业的拓展，但这种表面上的擢升更多被剧院引入的新风格和新精神所抵消。格雷格尔当然不缺乏对戏剧的了解，也很有才华，但他的个性以及他的艺术观，与剧院的独特氛围很不协调。就连他的口音——他出生在德累斯顿——在静悄悄的总监办公室听起来也很奇怪。然而，更重要的是，他的经历与个性让他的歌剧制作理念，与沙尔克和我处在直接对立的立场上，即便是最强烈的艺术团队意识也无济于事。在我的印象中，新总监是个好

[1] 汉斯·格雷格尔[Hans Gregor, 1866—1945]：德国演员、导演。

心人。在我们讨论的时候，他可以毫无怨言地放弃自己的观点；在音乐事务上，他会虚心听取我的见解和判断。他毫不妥协所要坚持的，是自己作为导演的价值。在我脑海里，尽管他有很好的戏剧天分，但其诸多可笑的表达，证明他对艺术的生疏注定会降低宫廷剧院的艺术水准。比如说，我们计划排演一台布景优美的《莱茵的黄金》新制作，他对舞台上不能出现3 个以上的莱茵少女的做法发出质疑，认为这样太保守。我表示反对，因为瓦格纳只提供了3 个声部，他回应说："好吧，那就让3 个人唱，另外4 个游泳，这不可以吗？"他这样的安排将使舞台看起来像个大鱼缸，但我很难说服他。还有一次，他为一场瓦格纳演出的场景动作挑毛病。我向他解释，这些动作是按照瓦格纳的剧本说明进行的，但他说："瓦格纳不太了解戏剧。如果他提交其《漂泊的荷兰人》给我，我会告诉他：'什么，舞台上放两条船？回家把它改了，然后再回来。'"我努力让他明白，我对作曲家总是恭恭敬敬的，但是他
190 反驳道："坦白跟你讲，你对艺术作品太过尊重，若要换成我，我会让作曲家们把谱子上交到门卫的桌子上。"尽管如此，格雷格尔仍是一位真正有天赋的舞台导演，自成一派。比如，《佩利亚斯与梅丽桑德》是唯一一部让我们通力合作的歌剧，这出戏被他赋予了独特的氛围。

在我与格雷格尔之间的众多分歧意见中，有一次让我高兴了很长时间。剧院要举行一场招募演员的面试。当时我的辞职报告已获批准，正在忙着为慕尼黑寻找有才华的年轻艺术家。著名的声乐教师阿玛莉·舒梅尔－安布罗斯[Amalie Schlemmer-Ambros] 的一位弟子出现在舞台上，她看起来非常有活力，身材娇小苗条。她唱了一段花腔咏叹调，若是我没记错的话，是《波西米亚人》[*La Bohème*] 中咪咪的唱段，我意识到她是一位未来之星，同时我也知道"这朵花不是为我盛开的"，她很可能会在一个小时之内就从格雷格尔的办公室拿走一张维也纳歌剧院的合同。谁料当这个年轻女子演唱结束后，格雷格尔转向我，用激进的话语表达了他的裁决："绝对不行！"我刚才的忧伤变

成了快乐。我跑到后台，与这个女孩子进行了长谈。几天后，玛丽亚·伊芙根[1]，歌剧舞台未来最优秀的歌手，成了慕尼黑歌剧院的一员。

不过在叙述慕尼黑的经历之前，让我先回到在维也纳的那些日子。当时的情况是，我渴望离开维也纳宫廷剧院，担任一家艺术机构的主管，成为独当一面的领导者，拥有属于自己的显赫职位及权威，我的决断将起到决定性作用。菲利克斯·莫特尔[Felix Mottl] 在1911 年7 月去世。他曾是巴伐利亚的音乐指导，慕尼黑宫廷剧院的艺术总监。尽管我以前只是偶然遇到过他，但他的去世深深触动了我。指挥《特里斯坦》时，当台上的伊索尔德说出“死亡注定在前”，他倒下了，几天后告别了人世。莫特尔是拜罗伊特的重要人物，他创建的慕尼黑莫扎特与瓦格纳音乐节一年一度的精彩演出，依然彰显着他的国际声望。作为比他小20 岁的年轻人，我怎会想到能成为他的继任者，接管欧洲艺术生活中如此重要的职位呢？但是奇迹发生了。我收到了来自慕尼黑的猎头咨询，询问我现在是否可以自由离职，并乐于接受这个位置。我
只能这样回答：尽管现在可以自由离职，但我要尽最大努力让维也纳 191
的合同在友好气氛中结束。于是，在我指挥《众神的黄昏》时，慕尼黑的首席舞台导演安东·富克斯[Anton Fuchs] 出现在维也纳宫廷剧院的包厢里。巴伐利亚的音乐总监，莫特尔的继任者，首先必须是一位瓦格纳指挥家。慕尼黑宫廷剧院总经理委托的猎头知晓这一点儿，并把报告呈送了给他的上司。大约一星期后，慕尼黑宫廷剧院的行政总监佐尔内[Zollner] 打来电报说，他将作为总经理斯派德尔男爵[Baron Speidel] 的代表来维也纳见我。我们达成了协议，于是，尽快让维也纳放我一马，成为事情的关键所在。

我想方设法离开，却有人万般阻挠，一个看似无穷无尽的循环圈开始了，因为格雷格尔和蒙特诺沃都不愿意接受我的辞呈。这件事没完没了地拖着，我开始担心慕尼黑不能长期在没有音乐总监的情况下

[1] 玛丽亚·伊芙根[Maria Ivogün, 1891—1987]：匈牙利女高音，施瓦茨科普夫的老师。

运营，我将因此失去这一生仅有的机遇。但是慕尼黑的总经理打定主意，等了我一年多时间。在1913年元旦，我正式就任巴伐利亚皇家剧院音乐总监[Royal Bavarian General Musical Director]，在这个岗位工作了10年。

我与佐尔内在1911年达成的协议，让我得到在慕尼黑作为客座指挥登台的机会。这次我们选择演出朱利叶斯·比特纳的《天池》[*Der Bergsee*]。这是一出新戏，在慕尼黑呈现一部完全由我主持排演的作品终于可以了。我想不起是否在演出此剧的同时，还进行了马勒《大地之歌》的世界首演。两件事情应该离得不太远，由于我将暂离维也纳，所以让这两场演出合在一个档期似乎更明智一些。

我对《天池》演出的所有记忆，是慕尼黑宫廷剧院的每个人，包括艺术家和管理机构，都以充满信任的态度与我打交道，演出像我预期的那样获得了成功。然而，对于美国歌唱家查尔斯·卡耶夫人[Madame Charles Cahier, 1870—1951]和威廉·米勒[William Miller, 1880—1925]担任独唱的《大地之歌》的首演，我记得更清楚，原因有很多。首先，在把这部弥足珍贵的马勒遗作第一次呈现给世人过程中，我深深地意识到自己的责任。另外，我感觉好像从这个时候开始接替
192 了大师的位置。最终，《大地之歌》第一串激动人心的音符，让我比以往更加痛苦地意识到，马勒的离去对于我意味着什么。

在慕尼黑最初工作的那几个星期让我刻骨铭心，还基于另一个原因。我结识了一位新朋友。就像在维也纳那样，我的生活再次因为终生的友情而丰富多彩。1906年，马勒《第六交响曲》首演时，我认识了奥西普·加布里洛维奇。[1]当马勒的“第七”和“第八”交响曲分别在布拉格和慕尼黑上演的时候，我又见到了他。他对这些作品的巨大热情，还有他对马勒个人的景仰让我感动，但在那些场合，我们并没有走得很近。如今在慕尼黑，我收到了他的一封信，他特有的仁慈与慷慨

[1] 奥西普·加布里洛维奇[Ossip Gabrilowitsch, 1878—1936]：俄裔美国钢琴家。

精神，让我焕发出活力，从那时开始，我们成为同路人。奥西普当时正处在转型期。这位优秀的钢琴家和热心的音乐人，不再满足于弹弹钢琴，尽管钢琴演奏事业已让这位年轻人获得了相当大的声望。他被交响音乐和管弦乐团深深吸引，在慕尼黑安了家，打算与凯姆管弦乐团[Kaim Orchestra] 一起排练，并举行音乐会，想依此来考查自己的指挥才能，获得指挥业务的经验。很遗憾，负责排演《大地之歌》的演出经理埃米尔·古特曼，没有展示出他在马勒《第八交响曲》排练时的高效率。显然，他没有为乐队提供充足的排练时间。古特曼的困窘以及我的纠结，因奥西普的一封信，而转变成惊喜和感激。他信中写道："我已获悉，你在《大地之歌》的排练方面遇到了困难。看到乐队的工作时间表，我知道给予你的时间不够充分。很幸运，我为自己即将举行的音乐会预备了相当多的乐队排练时间。为了《大地之歌》，你可以随意使用，需要多长时间都可以。我需要知道如何操办。"我去拜访奥西普，以表达我的感激。他住在艾布林格尔街[Aiblingerstrasse] 漂亮的别墅里，靠近宁芬堡公园[Nymphenburg Park]。我与奥西普握手，他的太太克拉拉[Clara] 是马克·吐温[Mark Twain] 的女儿。当我们分别时，奥西普和我成了挚友。

加布里洛维奇非常关心他身边的人。他的同情心，让他随时准备去行动，去战斗。也许他自己可以蒙受冤屈，但如果受害者是别人，他
总会施以援手。当《纽约论坛报》位高权重的评论家克雷比尔[Henry 193
Edward Krehbiel, 1854—1923]，用恶毒无礼的不公正态度攻击马勒的时候，加布里洛维奇碰巧在美国。对这位正在崛起的年轻钢琴家来说，其在美国的事业意义重大，但他毫不犹豫地出版了一本力挺马勒的富有战斗精神的小册子，对克雷比尔予以愤怒谴责。奥西普·加布里洛维奇的高贵形象将在这本书中再次出现。在这里，我只希望提到在我指挥的《大地之歌》演出中他舍己为人的襄助，并重温那希望能与他有更多愉悦交流的期待。

回到维也纳，我投入到合唱协会[Vienna Singakademie] 与另一支大型合唱团以及彼得利尼男童合唱团[Peterlini boys' chorus] 联袂演出的马勒《第八交响曲》的准备工作中。合唱排练大约有900 名歌手参与，在位于梅德林[Meidling] 的宽敞的凯瑟琳大厅[Katharine Hall]，众人发出一阵阵的声浪。我站在一张快要散架的指挥台上，度过了满怀激情的幸福时光。我确信这几个小时的记忆，依然会保留在那些仍健在的人们心中。

1912 年春天，维也纳有一个音乐节。我利用这个机会，首次排演了马勒的《第九交响曲》。在音乐节的另一场音乐会上，我让维也纳人听到了《大地之歌》。在这次演出当中——或是后来的演出，我选择用男中音代替女低音。关于这一点儿，马勒自己也拿不定主意。他的演出说明允许两者择一，所以我想应该为他实验一下。宫廷剧院的弗里德里希·魏德曼[Friedrich Weidemann]，是一位拥有很高艺术水准的严肃歌手，一直对马勒忠心耿耿。我与他一起研究这个角色，他用其惯常的挚诚风格来演唱，但是我没有再重复过这种实验，因为我认识到，女低音能更好地满足这个角色的声乐要求。在《大地之歌》的六首歌曲当中，女低音和男高音的组合，比两个男声更顺耳一些。

1912 年的夏天到来了，应慕尼黑总经理之邀，我终于在皇宫剧院[Residenz Theater] 和摄政王剧院[Prince Regent Theater]，首次指挥了莫扎特和瓦格纳音乐节的剧目。洋溢在我整个生命的那种满足感无法用言语表达。然而我还记得，在排练的前一天，我去皇宫剧院进行了一次朝圣之旅，莫扎特1775 年在那儿指挥过他的《假扮园丁的姑娘》[*La
194 Finta Giardiniera*]。从那个地方我漫步走过宫廷剧院，穿过伊萨尔河[Isar]，慢慢走上摄政王剧院，实现了一个瓦格纳崇拜者的理想。三家剧院都由我来掌管，每一座都与在那儿呈现的作品相得益彰！我能够在这些剧院，按照我的理念排演歌剧和音乐剧！这的确是我期待的天降大任，我感觉自己生来就是为了它。如果维也纳放了我，我确信自己将在恰当的时间，于青春活力与成熟心智的交汇点，走上自己的正途。在美妙的夏日夜晚，我游走于伊萨尔河岸，即将实现的宏愿令我心潮起伏，梦想成真让我信步悠然。我陶醉在幸福中，回首往事，我必须把此时此刻算作我生命的一个闪光点。我身上喷涌出冲天的活力，就像激越奔腾的溪流，群山已将狂放之力传递给它。我同时感觉到了内心的能量，信念，还有追求的目标。我的时代就要到来了！我有点羞于承认我拿破仑式的狂妄，但我决意要征服慕尼黑，从慕尼黑直至整个音乐世界。36 岁的男子汉自负的升腾之力，隐忍许久需要付诸苍穹的能量露出了真容，的的确确不过是我从孩童时代就曾熟悉的某种状态的强化，我一辈子的表演力量都是从那里得到了强劲推动。任何一种艺术实践，不管有多谦卑，有多专一，都是一种自我超越。难怪那个时候，对于成就的预期，对未来宏伟使命的关注，在我内心的憧憬当中炽热地燃烧着。

因此当我的离职请求在维也纳遭拒，我感到格外焦躁。当所有的努力在正常渠道行不通时，我决定通过“旁门左道”去试试运气。弗朗茨·约瑟夫皇帝的红颜知己，凯塔琳娜·施拉特[Katharina Schratt] 是一位有影响的重要人物。她以前是城堡剧院的演员，应该知晓“专业满意度”对于艺术家意味着什么，所以我下定决心去求她。我被实实在在地告知，施拉特恪守原则，拒绝过数不清的因个人问题去影响皇帝的请求，但也有传闻，这里面是有例外的。这里所记述的，就是其中的一个例外。因为它显示出皇帝性情中少见的可爱一面。有人曾请求
施拉特夫人想方设法让皇帝对某位画家的画展发生兴趣。她拒绝了几 195
次之后，被艺术家的痛苦境遇所打动，最终屈服了。她建议皇帝参观这个画展，并购买其中一幅画作。几个星期之后，一辆大货车停在席津[Hietzing] 的施拉特别墅门前，一件大东西被搬进屋内。几位来自美泉宫[Schönbrunn Palace] 的仆人，受陛下之命出现在这儿，帮助把东西搬到沙龙里去。下午，皇帝照例与施拉特夫人喝茶。他拉着她的手走进沙龙，这里的一面墙整个被一幅丑陋的，不讨人喜欢的绿色图画

所覆盖。皇帝笑眯眯地指着这幅画说：“这可是你要的。”

尽管我曾设想，有过这样一次经历，施拉特夫人不会愿意再为艺术家施展她的影响力了，但是我恳请她理解，请求她帮助。与此同时，我给皇帝本人发去了一份请愿书，强调我的辞职愿望。我还试图让皇帝的副官，帕尔伯爵对我的事情感兴趣。几个星期过去了，慕尼黑一再要求我，尽最大努力促使宫廷剧院做出决定。有一天，我正在排练，蒙特诺沃亲王的仆人带来了一份令旨，让我去皇室总管的办公室。刚一进门，我看到我呈交皇帝的请愿书放在亲王的桌子上。他见到我后勃然大怒，指出我试图从皇帝——他的顶头上司那里直接获得一份决意的举动，让他感到很遗憾。“这是你的请愿书，”他说，“陛下非常英明，在我不认可的情况下，不会对我下辖的部门进行干预。你去恳求施拉特夫人，她也无能为力。你去年刚刚从我们这儿获得了一份非常优厚的合同。你还需要什么呢？”他显然非常恼火。我回答，慕尼黑的岗位要比维也纳的优越得多，在职责和荣誉两个方面都是这样。在那里，我将成为总监，而且在维也纳我的职权范围因为总监的权威蒙上了阴影。我迫切请求，在我职业生涯的这个关键时刻，不要在我的道路上设置障碍。他询问我在慕尼黑的合同期限，当我告诉他，我将在那儿工作6 年的时候，他的语气突然发生了改变。蒙特诺沃亲王非常亲切地说：“坦率地讲，我非常看好你。马勒是我的朋友，他向我推荐，将来由你担任宫廷剧院的音乐总监。这就是我为什么希望把你留在这个地方，直至现任总监任期结束的原因。你用你的离职请求破坏了我的计
196 划，但不管怎样，我无法留住一位通过各种手段要离开的艺术家。我会批准你的辞呈，但有一个条件，你必须签署一项秘密合约，在你慕尼黑合同期满的时候，有义务接受维也纳宫廷剧院的总监职位。我们将相互信任地为这件事情握手。”于是，当我的维也纳合同在1912 年12 月被解除，得以入职慕尼黑宫廷剧院的时候，我的口袋里还装着一份从1919 年1 月1 日开始担任维也纳宫廷剧院总监的秘密协议。对于

这件事，我当然一直信守诺言，然而到了1919年1月，蒙特诺沃已不在其位，不再有宫廷[1]，也不再有宫廷剧院——它变成了政府机构——我的合同失去了它的效力，于是我依然待在慕尼黑。

在维也纳歌剧院的11年间，我的政治观念越来越强，这是不可避免的。但事实上，我在政治领域长期以来就像个饶有兴趣的旁观者。当波斯尼亚[Bosnia]和黑塞哥维那[Herzegovina]在1908年被奥匈帝国吞并时，我有所改变。从那时起，我感觉到欧洲民族对立的严重威胁。当我逐渐通过报纸和朋友们的谈话获悉，奥匈帝国和欧洲的政治倾向势不两立的时候，我怎能不会预感到即将到来的灾难呢？和平一再地被努力维护着，甚至有时候形势看起来不是特别令人失望。我前往慕尼黑的时候，满脑子装的全是艺术任务，再一次对政治上的不和谐充耳不闻。唯有1914年7月31日，摄政王剧院门前军人行进的脚步，让我意识到战火硝烟的恐怖现实。对此，我的准备太不充分。但命运已经注定，我必须从现在开始，让自己活下去，让自己去适应这一切。

[1] 第一次世界大战之后，奥地利宣布成立共和国。

第四卷

第一章

一家备受尊敬的艺术机构，现在交由我来掌控；一座拥有辉煌过 197
去，如今依然显赫的歌剧院，让我来担当大任。

三座剧院的最古老者，当属进行歌剧演出的皇宫剧院[Residenz Theater]。因为它兴建于1750 年，其迷人的洛可可风格显示出巴伐利亚人的艺术品位，让人想起慕尼黑戏剧史上，莫扎特站在指挥台前那段令人神往的年代。这座剧院华丽的内饰从来没有改动过。它依然完美地适合18 世纪的歌剧，以及其他以亲密温馨效果取胜的舞台作品。宫廷剧院[Court Theater] 是一座大剧场，从1823 年开始就以现在的面貌存在，一周演出6 场歌剧。在路德维希二世[Ludwig II] 的手中，它曾获得过最高的礼遇——瓦格纳的多部乐剧都在这里首演，包括1865 年汉斯·彪罗棒下对《特里斯坦和伊索尔德》的经典演绎。

慕尼黑歌剧院不仅只靠它昔日的辉煌得以幸存。最近这些年，它受到了恩斯特·冯·波萨特[1] 的强烈影响。波萨特是一位颇具个性的演员，作为皇家巴伐利亚剧院的总经理，他创办了莫扎特和瓦格纳音乐节，有效加强了慕尼黑在国内外的影响力。慕尼黑节日剧院，也就是摄政王剧院的创立，同样要归功于他的倡导。慕尼黑的歌剧演出，打

[1] 恩斯特·冯·波萨特[Ernst von Possart, 1841—1921]：生于柏林的演员兼剧院经理。

上了鲜明的波萨特印记。即便这些演出并非洋溢着音乐戏剧精神，它们至少得益于一位善于思考、不断创新、态度严谨的导演的风范，因
198 此超越了当时大多数剧院所盛行的常规模式。瓦格纳和彪罗之后，剧院的指挥台被赫尔曼·列维[Hermann Levi]、赫尔曼·楚姆佩[Hermann Zumpe] 以及菲利克斯·莫特尔[Felix Mottl] 占据，他们延续了剧院那历史悠久的辉煌传统。然而事实上，在莫特尔去世后，即我来慕尼黑之前的18 个月里，剧院没有领头人。因此，延续并振兴我手中的光荣传统，打击有害势头，填补空缺，用我生命的电流让艺术之轮运转，成为我的第一要务。

首先我要熟悉剧院的现状，以及它的最新成就。我深深意识到，莫扎特和瓦格纳戏剧节的创建，以及常规演出季的10 个月里对两位大师作品的排演，共同表明慕尼黑从波萨特和莫特尔那里受益良多。能够接手这份辉煌的遗产，我当然非常高兴。与此同时我了解到，其他的歌剧流派和现代音乐在这里很少被关注，因此我必须拓展演出剧目，使其制作精良，具有时代特色。此外，在1912 年的夏季音乐节上，我还有机会了解现有演员的优势与短板。不出所料，他们当中有处在巅峰状态的优秀艺术家，也有年迈的歌手和平庸之辈。许多空缺必须填补。而且，我指挥的莫扎特和瓦格纳戏剧节演出让我清楚地看到，这家剧院的艺术家，就其整体氛围而言，更适合于瓦格纳而不是莫扎特。这是很自然的，因为瓦格纳自身的生命力，列维、楚姆佩、莫特尔所代表的拜罗伊特的影响，以及首席舞台导演安东·富克斯的工作，都有利于真正瓦格纳风格的营造，然而他们对莫扎特歌剧的戏剧性演绎，其灵感是来自达蓬特和博马舍的剧本，而非莫扎特的音符。

莫特尔绝不仅仅是瓦格纳作品的诠释者。他用满腔热情和天才音乐家的声音直觉指挥莫扎特，在音乐的每个细部，都注入了源自他纯正戏剧才能的动人力量。然而，如果说在瓦格纳乐剧表演中他最能让人信服，那是因为他天生的即兴抒发，而不是他研磨细节的能力，以

及对歌手进行说服训导的意向。未来几年我的任务很明确，瓦格纳作品的排演必须延续，常规剧目需要谨慎拓展，搞出更多的变化。至于莫扎特作品，还有许多工作要做。在这儿，我的责任的确很重大，但还 199
是充满希望的。

对我来说，最要紧的是排练工作亟待加强，特别是对个体艺术家的训练。就像我在维也纳以及之前所做的那样，我很重视在声乐和戏剧性两方面对歌手进行辅导，让他们全面了解自己的任务，使他们的才能有条不紊地释放出最大潜力。我一向认为那是一种教育性质的活动——尽管不能显得像教书育人，但它是剧院每项建设性工作的基础，只有在最可心最忠实的细节制作之后，音乐表演的即兴热忱和动人火焰才能得到观众的赏识。表演流程中的细节条理与自由即兴这两个元素，成为艺术再现的使命。两者如果有一项缺失，表演就不能实现作品的要求。

于是剧院提供给我足够多的排练业务，我因为它每日产出的回报，以及与其他人长期协作的热情活力而感到振奋。在我的任期里，久经考验的演员阵容和受欢迎的艺术家，因年轻歌手的签约而得到补充。让个性鲜明的艺术名家围绕在身边，这是我的工作目标。要在表演中做到和谐统一，要忠实于原作，不管在这些方面有多么热心，我从未忽视剧院的吸引力来源于台上的名角，来源于他们的个人魅力这一事实。我排演剧目的选择，多次受到我对具有强烈艺术个性的名家有所偏爱的影响。如果没有名家助阵，我就不会有旧作品复排或者新作品制作方面的计划。

在我与乐队的合作中，乐手们的严谨作风，他们的个人能力，以及在遵从我意愿方面的热心，让我感到满意。我们10年合作所特有的艺术上的和谐以及人情方面的融洽，现在回想起来总让我心潮起伏、感慨万千。我甚至在让年迈体弱者退休、聘用能力强的乐手、恢复乐队活力这样的事务上，也得到了乐手的理解与支持。然而，世界大战还有随

后而来的经济大萧条，让我很难积蓄足够的力量有所作为。在合唱团
200 的艺术成长方面，我同样给予了极大关注。我心怀感恩地记得，杰出的合唱指挥康拉德·诺伊格尔[Konrad Neuger] 高水平的通力配合。20年后在纽约大都会合唱团又遇到他，让我非常高兴。

在慕尼黑，尽管首席舞台导演安东·富克斯听命于我，舞台执导依然是我的主要难题。瓦格纳作品的演出几乎是我们仅有的合作机会，在这种场合他能步入正途，谨慎留意瓦格纳的舞台说明。我与舞台导演威利·沃克[Willi Wirk] 的相处并不轻松，但我能够实现自己的想法。约瑟夫·盖斯[Josef Geis]，无与伦比的贝克梅塞[1]，他有时也担任舞台导演，非常能干。尽管他是个顽固之人，我却与他相处得很好。我很喜欢与天才的芭蕾大师海因里希·库勒[Heinrich Kröller] 之间那心有灵犀的合作，可惜他去世得太早。在偶尔演出的童话剧和格鲁克《奥菲欧》[*Orfeo*] 的舞蹈当中，他能很完美地将18 世纪的芭蕾风格与神话诗学意味和谐统一起来，所以我毫不犹豫地把瓦尔特·布劳恩费尔斯[2] 改编自阿里斯托芬[Aristophanes] 的迷人歌剧《鸟儿》[*Die Vögel*] 的舞台设计全盘托付给他。他出色地完成了这项艰巨而又全新的任务，用小鸟般的姿态与手势相结合的方式，获得了激动人心的表演效果。

我刚来慕尼黑时，路德维希·基施纳[3] 在此担任舞台设计师。在排演韦伯的《欧丽安特》[*Euryanthe*] 时，我们彼此配合得很好。他在场景效果和舞台道具中展现出辉煌诗意的浪漫主义精神。他后来离开了剧院，原因不得而知，我转而依靠天赋极高、精细圆融的俄罗斯人列奥·帕西提[Leo Pasetti]。他富有想象力的工作，常给我带来极大的乐趣。当要排演格鲁克的《伊菲吉尼在奥利斯》[即下《伊菲吉尼》] 时，我写信给阿道夫·希尔德布兰德[4]，他是一位希腊艺术的行家里手，询

[1] 贝克梅塞[Beckmesser]：瓦格纳歌剧《纽伦堡的名歌手》中的角色。

[2] 瓦尔特·布劳恩费尔斯[Walter Braunfels, 1882—1954]：德国作曲家。

[3] 路德维希·基施纳[Ludwig Kirschner, 1880—1938]：德国画家。

[4] 阿道夫·希尔德布兰德[Adolf von Hildebrand, 1847—1921]：德国雕刻家。

问他是否能负责该剧的舞台设计，但遭到了拒绝。他已年过七旬，可能正想从剧院这种特殊的工作事务中收手退出。希尔德布兰德先前的作品都是宏伟静态的，显然他不愿介入一个人头攒动、光影变幻的世界。他的拒绝让我感到很遗憾，因为我曾设想从一个拥有英雄视角的雕塑家那里，实现《伊菲吉尼》全新的布景理念。我后来转向了埃米尔·普里托留斯[1]，一个精气神十足、个子不高的人，他拥有棱角鲜明的气质。他作为形象艺术家和插图画家而声名远扬。我对他的了解实际上只来自他为艾兴多尔夫[Eichendorff]的小说《无用之人》[*The Good-For-Nothing*]创作的精美插图。这些插图和这本小说一样富于 201
浪漫气息。我意识到，诗意化的插图与史诗般的希腊舞台画面之间有着天壤之别，但我对这个人的多才多艺和应变能力很有信心。我亲自去拜访这位才华横溢的艺术家。他的精神世界与斯特凡·乔治[2]的圈子很相近，曾痴迷东亚文化，全神贯注其中。与此同时，他致力于古典艺术，我认为他至少拥有完成这件不寻常任务的精神资质。他的工作完全印证了我的预期。当我从德意志剧院退出后，他前往拜罗伊特，在那里他设计出了新版《指环》的布景。这标志着他剧院事业成功的开端。在《伊菲吉尼在奥利斯》之后，他又为我做了很多工作。其中最出色，最能体现其才华的，是在柏林市立歌剧院[Berlin Municipal Opera]演出的《女人心》[*Così fan tutte*]。普里托留斯是黑森大公恩斯特·路德维希[Grand Duke Ernst Ludwig of Hesse]的朋友，在慕尼黑的知识分子圈中地位显赫。他的谈话以及他新奇浪漫的幽默感，让我感觉妙趣横生。

当我在慕尼黑排演新版《指环》时，我记得是由帕西提[Pasetti]负责舞台布景和服装设计。我对这件事的记忆已经模糊，但仍可以清晰地想起担任舞台导演的是安娜·冯·米尔登伯格[3]，安东·富克斯当时

[1] 埃米尔·普里托留斯[Emil Preetorius, 1883—1973]：德国设计师。1932年开始负责拜罗伊特音乐节的布景设计。

[2] 斯特凡·乔治[Stefan Anton George, 1868—1933]：德国诗人。

[3] 安娜·冯·米尔登伯格[Anna von Mildenburg, 1872—1947]：奥地利女高音。

可能已经去世，她的强势个性还有拜罗伊特对她的熏陶，让艺术家们难以忘怀。

我的助理指挥是弗朗茨·费舍尔[Franz Fischer]和雨果·罗尔[Hugo Röhr]。对于一个比他俩都年轻还是其上司的同事，他们的态度是热情友好的。罗尔是正统派的乐队指挥，可谓无所不知，无所不能。他总是招之即来，有一点点自负。但我可以随时仰仗他，这让我非常感激。尽管他的演出有些平淡乏味，却因其规整严谨而为人称道。弗朗茨·费舍尔，是一位朴实率真的老音乐家，当时专门指挥瓦格纳作品。观众中那些彻头彻尾的瓦格纳信徒私下里传言说，这个费舍尔实际上比莫特尔要强很多。行政总监佐尔内也向我谈起过类似的说法。但我的看法是，他的判断有点狭隘，受到了费舍尔纯朴巴伐利亚性情的影响。一则逸闻，证明了慕尼黑众多啤酒爱好者对他的衷心支持。据说在摄政王剧院乐池指挥的椅子下面，有时会放着一杯啤酒。在悄无声息
202 的时候，费舍尔会抿上一口，让自己兴奋起来。我更不愿意相信他的巴伐利亚主义走向了极端，因为我们之间为数不多的谈话向我展示了瓦格纳作品对他来说是多么神圣。我只看过他的几场演出，但也感受到了他过人的音乐才华。我所得意的是，不仅仅他自己，还有他女儿都告诉我，作为音乐家他对我非常敬重。

早在我来慕尼黑之前，剧院高层实际上已经确定了由谁来接任费舍尔。他们选择了亚琛歌剧院的首席指挥奥托·赫斯[Otto Hess]，一个本地人，有资格作为考虑对象，据说他在那里很成功。赫斯作为客座指挥在慕尼黑的一场演出，让我有机会评估他的资质。他指挥了一出瓦格纳歌剧，总体上给我留下了较好的印象。他实现了汉斯·彪罗的著名要求：一个指挥家不能把脑子放在乐谱中，而应该把乐谱装在脑子里。所以经我同意，他被任命为弗朗茨·费舍尔的继任者。他的工作还有他的专业热情，证明这一任命是完全正确的，尽管他日益趋强的力度偏好，与我一直崇尚的管弦乐文化相悖。赫斯是个贪心不足，又时运不

济之人。在无伤大雅的谈话中出现很小的分歧意见，他的脸颊就会涨得通红，他沉重的呼吸会让大伙知趣地不再谈下去。我尽量给他一个可以让所有指挥都满意的职权范围。他的野心很大，将我的“退避三舍”当作他的要求注定要成为不愉快的开端。我决定一如既往，去做自己认为合情合理的事情，镇静地忍受这个人的不当敌意。在我的慕尼黑任期内，奥托·赫斯因为结核病去世，这可以解释他的面颊通红以及反常易怒情绪的起因。他的职位被罗伯特·黑格[Robert Heger] 替代。此人的气质与行事风格与他的前任不同，在音乐和个人修养方面比赫斯要强。他的温文尔雅让我在慕尼黑的最后几年得以从无端的干预中恢复过来，这些干预直接涉及剧院的核心利益。

巴伐利亚剧院的总经理斯派德尔男爵，主持过我的工作合同谈判，他很有耐心地等待着，直到维也纳给我自由。他先前是骑兵将军，我到慕尼黑后，他很快就去世了。这位男爵是个朴实诚挚之人，慕尼黑有许多关于他在艺术事务中率真性情的掌故在流传。我告诉他合唱团有一位优秀的女低音，在试听过程中让我感觉很满意。我说起这位女子的才华和姣好扮相，认为她应该作为独唱演员与剧院签约。男爵以纯 203
正的巴伐利亚口音对我说：“还是按老样子吧，在合唱团里拥有这样美好的声音不是件很好的事情吗？”我费了很大的周折向他解释，合唱团员的嗓音不必优于独唱演员。这位歌手的名字叫路易斯·维勒[Louise Willer, 1888—1970]，日后成了慕尼黑歌剧院的首席女低音。在我指挥下，她演唱了众多的著名女低音角色。我永远不会忘记她在《大地之歌》中的动情表演。

接替斯派德尔职位的克莱门斯·冯·弗兰肯施泰因[Clemens von Franckenstein]，是长年担任奥地利驻伦敦大使的乔治·冯·弗兰肯施泰因的兄弟。我以双重方式与克莱门斯相识。首先，通过亚瑟·施尼茨勒[Arthur Schnitzler] 的小说《通往旷野的路》[*Der Weg ins Freie*] 中所描述的不同名字的两兄弟[此处就毋庸赘言了]。我还记得弗兰肯施泰因曾向我抱怨其描述的相似性。其次是通过在威斯巴登的一次会晤，我遵照马勒之命到那儿去试听一位歌手。弗兰肯施泰因当时是威斯巴登宫廷剧院的副指挥。他听说过我，邀请我到他家吃午饭。我与他和他夫人度过了一段非常愉快的时光。他太太是一位漂亮的红黄头发的爱尔兰女人。我很喜欢那个场合并不奇怪，因为弗兰肯施泰因已经是霍夫曼斯塔尔、施尼茨勒、安德里安[Andrian]圈子里的一员，对马勒非常钦佩。所以我们在音乐和文学方面有很多共同语言，一起相处的时候，时间总是过得很快。命运已经注定，这位奥地利与巴伐利亚古老艺术家族的代表，既是宫廷的座上宾，又是受公众欢迎的音乐家。他作为剧院管理层的首脑，成为我的顶头上司。我们合作了将近6 年，这一合作被1918 年11 月的革命所终结。此间，这位无可挑剔的儒雅之人的艺术直觉，他的老成谦逊，还有他的强劲活力，带给我的只有快乐与满足。

这兄弟俩没有多少共同之处。乔治·冯·弗兰肯施泰因身材修长，灰色卷曲的头发高耸在棱角分明的脸上。他的端庄举止和优雅平和，让他成为典型的奥地利贵族。克莱门斯·冯·弗兰肯施泰因，被朋友们称作克莱，长得虎背熊腰，体态步履非常凝重。他那恺撒般的头颅因为坚固的外表和突出的鼻子，庄重的嘴巴以及微微突出的额头而特色鲜
204 明。克莱是个很好的音乐家，甚至作为作曲家也引起过我的兴趣。他创作的歌曲，他为梅耶贝尔[Meyerbeer]的《胡格诺教徒》[*Huguenots*]守夜人的呼唤创作的美妙变奏，还有他的歌剧《李太白》[*Li-tai-pe*]，都显示出他的个性和能力，特别是变奏当中娴熟的配器技巧。

我已经提到过慕尼黑歌剧院以及在我供职的10 年间与之相互支持的依存关系。除了聘用、晋升、退休金、纪律问题，我还要留意乐团的对外交往和经济事务。战争的影响以及革命后产生的新问题，让我积极关注音乐家对于社会改良的作用。尽管我的记忆里没留下什么细节，但我想要提起我们在委员会上制定的最终条例，它作为德国管

弦乐团的条例范本获得了认可。总体的善意之感，让我们获得了这样一种结果，个体音乐家可能出于其自身的兴趣，被认为有些许偏见，但他们的总体优势不能被否认。在那种场合，我不得不再次承认，每个参与论证的团体，其争辩理由事实上都有道理。我坚定地与路德维希·托马[1]的《阿尔塔奇》[*Altaich*]中的水手站在一起。当问及其观点时候，他总是回答："我有两点意见。"我的结论是，对于所有世俗争论，只有一种应对方略，那就是宽容。心胸狭窄是不可行的。

指挥奥汀交响音乐会[Odeon Symphony Concerts]也是我的分内之事。我可以拥有自己需要的排练场次，为避免与剧院排练冲突，这一切必须由我来安排。按宫廷的老规矩，一辆两匹马拉的蓝色马车，身穿制服的马车夫以及车厢里的一位侍从，把我从家里带到音乐厅，再送回来。我们经常会拉上托马斯·曼[2]和他的太太，他们是我的朋友和邻居。这份便利条件让他们俩很受用，特别在战争期间。

在奥汀剧院音乐会开场前不久，皇室成员会出现在艺术家的房间。他们是我最固定和最精通音乐的拥戴者。这里有国王的堂兄路德维希·费迪南亲王[Prince Ludwig Ferdinand]，关于他，我后面还有更多的内容要说，还有他的太太玛丽亚，她与西班牙王室有血缘关系。他们的女儿皮拉尔公主[Princess Pilar]经常陪同前来，我与公主后来有更密切的合作。一起到来的，还有非常和善的克拉拉公主[Princess Klara]，以及吉塞拉公主[Princess Gisela]，她是奥地利皇帝弗朗茨·约瑟夫的女儿，后来成为巴伐利亚利奥波德亲王[Prince Leopold]即国王兄弟的夫人。所有这些"王室殿下"在剧院前排就座，开演后专注聆听，热情 *205*
地鼓掌，散场时再向我表示谢意。吉塞拉公主是唯一一个让我感到不舒服的人。音乐开始几分钟后，她就会进入梦乡。她头上装饰着一根高高的羽毛，会下垂到一侧。只有掌声才能把她唤醒，对此她会付之一笑。

---

[1] 路德维希·托马[Ludwig Thoma, 1867—1921]：德国作家。

[2] 托马斯·曼[Thomas Mann, 1875—1955]：德国小说家和散文家。

维特尔斯巴赫[1]的王室成员表现出对艺术的钟爱，他们的光临与认同为我的歌剧和音乐会演出增添了荣光。德国境内没有哪个城市的皇族成员像在古老的慕尼黑那样对艺术给予如此大力的扶持。负责建造辉煌的皇宫剧院，并将其进行精心装饰的维特尔斯巴赫公爵们，留给人们的记忆已经有些模糊。其中之一的阿尔布雷希特五世公爵，在16世纪建起了国家图书馆和艺术工作室，并把拉索[2]带到他的宫廷。之后国王路德维希一世到来，他是歌德的崇拜者，他的儿子马克西米利安[Maximilian]，是此地重要街道和大建筑的缔造者。两人的名字在慕尼黑的文化历史上熠熠生辉，因为他们创建了专注于艺术和科学的多个机构，并召集杰出人物来到这里。出于对两位君主表现出的对艺术大力支持的认可，慕尼黑经常被人们唤作“伊萨尔河畔的雅典”。

非凡的路德维希二世让维特尔斯巴赫王朝的荣耀达到顶峰，他一意孤行地对瓦格纳予以庇护，为他的艺术发展铺平道路。那种贵族精神的悲剧性结局尽人皆知。我亲眼见证了路德维希三世的加冕礼。承蒙圣恩，我所工作的剧院一直保持并践行着米尔奈西[3]的使命，它只源于对维特尔斯巴赫王朝传统的效忠。路德维希三世为人低调朴实，头脑非常冷静，除非一些特殊的场合要他出席，他一般不去剧院，不听音乐会。1913年，在瓦格纳去世30年后，我们在摄政王剧院演出《帕西法尔》[*Parsifal*]，这是一部在当时已经成为拜罗伊特专利的剧目。如此重大的事件，国王不得不到场。漫长的第一幕之后，弗兰肯施泰因和我来到他的包厢，询问陛下印象如何。国王诚恳地回答说：“先生们，我很感谢你们，但野马再也不能把我拖回这里来了。”表达了自己的不耐烦之后，他变得非常慈祥，并惭愧地解释道，他非常喜欢绘

[1] 维特尔斯巴赫[Wittelsbach]：德国古老的王公世家，对巴伐利亚进行了长达700多年的统治。

[2] 拉索[Orlando di Lasso, 1532—1594]：文艺复兴后期法-弗兰德作曲家。

[3] 米尔奈西[Gaius Cilnius Maecenas, 前70—前8]：罗马帝国皇帝奥古斯都的谋臣，同时还是诗人艺术家的保护人。

画，并不喜欢音乐，对此他也无可奈何。

在慕尼黑那10年，伴随着那里数量众多、效果强烈的艺术表演， 206
我可以依靠指挥歌剧和音乐会来谋得生计，自由自在，无拘无束，只凭自己的良心去做就可以。今天看起来，这是我生命中成果最丰硕的阶段。这份丰盛浓郁的馈赠，在热情的索取中，建立起快乐的互动。逝者如斯，年近古稀的老者，与36岁到46岁的年轻人截然不同，现在他正用自己涂写在纸面上的追忆，作为另外一个人来讲述自己当初的样子。在不背负虚荣之骂名的情况下，我会提及自己事业中那段绵延许久的高度紧张，还有得到的热情回馈。我对慕尼黑的回忆，除去细枝末节，在某种程度上是对一方水土的眷恋。那段岁月中激动人心的温情依然会扑面而来。这种温情来自我用怀旧思绪召唤到眼前的每一个人和每一段经历。

那段岁月是全身心的奉献，是对自我的放逐，是对艺术爱好者的热情呼唤，是他们欣悦的领悟与谢意，是同事间的热忱协作，更是友人间毫无顾忌的意见沟通。怪不得现在当我回想起它的时候，它显得那样丰腴，那样美丽，那样快乐。尽管有战乱，有变故，还有政权更迭，但我依然生活在文学与音乐，科学与人文保有其神圣之位的世界，一个十诫和人类良知依然占据主导的世界。总而言之，那是一个尽管人们因为不当的意念去撒谎、憎恨、杀戮，却被准许运用正确的思维去尊重、爱恋、相互扶助的世界。在这个世界里，属于我们的音乐，以及人类思想的伟大创造业已成形。当我离开慕尼黑时，它的根基显然即将断绝。1922 年末，幽暗的地狱之力已经蠢蠢欲动。但除了慕尼黑街墙上血红的布告在炫耀凶恶的纳粹标志，昭告阿道夫·希特勒将要大放厥词之外，我对它们几乎毫无察觉。渐渐地，这场恶斗的凶残面目越来越狰狞，它开始成为一场反对摩西十诫，泯灭人类良知，颠覆尊重、互助、友爱之信条，辱没圣贤，亵渎其教诲的殴斗。最终它演化成一场反人类的战争，极端的龌龊与下流是其本来面目。

第二章

在1912年音乐节期间，我和太太迷上了黑尔佐克花园[Herzogpark]。207
这是位于伊萨尔河对岸的高档社区，我们满怀喜悦，将这一带的几所住宅考察了一番。维也纳还没答应放我的时候，我太太就赶赴慕尼黑租下了这里的宜居之所。现在，能住上自己的房子，让我们非常高兴。我们家的第一层，有个漂亮的前厅，一座弧形楼梯连接起前厅与第二层的两间卧室，还有两间宽敞的育儿室。房后另有一座楼梯，隐蔽在一扇门背后，向下通到厨房和配房，向上可以走到第三层的保姆房和客房，直至阁楼。我们在前面楼梯的墙面上挂了几幅画，晚上带着孩子上楼时，这些画成为无尽的提问素材，轻易地延迟了她们的就寝时间。前厅的几个门，分别通向学习室、琴房，还有宽敞的饭厅。后者需要通过一个大平台才能走进去。站在大平台上可以俯瞰围绕着整个房舍的花园。毗邻的几座花园也尽收眼底，让我沉浸在完全开放的，树木镶嵌的，公园一般的寂静环境当中。有一个高高的栅栏门，尽管我家的德国牧羊犬托列夫的跳跃技术不成问题，但它跳跃栅栏的高难度动作差点让一位过路的女士晕倒，还让我卷入了一场官司。穿过这个栅栏门，就可以进入安静的卯尔克尔歇街，慢慢走过草地和灌木，沿着急速奔流的伊萨尔河，一直可以走到迷人的草场。托马斯·曼[Thomas Mann]也喜欢带着狗在这个地方散步，他的散文《主人与狗》[*A Man*

and his Dog]对此有非常深情的生动描述。在我忙碌的生活中，这样穿过草地的散步其实很难得。我经常要从家中赶到城里，遵从太太的命令步行前往剧院，对于业务繁忙的我来说，这算得是一种“英雄壮举”。经过半个小时的悠闲散步，穿过美丽的英式花园，我来到自己宽敞的办公室，开始与隔壁房间的艺术事务秘书马约特，商讨常规事项。穿过他的屋子以及毗邻的等候区，我来到总经理办公室，与他讨论一些更要紧的事请。10点钟，我开始排练。午后时光，我用来研读新的歌剧和音乐会作品，与部门的负责人商讨行政事务，还要写信。即使晚
208 上不演出，这段时间我也常有排练。我一生当中，演出前的下午都要保持空闲，只有少许例外。

夫妻再恩爱，也不能诱使我下午再次步行到剧院。在毛尔基兴大街[Mauerkircherstrasse]的半路，有一段石阶通向更高处的街道以及30路电车终点。这样，在下午或者天气不好时，我就乘公交车前往剧院。我很快熟悉了所有售票员以及固定乘客们的相貌。他们形成了一个很大的彼此不明身份的“熟人”圈。经常有个人在餐馆里向我友善地点点头。对于“我在哪里与您幸会过”这样的问题，他会说：“哦，我是30路电车的常客，您知道的呀！”

在1912年夏天，也可能是在1913年，家人选定施塔恩贝格[Starnbergersee]湖边迷人的费尔达芬[Feldafing]作为我们的居所。那个地方，便捷的铁路让我白天晚上进城都很方便。波森霍芬城堡[Castle Possenhofen]离我们很近，巴伐利亚公主伊丽莎白，也就是后来的奥地利皇后就出生在那儿，并在那里度过了她的少女时代。城堡的对面，也就是湖对岸，矗立着贝尔格城堡[Castle Berg]，那是路德维希二世最后的住所，他最终溺死在湖中。从1914年开始，我租下了位于克罗伊特乡村[Dorf Kreuth]和克罗伊特浴场[Bad Kreuth]间被绿树环抱的雅格豪斯[Jägerhaus]，作为我们的夏季别墅。这座非常壮观坚固的住宅，是维特尔斯巴赫王朝的房产。一大片圈着篱笆、绿树环绕

的草地，让孩子们有了足够的嬉戏空间。简易的栅栏常被人顽皮地移走，邻家的母牛难免会闯进来。当然，我们必须将它们赶走。很多不同寻常的烦恼与兴奋会在我们这儿发生，这样的事情让孩子们和狗得到了极大的享受。过了一段时间，我们才认识到在这片文明土地上出现这些“西区野景”的原因。对场院大门的改造，确保了我们可以静静地享受田园般的隐居乐趣。沿着篱笆墙边一条崎岖的乡村车道穿过森林，远处奔涌着凉爽的布满泡沫的山间小溪维塞克[Weissach]，天热的时候，孩子们可以来这里冲凉。来自泰根湖[Tegernsee] 方向的公路，离我们的房子只有几步之遥。这条路向左通向安静的克罗伊特浴场，其单层的矿泉疗养所让我想起让·保罗在《卡森伯格的温暖之旅》[*Katzenbergers Badereise*] 中提到的穆尔布隆浴场[Bad Maulbronn]；向右通向蒂罗尔美妙绝伦的阿亨湖[Achensee]。我们房子的二层有个大阳台，可以在此观赏风景，体味丛林内浓烈的芳香。我们经常骑着自行车，要么前往阿亨湖，要么沿着通往埃根[Egern] 的路前往泰根湖。
在那里，男高音列奥·斯莱扎克会在他漂亮的乡村座椅上发表高谈阔论。 209
泰根湖距慕尼黑有一个半小时的火车车程。在克罗伊特乡村和我们的雅格豪斯之间，坐落着庞大的施罗斯尔·德莱弗斯——一座高贵朴素的对称建筑，后面是树木繁茂的山坡。加布里洛维奇夫妇租下了这个地方。要么在那儿，要么在我们家，两家人在快乐的交往中，演奏音乐、讨论事情或者散步，一同度过了许多美好的夏季休闲时光。

奥西普·加布里洛维奇在小镇上的家，与我们的住所隔着宽阔的慕尼黑城区。但在我来到慕尼黑直至战争爆发的18 个月里，我们多次互相探望，即使在冬季也是如此。此外，奥西普几乎出席了我所有的歌剧和音乐会演出。他的到场，总让我非常感激。演出后与他的讨论带给我莫大的快乐。但我们的谈话不只局限在音乐方面。奥西普兴趣广泛。他的好强个性生发出许多热烈的讨论，我俩第二天见面时还会接着聊起那些话题。谈到托尔斯泰和陀思妥耶夫斯基时，想与他取得

维也纳歌剧院礼堂(它的“铁幕”分明可见)

阿图尔·施纳贝尔(左一)、布鲁诺·瓦尔特(左二)、阿图尔·博丹斯基(左三)、埃尔莎·瓦尔特(左 四)(圣莫里茨,1937)

完全一致的意见，的确非常困难。他的内在性格引发了诸多友善的争论。这位慈祥、浪漫、爱激动的钢琴诗人，是个悲观主义者，他对这个世界的看法是批判性的，常常用轻蔑的眼光看待这个世界。尽管他的想法很悲观，但他的态度和行为依然乐观向上，我一次又一次为他证明了这一点儿。但他无法被说服，并努力向我指出，他始终是表里如一的，而我是错误的。我们要么四手联弹，要么演奏双钢琴。他有时在我的音乐会上担任独奏，私下里我经常让他为我演奏勃拉姆斯的即兴曲、舒伯特的《音乐瞬间》[*Moments Musicaux*]或者肖邦的前奏曲。我们会晤中也有笑声，因为奥西普有强烈的幽默感。我记得与他就一段芭蕾双人舞中男演员的尴尬作用进行过讨论。男演员在表演时，除了为女演员的猛冲、旋转，以及其他冒险动作给予身体上的支撑之外，什么也没有做。为了给我们的太太演示这个奇特话题，奥西普担当起芭蕾女演员的角色，向我奔跑过来，表演起让人惊讶的旋转。与此同时，我只得担负起那个乏味无聊、面带微笑、岿然不动的男演员的稳定作用。我和他在音乐会上的合作很成功，需要表演很多的加演曲目。我还记得每周带着帆布背包和登山手杖，与他一起穿越蒂罗尔的徒步旅行。然而，记忆最清晰的，还是他指挥慕尼黑凯姆乐团的音乐会。我饶有兴致地出席了多场演出。那是一段温馨的友情。战争的爆发让它突然中断，然而却是暂时的。战后，我们的友谊变得更加持久，更加紧密，这 210
是不言而喻的。

我与另一位俄罗斯音乐家也交情甚厚。在伊萨尔河靠我们这边临近摄政王剧院的地方，有一套与我家相像的住宅，里面住着小提琴家亚历山大·佩斯尼科夫[Alexander Petschnikoff, 1873—1948]——当时欧洲最杰出的音乐会独奏家，还有他美貌的妻子，德裔美国人莉莉[Lili]，以及他们的三个孩子。莉莉也是小提琴家，我多次听到这对夫妇精彩演绎的巴赫《双重协奏曲》[*Double Concerto*]。然而，这段琴瑟之合没有维系太久。尽管他们的婚姻生活走向破裂，但我与这两个人依然保持着友谊。我还在公共场合与佩斯尼科夫演出过几场室内乐。在美国卷入一战之前，莉莉和孩子们离开了慕尼黑，离开了德国。她以罕见的勇气和过人的坚忍，历经艰难险阻从而踏上了故土，后来我还经常在那里见到她。

在卯尔克尔歇大街[Mauerkircherstrasse]，距我家房子不远处有一条岔路。岔路尽头，靠近伊萨尔河岸，那里坐落着托马斯·曼富丽堂皇的别墅，它前面有一座很大的花园。人们通过拐角处的白色院门进入其中。来访者起初会被宝善[1]的狂吠吓到，但它所展示出的极度可爱会让客人疑虑顿消——这条狗因为作家的描述获得了永生。很快，访客就会来到托马斯·曼别墅宽阔的台阶。在温暖的季节里，我们在这个台阶上，在作家书房旁边舒适的客厅里，度过了许多难忘的时光。

我忘记了是在什么地方第一次见到托马斯·曼。有可能是在哈尔加滕博士[Dr. Hallgarten]——一位艺术爱好者的家中，或者是在他岳父，那个著名的数学教授阿尔弗雷德·普林舍姆[Professor Alfred Pringsheim] 家里。普林舍姆还是意大利精致陶瓷的收藏家，是很有个性的人物，与赫尔曼·列维[Hermann Levi] 有过交往。他爱好音乐，非常痴迷瓦格纳风格的作品，还对瓦格纳某些歌剧片段进行过钢琴改编。他的太太，赫德维格·普林舍姆，直到很老的时候依然仪态万方。她父亲是《闲话柏林》[*Berlin Kladderadatsch*] 杂志的出版商，母亲是著名的女权主义者赫德维格·多姆[Hedwig Dohm]。在节庆晚会上，所有慕尼黑人会聚在阿契斯大街[Arcistrasse] 的房子里，而我们在本性上却偏好在私密一些的圈子里安静地相聚。

在结识托马斯·曼之前，我已经读过他的《布登勃洛克一家》[*Buddenbrooks*]、《王爷殿下》[*Royal Highness*]，以及中篇小说《托尼奥·克罗格》[*Tonio Kröger*]，还有《特里斯坦》，与这位作家相识是我
211 渴望已久的事情。1913 年托马斯·曼的夫人卡蒂亚[Katja] 不在慕尼黑，

[1] 宝善[Bauschan]：托马斯·曼的名作《主人与狗》中提到的那只短毛猎犬。

直到1914年夏初才从阿罗萨[Arosa]返回，患病的身体让她被迫离开这个地方。但在普林舍姆家中，考尔巴赫[1]创作的一幅年轻女子的迷人肖像，让我早早领略到她的容颜。这幅画像，连同《王爷殿下》中艾玛的形象[2]（是她这个人的诗意化写真），在某种程度上让我预先熟悉了这两首变奏的主题。

在我们两家房舍周围，我们很快建立起友好的关系。这种交往因为孩子之间的友谊而变得热闹起来。孩子们开心的玩笑，还有他们互相教唆的富有想象力的恶作剧，成为我们兴奋的电话沟通和当面交流的谈资。孩子们的顽劣，并不是大人们交谈的唯一起因。他们讨人喜欢的嗜好，也常给我们带来快乐，提供沟通话题。我还记得莱辛[Lessing]的喜剧《明娜·冯·巴恩赫姆》[3]的一次幼儿版演出。我家女儿扮演明娜[Minna]和弗朗西斯卡[Francisca]，埃丽卡[Erika]扮演警官马杰·沃纳[Werner]，克劳斯[Klaus]扮演一个名叫忒尔赫姆[Tellheim]的哈尔加滕[Hallgarten]年轻人。还有一个吸引人的搞笑段落——托马斯·曼的小儿子，八岁的戈洛[Golo]，扮演哭丧的女子。他年龄太小，口齿不清。他对伤心夫人非常认真的描述，还有他在自己那袒露的扁平胸脯上画出的木炭线条来表现女性卖俏的情景，让大家印象非常深刻。小演员们用极大热情完成了任务。他们不仅得到两位成年导演的帮助，还受益于一次奇特的艺术闪念！他们要求大人们进行点评，我和托马斯·曼自告奋勇地担此大任。随后在孩子们演出王尔德[Wilde]《贵在真诚》[*The Importance of Being Earnest*]的时候，我认为自己触犯了评论的最高准则：严格公正。我偏心地把那个晚上的最高荣誉授予了7岁的莫妮卡·曼，天使般的她，完全征服了我。

除了家庭间的密切沟通，我和托马斯·曼的友谊更得益于美妙的

---

[1] 考尔巴赫[Wilhelm von Kaulbach, 1805—1874]：德国画家。

[2] 艾玛[Emma]：即《王爷殿下》中的艾玛·施波尔曼[Emma Spoelmann]，是以托马斯·曼的夫人卡蒂亚为原型塑造的。

[3] 喜剧《明娜·冯·巴尔赫姆》[Minna von Barnhelm]：又称作《士兵的幸运》，莱辛创作的五幕喜剧。

精神层面的亲近。我本能地痴迷于他那些奇特的、有创见的作品。他出色的中篇小说《特里斯坦》深深地打动了我。与此同时，他与生俱来的音乐天性，也似乎被我的音乐才华所吸引。很快我就为托马斯·曼夫妇演奏了我正在排练的剧目，以及我烂熟于心的作品，比如韦伯的《欧
212 丽安特》和莫扎特的《唐璜》，以及贝多芬或者莫扎特、舒伯特或者马勒的交响曲。我还让他俩熟悉了普菲茨纳的《帕莱斯特里纳》。托马斯·曼关于这一歌剧的随笔，挖掘到了这部作品的最深处。我还记得曾为托马斯·曼演奏过《特里斯坦》的第二幕，他后来指出，我忽略了配合“*Das bietet dir Tristan*”[这是特里斯坦所能给的]这句唱词的那段小号轻柔的降E调音符。他对这部作品的透彻了解让我惊讶。

我无力在本书中评说身为作家的托马斯·曼，我只能试着说出我与他作品关联的只言片语。似乎这位年轻作家最大的困惑，已经在《托尼奥·克罗格》中给予了非常清晰的表达，他的天性完全被艺术所支配；换句话说，他感到无法抗拒的冲动，想要艺术性地阐述他的每段经历。这种对生活进行深刻思考，并将其进行诗意表达的强劲欲望存在某种风险，有可能导致他迷失于生活本身。对其手中的“工具”，也就是语言的精通，可能真的会诱导他只从精彩写作的素材角度，去观察一个人和他的命运。他必须对艺术家唯我独尊、自我享受的“象牙塔”多加小心。他被内心深处的脉脉温情，道德力量，以及仁慈博爱所拯救。那种温和的讽刺，独特的宽容语气，及其早期作品的心境，从来不会让我感受到他是冷漠的，远离人间烟火的。他绝无居高临下俯瞰众生之意。这对我来说，在某种程度上是他艺术风格的象征，羞怯地掩饰着内心丰富的悲悯，一种大彻大悟，一种怜恤之情。还有人对此持怀疑态度吗？《主人与狗》、《儿童的歌唱》[*Lied vom Kindchen*]、《错乱少年愁》[*Disorder and Early Sorrow*]这些作品，会让大家完全信服托马斯·曼对动物和大自然的爱，还有他在与人交往中诚挚的温柔情怀。长篇作品像《魔山》[*The Magic Mountain*]，倾向于将作者本

人置于暗处。从《布登勃洛克一家》到约瑟夫故事[1]的这一脉络，对我来说似乎象征着“成长中的”托马斯·曼变成“成熟”的托马斯·曼这一实现理想的过程；象征着从诗意地再现人的世俗经历，到人的永恒宿命这一转变。我想要说，这就是从语言到音乐的升华。无论如何，托马斯·曼与音乐是密不可分的！音乐在他心中的重要地位，比他想象的还要大得多。约瑟夫故事进入高潮，作者努力用音乐让即将死去的儿子投入父亲的臂弯之中。这种人类世界无与伦比的至高悲情，消融在了孩童瑟奇[Search]的可爱童谣之中。这样的描写具有很强的启示作用！

托马斯·曼的生活之路与其创作之旅，难道不可以并行不悖
吗——如果这样的对应被允许的话？一旦政治事件提升了他的观察力， 213
抓住了他的心，这位从属于中产阶级的人，就会摆脱掉其阶级的束缚，转向人民大众。这位语言上、文化上、精神上的德国人，就会成为一个欧洲人，进而成为世界的公民。

在托马斯·曼让那引人入胜并令人羡慕的人生的早期阶段与他结识，是我的幸运。此时，为他注入力量并让他肩负起诗人和世界公民双重使命的大变革尚未到来。战争期间以及随后多次推心置腹的慕尼黑谈话，向我透露出他在努力领悟世界大变局的意味，也表明了他那情绪化的喜好，以及在疯狂的现实洪流之外保持作家内心宁静的努力。正是这种倾向催促他在1926年走进了约瑟夫的世界，走进了他在17年间不断从反对现实恶魔的世界战役中一次次回归的遥远领地。

尽管我在1922年底就离开了慕尼黑歌剧院，但后来间或还会与托马斯·曼和他的家人相聚。此间，他对甚嚣尘上的纳粹主义的愤慨，愈发强烈地表达出来。我清楚地记得，1930年托马斯·曼在柏林贝多芬音乐厅举行的演讲，纳粹分子分散在听众当中，阴险地尖叫打岔。托马斯·曼迫不得已地以逐渐加速的方式结束演讲，并离开大厅，这让其出版商费舍尔[S. Fischer]的太太长舒了一口气。费舍尔太太坐

[1] 约瑟夫故事：指托马斯·曼创作的长篇巨著《约瑟夫和他的兄弟们》。

在前排，不断地用发抖的声音向他低语："尽快结束吧！"纳粹分子的这次示威由所谓的"诗人"阿诺德·布隆宁[1]操控。这帮人带着古怪的黑眼镜，面目难以辨认。还没有等托马斯·曼离开讲台，我和我太太就快步走到他身边施以援手，以免让他与暴徒接触。穿过几条熟悉的连接通道，我们领着托马斯·曼和他的家人，从艺术家室走到附近的爱乐大厅，摸黑找到克滕大街[Köthenerstrasse]的出口。一种不祥的预感，让我把自己的车停在这里。最终这辆车载着我们来到安全地带。

尽管托马斯·曼处乱不惊，但他脆弱的生存状态正在遭遇危难，妻子卡蒂亚周到的护佑，让他一直好运相伴。如果没有这一切，托马斯·曼的创造力很可能受到世俗的伤害。作为"艾玛"形象（她拥有迷人的微笑，是一个思维敏捷的温柔形象）原型的卡蒂亚，拥有可靠坦诚的勇
214 敢性格，作为母亲，她担负着多重义务，作为太太、助手、卫兵、斗士、意气相投的伙伴，以及与世俗世界进行着有效调解的角色，她承担了千倍的责任。我要感激托马斯·曼让我的生活充实起来，还要感谢卡蒂亚这样的朋友。尽管我无法将她罕见的精神力量与处世之功凝结成诗句，但我希望她敏感和谐的耳朵，能够满意地体味到我赞誉文字中蕴含的热情。

在精神上的友好交往方面，生活带给了我另一位非同寻常的人物，保罗·尼克劳斯·科斯曼[Paul Nikolaus Cossmann, 1869—1942]。他是哲学家，音乐爱好者，是卓越的文学、科学与艺术杂志《南德月刊》[*Süddeutsche Monatschefte*]的出版商。战争爆发后，科斯曼全身心投入到政治活动中。他离开《南德月刊》，担负起慕尼黑《最新消息》[*Münchener Neueste Nachrichten*]的领导工作，这是巴伐利亚最有影响的报纸。但他的精神世界依然保持着对普菲茨纳作品的喜爱。以此为中心，集结了各式各样的随兴之念，比如他激进的政治态度，他与天主教日趋密切的关联，他强烈的慈善意向，还有对古典音乐的真诚敬

[1] 阿诺德·布隆宁[Arnolt Bronnen, 1895—1959]：奥地利剧作家，1933年宣布效忠希特勒。

仰。我们有很多见面机会，特别是对普菲茨纳的热爱让我们走到一起。尽管我并未完全理解这个不同寻常的优秀人物的性格，但总能意识到他的思维方式很有吸引力，他有纯洁的道德，也有非常独特的幽默感。我对普菲茨纳事业的支持，让科斯曼非常高兴，这是可以想见的。我指挥了《可怜的海因里希》[*Der arme Heinrich*]、《爱情花园中的玫瑰》，以及《帕莱斯特里纳》的首演。在科斯曼的陪同下，我多次见到学识渊博的约瑟夫·霍夫米勒[1]，还有风趣的政治经济学家保罗·布申[Paul Busching]。每当普菲茨纳从他在阿默湖顺道府的乡村住所来到慕尼黑时，总会出现一场非常活跃让人愉快的讨论会。

一位沉浸于欧洲好战往昔的有趣名人，进入到我的视野，那就是那不勒斯前王后玛丽亚。她是巴伐利亚公爵马科斯[Duke Max of Bavaria]的女儿，奥地利伊丽莎白王后的妹妹，她与伊丽莎白在施塔恩贝格湖[Starnbergersee]的波森霍芬城堡[Castle Possenhofen]一起长大。20岁的时候，玛丽亚劝说她的丈夫，西西里国王弗朗西斯二世[King Francis II]，拒绝加富尔[2]的利诱，不要卷入反对奥地利的战争。1861年，当加里波第[3]围攻加埃塔，成为保卫战精神领袖的是王 215
后，而不是萎靡不振的国王。她亲自统率皇家军队反击围攻者。加埃塔最后被迫投降。对于玛丽亚征战原因的看法可能有分歧，但无论如何，她都被自己的勇敢之举所带来的荣耀所环绕。这位年过七旬依然美丽的女人，身上发出娴静的光芒，营造出一种崇高的氛围。她总是身穿黑衣，盘绕在她头上的浓密的灰色头发，像是一顶王冠，为她的外貌增加了一份庄严。她非常喜爱音乐，经常出席我的歌剧和音乐会演出。应邀来我家喝茶，享受一个下午的由慕尼黑剧院歌手参与的音乐聚会，是她最高兴的事情。如果我没有记错的话，她寄居在女王酒店。每次她请吃午饭，我们都会得到她的仆役路易吉[Luigi]的侍奉。路易

[1] 约瑟夫·霍夫米勒[Josef Hofmiller, 1872—1933]：德国散文家。

[2] 加富尔[Camillo Cavour, 1810—1861]：意大利统一运动领导人。

[3] 加里波第[Giuseppe Garibaldi, 1807—1882]：意大利爱国志士，献身于意大利统一运动。

吉显然是她昔日在那不勒斯最忠实的随从，他就像意大利封建时代的一件遗物。有一天，一位年轻人走进房间，将女主人称作“亲爱的玛丽姑姑”。此人就是葡萄牙国王曼努埃尔二世[King Manuel II]，也是一位音乐爱好者。他在1910 年失去了王位，正在寻找一处长期居所。他考虑了一段时间，在慕尼黑找到落脚之处。当时，公众舆论对他很有兴趣，因为他与美貌的舞蹈演员加比·戴·理斯[1]的交往被炒得沸沸扬扬。然而，与报纸的报道相反，他的严谨、谦逊，还有坦诚热心表明，他绝不是只会享乐的花花公子。后来在伦敦，当我们的交往更加密切时，我的第一印象得到了确认。

我的慕尼黑生活，尽管与各色人等的交往并不少，但这一切（还有日益改善的居家条件，湖光山色之间的美好享受），都不能替代我在维也纳工作的那些年所感受到的幸福。我的责任意识让我背负起过重的负担。1914 年8 月战祸袭来，不可避免地在我惬意满足的内心激起剧痛。1918 年的大变革，彻底改变了世界的面貌，也让我重负在肩。我尽管天生平和开朗，时常与孩子们兴致勃勃地交流，然而撇开所有的外部事件，还是有一种逐渐昏暗的内在情绪开始笼罩于我。它在我的
216 内心流淌，阻隔了我无拘无束享受生活乐趣的途径。

[1] 加比·戴·理斯[Gaby de Lys, 1881—1920]：法国舞蹈演员。

第三章

就任巴伐利亚音乐总监后，我排演的第一部新歌剧是理查德·施 216
特劳斯刚刚完成的《阿里阿德涅在纳索斯岛》[*Ariadne auf Naxos*][下简称《阿里阿德涅》]，它以莫里哀的喜剧《贵人迷》[*Le Bourgeois-gentilhomme*]作为情节框架。施特劳斯本人曾在加米施[Garmisch]的家中为我弹奏过这部歌剧。作曲家对这部有些做作却十分精巧的作品的冷静完美的钢琴演绎，给予我的那份快乐，我依然记忆犹新。他的演奏清晰真切，就像我们面前的桌上他书写的乐谱，尽管是纯粹的冷色调，却依然让我感受到潜在的骚动。真的，这些戏剧性场景的狂飙与热度留给我这样的印象：它们是天神至高无上力量的恩赐，并非激情勃发的凡人所能给予的。当我在整洁书写的乐谱末尾发现了作曲家的手书“完成于小宝贝生日”的时候，心中有一种别样的激动。这种和睦家庭的感触，让我冷漠的心境感触到一丝暖意。

我排演的诸多新剧目，除了施特劳斯的《阿里阿德涅》、《没有影子的女人》[*Die Frau ohne Schatten*]之外，依然保留在我记忆中的还有弗朗茨·施雷克尔[1]的《遥远的声音》[*Der Ferne Klang*]和《标号人》[*Die Gezeichneten*]，瓦尔特·布劳恩费尔斯的《鸟儿》，科恩戈

[1] 弗朗茨·施雷克尔[Franz Schreker, 1878—1934]：奥地利作曲家。

尔德[Korngold]的《波利克拉特的指环》[*The Ring of Polycrates*]和《维奥兰塔》[*Violanta*]，克雷瑙[1]的《苏拉米斯》[*Sulamith*]，普菲茨纳的《帕莱斯特里纳》和《圣诞小精灵》[*Christelflein*]，库瓦西耶[Courvoisier]的《兰斯洛特与伊莱恩》[*Lancelot and Elaine*]，格雷纳[2]的《唐璜最后的历险》[*Don Juan's Last Adventure*]——当然这是一份不完整的清单。我也致力于对德国浪漫主义的挖掘，重新排演了韦伯的《魔弹射手》、《欧丽安特》和《奥博龙》这样的剧目，以及马施纳的《汉斯·海林》[*Hans Heiling*]、洛尔青的《乌亭》[*Undine*]、戈茨[Goetz]的《驯悍记》[The *Taming of the Shrew*]、雨果·沃尔夫[Hugo Wolf]的《长官》[*Der Corregidor*]、普菲茨纳的《可怜的海因里希》[*Heinrich*]和《爱情花园中的玫瑰》。不仅在音乐上，而且在布景和戏剧性方面，我让它们再度焕发活力。我对于格鲁克日渐钦佩，这促使我对他的《奥菲欧》和《伊菲吉尼在奥利斯》的排演做出了不懈努力。我还在威尔第的《法斯塔夫》[*Falstaff*]，以及科内利乌斯的《巴格达理发师》[*Der Barbier von Bagdad*]的排练中享受了美妙的趣味。其他指挥家被委托排演了克洛泽[3]的《伊萨比尔》[*Ilsebill*]、多尼采蒂的《唐帕斯夸勒》[*Don Pasquale*]、亨德尔的《朱利奥·恺撒》[*Giulio Cesare*]，以及众多其他剧目。

让音乐与场景和谐统一，是贯穿我整个慕尼黑演艺事业的主旨。在维也纳，我曾从马勒那里见证过这一理念的引入，如何让它得到更
217 彻底的强化拓展，这是我一辈子认定的目标。我高兴地注意到，在慕尼黑剧院戏剧效果与音乐精神所达到的水乳交融，在国外得到越来越多的赏识。我努力通过扩充夏季音乐节的剧目范围，争取更广泛的国际认可。除了瓦格纳和莫扎特，格鲁克、韦伯、沃尔夫、普菲茨纳和其他人的作品也被增添到了音乐节的节目单中。战争期间，当然不会有外

[1] 保罗·冯·克雷瑙[Paul von Klenau, 1883—1946]：丹麦作曲家。

[2] 保罗·格雷纳[Paul Graener, 1872—1944]：德国作曲家。

[3] 弗里德里希·克洛泽[Friedrich Klose, 1862—1942]：德国作曲家。

国观众，战后，他们也没有迅速回归。

在慕尼黑，我在艺术上的最大收获是更深入地探索了莫扎特的歌剧。我花费了很多时间，才彻底弄明白“18 世纪音乐家”“洛可可作曲家的优雅明媚”这些概念，简言之，就是看懂了梯尔格纳[1]那座无忧无虑的莫扎特纪念碑。“枯燥的古典主义”对我来说从来不是一种危险意味。我最终在表面上的优雅活泼背后，找到了剧作家那种严谨丰富的性格刻画：我认识到莫扎特是歌剧界的莎士比亚。同时，我懂得了莫扎特作品赐予我们的那种独一无二的创造力奇迹。在他那里，所有一切都是真实的：高贵与下贱，善意与邪恶，聪慧与蠢笨，他将所有的生活真实变成美的东西。在对莫扎特作品的表演中我所要做的已经变得很明晰：在不损害声乐和管弦乐美感的前提下，必须赋予每个典型真实的细节丰沛有力的戏剧性表达。这种美感不允许在舞台表演的力度与节奏，姿态与行动，形式与色彩方面进行夸张。它要求在不失美妙的前提下实现丰满的表达，在不承受过多世俗负担的前提下，果断地凭借音乐和戏剧力量，为美妙感注入超脱俗世的轻盈性。在这个整体的考量之外，莫扎特还为他的诠释者设定了一个特殊的问题，也就是公平对待其作品中的风格差异性。就像前面所说，每部作品都独一无二。好比莎士比亚《奥赛罗》的演出风格，不适用于《特洛伊罗斯与克瑞西达》[*Troilus and Cressida*]，《唐璜》的格调肯定与《魔笛》不相匹配。在慕尼黑的工作让我能深入到这些问题当中，努力寻求它们的解决方案。不能说我在某种程度上获得了成功，但在慕尼黑以及后来的萨尔茨堡我都感觉到，我走在了正确的轨道上。在那里或者其他地方，我一次又一次地让自己肩负起这一无尽的重任。

慕尼黑的工作甫一开始，我就迷上了摄政王剧院。它巍然屹立在城市的地平线上，地处偏僻街区，这里街道安静，横跨伊萨尔河桥梁的那些小路非常宜人。再往前走几步，就可以置身于开阔之地。音乐 218

[1] 维克托·梯尔格纳[Victor Tilgner, 1844—1896]：奥地利雕塑家。

节演出当天的下午4点，剧院入口会响起钢管吹奏的号角音型，召唤那些依然在场外逗留的人们。观众席高高的大门关闭之时，号角声会再次响起，场内的灯光随之暗下来。当剧场完全安静，灯光彻底暗淡之时，乐队（虽然看不到）会营造出一种升腾的张力。瓦格纳为拜罗伊特设计的这套仪式，被慕尼黑的摄政王剧院采用，每次都会在我身上发挥出它的效能，因为在音乐戏剧艺术的王国，我既是一位施法的巫师，又是一位被下了咒的痴迷者。对我来说，什么都比不上我走进巨大的乐池，看到圆号和长号后面的6架竖琴时，那种不可思议的身心鼓舞的感觉。我的乐手们在那里正襟危坐，等候我的到来。当我站在指挥台上，透过锁闭舞台的巨大幕帘，我可以看到舞台灯光正在熄灭。当身后看不见地带的那种安静，把我们的紧张情绪最终提升到一种平静状态，当那种神秘瞬间到来，现实、时间与空间都消失了，我们梦幻般地开始用自己的光影和声音，用神话和戏剧，去填充这一想象中的虚空，我感到自己非常强悍，就像浮士德，挥舞着手中将要打开的“远方幽灵的自由王国”的钥匙。

经过城内画工们的努力，慕尼黑这座“快乐艺术中心”[gay center of art]在1913年和1914年的精彩狂欢节期间，向我证实了它所具有的娱乐精神。尽管我不太喜欢这种依照日历安排的闹剧，但仍然感到一种与20年前的科隆有所不同的快乐正在爆发。它继承了慕尼黑狂欢节的传统，并受到意大利节日特色的影响，不乏特色与魅力。我走过街上的人群，穿越别具一格的装饰高雅的大厅，头晕目眩却又兴致盎然。大众化的十月狂欢节更是妙趣横生，在巴伐利亚的牧场上搭起帐篷，烧烤叉在火堆上翻转，面色红润的女侍者用不可思议的技巧和力量组合，将啤酒杯放在木头桌子上。快乐的人们，一边吃喝，一边聊天。然而，这种节日情绪与维也纳新酿酒庄盛行的那种气氛的区别，对我来说就像啤酒和葡萄酒的不同之处。在慕尼黑老城区普拉茨尔[Platzl]的豪夫堡[Hofbräu]，也可以目睹十月狂欢节的标准画面。那里也有简易的条桌和长凳，强壮的女侍者，以及她们惊人的啤酒杯技术。还有拉迪[*Radi*]，一种个头很大又非常辣的萝卜，被以精巧的螺丝刀弄 219
成褶状，上面撒上许多的盐。这样做是为了让萝卜渗出水，去除其中的刺激味道。等级差别与政见分歧，在啤酒和拉迪面前都烟消云散。一种惬意的平等沟通在此显而易见。每个人，不论是政府要员，还是搬运工，彼此都是友邻。间或有来自北德或者国外的访问者，惊诧于这种慕尼黑民主精神的显现。顺便说一句，这是正统巴伐利亚人的一项嗜好，一旦沾上啤酒的露珠，就会在豪夫堡以及其他类似的宴饮场所扩散开来。

泰根湖畔和克洛伊特农民的夏日舞蹈，进一步加深了我对大众娱乐氛围的体验，在那儿我第一次看到了地道的拍鞋舞[*Schuhplattler*]——木屐舞的一种。这些娱乐活动甚至在战争初期的几个月还在举行。我终于有幸目睹国王的加冕大典。很遗憾，现在我只能提及，却无法描述它。我的记忆已空空如也，唯有辉煌气氛中庆典集会的大致画面，尊贵的教士礼服，以及华丽的宫廷服饰仍在我记忆之中。因其父卢伊特波尔德[Luitpold] 去世，先前担任摄政王的路德维希王子在1913 年11 月登上了巴伐利亚王位，成为路德维希三世。因为我是宫廷职员，所以必须出现在王室御驾身旁，为营造庄严气氛发挥一点儿作用。我记得最清楚的是大典过程中涉及我自己的一些事请。我必须身着宫廷制服，挎着佩剑，头戴双角帽，全家人对我仰慕不已——也觉得很好玩。我穿上这套完全不般配的行头，走入庆典现场，感觉很不自在。弗兰肯施泰因与其他官员站在一起，我在他身边找到自己的位置，还得到了回应英明君主敕令的机会。我对稍后指挥的一场宫廷音乐会记忆深刻。我依然穿着制服，但我公然的抗命之举，将自己的好友与上司弗兰肯施泰因男爵置于难堪的境地。宫廷来宾各就各位，国王夫妇站在前排中央略微靠前的位置，乐队准备演奏，但是我敲击指挥棒的声音无法让聚集在那儿的人们停止大声谈话，甚至无法让他们放低声音。弗兰肯施泰因一再让他的礼宾随员向我示意开始演奏，但我并不愿意把海顿或者莫扎特的交响曲作为宫廷闲聊的背景
220 音乐。我在等待。绝望中，弗兰肯施泰因又派来一名随员，用最和蔼的笑脸向我耳语道：必须马上开始演奏，不然总经理就要不客气了。这样，我挥出乐谱中的强音记号，但马上又用话语和手势示意乐队用极弱音量演奏。事情就像我精确估算过的那样。这种看得见却听不着的音乐引起了莫名的惊诧。观众越来越安静，我让乐队逐渐增大音量。最终一切变得刚刚好。弗兰肯施泰因是个有足够幽默感的人，对我的做法没有动怒。

1914 年6月28 日，发生了奥地利王储夫妇在萨拉热窝[Sarajevo]遭遇暗杀的事件，接下来的几个星期非常动荡。战争险情在增长，然后是宣战。7 月31 日，在一场歌剧幕间休息的时候，我从摄政王剧院的后台入口出来，走入暖洋洋的夏日午后，前文提到的凶险鼓声又在我耳边响起，通报着战争爆发的讯息。

乱纷纷的谣言在慕尼黑流传。据说在铁路桥边发现了甘油炸药。在火车上搜查出一个拿着购物篮的高个子女人是俄国间谍，篮子里放着炸弹。塞尔维亚特工人员用假名字，正隐居在慕尼黑的宾馆里。一天傍晚，我和太太走在人头攒动的考芬格大街[Kaufingerstrasse]，一个异常激动的瘦瘦的人突然冒出来指着我嚷道：“一个塞尔维亚人！一个塞尔维亚人！”我立即做出回应：“我不是从塞尔维亚来的，但你肯定是从艾格芬[Eglfing]（巴伐利亚的精神病院所在地）来的！”——说后半句时我指着自己的头。我的举动产生了奇效，这个异常激动的人脸上现出和善的笑容。这类交谈是表明身份的有效手段。那人笑着说道：“我不是故意冒犯，好邻居！”然后继续走他的路。

另一桩更严重的间谍嫌疑事件，给我带来了一连串的麻烦。那时，我的家依然住在克洛伊特，钢琴家奥西普·加布里洛维奇也住在那儿。一天早上，我在剧院接到电话，听到克拉拉·加布里洛维奇说道：

“发生了可怕的事情。奥西普他……”讲话至此被打断。我马上意识到对间谍的严密防范，导致了加布里洛维奇被逮捕，他是俄国人。我了解到，他正在与家人一起吃饭，突然感觉自己的房子被包围了。他连身上的便服都没有换，就被带往泰根湖的监狱，从那儿又被押解到慕尼黑。我赶忙跑到警察总局，查明了加布里洛维奇的囚禁地点，但很失望地 221
得知，自己对此无能为力：当局必须对间谍进行严厉打击。当弄明白这些不祥的字眼之后，我做了最坏的打算。最终我设法见到了警察局长，他是个有同情心的人。他说：“就个人而言，我什么都做不了。这些事情交由军事当局处理，你在那儿是不会有什么好运气的。如果你真的相信加布里洛维奇的清白，甘愿为他作保，就到牧师那里去试试运气吧。”他的话提醒了我，天主教堂依然在巴伐利亚拥有无上的权力。我恳求弗兰肯施泰因帮助我，他非常钦佩加布里洛维奇的艺术与为人。我们一起拜访了罗马教廷大使努奇奥·帕切利[Nuncio Pacelli]，他的贵族身份和对音乐的热爱，我早就有所耳闻。教廷大使以同情的态度倾听了我们的诉说，答应给予协助。奥西普第二天获得了自由。他被允许住在四季酒店，在那里与妻儿团聚。他利用离开巴伐利亚前的那些日子，安顿好自己的事务，而且通过他的律师，秘密救助了几位他认为一旦战争爆发就有可能陷入困境的朋友。加布里洛维奇和他的家人去了苏黎世，后来到了美国。富有同情心，乐于助人的教廷大使帕切利在1939 年3月被推选为教宗，成为罗马教皇庇护十二世[Pius XII]。

第四章

战争给剧院制造了诸多难题。作为歌剧业务的负责人，我显得“不 221
可或缺”。德国各地的重要艺术机构必须正常运营。但是，剧院部分工
作人员的入伍参战，让情况变得困难起来。法国和意大利剧目必须进
行削减，以避免民族主义分子的抗议。我还不得不放弃扩大乐团规模
的工作计划。没有上演《埃莱克特拉》，让施特劳斯对我很不满。我向
他指出，他的乐谱需要8 支单簧管，而我没有那么多，7 个、6 个，甚至
5 个都没有，他回答说：“4 个就够啦！”他不想听我的反对意见，这些
意见意味着要去除一些重要声部。我非常惊讶地看到，比起不能名列
慕尼黑剧院的演出剧目而言，施特劳斯竟然不那么在意演出质量的折
损，那可是他最重要的作品。其间还有各种各样的不愉快。比如，报纸 222
抨击我的首席大提琴迪斯克莱兹[Disclez, 1888—1955]，因为他是比利
时人，是敌对国的侨民。迪斯克莱兹作为音乐家非常出色，人品也极好，
在战争期间我成功地留住他。事实证明，尽管有这么多的困难，那个
时代依然可以求助于理性与宽容。

虽然战争造成了这样和那样的影响，但慕尼黑歌剧院依旧繁荣。如果要为我的浑身干劲寻找一种动机的话，它应该源于要让人们比平时更自觉地意识到艺术之重要性的愿景，以及尽可能用我的能力去证明文化价值之真实性的希冀。这种价值与我认定的，在世界发展史上

大行其道的那种蒙骗之术截然对立。在1912年和1913年的音乐节期间，曾在我眼前出现过的6架竖琴，已经的的确确减少到平常可怜的两架。这种与瓦格纳的要求相悖的做法，已经被世界各地的《指环》指挥家顺从地接受。对于弦乐器的削减，我无法提出异议，但我依然坚持保留瓦格纳所要求的木管乐器数量。

整个战争期间，在摄政王剧院，总有一位小提琴手，可以在音乐节上为我所用。这是一位志愿者，并非乐团正式成员。他就是颇受欢迎的路德维希·费迪南亲王[Prince Ludwig Ferdinand]，一位热心的医生，也是狂热的提琴爱好者。费迪南亲王相当胖，脸上的亚麻色胡须与友善的蓝眼睛散发着亲民作风。舞台管理人员和乐手们都跟他合得来。他总爱在我的摄政王剧院办公桌上放一瓶法国香槟——当这样的东西依然能够搞到的时候，而且坚持要在演出后用他的车，送我和我的家人回府。他的位置在乐队第二排和第三排之间变换。如果第二排有独奏任务，比如在《罗恩格林》当中，我就会对他说："亲王阁下，今天您只能在第三排演奏。"对此他会用略微勉强的语气回答："好吧，大师，好吧！"有时，他会用浓重的巴伐利亚方言抱怨性地加上一句："想想吧，我今天带来了我的贝尔贡齐[1]呀！"这把意大利小提琴让他引以为荣，即便当他转移到第五排，比如演出《帕莱斯特里纳》的时候，他也不忘在回家的路上，一边献媚地夸赞我耳朵的机敏一边问我："大师，今天我小提琴的声音怎么样啊？"我言不由衷的赞誉之词会让他
223 非常高兴。他经常在演奏时身体前倾，大眼镜片后面的近视眼紧张地盯着乐谱。在难度大的段落，比如《齐格弗里德》第三幕的那些，他会完全消失在谱台后面，只有简易顺畅的段落再度回归时，他的身影才会出现。普菲茨纳的《爱情花园中的玫瑰》，以F大调开头，这段旋律被各种乐器重复了若干遍。我指挥这部歌剧时，他热情地握着作曲家的

[1] 卡洛·贝尔贡齐[Carlo Bergonzi, 1683—1747]：意大利提琴制作大师斯特拉迪瓦里最出色的学生，在此代指亲王收藏的古董名琴。

手，说出了那句很经典的话："就一个调子！但很好听！"路德维希·费迪南亲王为人率真、睿智、友善，是一个"快乐的好人"。他在慕尼黑享有崇高威望，对他的赞誉发自人们的真心。在1918年11月的动乱时节，我在剧场见到他，对他说："你们这些王室殿下不应该走在大街上，这很危险。"他回答说："我的子民不会把我怎么样。"他是对的。

1916年3月，我负责埃里希·科恩戈尔德[1]的两部独幕歌剧，《波利克拉特的指环》[*The Ring of Polycrates*]和《维奥兰塔》的首演。这些作品展现出这位年轻人不寻常的音乐与戏剧才能。他是音乐评论家朱利叶斯·科恩戈尔德博士[Dr. Julius Korngold]的儿子，在维也纳时我就知道他，在那儿我已见识过他的其他作品，甚至还演出过其中几部。正是马勒第一次向我提起这个当时只有六七岁的孩子。他曾在其父的带领下前来拜访马勒。科恩戈尔德的音乐才华和少年老成令马勒难以忘怀。哑剧《雪人》[*The Snowman*]是他11岁时写下的作品，曾经在维也纳宫廷剧院演出。我依然记得那些迷人的旋律，还有这部稚嫩作品非同寻常的结构布局。我、罗斯还有巴克斯鲍姆[2]一起首演了科恩戈尔德的《钢琴三重奏》，这是一部令人感兴趣而且相当前卫的作品。当这位18岁的作曲家，在钢琴上充满活力地为我演奏他的两部歌剧时，我感到它们都充满了美妙的旋律，同时其热烈的戏剧性也十分真切，我很快将它们搬上了慕尼黑的舞台。演出获得了巨大成功，我非常高兴能对如此有才华的作曲家给予支持。我认识科恩戈尔德一家所有的人。我们曾在维也纳的同一幢房子里住了好几年，但是艺术家和评论家的天然藩篱，阻碍了我们的亲密交往。只有在美国，当朱利叶斯·科恩戈尔德放弃了评论家事业，我才与这位博学热情的音乐家和思想睿智的老者有了更密切的交流。我喜欢读他在维也纳《新自由报》上的评论，以及他精辟的音乐专栏文章，欣赏他对标题的精妙处理，还 224

[1] 埃里希·科恩戈尔德[Erich Wolfgang Korngold, 1897—1957]：奥地利作曲家。

[2] 弗里德里希·巴克斯鲍姆[Friedrich Buxbaum, 1869—1948]：奥地利大提琴家。

有他的表述能力。我也很高兴看到他对无调性作曲家充满智慧又文采飞扬的抨击，还有他对那些病态音乐的鞭挞。

普菲茨纳在1917年完成了他的歌剧《帕莱斯特里纳》，将这部经典交由我来首演。这项光荣使命让我倍感幸运，但与此同时，不免有些担忧，唯恐第二幕某些大胆的情节会惹来麻烦。让我担心的是，这部作品对于特伦托主教会议[1]的再现，最终会引起教会方面的异议，甚至到彩排之后，演出都有被禁的可能。弗兰肯施泰因和我未雨绸缪，走访了慕尼黑教会的一位头面人物，为他详细讲述了第二幕的情况，以提起他的兴趣。我们甚至暗示了诗歌和剧情方面的某些特许，但没有提及任何可能冒犯他的重要情节。这位大员貌似很亲切的样子，承诺将出席首演。后来的情况是，即使有如此大胆的宗教会议场景，这部作品的严谨与深邃显示出很强的吸引力，在慕尼黑和维也纳以及其他任何重要的天主教城市，都没有引起任何形式的攻击。就个人而言，我将《帕莱斯特里纳》视作当代最重要的音乐戏剧作品，它的演出是我生命中的大事件。筹备与排演这部经典的那些日子是令人难忘的。它的演出效果不同凡响，慕尼黑歌剧院的成就为人瞩目。在战争爆发后的第三个冬季，经过慎重考虑，慕尼黑歌剧院得到了一次瑞士巡演的机会，以向世人展示德国歌剧艺术的高水平。

这样，在一个晴朗的日子，专列载着《帕莱斯特里纳》演出所需要的一切——独唱演员、乐队、合唱团、技术人员还有布景——奔赴苏黎世。这部新作将由德国一家大型的运营机构负责，展示给外面的世界。艰难的战时交通造成了许多延误。有一次，我们在瑞士边境线上意外耽搁了。几乎所有的人都趁此机会到中立国的空气里去散散步。我依然记得剧院的一位女歌手，在瑞士小镇一家熟食店前惊异地停下来，含着眼泪，凝视着橱窗里的火腿和白面包。长期以来，在慕尼

[1] 特伦托主教会议[Tridentine Council]：指罗马教廷于1545至1563年间在北意大利的天特城召开的大公会议。这些会议是罗马教廷的内部觉醒运动之一，用以抗衡马丁·路德宗教改革所带来的冲击。

黑，这样的东西很难搞到。其他人奔向一家靴子店，忙着为自己挑几双质地优良的瑞士鞋。到达苏黎世时，我们迟到了一个半小时。普菲茨纳正在车站等我们。为了他的作品，慕尼黑歌剧院倾巢出动，所以在路上，我曾想象作曲家会很高兴，但他让我非常失望。我从火车上看到普 225
菲茨纳并匆忙走向他时，他从腕子上扯下自己的手表责备道："我在这儿都等了一个半小时啦！"

阿图罗·托斯卡尼尼、布鲁诺·瓦尔特、斯蒂芬·茨威格（从左至右），1937

洛特·莱曼（站立着左一）、布鲁诺·瓦尔特（站立着左二）、埃丽卡·曼（站立者左三）
和托马斯·曼（就座者），1943

演出在第二天晚上进行。普菲茨纳再度令我失望。第一幕的表演比先前任何时候都更出色，观众被深深打动，热情表达着他们的喜爱与认同。然而，我把普菲茨纳拉到台前来谢幕，却费了一番周折。他很是沮丧，因为扮演波罗梅欧的席佩[1]在通道口，抓起普菲茨纳放在椅子上的红斗篷，只是将其扔到他的胳膊上，没有披到他的肩头。“你能想象走在罗马大街上的红衣主教，斗篷搭在他的胳膊上吗？我无法想象。”这是普菲茨纳的原话，而且他一直不依不饶。第二天晚上，在巴塞尔，我警告席佩，如果再忘记把斗篷披到肩上，就要受到严厉处罚，席佩听从了我的告诫。第一幕过后，普菲茨纳悄悄对我说，他现在很高兴。第三场演出在伯尔尼[Berne]举行，又过了一天，我们乘火车回到慕尼黑，回到1917年让人难以忍受的物资匮乏状态中。

家里也是这个样子，营养不良让我们感到万分痛苦。为了应对家庭供给困难，我们雇了一位女管家，由口碑极好的推荐人做担保，她的作用，是在忍饥挨饿和食品配给条例之间精打细算一番。拉尔小姐[Fräulein Lahr]是个性格刚强的女人，她的外貌也有些如钢似铁，与她的工作态度一样僵硬，就像她女性曲线缺失的身板那样。她无情地让我们家口粮短缺。那些日子，尽管城里在挨饿，但乡下依然有充足的食品。与一位农夫搞好关系，比结识黑市商人更有意义。但拉尔小姐不愿意利用农村地区供给充足的好处。在我们生计匮乏之时仍不事节俭。尽管有几位好心人私下里一次又一次地接济我们，但有一天，我们还是忧心忡忡地发现自己的小女儿正在遭受营养不良之苦。我们刚刚搬到夏季居所，第二天，就不得不带着发烧的孩子回到慕尼黑的普福德勒儿童诊室[Pfaundler Children's Clinic]。病房成为医生与护士们都喜欢的聚会场所，他们被小病号的机智活泼和奇思妙想所吸引，不愿意离开。但孩子继续生着病，一连几个星期都待在奥博斯多夫的医院里，226
没有康复。拉尔小姐在孩子生病前离开了我们。我的两个女儿，平日

[1] 埃米尔·席佩[Emil Schipper, 1882—1957]：奥地利男中音。

里非常和善，竟然密谋用过分淘气的方式，把家中的“暴君”赶走。这个“阴谋”获得了成功。一通金属般叮当作响的简短通报之后，她离开了我们家，但没有说明仓促逃离的真正原因。只在很晚的时候，获胜的“歹徒”才吐露出实情。

在此期间，我在慕尼黑的工作职权越来越大，任务越来越重。此外，所有的客座邀请我都无法拒绝。其中一些来自维也纳，我感觉在道义上必须接受它们。

1913 年初，我不得不多次回到维也纳，去指挥合唱协会的威尔第《安魂曲》的排练和演出，随后我放弃了那里的领导职务。但有很多次，我还是不得不乘坐8 个小时的火车去维也纳，因为维也纳的音乐生活不会放松对我的遥控。我在慕尼黑的10 年间，没有一年不被维也纳召回，去指挥爱乐乐团、音乐会联盟乐团，以及音乐家管弦乐团的音乐会，后来还负责爱乐合唱团的音乐会。巴伐利亚的音乐总监，被准许离开并远赴维也纳担任客座指挥，这对我来说并不是件轻松的事情。而且，随着战争的进展，麻烦越来越多，条件越来越艰苦。我记得1917 年冬天冰冷的夜间旅行，车厢里没有暖气，破烂的车窗上钉着木条。然而，维也纳依然对我有强烈的吸引力，我无法拒绝它的诱惑，尽管那儿的情况也越来越糟。

我偶尔还要到柏林、法兰克福、科隆、曼海姆以及其他城市去指挥。记得有一次施派尔[Speyer，莱茵河上游城市] 之旅让我分外高兴，是在我与教师歌唱协会和慕尼黑宫廷管弦乐团的演出之后。在那个辉煌的古代教堂，我指挥了贝多芬的《庄严弥撒曲》，当时的场面我记得很清楚，因为那是我第一次用演讲的方式来介绍一场音乐表演。正式的音乐会要在几天后举行。排演这部受人敬重的作品异常艰辛，它将音乐、宗教、人性，以及梦幻预言等多方面的要素聚合在一起，建立起一座激发人类创造力的丰碑，促使我用自己的视角来表达，在钢琴上通过一些曲例片段来证实这些东西。我认可这样的感觉：在让观众从精神上和感情上对即将听到的东西有所准备这方面，我可以提供帮助。227
当我希望用言辞来澄清艺术问题的时候，我又回到过演讲台前，但只在很少几次类似的场合，不管怎样，我总体上还是遵循音乐演出原则，让自己保持安静，用音符来感动大家。

我对贝多芬作品所做的非音乐上的努力，也出自一种道德考量，只有在后来我才能为自己解释：我想通过演奏贝多芬的作品，来弥补自己曾在巴赫那里犯下的罪过，用这种方式忏悔自己在慕尼黑对《马太福音受难曲》[*St. Matthew Passion*]的亵渎。10年来，我与优秀的独唱演员、合唱团和器乐家一起演出的巴赫作品是有删节的。这种做法并不妥，让我的良心有深深的负罪感。然而，因为歌剧和音乐会演出太多，我好像无法完全意识到自己罪孽之深重，也没有勇气去进行一次无删节的表演，哪怕是一场，也可以对巴赫公平些。对作品的深度没有进行敏锐洞察，并且接受了先前受难曲演出的习惯性删改，在此我是有罪的。幸亏在我的职业生涯中，没有再犯类似的错误。就个人而言，我的忏悔在某种程度上也可以被轻易补偿。1943年，经过悉心准备之后，我在纽约指挥演出了巴赫这部受难曲的完整版本。这部作品是一个有机整体，删改是对它的亵渎，也违背了艺术的基本原则。

出于真诚，我有必要将自己对第一次世界大战的态度表白一番。尽管我毫无保留地认定奥地利外交大臣伯克托尔德男爵的行为极端无耻，德国皇帝以及其他同盟国政府首脑也犯下了严重错误，尽管我曾对德国入侵比利时中立区，以及贝特曼－霍尔维格[1]将“保证比利时中立的条约”视作一张废纸感到恐惧，但我的心依然偏向德国和奥地利一方。我不希望看到文化生活受到伤害，它是我的立身之本。我与这两个国家在高尚的精神气质与道德取向方面，是那样的接近；我与外面世界的隔绝是如此的分明；口头和书面上对德意志的颂扬，对我

[1] 西奥博尔德·冯·贝特曼-霍尔维格[Theobald von Bethmann-Hollweg, 1856—1921]：一战期间担任德国首相。

的影响实在太持久。我满心希望战争的结果，能让我热爱的德国与奥地利的国际地位得到保障。我所指的不是德国皇帝和容克贵族的德国，而是歌德、荷尔德林、贝多芬和巴赫的德国，是莫扎特、舒伯特和格里
228 尔帕策的奥地利。我绝对不是沙文主义者，也没有参与反英国的所谓“教授声明”，也从来不怀有任何仇视之感。《威尔逊十四条》[1]，特别是其中对民族自决权的要求，让我感到很有希望。然而，我认为战争的结果是一场灾难，我对欧洲的未来很不乐观。

[1]《威尔逊十四条》[Wilson's Fourteen Points]：1918年1月，第一次世界大战快结束时，美国总统威尔逊在国会发表演说，提出十四点和平原则，这些原则成为和平谈判的基础。

第五章

1918年11月9日，慕尼黑的《最新消息》[*Münchener Neueste Nachrichten*]登出了国王和王后被废黜的消息，巴伐利亚成为共和国，库尔特·艾斯纳[1]与另外几位左派人物接管政府。过去几天里，街头已经出现了士兵与政府官员对峙的场面，四处传播着舰队哗变以及工人士兵委员会组阁的流言。不巧的是，11月8日这天晚上，普菲茨纳正在举行音乐会。不断传来的恐怖消息，以及远处一声接一声的枪响，让为数不多壮着胆子看演出的观众惶恐不安，他们逃离了音乐厅。普菲茨纳认为，唯有他可以从容应对这场革命的困扰。如果我没有记错的话，他随后来到我的住所，我们一起忧心忡忡地讨论时局，并没有预料到第二天早上报纸公布的决议。 228

弗兰肯施泰因早上7点给我打电话，约我在考芬格大街见面。他一边跟我散步一边向我表示，王权的废黜意味着他也该“下课”了，他别无选择，只得离开巴伐利亚剧院。我回答说，经过6年的合作，我感到与他的关系已经非常默契，没有他，我也不希望再待下去了。他不想听这些话，只是恳求我保护好我们业已奠定的基业。我应该留下，让剧院免受大革命的破坏，这比那些将要发生的政治事件的意义更为

[1] 库尔特·艾斯纳[Kurt Eisner, 1867—1919]：巴伐利亚共和国首任总理，1919年2月被右翼组织成员刺杀身亡，随后巴伐利亚苏维埃共和国成立。

重大。我们就这样漫步了几个小时，尽管弗兰肯施泰因言之凿凿，我还是拿不定主意。剧院召开的革命大会，不仅决定罢免弗兰肯施泰因，还清洗了佐尔内和其他行政官员。演员维克托·施万尼克[Viktor Schwanneke, 1880—1931] 成为剧院全体歌剧和戏剧演职员的最高代
229 表。他找到我，要求我以艺术家的名义接管歌剧院的领导工作，这意味着我将在没有弗兰肯施泰因协作的情况下，继续干自己的老本行。施万尼克还告诉我，戏剧总裁一职已委托给了艾伯特·斯坦吕克[Albert Steinrück]，他表示接受。我回应说，在做出决定前，我要花些时间考虑一下。我希望清晰地看到自己未来的路。预感到剧院的委员会体制有可能在艺术上限制我，我决定等一等，看一看大趋势是要走向动乱，还是要走向安定；对一位年富力强的艺术领导者是加以阻挠，还是给予支持。

仔细斟酌后，我意识到自己所有的感受和情绪都与弗兰肯施泰因所强调的东西不冲突，他强调说剧院业已拥有的成就需要维护，一切要向前看。我今后的路变得清晰起来。政局的变换肯定会妨碍剧院的工作秩序和艺术准则。我必须大胆利用自己的声望，保护剧院不受外界干扰，避免内耗。新任总理邀请斯坦吕克和我就目前的情况进行商讨。在政府大楼，我遇到了舞枪弄棒的亢奋士兵，还有带着红臂章、嗓音沙哑的小混混在四处游荡。我们与库尔特·艾斯纳的会谈一再被随意出入的人们所打扰。这位政府首脑，先前是一位戏剧评论家，对斯坦吕克的工作显然比我的更有兴趣。在回来的路上，我不禁感觉到，尽管艾斯纳对戏剧很热衷，斯坦吕克还是在一定程度上和我共同对剧院产生了忧虑。对我来说很明显，一个完全讲政治的政府部门，不管它的倾向如何，是不适宜管理艺术机构的。不能指望这样部门的领导人会对艺术有兴趣，他们更喜欢让剧院卷入派系之争。我同样意识到，自从不再有宫廷，剧院就必须仰仗政府来提供必要的补贴，依照常理，教育部是唯一负责维护国家文化利益的政府部门。如果我想要保护艺术免受新政府政治旋涡的干扰，就必须尽快行动。我在合适的时机

采取了必要的措施。教育部部长更换了人选，但我知道，下级官员通常还会留下来办公。所以，我向教育部最高级别的基层官员科恩博士[Dr. Korn] 提出申请。科恩见到我似乎很高兴，宣称为了让国家剧院隶属于他的分管范围，他乐于在自己职权范围内做任何事情。不久举行了一场 230
斯坦吕克、我，还有科恩处长，以及剧院全体成员选出的代表参加的会议。剧院代表们意识到，相对于其他政府部门，教育部稳健持重的组织结构显示了更可靠的管理方式。各方达成一项协议，该协议被证明完全有效而且可行。我一直与科恩博士精诚合作，直至我在慕尼黑的工作结束。剧院挨过了接下来的革命风暴，实现了平稳过渡。

我期待在改朝换代之后的一段时间里，弄清楚自己的事业是否可以在不可或缺的秩序与条理内得到延续，艺术家们能否适应我的管理尺度，以便实现对局面的掌控。我的决定赢得了认可。任何对我职权的侵犯，我都没有抱怨。我听说在戏剧排演中，那些不合规矩的因素让工作进展得很艰难，但在我自己的管理领域，我与独奏家、合唱团和乐手固有的友好关系，令人满意地获得延续。我开始在慕尼黑工作时，就很欣赏剧院乐团的“理事”体制。他们将每一项愿景和抱怨呈送给我，很快就能博得我对于音乐家的经济和社会方面问题的真诚体恤。这种体制目前依然保持着。它同样适用于歌唱家，卡尔·埃尔布[Karl Erb] 和保罗·本德[Paul Bender] 成为他们的代理人。这些人同样心平气和地与我商讨他们所在群体的事务。在排练时，在与行政事务相关的事情上，我没有遇到任何问题，我的自信心从未发生改变。在这样的氛围里，歌剧院延续着它充满活力的运营模式。如果政府和老百姓在十一月革命之后能安定下来，那么剧院从皇家所有转为国有，或者说，从国王转移到人民手中的过程，原本也是可以悄然实现的。

但实际情况恰恰相反。革命和反革命，来自国外的压力和国内强烈的反作用力，造成一种高压气氛，让政治的晴雨表充满变数。每当看到报上的消息，每当走上有轨电车，每当走进饭店，每当在朋友家中，每当走在大街上，我都预感到，这种躁动一定会导致大爆发。二月下旬，当库尔特·艾斯纳被阿科伯爵[Count Arco] 刺杀，我紧张得屏住了呼吸。这一事件就像是暴风雨。广场上，墙角上，大桥上都架起了机
231 枪；喧闹的人们聚集在一起；墙上出现了法令告示，另外的法令告示再宣布前面的无效；住户被搜查。后有熟人来警告我们小心即将实施的反资产阶级措施，以及对资产阶级聚居区的袭击。

一些场景在我的脑海浮现。那是一个晚上，人们看到恐怖的人影在邻近的花园里挖来挖去：他们正在掩埋银器和其他值钱的东西。花园的篱笆墙传出耳语声：火车不允许离开慕尼黑。墙上的告示正在传唤某个大保险柜的主人，让他第二天上午11 点拿着钥匙去银行。从宫廷花园到马克西米利安大街的过道被铁丝网分隔，但我搞到了一张打字机打出的纸条，上面写着："字条持有者，歌剧指挥布鲁诺·瓦尔特，可以通过宫廷花园到马克西米利安大街之间的铁丝网。"我迅速从剧院赶到家里。我太太绝望地绞着双手，告诉我孩子们和她们的家庭教师都进城去了。我赶紧返回。伊萨尔桥上有一声枪响。过了一个小时，事态平息下来。我在魏登迈大街找到了孩子和家庭教师，她们正热烈地谈论很多有趣的事情。我把她们带回家。一天，我的小女儿病了。医生说，这是麻疹。晚上，阴暗的低语再次出现在花园篱笆墙周围。乘坐卡车的一群士兵冲过市区，抢东西，抓人。晚上11 点，一辆卡车停在邻居的房前。我在没开灯的屋子里透过窗帘，看到士兵跑进宅院。15 分钟后，他们吵吵闹闹地出来了。现在这群士兵正在另一家邻居的房子里，下面就轮到我家了。我的太太跟我商量，如何应付这些人。有人敲我家的门，我把门打开。在前厅，我面对着8 到10 个武装人员，他们有几分醉意，想要搜查我的家。我诉说了孩子生病的一些事情，没有效果。我拿出那张准许我通过铁丝网的纸条。这张纸条产生了奇效："你为什么不早说呢？我们走吧！"这群人放弃了即将实施的抢掠，爬上卡车，急匆匆地离开了。

局势越来越糟，我必须承认自己并没有被迫“生活于危难之中”，在当时的主体环境下，还不至于此。我不记得剧院还有什么表演，但我们离开慕尼黑的决定让我推测，当时剧院肯定被暂时关闭 232
了。当我们在街上遇到可靠的人，就互相传递打探来的消息。由此我听说某个晚上有一列开往泰根湖的火车，将要从霍尔茨基希纳火车站[Holzkirchner Station] 出发。因为小女儿这时已经出了麻疹，我们带上最要紧的行李，设法找了辆出租马车，赶奔火车站。几个戴着红袖章的士兵粗暴地把我们遣送回家，因为我们没有官方文书。就在此时，我想起德国人对政府印章的敬畏。我赶紧前往剧院办公室，拿出那张已经很破的“铁丝网”纸条，在上面盖上我手里掌握的所有印章：“生效印章、总经理印章、赠票印章、票房印章、慕尼黑国家剧院固定资产印章、收讫印章……”一家人穿上旧衣服，扎紧背上的帆布包，回到火车站，装出若无其事的样子走向卫兵，向他致以巴伐利亚式的祝福！我慢悠悠地拿出盖满印章的纸条给他看。那个人敬了个礼。我们不慌不忙地从他身边走过，来到检票口，上了火车。经过4 个小时的车程而不是平常的一个半小时，我们来到静静的泰根湖，在那里我们决定等到局势好转一些后再回去。

1919 年4 月7 日宣告成立的“议会共和国”[Republic of Councils]，在普鲁士和巴伐利亚自由军团[Prussian and Bavarian Free Corps]5 月初开进后解体，慕尼黑再度平静下来。我马上从泰根湖返回，投入到工作中。两股势力都干了不少坏事。在很长一段时间里，慕尼黑的气氛可谓悲喜交加，我的心绪从未趋于平静。剧院的工作重新开始运转。剧场和音乐厅贴出的演出海报就像一泓暖流，让政治纠纷的恶劣氛围有所缓解。纳粹分子趁机进行政治钻营，甚至渗透到艺术领域，毒害它，让它的有益影响不能正常发挥。

战争虽然已经结束6 个多月了，粮食问题依然严峻。几乎所有的吃食都是代用品。每天都要登上餐桌的野生蔓菁[芜菁]，令家里的大人小孩都感到恐怖[1]。当我们第一次收到加布里洛维奇从美国寄来的食品箱时，那是多么高兴啊！里面的东西奢侈得让人不可思议：橙子、巧克力、各种罐头，还有白面粉。一张薄煎饼旋即烙好，孩子们一口气吃了个精光，她们眼里含着喜悦的泪水。但是奥地利的食品状况更糟糕！我在维也纳弄到的面包，几乎不能叫作食物。再强健的肠胃，吃了它也会出问题。

233 生活条件改善得非常缓慢，我决定与家人去瑞士过暑假。我们去了恩加丁[Engadine]。以前从来没有去过的这个地方，它马上成了我的心仪之所。直到1939 年，我们不仅夏日在那儿度假，每年冬天也要去那儿住上一段时间。尽管尼采有反基督教倾向，他的反瓦格纳主义，他的超人思想，甚至他写作的格言风格，我都无法认同，但我兴致盎然地沿着这位狂人走过的山间小路散步，访问了锡尔斯玛丽亚的房子——《查拉图斯特拉如是说》[*Zarathustra*] 就诞生在这里，我凝视着巍峨的群山，呼吸着激发了如此高妙思想的纯净空气，流连在柴斯特半岛[Chasté peninsula]——尼采在此写下了《人啊，当心！》[*O man, Beware!*]。我从没有遇到过比恩加丁的山地世界更高贵的美丽，每次散步都是一次幸福享受，直到一次恐怖事件将这个可爱的地方变成了与我脑海中的灾难情绪相关联的场所。

柏林的音乐会经理路易斯 · 沃尔夫[Louise Wolff]，邀请我指挥柏林爱乐乐团一年一度的系列音乐会。这就是“布鲁诺 · 瓦尔特音乐会”的缘起。这些音乐会是柏林音乐生活中的固定项目，直到1933 年被迫终止。演出曲目涵盖了古典和现代作品，对柏林观众很有吸引力。我很高兴回想起年轻的德米特里 · 肖斯塔科维奇[Dmitri Shostakovich]的《第一交响曲》，他曾经于1926 年在列宁格勒为我演奏过它。这部作品在柏林的系列音乐会上进行了俄罗斯之外的首演。系列音乐会同样成就了11 岁的耶胡迪 · 梅纽因[Yehudi Menuhin] 在柏林的首次登

[1] 1916年冬天，由于缺少粮食，德国城市居民只能靠食用过去用作饲料的蔓菁度日。

台。他的少年老成给人们留下了深刻印象。我还记得艾伯特·爱因斯坦[Albert Einstein]坐在前排凝视的表情，让我感受到了他的惊喜与热情。有一天晚上，我把弗拉基米尔·霍洛维茨[Vladimir Horowitz]引荐到柏林。拉赫玛尼诺夫[Rachmaninoff]也进行了他的首演，也许这是他在"一战"后与我的首次合作。他的演奏还有他的特立独行，都深深地吸引着我。

柏林的音乐会还让我与爱乐大厅的所有者彼得·兰迪克[Peter Landeker]夫妇，建立起热诚友好的关系。几年前，我在加布里洛维奇的家中见过他们二位。现在兰迪克夫妇向我敞开心扉，还邀我去他们的府上。那些日子里，兰迪克和沃尔夫的家成为德国首都最有名的音乐沙龙。生活在柏林或者造访柏林的所有著名音乐家，常会光顾"路易斯"或"彼得"之家那令人兴奋的夜晚。从兰迪克的家到新港广场
那条繁忙的路段，我从孩童时代就很熟悉，那里面有条小路通往爱乐 234
大厅。每场音乐会结束，我都会步行穿过这条秘密小道，来到散布于美丽柏林旧城的欢宴场所，那里的热烈交谈和有趣人物的出现，经常让我和伙伴们流连忘返。尼基什指挥的音乐会一结束，这里同样会呈现出节日气氛。我有幸陪伴这位卓越的指挥家度过了几个辉煌的夜晚。遗憾的是，这些夜晚太少了，因为慕尼黑的音乐会和排练活动使我难得有机会访问柏林。当我再次常住柏林的时候，尼基什已经去世了。

回顾那些为数不多的柏林访问，其中一次是小约翰·施特劳斯《蝙蝠》[*Die Fledermaus*]的慈善演出，邀请我来指挥。我始终没有忘记这次表演，因为它让我有机会见到了弗里茨·马萨里[1]，那位可爱的柏林人，那个轻歌剧里最具吸引力的人物。我原本期望见到一个被盛名宠坏了的歌剧天后，担心她对施特劳斯经典中欢乐愉快的维也纳风格的理解会遇到各种困难。但情况并不是这样，我发现了一个伟大的艺术家，她鄙视庸俗的套路，并将她高度专注的天性集中于她的任务本身。

[1] 弗里茨·马萨里[Fritzi Massary, 1882—1969]：奥地利女高音。

我们之间的和谐融洽无须构建，它一开始就在那里。马萨里将艺人伊维特·吉尔伯特[1]的才华，收放自如的良好直觉，散布宜人情绪的卓越技巧，热辣的女性魅力，以及真正的乐感集于一身。看到她的从容，她的激情，还有她对阿黛勒[Adele]无忧无虑的快活和妩媚轻浮的呈现，所有人都沉醉其中。目睹她在《蝙蝠》第二幕桌子上的跳跃，听到她手里拿着香槟酒杯兴高采烈的歌唱，并看到之后她的旋转舞的人们，很难忘记那个不可复制的容光焕发、趣味盎然的画面。我在苏黎世音乐节指挥的时候，弗里茨·马萨里依然在扮演阿黛勒。1926 年，我邀请她参加萨尔茨堡音乐节的演出。从我们第一次艺术合作开始，我就为这样有魅力的人将她独特的戏剧音乐才华浪费在大量低等的音乐娱乐作品的排演中，并长期与之为伍感到非常遗憾。我问自己，是否她就是我寻觅已久的卡门。当开始掌管柏林市立剧院时，我立即建议由她担任卡门这一角色。她认真考虑了我的主张，但出于责任心和自我约
235 束力，她宣布自己不适合这个角色的声乐要求。这样，我试图把一个真正的卡门搬上舞台的努力失败了，这一失败源于这位典型的“轻盈缪斯女神”，在艺术上的谨慎态度。

1920 年春天，我接受巴塞罗那兰心大剧院[Teatro Liceo in Barcelona]的邀请，为西班牙观众演出了一系列曾在慕尼黑颇受欢迎的节目。我的西班牙之旅路经巴黎。上一次看到这座城市，是在很久以前，马勒的病痛经历让我不愿意亲近这座举世无双的都市。现在故地重游，我只逗留了很短的时间。火车带着我迅速走向比利牛斯山，穿过阴沉险恶的塞贝尔[Cerbère]，来到明媚活泼的巴塞罗那。我喜欢这座漂亮的城市，还有它壮美的周边景色。我喜欢迪比达波山[Monte Tibidabo]的秀丽风光：白色的苍穹，蓝色的大海，遥远的蒙特塞拉特[Montserrat]，还有那里的圣杯传奇[2]。我同样喜欢华丽的兰心剧院，

[1] 伊维特·吉尔伯特[Yvette Gilbert, 1865—1944]：法国夜总会歌手。

[2] 圣杯传奇[legend of the Grail]：二战时德国纳粹首领希姆莱曾造访西班牙，他相信耶稣圣杯就收藏在靠近巴塞罗那的蒙特塞拉特修道院里，但他这趟旅行无功而返。

还有那儿的热情观众，享受着从舞台两侧那巴洛克式排列的包厢中向下俯视的感觉。然而，不能说事事都让我如意，因为《特里斯坦》演出时，突然出现了小小的骚乱，把我的目光吸引到左侧包厢。我注意到坐在那儿的一位女士，竟然用西班牙式的眉飞色舞，表达着她对迎面座席观众头饰的赞美——与此同时，在两个包厢中间的舞台上，正在演唱“夜与死”。接下来的幕间休息时间，这位眉飞色舞的女士匆忙来到后台，用令人沮丧的西班牙式法语向我道贺。作为回应，我告诉她，我非常不赞成她刚才的举止，于是就像席勒的叙事诗《手套》[*The Glove*]中德罗热爵士[Knight Delorges]离开库尼贡小姐[Fräulein Kunigund]那样，我厌恶地从她身边走开。

当在巴塞罗那指挥过几年的春季演出之后，我感觉自己有必要亲眼目击一场西班牙斗牛。公牛决斗一直让我着迷——直到它真正开始的那一刻。快乐的衣着华丽的人们，或步行，或乘坐马车，或乘坐公共汽车，或乘坐彩色的大轮子驴车。宽阔的场地上众人兴奋地期待着；糖果小贩在远处叫喊，争着卖出他们的货品，并成功地抓住扔回的硬币；斗牛士、斗牛助手还有其他人等粉墨登场；最后，引人注目的至尊埃斯巴达[*espada*]出场，他一个人大步走来——历史性节日事件的所有细节对我都具有冲击力。公牛突然奔跑进场那一刻的紧张与安 236
静，斗牛士的犹豫神情和低头动作，显得非常庄严。但当斗牛助手开始戏弄牲口的时候，我便站在了众人的对立面。猛兽遇到危难，经受折磨，人们却几近疯狂。我同样不喜欢那个娴熟优雅的斗士，最终感受到一种与体育运动完全无关的信念：公牛是天地间最高贵的物种。当公牛严重受伤，埃斯巴达终于优雅娴熟地杀死公牛，并疯狂欢呼的时候，我离开了斗牛场，躺倒在宾馆的床上，想让大众节日里感受到的郁闷平复下来。对于我来说，这一切都无法接受，而且令人反感。

我回到了慕尼黑。1920 年3 月，总罢工使得柏林的卡普暴动

[Kapp *Putsch*] 失败[1]。尽管后来愈演愈烈的混乱之感没有打扰我的歌剧和音乐会演出，但这一切大大影响了我的思绪。我想弄明白巴伐利亚转而右倾的意义，中世纪的意义，秘密法庭的意义，怪异的街头暴动以及国家社会主义工人党邀请人们参加其会议的意味。纳粹标志的古老魔法形态，还有那血红色的布告，让我隐约感到恐怖和厌恶。

[1] 由于魏玛政府签署了凡尔赛条约，极右派头目卡普领导的保皇党1920年3月13日在柏林发动政变。德国工人随即举行总罢工，迫使叛军逃亡。

第六章

我在慕尼黑排演的最有趣的剧目出现在1920年，那是瓦尔特·布劳恩费尔斯的《鸟儿》。那些有幸听到卡尔·埃尔布[1]的情歌，以及玛丽亚·伊芙根[Maria Ivogün]如枝头夜莺般优美嗓音的人，那些为奇异的场景欢呼，因浪漫的剧中角色感动的人，肯定会心怀感激地记得这场对阿里斯托芬喜剧诗意的、富于创新精神改编的歌剧。作曲家是西班牙戏剧翻译家路德维希·布劳恩费尔斯[Ludwig Braunfels, 1810—1885]的儿子，雕刻家阿道夫·希尔德布兰德[Adolf Hildebrand, 1847—1921]的女婿。他的艺术创造被两种基本理念所引导：充分的戏剧性以及强烈的宗教虔诚。两者在他的作品中都得到了生动的表达，偶尔也有特别显著之处。除了在慕尼黑演出《鸟儿》，我还在音乐厅与当地的教师歌唱协会，排演了同一作曲家所作的非常杰出且诚挚真切的《感恩赞》[*Te Deum*]。后来，我与维也纳爱乐合唱团在金色大厅演出过它，我还在柏林、莱比锡和纽约演出了《柏辽兹主题变奏曲》。布劳恩费尔斯作为科隆音乐学院的院长，是一位优秀的钢琴家，也是宗教音乐的行家里手。纳粹分子在1933年强迫他放弃科隆的职位，他和家人隐居到康斯坦斯湖畔的小村庄。在那儿，沉浸于命运恩赐的静寂，

236

237

[1] 卡尔·埃尔布[Karl Erb, 1877—1958]：德国男高音。

他根据格里尔帕策的《幻梦人生》[*The Dream—A Life*] 谱写了一部歌剧。我担任维也纳歌剧院负责人时，曾计划演出这个剧目，却未成功。此后，我在瑞士一位艺术爱好者的家中，几次见到布劳恩费尔斯。这位渴望与他人沟通的作曲家，为了朋友间的思想交流，经常要从他安静的村落出发，徒步走上两个小时。他越来越多地沉浸在天主教信仰的思想和情感之中。我们最后一次见面时，他为我演奏了根据诗人保罗·克洛岱尔[1] 的宗教剧改编的歌剧片段。

1920 年春天，卡尔·穆克[2] 走进慕尼黑国家歌剧院我的办公室。他在波士顿的事业大获成功后，美国政府怀疑他在政治上有问题，把他送进奥格尔索普堡的监狱，拘押了很长时间。[3] 他现在回到德国，表达了回归德国音乐生活的愿望。我将近20 年没见过他了，记忆中的那个40 多岁、充满活力、坚忍不拔又喜欢讽刺调侃的人，与面前这位年过花甲、一脸严肃、明显疲惫的老者间的反差，让我感慨万千。我提议由他接管摄政王剧院的瓦格纳夏季音乐节，还有音乐厅里我的一些交响音乐会。他接受了我的建议，并且证明自己绝非“武功全废”。他清晰的诠释风格显得质朴、伟岸与热烈……这些慕尼黑的客座演出让我们建立起深厚友情。后来，他在汉堡负责起那里的交响音乐会，受到了极大的尊重。每当我到汉堡，总要与他会面。我一直喜欢跟他在一起，因为他是个多才多艺非常健谈的人。我们最近的密切交往让我清楚地看到，这个瘦削、褐色头发、中等身材之人的冷酷外貌和轻蔑表情只是表面现象，内心深处他是个柔弱、严肃，没有挖苦心理的人，他用尖刻的言辞和冷嘲热讽来掩饰自己的弱点。我最后一次见到他，是在他的乐团担任客座指挥的时候。那时他71 岁了，但呈现在外的苍老程度超过他的年龄，神色老朽。那是希特勒上台的前一年（1932 年），纳

[1] 保罗·克洛岱尔[Paul Claudel, 1868—1955]：法国诗人、剧作家。

[2] 卡尔·穆克[Karl Muck, 1859—1940]：德国指挥家。

[3] 第一次世界大战期间，美国以“莫须有”的罪名逮捕了数千德国侨民，对穆克的指控是“拒绝在音乐厅中悬挂星条旗，以及在情书中贬低美国政府”。

粹祸患已经戕害了德国的肌体。穆克在演员休息室问候我，脸上带着喜悦的微笑，让他老态龙钟的面庞闪现出光彩，恢复了活力。他坐在自己的包厢，鼓掌的动作非常夸张，直到音乐会结束。音乐厅所有的人 238
都可以看到他。我俩从来没有讨论过政治问题，但他很喜欢用这样的方式表达自己的心情。顺便提一句，1933 年之前，在我的音乐会上和歌剧演出中从来没有出现过不怀好意的政治示威。

在慕尼黑音乐节以及冬季演出季期间，国外的音乐达人纷至沓来。一位年轻的英国指挥家，安德里安·波尔特博士[Dr. Adrian Boult, 1889—1983]，1921 年夏天前来拜望我。就像他渴望获悉德国音乐生活的新动态那样，他通报的英国音乐生活的有关情况让我很感兴趣。初次见面后，我们一直保持联系。他严谨的艺术态度，对生活的乐观视角，以及他的远大抱负给我留下了深刻印象，在以后的会面中我发现了他更多令人佩服的方面。英国广播公司音乐部的设备升级后，波尔特被推上了领导岗位。他组建起BBC 交响乐团，为其制定演出计划，让英国的音乐生活活跃起来。他的这些努力赢得了高度评价。波尔特做事诚恳低调，蔑视浮夸。多年的交往让他成为我的好友，直到现在他还是我的至交。

在这里有必要提一下波士顿早期交响音乐会的指挥威尔海姆·格里克[1]，还有他的家人。与他们的温馨交往，有助于驱散慕尼黑战后岁月的阴霾，让我日后对维也纳的访问变得更加美妙。几年前，我就在维也纳结识了格里克。他在1906 年决意离开波士顿后，就定居在那里。1918 年夏天，麦克斯·卡尔贝克又让我们相聚在慕尼黑。格里克全家在这儿一直住到1919 年秋天，他们似乎从我的演出中得到了乐趣，而且我们的见解经常是一致的。我们有很多共同的兴趣，举行了多次有意思的聚会和讨论。我喜欢让格里克讲述他与勃拉姆斯的交往，还有他长期担任维也纳音乐会社团负责人时的那些活动，以及在威尔海

---

[1] 威尔海姆·格里克[Wilhelm Gericke, 1945—1925]：出生在奥地利的指挥家和作曲家。

姆·雅恩和汉斯·李希特时代，他与维也纳音乐生活的密切关联。格里
克夫妇为我讲述的有关波士顿的情况也让我饶有兴趣。他在那里统共
生活了30 年时间。他对美国音乐生活所做的开拓性工作让人难忘，为
239 波士顿交响乐团的组建与发展做出了非常有价值的贡献。后来，格里
克再度离开慕尼黑回到维也纳，我每到那里都要与他会面。1925 年，
当这位耄耋之人在维也纳去世时，我与热心而又喜爱音乐的格里克夫
人葆拉[Paula]，还有她钟情于艺术的女儿凯西[Käthi] 间的友谊，依然
热度不减。德国吞并奥地利后，这对母女回到波士顿，在那儿我曾多
次探望她们。

1921 年夏天，我与加布里洛维奇夫妇在恩加丁的圣莫里斯[St. Moritz] 再度相会，这次经历值得特书一笔。我们在此度过了美妙的几个星期。在返回美国之前，他们又来慕尼黑看望我们。奥西普过人的精力，他的坚忍执着以及牺牲精神，让他的兄弟们得以离开俄罗斯。革命爆发后，他们的生活常处在危难之中。他在慕尼黑与兄弟们的重逢是一次快乐的相聚。我碰巧目睹了这一特别动人的时刻。经过多年的伤心别离，他的兄弟们突然在酒店出现，面对他们的救星，话都说不出来。

夏季的音乐节迎来了一位令人瞩目的访客，那就是保加利亚国王费迪南一世[1]。无数的漫画让所有人都熟悉他的容貌，特别是他的大鼻子。当《女武神》第一幕结束后，他来到摄政王剧院我的办公室，表达他的热衷之情的时候，我马上认出了这个高个子白胡须的人。国王的名望让他在外交游戏中拥有特殊的政治精明和高超技巧。但当他站在我面前时，我端详他的面容，他眼睛里透出一种友善，表现出的只是他深邃的情怀。政客品性与崇高精神间的反差，在我面前清晰地展示。我第一次意识到音乐的教化力量，它唤起人类最高尚的东西。国王多次出席我们音乐节的演出。在花园饭店[Park Hotel] 一次由英国朋友做

[1] 费迪南一世[Ferdinand I, 1861—1948]：于1887—1918年间统治保加利亚，他同时是一位作家、植物学家、昆虫学家和集邮家。

东的晚宴上，众人看到，即使在非常大众化的圈子里，他也是个快乐的爱交际的人。

在慕尼黑的最后几年，我当然会听到针对我个人的蛊惑煽动。有人告诉我，纳粹党《人民观察员报》[*Völkischer Beobachter*] 针对我的侮辱性言论连篇累牍，但我拒绝阅读这份报纸，对恶意的观点坚决不予理睬。当时，我还无法估量这些言论的政治影响力。直到1922 年11
月我离开的当天，歌剧院的业绩以及公众对我的评价依然处在上升状 240
态。教育部一直与我合作得很好。只是后来，我才听说在我离开前有些人与我作梗的细节。当局任命卡尔·蔡斯[Karl Zeiss] 为施万尼克的继任者。教育部的这一选择对正在膨胀的右翼激进主义没有表现出丝毫让步的意味。蔡斯来自法兰克福，他是当地的著名作家和卓越的剧院领导人。选择戏剧专家担任总经理一职清晰地表明，部长大人无意干涉我在歌剧院的职权范围。

尽管政治因素牵扯了我的精力，一连串的事件搞得我心神不宁，却未妨碍我的演艺工作。但是，愈演愈烈的通货膨胀大大影响了剧院的运营。马克币逐渐贬值不可避免地导致剧院财政方面的调整，使其成为日常的事务性问题。剧院员工和观众都心情抑郁，我的工作能力和耐心经受着严峻考验。这个国家笼罩在一种无法想象的、难以治愈的而且不断加剧的经济瘟疫恐慌当中。每一个数字的精确度与其表现出的荒谬程度是等同的。确凿无疑的公理不再真实可信。1 马克不再有1 马克的价值。突然间，它只值20 芬尼，几个星期后只值1 芬尼。当6000 马克只能买到一块面包的时代到来时，我记得太太曾告诉我，家里的厨师需要为一夸脱牛奶支付5000 马克。鲁尔[Ruhr] 被占领后[1]，每日的必需品要花掉几十亿马克。那一年11 月，“一万亿马克才具有和平时期一马克的购买力”。在此基础上，新型的马克币体系被确立。没有哪种货币系统会产生如此大的数据泡沫，每天都处在动荡之中。经

[1] 1923年1月11日，法国比利时联军以德国不履行赔款义务为由开进鲁尔区，对其实行军事占领。

济生活变得极不靠谱。欠账的笑哈哈，债主们泪涟涟。导致这种情况的原因在于，即使一笔债务调整到周二的马克面值，周三再支付时也只是债主实际应得的很小一部分。情况越来越糟。此外，具有传染性的货币贬值，导致某种力量在膨胀。1921年艾尔兹贝格[1]和1922年拉特瑙[2]的谋杀案，昭示着右翼革命狂热的恶劣影响。他们什么都干得出来。反对我的那些鼓噪之声，尽管还没有达到引人注目的地步，但每
241 当听到它们，我极度亢奋的工作热情就会衰退，这是很自然的事情。

在领导岗位工作的这10年，我非常慷慨地自我奉献着。我意识到，在如此困难的条件下，面对越来越严重的经济衰退以及政治环境的昏暗，我的忍耐力到了极限。而且我更清楚地认识到，在慕尼黑我已经发挥得淋漓尽致，再待下去意味着没有进步，没有发展，只是延续已有的活动而已。我想起马勒的话，他也是在工作了10年之后，声称已经“告一段落”。十年的重大职责与使命，一旦想要放弃是很痛苦的，这是小心翼翼、奋发图强的十年，也是激情勃发、意义深远的十年。尽管如此，还是有一种难以捉摸，却又非常急迫的发自内心的号令，不断在催促我离开。我很感激这段时间我所面对的伟大使命，也非常高兴能卸下这副重担，重新认识自己。

因为在这部书里，我努力要做到百分百的真诚坦白，对于曾经影响过我重大抉择的事情不想有一丝隐瞒。我感觉自己必须提一下在很大程度上促成我决意离开慕尼黑的个人动机。那些对我来说伟大而又激情参与了的日子，埋下了悲剧的伏笔。离开慕尼黑的想法，是出于艺术上的考虑，它提供了一条摆脱痛苦状态的途径。人们普遍猜想，是纳粹分子的迫害让我离开了慕尼黑。我在离开慕尼黑的时候一再重复这样的话：实际上我没有遭受政治敌意的迫害，我的离开一定程度上是因

---

[1] 马提亚·艾尔兹贝格[Matthias Erzberger，1875—1921]：曾担任德国财政部部长，一战后作为政府代表签署了德国与协约国的停战协定，因此被右翼极端分子刺杀。

[2] 瓦尔特·拉特瑙[Walter Rathenau，1867—1922]：曾是一位成功的犹太商人，一战后在魏玛共和国担任外交部部长。拉特瑙发起拉巴洛条约，消除与苏联的贸易障碍。在签署条约2个月后，他在柏林被右翼恐怖组织刺杀。

为自己有一种完成任务的感觉，另外的因素是出于个人的需求与爱好。

我将自己的离职决定通知教育部和蔡斯总经理，陈述的理由是长年工作，以及战争与革命引起的越来越多的困难导致劳累过度。科恩博士和蔡斯总经理很是吃惊，为让我继续工作下去，他们愿意提供任何优惠条件，但我宣布，总体的大环境只会导致我工作量增加，肯定不会有所减少。蔡斯发来一封信，说服我留在目前的岗位上，但他得到的是一个友好却遗憾的回应，我去意已决。在回信中，我认为有必要指出在工作中针对我的那股逆流，尽管还没有成为我做出离开决定的原因，却“已经让我身心疲惫”。看到如此决绝的态度，当局也只能接受这个事实，去寻找一位继任者。为了表示感激，教育部授予我教授头衔，对 242
我在剧院的工作给予高度热情的嘉许。

一封挽留我的公开信在坊间流传，上面有慕尼黑知识界名流的签字。这些名字包括：弗朗茨·斯托克[1]、阿道夫·希尔德布兰德、马克斯·哈尔伯[2]、莉卡达·胡赫[3]、奥拉夫·古尔布兰森[4]、托马斯·海涅[5]，当然托马斯·曼、汉斯·普菲茨纳、保罗·科斯曼也名列其中。这样或者那样的挚爱之情，以及观众在我演出时的自发表达，让我很是欣慰。但我认定自己必须离开，这是不可更改的。

惆怅与宽慰交织在一起的离别之情，渐渐占据了我的心，但我的思绪正忙于实现一个蓄谋已久的计划。这是一项将先前的歌剧风格进行忠实生动再现的课题，皇宫剧院似乎要为这项工程提供理想的展示平台。我想寻找正歌剧、喜歌剧（有对白的德国民间喜歌剧）、德语歌唱剧、带插曲的短剧各一部。以其历史价值为基础，这些艺术品应该能在音乐和视觉两方面获得观众的注意力。我选择了亨德尔的《阿西斯与加拉蒂亚》[*Acis and Galatea*]，佩尔戈莱西的《女仆当家》[*La*

[1] 弗朗茨·斯托克[Franz Stuck, 1863—1928]：德国画家。

[2] 马克斯·哈尔伯[Max Halbe, 1865—1944]：德国剧作家。

[3] 莉卡达·胡赫[Ricarda Huch, 1864—1947]：德国女作家。

[4] 奥拉夫·古尔布兰森[Olav Gulbransson, 1873—1958]：挪威画家。

[5] 托马斯·海涅[Thomas Heine, 1867—1948]：德国画家。

Serva Padrona]，还有约翰·申克[1]的《乡村理发师》[*Der Dorfbarbier*]等剧目。普里托留斯[2]懂得如何实现亨德尔作品的巴洛克氛围，与此同时，还可以仰仗他让最后一幕“永恒的崇高”得到恰如其分的表现。《女仆当家》和《乡村理发师》的舞台设计没有特殊的疑难，但对于比勒陀利乌斯是个很好的施展天赋才能的机遇，可以让他应对不同风格的幽默感。我怀着深深的满足感回想起迪莉娅·莱茵哈特[3]对于加拉蒂亚的诗意表演，保罗·本德扮演的独眼巨人的怪诞幽默，玛丽亚·伊芙根[Maria Ivogün]在佩尔戈莱西作品中扮演的美妙的赛皮娜[Serpina]，约瑟夫·盖斯[Josef Geis]扮演的滑稽迷人的理发师学徒亚当[Adam]，以及《乡村理发师》的整个演出团队。如果有哪些细节需要特别关注的话，那就是在《阿西斯与加拉蒂亚》中阿西斯死去的时候，加拉蒂亚的哀歌，还有她为阿西斯的回归向宙斯的祈祷。天神劈开杀害阿西斯的岩石，将可爱的年轻人幻化成泉水，从其间喷涌而出，一切都显得顺畅自然。我们认为，这一切都符合巴洛克时代的要求，展示真正的泉水，还有其流过泥沼的涟漪。在合唱团轻声的吟唱中，仙女与幻化成泉水的恋人再度团聚，大幕徐徐关闭。

这次演出让我有机会结识瓦尔特·达姆罗什[4]，在美国的音乐生
243 活中，他的名字和他所从事的工作，总是与德国交响曲和瓦格纳乐剧相联系，这一点儿我早有耳闻。向这位热情满怀、活力四射的花甲之人致敬，让我由衷感到高兴。我还惊讶地了解到，大约30年前，达姆罗什就负责过《阿西斯与加拉蒂亚》在纽约演出的布景制作。我和他都钟情于亨德尔的作品。我们愉快的首次会面，产生了一个完全出乎意料的结果。1923年初，达姆罗什邀我奔赴纽约，作为客座指挥掌管他的乐队几个星期。因为奥西普从底特律给我发来过类似的邀请，而且波

---

[1] 约翰·申克[Johann Schenk, 1753—1836]：奥地利作曲家。

[2] 普里托留斯[Emil Preetorius, 1883—1973]：德国舞台设计师。

[3] 迪莉娅·莱茵哈特[Delia Reinhardt, 1892—1974]：德国女高音。

[4] 瓦尔特·达姆罗什[Walter Damrosch, 1862—1950]：美国指挥家，出生在德国，长期担任纽约交响乐团音乐总监，1928年指挥了格什温《一个美国人在巴黎》全球首演。

士顿和明尼阿波利斯也邀我前往，我便高兴地表示接受。于是，在第二年1月，我在美国举行了首次公演。

《费德里奥》是我选定的在慕尼黑歌剧院的告别剧目。我满怀深情地回想起热心观众在剧院里，在演出结束后我和朋友们常去的饭店门前，表现出的对我的深深依恋。直到我出现在饭店阳台上演说了一番之后，这种表现依然没有停止。

这大概是1925年10月发生的事，自那以后我开始将目光聚集在未来，聚集在美国。因为我有几场音乐会要在维也纳演出，我还接受了一次布加勒斯特的演出邀请。就这样我离开了慕尼黑，直到即将出发去美国时才回来过。

政治形势变得越来越险恶。动乱已经让德国四分五裂。法国正准备占领鲁尔区，我心情沉重地来到汉堡，冒着阴沉的天气，从那里的港口出发，开始首次穿越狂暴的大西洋。

第五卷

第一章

在沉闷的空气中，我登上了明尼通卡号[*Minnetonka*]。这艘相当简陋的中型客轮将把我带到纽约。柏林爱乐大厅最后的音乐会一结束，我非常熟悉的，混合了雾气、雨水和风的独特的汉堡天气，已经在港湾迎候我的到来。一种从未有过的别离伤感弥漫在我心头，我即将成行的3 个月远游本不至于带来如此的感觉。在许久以后，我才完全明白……让我重温这种心绪的，是1933 年我最终背弃德国之时。又过了5 年，奥地利的大门也在我身后关闭了。即使是这次首度离开欧洲，我也像被扫地出门，因为它意味着放弃上天赋予我的使命——成为一个文化机构的监护人和管理者，并依靠内心的力量让它的传统得以继承。我抑郁地感觉到，就欧洲而言，它与我的密切关联已就此终结。美国能否提供让我再度专心于某个重要艺术中心的机遇尚未可知。那种流离之痛随后让我感悟到，我已告别了稳定的艺术职位并踏上旅程。在这个旅程中，我不再能够充分释放源于故土滋养的我身上的能量。事实上从那时起，我已经变成一位过客，一个流浪者。即使回到柏林市立剧院、莱比锡格万特豪斯[Gewandhaus]、维也纳国家歌剧院，还有萨尔茨堡音乐节那样的环境，我也不再拥有在慕尼黑那样的平静之感。我仍旧拥有固定的工作场所，但旅行装备总在身边，它从没有离开过我的视野。我每时每刻都思量着这个问题：还能有多久？尽管我继续 244

投身到艺术工作当中，好像是在播撒种子，而我的生活依赖于它的收获。但这种收获的希望于我而言，仅仅是一种抽象意味，绝不是以前曾让我倍感温馨的那种近在眼前的艺术成就。这种感觉一直伴随着我。

245 但我从未成为舒伯特歌中“所到之处，我都是个陌生人”[1]意义上的流浪者，也从来没有流亡人士或者难民的感觉。真的，我不再被故土所束缚，也没有真正失去家园，因为我把它带在了身边。我已心满意足地证明，回家的感觉不止是幻想，也不仅仅是空泛的话语。我从没有感到自己是个陌生人，因为我总被音乐所包围，对伟大思想的认知让我活力倍增。况且，当全人类都为我的同胞代言，我拥有诉说多国音乐语言的美好机遇时，我怎会失去自己的家园呢？

满怀郁闷与不安的告别思绪，我焦躁地在黑暗潮湿的汉堡街道上踱着步子，按约定的时间走向轮船公司的码头。忠实可靠的音乐会经纪人路易斯·沃尔夫，从柏林赶来与我话别，原以为能看到豪华远洋客轮和头等舱里风度翩翩的客人，然而灰头土脸的船体以及上面的乘客，显然让她大失所望。但这并不妨碍她对我走出欧洲的苦难、驶向美国“极乐和辉煌”的美好祝福。我此次穿越海洋也带着一些诉求。慕尼黑有家红十字医院[Red Cross Hospital]，那里的取暖设备需要改造。这家医院的负责人阿尔布雷希特教授[Professor Albrecht]，急需得到美元的帮助。还有位于伊萨尔河谷的霍尔岑儿童家园[Holzen Children’s Home]，我们的一位朋友对这个地方非常感兴趣，我要保证它能继续维持下去。诸如此类的诉求有很多。在通货膨胀的受害者们看来，我属于特权群体的一员，能搞到世上最奇妙的东西：价值坚挺的美元。我用自己口袋里叮当作响的大洋演奏出的“未来音乐”，来满足那些由衷的惊奇者和热切的哀求者的想象，他们把我变成了众望所归的信使。

就这样，我带着命运女神的眷顾，坐上了并不奢华的明尼通卡号，

[1] 舒伯特《流浪者之歌》的歌词，源自诗人吕贝克的诗作《陌生人的晚歌》。

航行在易北河[Elbe]。刚刚离开库克斯[Cuxhaven，易北河入海口]，我就不得不放弃渐行渐远的沿岸风景，听命于特等舱里难听的木头呻吟声。我试图用躺下的方式缓和一下难以抑制的恶心，但一切都是徒劳，轮船剧烈的摇晃让这个愿望难以实现。

一幅图画在我眼前升起。我确信那是我在首次美国之旅中看到的：月光下的怀特岛[Isle of Wight，靠近英吉利海峡北岸]，倒映在汹涌的海面上，匆匆的云朵时而遮掩着月光，时而又让它再次闪耀。我，唯一醒着的乘客，游走在夜幕环绕的甲板上，享受着这份寂静，回首 246
往昔，憧憬未来，向着黎明前行。船在贝尔法斯特[Belfast，北爱尔兰首府]再次停靠后，我们向牛羊成群的广阔牧场投下最后一瞥，驶向绿色的海洋。巨浪凶险地拍打着客轮，很快迫使我返回到单独的“囚室”。

明尼通卡号不是漂浮的宫殿。“漂浮”这个词儿过于委婉，用于形容船体的俯仰、颠簸、升降、抖动与呻吟怕不合适。“宫殿”这个概念，对于这艘简陋的客轮来说，也不是很相宜的表达。这艘船的客舱很小，配置很差，交谊厅里也不是特别舒适。船上的规章会让人想起兵营的条例。早上8点，一段慢悠悠很难听的小号声召唤乘客起床吃饭。那些不愿立刻起床，没有及时出现在餐厅的人，过一会儿肯定会感到肚子饿。为头等客舱送餐的好习惯，还没有引入这条航线的工作条例当中，可能是因为缺乏人手。其他的饭点儿，我们也被这种烦人的刺耳号角声提示着。那些有夜猫子习惯的人被迫遵守正规时间，因为交谊厅的灯很早就关掉了。上天没有赐予我成为好水手的天赋。糟糕的天气让我多次错过就餐机会。然而，还是有很多风平浪静的日子，我可以在共享的长条桌旁占据一席之地，感觉自己还没有因为经常缺席而错过太多。

我逐渐了解到海上旅行的一些独特之处，后来的多次美洲之旅，它们转化为一成不变的经验。比如说，头等舱、甲板座椅，以及散步空间的枯燥单调，间或会有一些娱乐活动来打破这种无所事事的状态，轮船的移动还有房间地板以及墙壁发出的恐怖噪声，会让人受到惊扰。

天气平静时，我在船甲板上真的度过了许多美妙时光，我的目光遨游于无边的晨曦，游走在茫茫汹涌的夜色中。我的经历体验从未失去其幽默诙谐的一面：当海洋的心绪能让这样的航行可以忍受的时候，我
247 就会绕着甲板散步，船头总是慢慢地升起然后很快落下，因此，在艰难的爬升之后，人们被迫快步跑下去；当船体左右摇摆时，那些从对面走来的人，仿佛不受万有引力的影响，他们好像来自火星，可以在与甲板成锐角的情况下继续前行。

恶劣天气让我们的旅程比原计划长了一些。而且，明尼通卡号在哈利法克斯[Halifax，位于加拿大]进行了一次临时停靠。记得那是在出海的10天之后，我第一次欣慰地看到海岸，给我留下了开心的记忆。在晴朗有风的冬日，我再次看到了山、房舍和人群。那里有港口的轮廓，铁轨上的货车写有“加拿大太平洋公司”[Canadian Pacific]的字样。我的想象随着这些轨道穿越美洲大陆来到太平洋，飞向遥远的地方。远方的风景随之为我展开，又诱人地消失在迷雾中。世界作为一个整体的感觉，第一次印刻在我脑海里。这一瞬间，欧洲人冥冥中所固有的，在狭小圈子里对自己的想象，转换成与大千世界奇妙连接的体味。我不由想起阿达贝尔特·沙米索[Adalbert von Chamisso]《彼得·施莱米尔》[1]的美妙结局：为弥补世俗快乐的缺失，主人公获赠一双七里靴[seven-league，一步走七里]，由此开始了新的高贵生活。

客轮继续前行，我终于看到了壮观的自由女神像。驶过连绵的摩天大楼之后，我登上了岸。用了很长时间，我才让自己的两腿接上地气。“雾气”这位老相识又来迎接我。黄昏降临时，巨型建筑的顶层消失在烟雾里，它们仿佛伸展到天空之外的地方。在北方大饭店登记入住后，我又走出热烘烘的房间，来到街上遛弯。恼人的十字路口，让人迷乱而又疲乏，我有一种不寒而栗的惊恐，好像行走在山间峡谷的最深

[1] 阿达贝尔特·沙米索[Adelbert Chamisso, 1781—1838]：德国作家、探险家。《彼得·施莱米尔》[Peter Schlemihl]根据德国民间故事改编而成，是这位作者的代表作。

处。我自言自语道："这不可能是纽约。"在这儿我看到窗棂中的灯盏，在那儿我又看到透过雾气的微光，浮云之上还有别样的点点闪烁。在穿越蒂罗尔峡谷的夜晚散步中，我曾目睹过这样的景象，高高山顶上孤零零的农家灯火散发着光芒。街道慢慢变亮了，广告牌开始闪烁。当我困乏的眼睛看到建筑物顶端"美国轮胎"[U. S. Tires][1]的发光字体时，加剧了我到达美国时的疲惫感，这是我的第一印象。我唯一想知道的是，这家公司为什么要在屋顶上打广告呢？ 248

回到宾馆，一场意外的相逢让我高兴起来。玛丽亚·伊芙根和莉莉·佩斯尼科夫[2]——后者作为朋友和私人代表陪伴前者——碰巧也住在这家宾馆。如此一来，我在美利坚土地上的第一个夜晚有了个快乐的尾声。

我无法记录下首次美国之旅所经历的那种富足、强盛以及新奇的感受，只能笼统地说，当欧洲处于水深火热当中，纽约这种蓬勃向上的生活让我感触很深。无怪乎我会看到百老汇各种肤色的人群，看到现代化的第五大道[Fifth Avenue]上井然有序的浩渺车流，看到人头攒动的闹市。在壮丽的哈德逊河[Hudson]畔乘车旅行时看到的风景，让我重温了孩童时代在铁路站台边，列车轰隆隆地驶近，可恶的蒸汽车头仿佛生气地冲我喊着"退后，走开！"的那种感觉。

纽约建筑的外观向我展示了同样生机勃勃的力量。一种新的城市类型在此壮大，你永远无法看到它的另一边。这是一座被垂直线条所裹挟的城市，它不像欧洲是以水平线为主。欧洲的城市躺在地上，这里的城市则是高高耸起。城里安静的华盛顿广场，以及类似的城市环岛，拱卫着这种垂直优势。摩天大楼聚集的华尔街区是其中最突出的代表。

我曾站在一座高高耸立的建筑前，它给人凛然不可侵犯的印象，不知它现在何处？30 年前，科隆大教堂曾是建筑语言对我稚嫩心灵的

[1] 英语中"轮胎"[Tires]与"疲惫"[Tired]两词发音相近。

[2] 莉莉·佩斯尼科夫[Lili Petschnikoff, 1874—1957]：美国小提琴家兼作家。

第一次震撼。到如今，美国城市井然有序的墙体迫使我回想起年轻时的那些印象。我觉得可以在这些高大建筑和街道当中体察到现代哥特风格的魂魄。真的，它似乎给人一种工作日的感觉而非假日的心绪。巨大建筑一排排簇拥在一起，显得文明而又世故，而它们的精神领袖（自由女神像）则是从舒缓的地平线上拔地而起。不管这种变化有多么突兀，它还是给我一种哥特时代生活的感觉。在欧洲，它已升华到高耸入云的石刻诗篇里。

于是，我的搜索思维里最初遥不可及的那些东西，扑面而来。我对这座城市的钦佩与感悟，以及对它的审美兴趣与日俱增。为应对每
249 日里让人眼花缭乱的交际生活，我花费了较长的时间来调整自己。但面对四周涌动的毫不犹豫无所顾忌的情绪，我强烈感受到空想思维的束缚，以及过往经历的拖累，这一事实最终让我在表面的拘谨中意识到了自身的勇气之源。

那一年和后来的几年，我每次在美国逗留的时间都不长，所以无法勾勒出当时新大陆音乐生活的图景。但美国的交响乐团及其指挥，以及众多的世界知名演奏家的精湛技巧和卓越才华，在我脑海里留下的印象非常深刻。只有这一领域自然而然地与我心心相印，我才能同样感受到那种强大生命力的影响，它引起的震撼似乎要让大地颤抖。让人非常愉快的是，在这个拥有最高级别且演出连续不断的音乐奥林匹克大会上，我也听到了许多品质高尚，充满自省意味的音乐。只有在30年代，我在纽约的档期相对较长的那段时间，我才真正获得了对这个国家音乐环境更深刻的了解。这种了解与我自身工作强度的增加息息相关。

在纽约与达姆罗什乐团合作演出后，我来到波士顿指挥，皮埃尔·蒙特[Pierre Monteux, 1875—1964]是此地交响音乐会的常任指挥。阿图尔·施纳贝尔为我担任独奏。我在欧洲经常与他合作，对他了解越多，就愈发欣赏他深度的乐感，他对作品的尊重，还有他情感的真挚。一

个钢琴家，如此认真执着，对自己的事业全神贯注不断开拓，他的艺术品行严谨之至，他在长期的职业生涯中持续获得非凡的成就，这是现代音乐生活令人鼓舞的一种景象。他的人品还有他高度活跃的思维方式总是吸引着我。我把这当作这些年日渐受用的一份特殊收获。

在底特律，我指挥了奥西普·加布里洛维奇创建的乐团。记得我的首场排练一开始，就从韦伯《欧丽安特》序曲第二主题的优美演奏中，感受到了奥西普的诗人性格，以及它在乐手那里所成就的精彩效果。在加布里洛维奇位于波士顿林荫大街的豪宅度过的许多时光，让我们很是享受。在那里，过去所有的默契与分歧都迷人地复活了。让人惊讶的是，我慢慢了解到奥西普开着一辆旧电动汽车，很羡慕他的驾驶技术，尽管还是有些担心。

奥西普依靠创建这家乐团，依靠作为底特律首席音乐家的全心奉 250
献，依靠他精致有趣的节目安排，尤其依靠他热心有创造力的音乐素养，为这座城市的文化生活，为全美国的文化生活做出了不可磨灭的贡献。我们不要忘记，一个如此高尚的人，能在如此备受瞩目的岗位积极工作几十年意味着什么。作为音乐家和普通人，他的福报已然耗尽。1940 年，在他去世 4 年后，我作为客座指挥再次来到底特律，发现对他的怀念已经感人地铭刻在音乐家和大众的心里，他的精神依然活跃在乐团的演奏中，甚至在观众的反响中都有所体现。

我的第一次美国之旅中最愉快的一段时光，是在明尼阿波利斯。我在那儿指挥了三四个星期。在美利坚的那片冰冷之地，我与乐队还有观众之间建立起了非常热情的互动关联，那种出乎意料的、兴奋热情的音乐气氛让我非常欣慰。我沿着密西西比河散步，这条河把明尼阿波利斯和圣保罗两个城市分开，在依照朗费罗[1]诗歌灵感所建造的海华沙塑像前，我感到寒冷刺骨。然而，我因对这条传奇河流的迷恋，一次又一次地来到这里。

---

[1] 亨利·朗费罗[Henry Longfellow, 1807—1882]：美国诗人。

我的首次美国之行延续了大约两个月。来年再次演出的协议签订后，我离开了。这个伟大国度还有它的自由空气，对于当时正在恢复元气的我意味着什么，真的难以表达。混合在大熔炉里的形形色色的人们，开始形成具有空前活力的美利坚民族，以及显而易见的国民个性。它们甚至表现在日常的俗语和精神面貌当中，这一历史事实对我产生了深刻影响。每一次新体验都加深了我对这个国家前景的期待。对于命运的这一安排我非常感激，在以后的岁月里，它让我逐渐融入这个国家的音乐生活当中。

第二章

1923年3月，我回到汉堡。刚刚踏上码头，情绪激动的搬运工就 250
向我倒起了苦水。我赴美期间，德国正面临水深火热，法国占领了鲁尔
区。遵照德国政府的命令，这一地区的工厂全面停工。我在报上读到 251
的这些消息，随后在慕尼黑的家人那里得到了证实。这种形式的消极抵抗，把供养失业者的义务强加给政府，导致国家的财政状况完全崩溃。马克跌入谷底，平民百姓的痛苦生活与政见纷争，为极端主义的蔓延提供了土壤。

慕尼黑店铺橱窗的奇葩告示撩拨着我的眼球。一种“乘数”赫然在目。这是商品的平日价格在通货膨胀时所需翻倍的数字。如果这个数字在早上是15万（马克），那意味着人们能用30万（马克）购买一副平常只值两马克的手套的话，到了当天晚上这个数字可能变成16万（马克），那么同样这副手套就要多花20000马克，尽管购买者的收入此时还没有相应地增长。

1923年春季，在柏林国家歌剧院管弦乐团[Berlin Staatskapelle]邀请我指挥期间，我遭遇了一个有关货币贬值的生活插曲，令人心惊。马克斯·席林斯[Max von Schillings, 1868—1933]当时担任国家剧院的总经理。我们互致问候时，他请求我体谅一下乐团的惶恐情绪。首场排练进行到一个完整段落，中间休息的时候，乐队代表告诉我，乐手们刚刚发了薪水，必须马上出去购物，希望我能够理解。如果迟到一两个小时去买，他们手中钞票的购买力就会缩水。我当然不能反对，对接下来还能再排练很感知足。这些钞票被用来购买什么样的物品，我不得而知，尽管我记得，某位乐手曾告诉我，他买下了几袋盐。我在这家乐团所经历的这个事件有力地佐证了通货膨胀的情况。

我还记得人们在市场，在商店，在公交车上以及在餐馆里的郁闷心绪和恼怒之情。与此同时，我在德国指挥的排练和音乐会的专业水准一直很高，我从未拥有抱怨注意力不集中或者表演水平低下的借口。同一年我访问了维也纳，那里也忍受着通货膨胀的煎熬，但是“倍率”要相对小一些。奥地利人的数字是“几千”，而德国人已经习惯了“几
252 百万”。没有歇斯底里的每日疯涨来恐吓维也纳人脆弱的神经。德国人在经济恢复以后，从几百万的思维返回到先前小数字的思维，心里有一种宽慰之感，而奥地利人则一直沉浸在“几千”当中，甚至稳定的先令被引入后，大家依然心有余悸。30 年代后期，我的一些朋友显然还无法克服埋藏于心的“乘数”魔咒。

我在美国逗留期间，那几桩援助诉求得到了满足，人们又将新的诉求托付于我。尽管众多的慰问与谢意表达让我很高兴，但我也注意到了一种另类的表现。在离开的这段日子，我受到了慕尼黑激进媒体的攻击。摄影橱窗里我的一幅肖像被人打坏，还有其他类似敌对情绪的表达。这些事情没有给我造成很大影响。但激进党派势力的扩大令我烦恼，让我失望，他们将推翻现有政权作为目标。我第一次听到了发生在餐馆里激烈的公众示威，还有街头骚乱，这些举动引起了越来越强烈的社会动荡。

阿姆斯特丹音乐会堂管弦乐团[Concertgebouw] 邀请我去指挥，我满怀喜悦地期待这次机会。从1903 年开始，马勒每年都在那个地方担任客座指挥。他对这支优秀乐团赞不绝口。荷兰观众对音乐的热爱，对其作品的青睐，以及崇高的专业精神都得到了马勒的高度赞赏。

荷兰的音乐爱好者必须感谢威尔海姆·门格尔贝格[1]。他让这里的人们熟悉了马勒的作品，有机会经常听到这位作曲家的交响曲。门格尔贝格的不懈努力，在1920 年的马勒音乐节掀起了高潮。音乐节吸引了众多国外的马勒崇拜者。阿尔玛·马勒[Alma Mahler] 也前往出席。遗憾的是，慕尼黑的重要工作让我没能参加马勒信徒的这次朝圣之旅。

不管怎样，我对这个音乐会堂还有那儿的氛围相当熟悉，这一点儿促使我用会见“我们朋友的朋友”的心情前往阿姆斯特丹。我的愿望得到了满足，我们都成了好朋友。这里的“我们”包括音乐会堂的管理层，那支非常优秀的乐团，阿姆斯特丹以及海牙、鹿特丹、安亨、乌得勒支、哈勒姆、埃因霍温等城市的音乐会听众，我曾在这些城市频繁演出。

我对此地越来越强烈的依恋之情，绝不只局限于音乐圈。我爱上 253
了荷兰的风景，春天里漫山遍野郁金香的鲜艳色彩，静静的运河，河上被称为“史奇顿”[*Schuiten*] 的缓缓行进的小船，辽阔原野上的古老风车，河流纵横、风景如画的小镇，给伟大的荷兰画家们带来灵感的光影，还有山野村民的服饰，女孩子们明艳的服装和头巾，男人们阔阔的裤腿和木鞋。我想起这个国家遭到暴力镇压以及成功起义的历史，饶有兴趣地倾听莱顿[Leyden] 小镇奇特的往事：被西班牙人围困9 个月后，奥兰治亲王威廉[2] 前来解救，面对要么免除10 年赋税，要么建造一所大学的抉择时，小镇的人们选择了后者。我同样很喜欢荷兰语，崇尚它古朴的力量。我觉醒的政治意识，深深被这个国家非常人性化的民主宪章所吸引。古代自由捍卫者的后裔查尔斯·科斯特[3] 已经给予了我们非常动人的描述。

闻名遐迩，观众云集的音乐会堂呈现出一派壮观景象。我喜欢从

---

[1] 威尔海姆·门格尔贝格[Wilhelm Mengelberg, 1871—1951]：荷兰指挥家。

[2] 奥兰治亲王威廉[Prince William of Orange, 1533—1584]：曾领导荷兰反抗西班牙统治的独立运动。

[3] 查尔斯·科斯特[Charles De Coster, 1827—1879]比利时小说家，其代表作历史小说《欧伦施皮格尔的传说》，以16世纪的尼德兰革命为背景，荷兰独立运动的重大历史事件在其中都有所反映。

右面凸起的暗色包厢向下俯视一会儿，然后转身打开正面的门扇，踏上舞台的顶层台阶，这样我自己就暴露在众目睽睽之下。我接下来会走过乐队和头排观众席之间长长的下行台阶，最终来到指挥台前。观众习惯用起立的方式，表达对德高望重的艺术家，或者特殊艺术表演的敬意。他们会以真正的虔诚之心，如痴如醉地欣赏音乐。对音乐会上严谨热烈气氛的回味，成为我永生珍爱的财富。

晴朗的午后，漫步在阿姆斯特丹街头，我和太太感到快乐之极。我被妙趣横生极具特色的古老运河[1]深深吸引，尽管从马路走到狭窄的小道上，由于没有栏杆的保护，我有随时可能掉进水里的不妙感觉。还有一片富丽堂皇的新城区，拥有装修豪华而且非常现代化的住宅。我们是多么喜欢那里货品丰富的花市，还有城市中心错综复杂的
254 老街。当然，老街区在某些时段很难通行，因为骑自行车的人如蝗虫一般密集。公寓底层的住户，很少收起他们的遮阳棚。傍晚时分，我们漫步于所在城区的街道——它们以音乐家的名字命名——被一扇扇窗子里透出的快乐生活场景所吸引。我苍白的语言无法描述国家博物馆[Rijksmuseum]、莫瑞泰斯皇家美术馆[Mauritshuis]、弗兰兹·哈尔斯博物馆[Franz Hals Museum]，还有其他博物馆丰富的艺术收藏——我们一次又一次地返回这些地方，为的是钦佩、欣赏、赞叹这个袖珍小国的人们奉献给世人的无与伦比的珍宝。

离开荷兰奔赴维也纳的时候，我们感受到自己的生活得到了大大的充实。从1923年夏天开始，我们在维也纳重新拥有了固定住所。我憧憬着即将到来的罗马之旅，期待着前往莫斯科，但也有某些担忧，因为这将是战后我首次访问先前的敌对国家。我相信我是受邀来到此地的第一位敌对国家的指挥，包括第二年前往伦敦。一想到要在仍受战争情绪影响的人们面前亮相，我就感到不是很愉快。

很幸运，我的担忧被证明是多余的。罗马的音乐学院，那里的交

[1] 阿姆斯特丹是座水城，有大小165条人工开凿或修整的运河，被称作“北方威尼斯”。

响乐团，那里的观众用一如既往的热情接纳了我。对于新的法西斯政权，我没有太多感受，罗马对我来说像以前一样美妙。尽管如此，重返罗马音乐会的首场亮相，还是被列入我最不愉快的经历当中，我用了很长时间才摆脱掉这次痛苦的印记。遵从音乐学院对新作品的要求，我在节目单上加入了勋伯格的《升华之夜》。这部前卫作品似乎比奥古斯蒂奥画廊[1]的作品更难让人理解。前5 分钟过后，坐在那儿的人们就变得焦躁不安。很快出现了喊叫等一系列不愉快表现。其他观众希望保持安静的请求，以及反对者的情绪表达只能让噪声扩大。尽管干扰声不断，我还是一门心思不为所动，继续演奏作品。《升华之夜》的表演持续了将近半个小时，接下来是中间休息。我回到舞台继续指挥音乐会的时候，获得了众人的掌声，这显然是在告诉我，那些反对声是针对勋伯格作品的，而不是我本人。在热烈鼓掌的人当中，我注意到坐在前排的德国前任首相彪罗亲王[Prince Bernhard von Bülow, 1849—1929] 和他的太太，他们在战后回到了自己在马耳他的别墅[Villa Malta]。遭遇到先前从未经历过的打扰，我很是恼火，草草地鞠了个躬，立即开始演奏下一首作品。音乐会一结束，我很快离开了奥古 255
斯蒂奥，决定再也不去那儿了。管理人员似乎不能理解我的冲动。他们不明白为什么指挥家将画廊听众表达反对意见的一贯方式视作对个人的冒犯。我很长时间无法摆脱自己的愤怒情绪，回绝了后面的邀请。大约十来年后，我才回到这所学院。

我对莫斯科的印象，是迥然不同的担惊受怕。1923 年冬天，我再次接触到那里的音乐生活。俄罗斯经历了战后革命，依然在恢复重建当中。据说新政权大力推进戏剧和音乐的发展，但暴力革命的破坏依然无处不在，人们在相当糟糕的环境里生活着。

这些说法是真实的。更要命的是，过往的恐怖传言依然是人们的主要话题，很多人都担心自己和亲戚的人身安全。先前发生的可怕事

[1] 奥古斯蒂奥画廊[Augusteo's gallery]：罗马音乐学院的圣切西利亚乐团1908—1936年的演出场地。

件让人余悸未消，恐惧依然在空气中颤抖，警觉的眼神在监视着反革命的行踪。太太陪伴着我，住在大都会酒店[Hotel Metropole]，这是唯一允许外国人留宿的地方。房间还算将就，饭菜也不算差，但据说酒店很多侍者是为秘密警察服务的。我们邀请往日的朋友来吃饭，他们竟然不敢前往，唯恐因为出现在大都会酒店这样的豪华场所而引起怀疑。

俄罗斯生活最恶劣的一面，除了变幻莫测的感觉外，好像就是住房的短缺。熟人要在自己家中会见我们，除了把他的住址给我们之外，还要做更多的事情。他必须在住所前的大街上迎候，把我们带上楼，穿过拥挤的空间，直到我们到达他和他太太以及孩子，有时还有其他人共同使用的卧室与客厅。记得我们曾去访问一位音乐家，他想为我弹奏自己的交响曲。他的房间正好在屋檐下，我们聆听这部有趣作品的四手联弹版本时，融化的雪水从天花板的裂孔，滴到钢琴旁的罐头盒里的响声一直伴随着。拥挤在屋里的人们，对这种滴漏，对特意摆放在钢琴旁的那个罐头盒，还有这种局促的环境似乎没有感觉。不用睡在大街上，已算是福星高照了。大革命让莫斯科的人口数量急剧攀
256 升，那些在城市工作却找不到住处的人，不得不蜗居在近郊，在寒冷的冬季忍受每日跋涉之苦。甚至还有人无家可归，遭受着不可言状的苦难。我所了解到的情况就是这样。

然而，在莫斯科的音乐演出却是十足的乐事。乐队和听众还像以前那样满腔热情充满活力，杰出的音乐家们在排练和表演时对作品的专注堪称典范。俄罗斯的芭蕾舞也保持着它的优秀传统，所到之处，赞誉连声。有一场精彩的芭蕾舞表演给我留下的印象尤其深刻。中间休息的时候，演出负责人对我们说，先前沙皇包厢的一间休息室，现在被改装成了室内乐演奏厅。他还告诉我们，一个弦乐四重奏小组此时正在那个地方演出。我表达了要去听一听的愿望，于是我们被带到剧院走廊，走进一个没有点灯的房间。毗邻音乐厅的光线，通过侧面敞开的门照了进来。我永远不会忘记眼前这幅景象：一个大厅模样屋

顶很高的侧室，墙面和天花板上，沙皇时代的旧日辉煌在昏暗中依稀闪现；倚靠在墙边，蹲坐在地上，或者凝神伫立在那儿的身影，清晰动人地表现出这些人的内心对音乐是多么痴迷。我从来没有见过，在沉醉于贝多芬四重奏慢板的这些学生，这些青年男女的姿态中，音乐变得如此具有可视性。我在俄国革命前后的体验告诉我，俄罗斯人的灵魂对音乐拥有真诚热切的渴望。

1923 年的艺术产品异常丰富。这一年让我记忆犹新，主要因为其引人注目的政治影响，以及古斯塔夫·施特雷泽曼[Gustav Stresemann]的个性化印迹日益凸显在欧洲的事务当中。

德国战后的发展颓势，一直延续到1923 年秋天。其标志是德意志共和国[German Republic] 的经济崩溃，以及国外政治形势再度恶化。之后出现了改变，最终导致1925 年的洛迦诺谈判[discussions of Locarno]。它开启了希望的时代，一个新欧洲的希望。这个希望，在一系列有利事件的刺激下，到1929 年达到高潮。在我自己的领域，1925 年和1929 年之间，我很高兴地享受到这一阶段的光明。在这 4 年，作为柏林市政歌剧院的音乐总监，我见证了柏林和德国文化生活的新发
展。从1929 年开始，形势再度暗淡下来。邪恶在蔓延，到了1933 年，它 257
与希特勒一道掌握了政权。

这张路线图提到的时间节点，已经被写进古斯塔夫·施特雷泽曼铁腕执政的编年史。1923 年，当施特雷泽曼还是司法官的时候，他就以空前的勇气，在鲁尔危机中实施让步。这一举动在德国引起了飓风般的针对他的仇视行为。洛迦诺谈判在1925 年秋季举行。施特雷泽曼的明智策略为这次谈判铺平了道路，布赖恩德[1] 崇高的理想主义让它得以成行。通过战争结成的权力集团被终结，德国开始走上平等发展之路。但古斯塔夫·施特雷泽曼在1929 年10 月逝世，他强力倡导的，欧洲国家结为一体的希望随之破灭。

---

[1] 阿里斯泰德·布赖恩德[Aristide Briand, 1862—1932]：一战后长期担任法国外长，1931年竞选总统失败。

多么有趣的一个历史人物！他20岁做学生时，愿为1848年3月牺牲者的陵墓献上花环；作为战时的民族主义乐观派，他在失败中产生出新智慧；45岁作为司法官时，他以自我牺牲的态度承担起让步的耻辱，以求拯救德国。这位政治家，这位歌德崇拜者的人道主义思想超越了政治考量，多么难能可贵！在党同伐异以及民族主义仇恨甚嚣尘上的德国，精神孤独是他的注定命运。在被自己的国家误解，国外权贵集团也不理解他时，他为建立统一繁荣的欧洲而努力，他希望一个健全的德国将在其中扮演重要角色。他与布赖恩德一道，追求着这个目标。他去世时，这个目标似乎是可以实现的。司法官沃斯说过："敌人就是那些右翼分子。"正是因为仇恨，这个表面强健、内心细腻之人的能量最终枯竭了。右翼分子与纳粹的同流合污，敲响了欧洲思想的丧钟。

很遗憾，我只是在无意中了解到这位伟大的政治家。但我感受到了他的艺术志趣，他的文学才能，还有他的坦诚与冲动所表现出的仁慈。施特雷泽曼曾邀请我在弗里德里希·艾伯特大街的外交部吃午饭。除了他的家人和其他客人，著名男中音马提亚·巴蒂斯蒂尼也在场。施特雷泽曼对我的个人态度在1929年春天，我要离开慕尼黑歌剧院的时候表现出来。在一次政党会议上，他要求在剧院管理委员会工作的政党代表设法对我进行挽留。更可喜的还有，他接受了布鲁诺·瓦尔特基金会[Bruno Walter Foundation]主席的称号。当我离开慕尼黑歌
258 剧院后，在我的安排下，我的支持者建立起这个组织。我决定将基金会的收益，用于资助贫困的年轻音乐家。

第一次世界大战之后，政治开始影响我的生活轨迹。但我依然没有受到伤害的感觉。这段时间，因为施特雷泽曼的努力，显现出社会安定和国际调停的前景。在德国，我甚至获得了一个满怀希望、成果丰硕的工作新阶段。基于这一事实我要说的是：施特雷泽曼，在同样伟大的法国人的帮助下，几乎成功地拯救了欧洲。一个受人尊敬，却很悲剧的人物，他将活在所有胸怀普世思想的人们心中。

第三章

1924 年初，我第二次赴美，再次担任达姆罗什的纽约交响乐团的 258
客座指挥。我这回乘坐的是一艘很舒适的客轮。依然记得在瓦尔特·达姆罗什陪伴下的诸多鼓舞人心的夜晚。他是美国音乐生活早期，戏剧与交响音乐的先驱人物，他自己就代表着美国音乐发展历史的一个篇章。我也很喜欢与他的哥哥弗兰克·达姆罗什[Frank Damrosch, 1859—1937]的交往，弗兰克将生命奉献给了音乐教育事业。还有热情好客的弗里德里希·斯坦威[Frederic Steinway]和朱莉亚·斯坦威[Julia Steinway]，想起斯坦威让我心怀感激之情。这位在艺术倾向上如同波格纳[Pogner，瓦格纳歌剧《纽伦堡的师傅歌手》中的角色]的朋友，早在我还没能适应美国的氛围之际，就对作为音乐家的我有了知心的理解。

哈里·哈克尼斯·弗拉格勒[Harry Harkness Flagler, 1870—1952]是纽约交响乐团[New York Symphony Orchestra]的总裁。他对日后该乐团与纽约爱乐协会[New York Philharmonic Society]的合并起到了重要作用。从客座指挥工作一开始，我就与这位非凡之人交往，无论音乐还是人品，我都把他视作真诚的朋友。我们的相识凝结成的友谊，在快乐的日子抑或沮丧的时节，都是诚挚的，我一生都非常珍视这份友情，它不可改变，也不会磨灭。

我的第二次美国之行有一段快乐回忆，那就是对明尼阿波利斯的再次访问。乐队指挥亨利·费尔布鲁根[Henri Verbruggen, 1873—1934]，原本是出色的小提琴家，为救助贫困中的德国儿童，他同意与我合作小提琴奏鸣曲。这位受人尊敬的比利时音乐家，对先前敌对国家的
259 需求敞开心扉的美意，让我非常高兴。我在明尼阿波利斯的那段时间，还举行了一次所谓的“挨饿晚餐”。这样的晚餐尽管费用极高，但是每个人只能吃上一点点。如此一来，大部分钱款就可以用于慈善。晚餐上的演讲者，除了我自己，还有哈里·凯斯勒伯爵[Harry Kessler, 1868—1937]，他是霍夫曼斯塔尔和斯特凡·乔治的密友，也是理查德·施特劳斯芭蕾舞剧《约瑟夫传奇》[*Eine Joseph-Legende*]的脚本作者。凯斯勒伯爵的母亲是英国人，父亲是德国人。凯斯勒曾在英国伊顿公学接受教育，后来就读于汉堡的约翰纽姆学院。他当过外交官，战后出任德国驻波兰大使。在那里待了3年后，他以超脱的心态回归艺术和文学，回归自我。我在返回欧洲的轮船上再次遇到他。他活泼风趣的陪伴让人非常愉快，消除了旅途上的无聊与乏味。

1924年春天发生了一桩很有政治意义的艺术事件。伦敦决定恢复德国演出季，聘请我担任其音乐指导。一战爆发前，德国演出季是科文特花园皇家歌剧院一年一度的保留节目。这份邀请让我非常兴奋。国际音乐生活中如此重要的活动向我发出召唤，让我很欣慰。从中我还看到，被战争阻断的国际文化交流的恢复，迈出了大有希望的一步。

满怀希望，但依然心有余悸，我于1924年5月抵达伦敦。英国与德国之间仇恨的冲击波非常强烈，我的担忧是有理由的，唯恐英国舞台上的第一声德语，会招来厌恶情绪。更重要的是，《指环》即将上演，若想通过热烈的音乐情感，淹没掉所有潜在的敌对心理，《莱茵的黄金》[*Rheingold*]的引子似乎比其他任何瓦格纳作品都不合时宜。但结果表明我根本无须担心。演出前，我们得到了公正与友善的礼遇；演出结束时，观众爆发出的热情势不可挡。这样，就在第一个晚上，新的友

好协议即被签署，伦敦公众同我们走到了一起。

尤斯塔斯·布卢瓦上校[Colonel Eustace Blois] 是德国和意大利演出季的负责人，第一年两个音乐季相继举行，后来合并在一起。如果我没记错的话，它们一开始是由一家澳大利亚委员会托管的，后来，得到了著名实业家山姆·考陶尔德[1] 的夫人莉尔·考陶尔德[Lil Courtauld] 的资助。莉尔是一位热心的音乐爱好者，深谙如何在自己不抛头露面的前提下，对歌剧院的运营实施有益的影响。我们之间几次详尽的讨论，让我感受到她的深度领悟与真诚善意。非常遗憾，不知何故，几年后她退出了歌剧院。山姆·考陶尔德拥有文学艺术资助者和社会活动家双重名号，在他伦敦波特曼广场漂亮的亚当风格[Adam-style，一种18 世纪新古典主义的建筑风格] 住宅中，收藏有绝妙的法国印象派作品。他寡言少语却很有内涵，是一位独立的思想家，一位精力充沛的实业家。他太太离开歌剧院后，夫妇二人与指挥家马尔科姆·萨金特[Malcolm Sargent] 联手，创办了考陶尔德–萨金特音乐会[Courtauld-Sargent Concerts]，这是一项以严肃艺术和慈善为目的的事业。太太早逝后，考陶尔德继续坚持将它做下去。在伦敦演出期间，我是考陶尔德家的常客，甚至偶尔住在那儿。我高兴地记得自己在那个雅士云集的圈子里度过的美好时光。 260

记得那是我们的第三或者第四个演出季，我们以一出非常成功的《玫瑰骑士》[*Der Rosenkavalier*] 作为开场。毫无疑问，这次演出大大提升了该剧的国际影响力。理查德·迈尔扮演的奥克斯男爵无与伦比，他的快乐幽默，他精彩的奥地利道白，还有他的嗓音以及音乐上的完美，都给人们带来了极大享受。1901 年他首次登台，就是在我的指挥下，在维也纳宫廷剧院出演威尔第《欧纳尼》[*Ernani*] 中的席尔瓦[Silva]。我在这座城市11 年间，与他常有艺术方面的交往。后来，我的合唱音乐会多次邀他担任独唱，现在我很高兴再次与这位富有同情心、

[1] 山姆·考陶尔德[Samuel Courtauld, 1876—1947]：实业家、艺术收藏家。

地道的萨尔茨堡人合作。剧中的奥克塔维安由迪莉娅·莱茵哈特[1]扮演，这位富有诗意的抒情女高音来自慕尼黑，她曾在那儿学习，并为我演唱过这个角色。她的嗓音、做派还有扮相，都是火爆脾气的奥地利贵族独特魅力的代表。扮演玛莎林[Marschallin]和索菲[Sophie]的歌手，我尽管还不熟悉，但已经听到了许多关于她们的赞扬性报道，所以欣然应允她们来加盟。她们是洛特·莱曼[2]和伊丽莎白·舒曼[3]。我依然记得这两位年轻歌手，当时在国际舞台开始崭露头角，以信任和谦逊的态度到剧院的办公室来见我。就嗓音和做派而言，伊丽莎白·舒曼是理想的索菲。至于洛特·莱曼扮演的玛莎林，当时已经到了光彩夺目的境界，她对这个角色的演绎成为当代歌剧舞台的一项杰出成
261 就。的确，这里出现了罕见的艺术家个性与一位诗意人物完全融为一体的现象，一个短暂的戏剧性事件演变成一段难以忘怀的经历。至于其他小角色，我也进行了精心的遴选。如果观众能越来越青睐科文特花园的德国演出季的话，相信我指挥的《玫瑰骑士》会一直演下去，它确乎能维持观众的兴趣。我耳畔依然萦绕着三位美妙的年轻歌手最后的三重唱，她们仿佛造就了彼此，为一件作品打上高贵的标记，那是其他经典剧目所不曾拥有的价值。

科文特花园皇家歌剧院的设施条件的确太简陋太落后了，表现手段也有些低劣。其舞台的现代化改装很晚才实现。这项短板损害了我们演出的感人印象。对此，舞台导演莫尔和他的助手都无可奈何。当阿尔贝里希[Alberich]变成巨龙和蟾蜍的时候，遮挡阿尔贝里希的雾柱往往出现得太晚，在无助的等待当中，突然喷发出来，让歌手很尴尬。与此同时，紧握发出雾气锡管的粗壮胳膊也赫然在目。莫尔先生让三位神秘女神佝偻着身躯消失在黑暗中。但她们的身影非常显眼，弓着身子顺着一条绳索溜下舞台。重新熔铸抛光的魔剑利刃不够锋利，无法

[1] 迪莉娅·莱茵哈特[Delia Reinhardt, 1892—1974]：德国歌唱家。

[2] 洛特·莱曼[Lotte Lehmann, 1888—1976]：德国女高音。

[3] 伊丽莎白·舒曼[Elisabeth Schumann, 1888—1952]：德国女高音。

一下子劈开铁砧。铁砧用过一段时间后，经常发生断裂，其内核似乎不够坚实。但这里的观众耐心忍受了此类不尽如人意之处。他们言语得体，没有发出嘲笑声。只有一次，在《玫瑰骑士》第三幕，侍者用打火机点亮左侧墙面的蜡烛，与此同时右侧墙面的蜡烛也亮了起来，台下虽有笑声，却更伴随着掌声。总体而言，伦敦观众因他们的真诚热情著称，舞台上的情绪风暴以其全力震撼着观众的心灵。

在几乎出席过我们所有演出的热情观众当中，有一位在慕尼黑就与我相识的老熟人，葡萄牙国王曼努埃尔[1]。陪同他的是他美貌的妻子，她先前是霍亨索伦－锡格马林根家族[Princess of Hohenzollern-Sigmaringen，德意志的主要统治家族]的公主。曼努埃尔坐在顶级包厢，非常专注地聆听我们的演出，幕间休息时他总要来看望我，表达他的率真激情。伦敦的幕间休息时间比较长，给我们提供了在我的房间或在他的包厢交谈的机会。我了解到他是一位爱交际、善思考、非常随和之人，他的太太则是个严肃谦逊的女人。我太太和我曾到他 262
们迷人的乡间别墅拜访过几次，那里位于英格兰东南部城市特威克南[Twickenham]，比里士满[Richmond]小镇还要远一些。在那个地方，就像曼努埃尔所说，他为了他的书，他的花，还有他的管风琴而生活。曼努埃尔的管风琴演奏尽管业余，却能让他乐而忘忧。记得一次午餐，洛特·莱曼也在座，之后我们在他别墅后面的大花园里长时间散步，聆听他充满爱意、细致入微的关于花卉的见解。他最终成为医疗事故的受害者。据说，为他诊病的大夫将一块棉纱留在他喉咙里，导致他窒息身亡。这位可能死于非命的热情非凡的年轻人，现在想起来，依然令我唏嘘不已。

必须提一下我与作曲家爱德华·埃尔加爵士[Sir Edward Elgar]的交集。我在女王音乐厅指挥过他的交响曲，在那里我对他有了更深入

[1] 曼努埃尔[Manuel II of Portugal, 1889—1932]：葡萄牙最后一位国王，1910年10月被废黜，后定居伦敦。

的了解。尽管他的作品对我没有特别大的吸引力，但我真的非常钦佩他的精湛技法，特别是他的《第二交响曲》、《谜语变奏曲》[*Enigma Variations*]，还有他的《小提琴协奏曲》。我还被他的《杰隆修斯之梦》[*The Dream of Gerontius*] 深深吸引，他直率的个性也是如此，在他邀请我的一次午宴上展现出来。

我当然要尽可能多地拜访我的老友埃塞尔·史密斯[Ethel Smyth]。她在这段时间成了埃塞尔夫人，但她卓尔不群的行事风格和与生俱来的幽默感依然如故。尽管她年近古稀，却依然像我在维也纳刚认识她时那样，保持着无限的朝气和旺盛的精神。她作曲，写作，对当代历史有着浓厚兴趣，间或会在报上发表文辞秀丽、意境深远的文章。正是通过她，我见到了她的密友弗吉尼亚·伍尔芙[1]，一位非常有才华的作家。我们在这位杰出的，一门心思进行内心探索的小说家府上待了一下午。这个女人内心非同寻常的敏锐，给我这次拜访留下的几乎是一种痛苦印象。但是埃塞尔·史密斯和我都没有预见到，当时已人到中年的弗吉尼亚·伍尔芙，后来会通过自杀来寻求厌世情绪的解脱，这种厌世情绪令她痛不欲生。

科文特花园的氛围所营造的旺盛热情，理所当然应该传播开来。它甚至漂洋过海，在1928 年美妙的巴黎莫扎特音乐周[Mozart Cycle]上得到展示。我来伦敦的前一年，就被邀请到这里指挥。只要政治环境有所改善，德国、法国和英国抱有恢复友好关系的愿望，这类活动
263 当然是可行的。当时我们看到，文化交往对于维护和平的帮助有多么大。德国驻伦敦大使海因里希·斯塔莫博士[Dr. Heinrich Sthamer]，以及德国驻巴黎大使里利奥波德·霍施博士[Dr. Leopold von Hösch]，都兴奋地向我确认了这一事实。在伦敦的德国大使馆举办的音乐晚会就是明证。英国的社交生活到此时依然相当冷清，但海因里希·斯塔莫博士的音乐会邀请，吸引了很多英国名流出席这样的非政治性活动。

[1] 弗吉尼亚·伍尔芙[Virginia Woolf, 1882—1941]：意识流文学代表人物。

我在音乐晚会上为我们的当红艺术家担任钢琴伴奏。最终，伦敦的各界名流再次汇聚在德国使馆，就像战前那样。每个演出季，我们都要在德国大使馆举办一到两场这样的音乐晚会。我高兴地记得最后一位客人走后的半个小时，曾担任过汉堡参议员的大使先生，会与我们坐上一会儿，向大家致谢，一次又一次地让我们确信，艺术家们在科文特花园的演出以及大使馆内的音乐会，有效地支持了德国与英国达成和解的努力。

为了避免可能出现的误解，在此我想声明一下，我认为二战结束后，类似的和解态度在相当长的一段时间里是不可行的。纳粹毒流一时还难以肃清。它在德国文化领域——宗教、道德、科学、文学和艺术方面——造成的破坏，很可能形成一种压抑的态势，直至德国人的精神世界发生巨变才能结束。受到伤害的人们有权力拥有一段警戒隔离期，以保证纯正的德国文化的传播。艺术，特别是音乐，对于那些“瘟疫细菌”是最不敏感的。但带有特殊能量的纳粹艺术，以及或多或少为其做出过贡献的那些人，仍然是一种现实存在。我相信，要恢复邦交关系，首先需要艺术的作用，但我希望能够采取预防措施（尽管这在战后并非必需，因为纯粹的文化依然存在），这似乎是当前的明智之举，哪怕这些措施所适用的领域本身不具危害性。

我发现伦敦的音乐生活非常繁荣，形式多种多样。几乎每一天，最著名的演奏家、歌手，或者室内乐小组，都会在喜好音乐的观众面前亮相。大堂的交响音乐会演个不停。然而，管弦乐队的状况似乎有些问题，因为这些著名的伦敦乐团，当时还不拥有自由支配的永久成员 264
名册，每场音乐会需要聘用多名编外乐手。如此一来，尽管个别演奏家的水平很高，每场音乐会的合奏却不得不重新磨合。另外，英国乐手以具有高超的视奏能力而著称，否则仅凭通常较少的排练次数，会让新作品的演出难以实现。所有这些情况，让组建永久性乐队的紧迫性日渐凸显。这方面的努力在逐步加强，我非常高兴地见证了，继永久性管弦乐团建设方面领先一步的曼彻斯特和格拉斯哥之后，水平卓越、人员相对固定的伦敦管弦乐团的诞生与发展。

少年时代开始，我就被伦敦的音乐生活所吸引。这种感觉开始于我阅读作曲家传记的时候。创作出无数经典的作曲家们，其丰富的内心世界与恶劣的物质条件之间的反差让我心里很难过。我很高兴在那些日子读到过亨德尔在伦敦的显赫声望，以及海顿、门德尔松和韦伯在那儿受到的高度敬仰。但更让我刻骨铭心的，是皇家爱乐协会[Royal Philharmonic]资助即将告别人世的贝多芬这件事。这件事的前因后果让人难以忘怀。莫谢莱斯[1]将贝多芬垂危之际的请求呈送给这家协会，希望他们考虑一下贝多芬严重的病情，将他以前提出建立一所学院的计划付诸实施。爱乐协会于是召集全体大会，一致同意立即向贝多芬捐赠100 英镑[2]。得知这个消息，贫病交加的贝多芬的兴奋之情，以及他动人的发自内心的谢意表达都难以形容。在死亡的阴影里，实施过最后的圣礼后，贝多芬小声诉说着感谢的话，其中还提到了英国："愿上帝保佑这个国家！"我从不感情用事，却从这件事上得出总体的结论，看到了英国音乐生活方方面面的绚丽光彩。然而对于英国音乐协会而言，这并不只是一次慈善之举，而是对乐圣敬慕之心的表达，是永恒的荣耀。即使在青年时代，每当有人宣称"音乐对于英国人无关紧要"的时候，我都会举出这件具有广泛代表性的英国人对音乐真诚热爱的有力证据（因为，与爱乐协会密切相连的是它的听众），
265 我后来也会举出作为专业艺术家和听众两方面的亲身经历，以及受人尊崇的英国同行的评论，来证明英国人对音乐的热情，还有他们精神层面对音乐的渴求。

阔别11 年之后漫步在伦敦，并注意到它在那个不平凡年代所产生的变化，再次给了我很多快乐。演出季我在伦敦待了五六个星期，而战

[1] 伊格纳茨·莫谢莱斯[Ignaz Moscheles, 1794—1870]：德国钢琴家、作曲家。

[2] 根据物价指数统计，当时的1英镑大约相当于现在的80英镑，创作于1846年的小说《简·爱》，女主人公在桑菲尔德庄园里担任家庭教师的年收入是30英镑。

前的音乐会我只需待上三四天就足够了。所以只有现在，我才真正了解这座壮丽的城市。小马车在街道上几乎销声匿迹，奇异的厚涂层出租车，还有它们朴素的外观，对我来说好像是一种低调的替代品。酒店和许多私宅这时都装配了中央加热设备，并供应热水；但是怀特霍尔宫的皇家骑兵卫队依然一本正经地端坐在马上。假发依然是公共礼仪中随处可见之物，壁炉的火焰依然可以用来烘烤后背。厨房文化也相当超前，但饭后严格的性别分界依然很明显。人们排着长队在剧院门口的等候让我非常感动。他们的时间偶尔会被街头音乐家或者舞蹈家，甚至被杂耍演员消磨掉。我再次因公众生活中的友善而感动，从一个预留的等待位置就可见一斑。有人携带一把便携的宿营椅，让自己的出行变得轻松，当他离开去喝杯茶时，将一张写有拥有者名字的纸条贴在椅子上，其他人就明白了，他的位置会被保留。再次徜徉在伦敦街头，我看到了狄更斯或者其他文学家曾经让我熟悉的景致与风尚。每次从多佛港口前往伦敦，我都会想象在与铁路平行的公路上，可怜的大卫·科波菲尔[David Copperfield]，还有他步行前往贝西姨婆家的痛苦旅程。在靠近泰晤士河的东区，我依稀看到了比尔·赛克斯[Bill Sikes] 和教唆犯[Fagin] 的邪恶身影。我期待严酷的拉尔夫·尼尔贝[Ralph Nickleby] 从这座城市昏暗狭窄街道的老房子里走出来。我在兽环上寻找马利幽灵般的容貌。围着篱笆的方庭对我微笑着，周围的居民可以凭借一把秘钥进入这方庭。从沃尔多夫酒店到科文特花园的路上，要经过德鲁里巷剧院[Drury Lane Theatre]。在我心目中，它是英国戏剧发展史上的一座丰碑。渐渐地，我在伦敦有了宾至如归的感觉。我完全赞同在公园里自由使用草坪，人们显而易见的对花卉展览的喜爱让我感到欣慰。无论是城市还是乡村，他们热爱花园的无数明证在 266
我的脑海里留下了深刻印象。我对1926 年的大罢工很感兴趣。团结的信念通过大家自发的互助协作表现出来。与此同时，强烈的幽默感，平息了让人厌恶的纷扰。温和与自律的精神阻止了暴力事件的发生，只有少数例外。同样的体验，归因于不讨人喜欢的伦敦雾气，它将白天变成夜晚，把街道变成了精灵世界，使得将要把我带到多佛的火车无法启程。开始有好几百人，渐渐增加到数千人，跟我一样，不得不等待他们的火车。利物浦街道站台的大厅好像成了一座营盘。人们或坐在自己的行李上，或站着，或躺着。在等车的时候——我的火车凌晨3点才开，延误了5个小时——我没有看到一点儿不耐烦或者焦躁的迹象。每个人都安静幽默地忍住着这种不愉快的状况，并体谅周围的人。令人难忘的还有加冕日那些兴高采烈的场景，穿着晚礼服的男人和女人，伴着各种各样的即兴音乐，在街道上跳舞。整个伦敦仿佛都很高兴参与到这一节日当中。

我现在可以自认为是“老资格”了。假如1918—1919年的演出季不遭遇战败与革命，我可能已经在慕尼黑庆祝自己指挥生涯的25周年了。毫无疑问，这样的活动没有举行。4年后，我离开慕尼黑，用一种有序的迁徙，成功安排好日后的艺术之旅。独来独往感觉很惬意。而且，我认为这种状态很适合欧洲的动荡局势。在我的良心允许的范围内，我接受了大量的客座指挥邀请。换句话说，我依靠自己惯常的工作方式，了解我之所能。没有经理人，没有演出机构在欧洲代表我，因为我不喜欢让其他人来摆布我的时间，安排我的工作进度，也不允许任何人为我的服务出价。我希望在自己愿意的时候露面。我在柏林指挥的音乐会属于路易斯·沃尔夫演出机构的业务，而维也纳的音乐会则由演出经理雨果·赫勒[Hugo Heller]和爱乐乐团来安排。爱乐合唱团、音乐厅，以及欧洲其他地区的邀请，会直接与我接洽。我的工作让我的足
267 迹遍布整个欧洲，从斯堪的纳维亚到意大利和西班牙，从法国到俄罗斯。还有来自音乐之城演出协会的邀请，以及歌剧节管理机构的安排。我下定决心避开固定职位，不限制自己在富有艺术魅力的场合亮相的机会。这样，我渐渐为自己不断增长的精神层面的兴趣爱好赢得了更多时间。鉴于前面说过的原因，定居慕尼黑似乎有些不明智，我和家人

需要在维也纳和柏林之间做出选择。前面提到，我已决定1923—1924年冬天待在维也纳，但定居柏林显然更便于我周游列国。因此，在1924年秋天，我们临时住在柏林吕佐夫[Lützowplatz]一套家具齐备的房间里。与慕尼黑相比，柏林几乎没有任何纳粹踪迹，尽管这里的政治局势也不好，但多少还有些希望。那是奇迹般地实现了货币稳定之后的年代，那是施特雷泽曼所说的“眼前出现一线希望”的年代，那是艺术大胆自我革新的年代。

1925 年 1 月，我正在第三次赴美的路上，一封来自柏林市立剧院董事会的电报发到南安普顿，邀请我在那年秋天担任那里的音乐总监职务。适合我个性的工作环境再次向我招手。我又要投身到一所艺术机构，系统地规划并执行一套节目单，组建一支歌剧乐队，承担起责任，也许还要为文化生活在此地的新兴繁荣贡献一份力量。3 年舒心的独来独往之后，对于恢复固定职位一事我当然心存犹豫，特别是我必须考虑到潜在的政治干扰，以及这些因素对公共演出机构的影响。但面对“天将降大任于斯人”的召唤，我能漠然置之吗？我打电报要求推迟谈判事宜，直至我从美国返回，那时候我才能认真考察即将承担的这项重任。推迟得到了批准。当我再次来到柏林，海因茨·蒂钦[Heinz Tietjen, 1881—1967]拜访了我，他是布雷斯劳歌剧院的负责人，已经当选新成立的柏林市立剧院总经理。他向我保证，将遵从我的每一项艺术愿景。最初这些讨论，还有后来火车旅程上的一番沟通，让蒂钦的艺术悟性给我留下了深刻印象，还因为我所有的合同要求都得到了满足，最终我表示接受，再次走上了一家歌剧院的负责岗位。事实上，我属于这个地方。我们在夏洛滕堡[Charlottenburg]的凯瑟丹姆 268
[Kaiserdamm]找到了住所，这下子肯定要移居柏林了，至少看起来是这个样子。

第四章

英国驻柏林大使达伯农子爵[Viscount d'Abernon, 1857—1941]在他的回忆录里谈到，德国首都的文化生活，在1925年之后迎来了辉煌时代。阿尔弗雷德·克尔[1]称其为“新伯利克里时期”。的确，这个时候好像德国所有的艺术名家都打起精神，在纳粹暴政迫近之前，发起了最后的多彩壮丽的思想盛会。在那些日子里，柏林戏剧界所取得的成就，很难在才气、活力、意趣之高妙，以及多样性方面被后人超越。在莱茵哈特[2]主持下，德意志剧院和卡默施皮勒剧院举行悲剧、正剧和喜剧的庆典演出，从莎士比亚演到豪普特曼和韦尔弗[3]，从莫里哀演到萧伯纳和高尔斯华绥，从席勒演到昂鲁[4]和霍夫曼斯塔尔。在国家剧院，利奥波德·耶斯纳[5]的喜剧实验引起了观众的热烈讨论。卡尔海因茨·马丁[6]以其对剧院艺术大众化的真正理解，主导着这座人民剧院的命运。其他剧院通过它们的尝试，与上面提到的这些演出场所进行激烈竞争，将戏剧艺术提高到新水平。演员和舞台导演也得以 268

[1] 阿尔弗雷德·克尔[Alfred Kerr, 1867—1948]：德国戏剧评论家。

[2] 马克斯·莱茵哈特[Max Reinhardt, 1873—1943]：奥地利戏剧电影导演。

[3] 弗朗茨·韦尔弗[Franz Werfel, 1890—1945]：奥地利作家。

[4] 弗里茨·昂鲁[Fritz von Unruh, 1885—1970]：德国诗人。

[5] 利奥波德·耶斯纳[Leopold Jessner, 1878—1945]：德国表现派导演兼制作人。

[6] 卡尔海因茨·马丁[Karlheinz Martin, 1886—1948]：德国戏剧电影导演。

全面施展他们的才华。当代的、过去的，国内的，还有国外的作品，都在舞台上有所展示。有非常多的实验作品，有搞怪的剧目，偶尔还会出现荒谬的表演。但那些日子的总体特征，是空前的精神警觉，以及对这种警觉意识的机敏回应。当时的人们对文化生活普遍表现出热情的关注，尽管这时正处于政治亢奋期，但报纸每天都有大量版面讨论艺术话题。同样，音乐事件很自然地唤起了公众的兴趣，如威尔海姆·富特文格勒主持的爱乐音乐会，爱乐乐团的布鲁诺·瓦尔特音乐会，大量的合唱演出、室内乐以及独奏家的音乐会。国家歌剧院值得大加褒奖，在埃里希·克莱伯[Erich Kleiber] 指挥下首演了阿尔班·贝尔格[1] 的《沃采克》[*Wozzeck*] 以及雅纳切克[Leoš Janáček] 的《耶奴发》[*Jenufa*] 这样的剧目。在我的指挥下，市立歌剧院再次崛起；克伦佩雷尔[Klemperer] 手下的克罗尔歌剧院，还有很多其他机构与当时的戏剧
269 舞台成就密切相关。在此我无法说出视觉艺术领域的突破，以及自然科学的杰出成就，因此不能完整地勾勒出那个时代的画面。

在我看来，市立剧院一开始就是所有剧院中吸引力最小的一座。它的建筑尽管仪态端庄但缺乏灵感。另外，这座剧院没有任何艺术成就令公众感到亲近。没有大事件的记忆来美化其平淡无奇的观众席，它无法让走进剧院的人们抛开身后乏味的现实。空间与器物可以因多种缘故产生神奇的魅力，它们的形状、它们的位置，还有它们的材质都表现着艺术精神，散发着奇特的感召力。然而，渐渐地，它会因其历史沿革，以及越来越丰富的联想而产生蜕变，也就是说，凭借它们可以获得的象征力量……我曾见过茨威格萨尔茨堡家中的贝多芬的木头书桌，这个冷冷的无趣的物件，看上去没什么特别之处，但它激起了观赏者体内一股势不可挡的想象、描绘、记忆、思索以及伤感的狂流。总之，它产生着力量。它是一种令人兴奋的意向，特别对艺术家而言。即便在最理性的现实当中，物质的作用也常常会变得很夸张，从作为无趣的

[1] 阿尔班·贝尔格[Alban Berg,1885—1935]：无调性音乐的倡导者。

“存在”变成“意义”重大的圣物。我采用这样“迂回”的方式，主要是为了抒写自己对市立剧院各个方面的失望。而且，未来的艺术成就可能给予这家剧院的精神上的希冀，也随之遭到否决，因为剧院内部和外部景观太过拘谨，历史积淀的不足是另外一种因素。但我能受之有愧地从美丽的慕尼黑剧院获益良多这一事实，对我产生了一种感召力，让我渴望用自己的力量，在新环境里成就一番事业。在柏林工作的最后阶段，我感到自己已经在某种程度上获得了成功。

技术装备作为一种物质上的支持，作用并不显著。一套设施完备的布景，还有上面的塑件，可以装上轮子被推到巨大的左面侧台，在那里更换。下一个布景同时装配完毕，从右侧换到主台上。快速更换布景的可行性，固定的大型背景，设施完备的灯桥，一套灵巧的舞台电梯系统，很好地解决了许多技术问题。

当时柏林富有激励性的精神氛围，有利于我计划的实施。所以我 270
再次精力旺盛地投身到构建和培育新的歌剧机构的大任当中。

协助我领导市立剧院的海因茨·蒂钦是我有生以来遇见过的最奇特的人物之一。4 年来，尽管我们天天见面，我却不能说自己了解这个神秘莫测的人物。虽然他一直对我态度诚恳，交流起来也很友善，但他在人情方面总是保持着疏离与神秘的感觉。

“蒂钦还活着吗？”剧院员工当中流行着这样的幽默疑问。它起源于这位行政首脑奇特的隐身状态。尽管每天我们都一起开会，但要对这个问题做出毫无保留的肯定回答，我还是要犹豫一下。蒂钦出生在摩洛哥的丹吉尔[Tangier]，父亲是德国外交官，母亲具有英国血统。他可以说德语、英语和西班牙语。而且，他很感激自己的出身，让他可以沉着机敏地与各色人物周旋。很早的时候，个人爱好就让他背弃了父亲的职业和社会背景，去参与音乐和戏剧事业。他努力获得系统的音乐教育，曾经作为崭露头角的指挥家，师从亚瑟·尼基什[Arthur Nikisch]。后来他当上了乐队指挥，接着又成为戏剧导演，先在特里尔一试身手，然后到布雷斯劳兼任指挥和导演。在柏林市立剧院，他救场指挥过一次《齐格弗里德》，据说演出过程中，他展现出了惊人的精湛技艺。有时，他还在拜罗伊特音乐节担任指挥，并与温妮弗里德·瓦格纳[1]一起管理音乐节。作为舞台导演，他是可以信赖的正统派老手，尽管缺少想象力和独创性，但在剧院管理方面的确是个行家。虽然他个人能力很强而且多才多艺，但是他身上有一种阴沉的晦气。蒂钦中等身材，眼袋下垂，眼镜框里经常流露出斜视的眼神，嘴唇紧闭，一副焦急抽搐的表情。他的嘴里从不会活灵活现、自然而然地说出令人感觉有趣的词。他的话语相当温和，字斟句酌，缺乏性情。冷不防，一个友善的微笑，一种显而易见的和蔼亲昵的表情，会打破他本性中的矜持。他会在热诚的交谈当中信口开河，人们感到蒂钦实际上非常活跃。突然间，他的真性情又会消失在茫然的面具之后。这自然会给人
271 狡黠不安的印象，也彰显了他的克制力，却无疑加深了人们对其阴险狡诈、野心勃勃的强烈感受。无论怎样，尽管他个性并不强，但奇特的坚忍与沉着背后，是一种倔强的紧张状态，这种紧张状态使他能够维系相当持久的耐心观望，很可能在某个精心选择的时刻，用张弛有度的行动，出人意料地显现出来。这种静悄悄的长线策划，与他善于等待的能力相结合，形成了蒂钦特殊的性格特点。在这方面，他与圆滑世故之人毫无二致。他对自身意志的“气息控制”，可以在很大程度上用来解释其惊人的擢升以及不断获取的功名。

尽管这位志向高远的野心家与我完全不同，但我与他之间还是有一座相互沟通的桥梁。这座桥梁最终在他过分施加的压力下坍塌。即便我们由于业务关系的恶化以及个人原因分道扬镳，也不能完全抹杀这座桥梁曾经的存在。我并没有彻底否定这个奇特之人。虽然他很让我失望，但我还是相信在他全心投入的欲望荒漠中，有一小片和善的绿洲。我乐于回想起在我们分手后，他对我在艺术方面，在个人生活

[1] 温妮弗里德·瓦格纳[Winifred Wagner, 1897—1980]：理查德·瓦格纳的儿媳。

方面，公开表示的支持，还有我写给他、说给他的那些逆耳之言。基于这种支持，我们曾一起合作。他努力让我的艺术愿景得以实现的奉献精神，为我证明了这一点儿。尽管这一切常常给他惹来麻烦。归根结底，这种麻烦还是来源于他的野心，而无涉于他的挚诚。蒂钦经常向我表达愿与我一起坚持，一同后退的决心。他只做到了前一部分：与我一起坚持。但是之后，我并没有后退——仅仅是离开。就像我以前说过的，我并不迁怒于他。我喜欢回忆他坦率的瞬间，情愿谅解他的隐晦时刻。

我们一起工作了几个月后，蒂钦平静地道出了他的宏伟计划。他脑子里想的，不仅是将我们这家市属机构与普鲁士文化部[Prussian Ministry of Culture] 下辖的国家剧院合并，他还计划把国家剧院和市立剧院的独唱演员、合唱团和乐团，以及剧目安排合为一体，这听起来非常诱人。但我对如此复杂的整合问题提出了质疑：似乎这样的国家与城市间的调配不合时宜。我还告诉他，我对现在的工作状态非常满意，不希望扩大自己的职权范围；但在合并事宜中，最后的决定必须 272
由我做出，即便在这个扩大的机构里也应如此；只有这样，我才能担起重任；在公众舆论和实际工作中，都要以我为主。我指出前面会遇到的困难，建议他放弃这个目标。

可是在蒂钦的远大抱负面前，我的推论和先见之明算得了什么呢？他解释说，正是因为我的职权范围肯定可以扩大，他才认为整个计划很有吸引力。他所有的愿望就是为我铺路。我隐约看到远处的灾祸，有可能成为现实。

我的50 岁生日快到了，柏林市长鲍思博士[Dr. Böss] 说一定要庆贺一下。1926 年9 月15 日，他为我举办了盛大宴会，人们把我狠狠地恭维了一番。同一天，我从报上获悉，普鲁士文化与教育部已经任命市立剧院的海因茨·蒂钦担任柏林国家歌剧院总经理。第二天我打电话给蒂钦，让他做出解释。他来看望我，却不敢正视我的目光，表情非常紧张。他告诉我和我的夫人，他曾保证过，与文化部的谈判要严守秘密。

蒂钦认为目前的安排只是实现他与我提到的伟大计划的第一步，我们最终的合作目标，是市立剧院与国家歌剧院的合并。我回应说，他本不该对我保守这个秘密，因为相对于他心目中的新工作环境的所有人来说，我受到的影响最大。迄今为止，我们还处在同一个利益共同体，但他与两家剧院的关系扩大了他的职权范围，这对我非常不利。我提出建议，为了市立剧院的利益，从现在起，他必须站在是否与国家剧院的利益相冲突的角度来考虑问题。我问他，是否因为他的任命，文化部就会终止与市立剧院的竞争。那一次以及后面几次讨论的结果是，他一再要求我相信他，并向我保证，所有事情都会让我称心。

我对他的信任，我的耐心，还有他那惊人的操纵能力，共同使我们成功地度过了将近3 年的利益冲突危机。他或许依然执着于他的“宏伟计划”，或者，感到自己羽翼丰满，不再顾及曾经表现出的诚心。
273 坦率地说，他可能已经受够了我温和却顽固的“暴虐”，希望与我分道扬镳。是不是这样，我不得而知。我挖掘培养的年轻歌手，被他聘用到国家剧院，而不是我的机构，其中包括可爱的诺沃特纳[1]，她曾在布拉格为我演唱过。这样的事情发生了两次后，我要求蒂钦做出选择：要么两家机构真正合并，要么断绝他与国家剧院的关系。前者是他最初的计划，为此我才有了现在的打算。如果他不做出选择，我就离开现在的职位。为让我改变主意，蒂钦让我俩共同的朋友普里托留斯[2]来见我。几位艺术爱好者，由《福斯日报》[*Vossische Zeitung*][3]的总编辑乔治·伯恩哈德[Georg Bernhard]牵头，恳求我留下来。柏林市长还有一些城市议员，多次试图引导我表现出和解态度。但我向所有人表示，我忍耐的时间已经太长，不可能接受这样的情况。于是在柏林市立剧院工作4 年之后，我离开了这里，再次选择《费德里奥》作为我的告别演出。随之出现的对我的同情之意，几乎超过了我离开慕尼黑时

[1] 诺沃特纳[Jarmila Novotna, 1907—1994]：捷克女高音。

[2] 埃米尔·普里托留斯[Emil Preetorius, 1883—1973]：德国舞台设计师。

[3]《福斯日报》：1617—1934年间在柏林发行的日报。

的情绪表达。然而，我保留了柏林的住房，继续与爱乐乐团履行剩下的音乐会合同。后来，我还作为国家剧院的客座指挥，在柏林指挥过一场歌剧，那是韦伯的《奥博龙》[*Oberon*]。

我当初接手市立剧院的决定，受到一个非常个人化因素的影响。我的父母还有兄弟姐妹都住在柏林。除了爱乐大厅的音乐会，他们还没有欣赏过我更多的演出，与我的孩子的接触也不多。我的双亲都已年过八旬，他们通过公开报道还有我的来信了解我的成长。我的国际声誉越来越好，让他们很是欣慰。在我职业生涯的漫长岁月里，从年轻时代开始，父亲的口袋里总装着我成功的喜报。现在我非常希望能再次走近父母亲，让他们亲眼看到我的演出。父亲完全聋了，但他固执地认为自己还可以听音乐。不管怎样，他端坐在观众席，神情非常愉快。但我认为观众的目光还有他们的欢呼，比我的演出更让他兴奋。母亲的耳力还不错，但身体不太好，因此很少有机会欣赏什么东西。然而，我的父母，当然还有我的兄弟姐妹，愉快地沐浴在以前从来没有接近过的荣耀当中，我全身心分享着他们的快乐。此时希特勒一伙人造成的灾难，还不像人们想象中的那样可怕。柏林与别的地方不同，危险在 274
那些年似乎正在过去。当纳粹势力影响到他们命运之前，我父母就去世了。他们临终的日子，有我陪伴在身边，上天让我看到了二老安详平和的样子。他们离开人世时，感到生活依然是美好的。

这段时间，维也纳的变化也是天翻地覆。它作为宗主国中心城市的巨大影响力被破坏。这座数百万人的城市变成了小小的奥地利的中心，它努力让自己由内到外适应变化了的世界。联邦政府总理塞佩尔[Ignaz Seipel, 1876—1932] 是位和蔼可亲的政治家，人品很好，受到国际范围的尊重。两个重要党派，基督教社会党[Christian Socialists] 与社会民主党[Social Democrats] 互相攻击，但不是特别激烈。在这里人们可以感受到一种恢复重建的气氛。

格雷格尔离开后，维也纳国家歌剧院交由理查德·施特劳斯执掌，弗朗茨·沙尔克成为他的副手。他们两人性格不合，很难相互理解。这样一来，施特劳斯在1924年愤然出走，沙尔克全权负责剧院事务。沙尔克是维也纳人，他是一位非常优秀的音乐家，秉承着当地的音乐传统，是布鲁克纳的学生和信徒。他是个情绪饱满也非常有修养的人，对剧院充满感情。他充分认识到自己的责任重大，只为深爱的剧院活着。尽管他作为音乐家和名人的影响大大超过他指挥家的名望，但这些年来，他在指挥桌前的次数越来越多，实现了集权威与严谨于一体。沙尔克作为剧院总裁的成就应该得到充分尊重。他富有战斗气质，非常机智风趣。他用自己锐利的武器，卓有成效地捍卫了国家歌剧院和艺术行业的利益。他曾率维也纳歌剧院远赴巴黎，获得了巨大成功，特别是《费德里奥》的演出。

我在维也纳宫廷剧院最初工作的11年间，沙尔克与我的私人往来并不紧密。他与生俱来的高傲和嘲弄口气，让年轻气盛的我感到很不舒服。除了年龄与自信心，我不认为沙尔克还有什么别的优势，出于对乐于嘲笑挖苦者的反感，我疏远了他。我的某些个性令他不快，这也很有可能。但我们之间一直互相保持着客气与尊重。甚至在一些特殊场合，我们还会聊得津津有味——可能连我们自己都感到奇怪。但
275 很快，我们会再次退回各自的本来立场。我当时将此归因于他的心理敏感所导致的情感冷漠，真不知道是否错怪了他。事实上，后来他在维也纳歌剧院的全心服务，还有最后几年的艺术开拓，似乎彰显出了一种力量，这种力量要么曾被他嘲弄冷漠的毛病所阻碍，要么是因为我当时年轻缺乏经验故而没有发现。无论如何，几十年之后，在他去世前不久，我们突然发现彼此都怀揣着美好的意愿。他对歌剧百分百的虔诚，还有音乐技巧的日渐深邃，都令我感动。与此同时，他对我一贯坚持的艺术态度可能也颇为赞赏。因此，在他的建议下，我们在萨尔茨堡附近一家安静的咖啡屋见面，一起度过了一段诚挚美好的时光。后来，当严重的病情让他无法在萨尔茨堡音乐节指挥莫扎特某部作品

时，他写信请求我来接手。得知这部作品交到我手上，他感到欣慰。

在20 年代，我和沙尔克的这层关系将我与维也纳的音乐生活连接得更加密切。音乐之城维也纳似乎非常依恋我、支持我。每场音乐会都对我热情有加，让我们的关系更加紧密。那时候，每次造访维也纳，我还能看到自己的故友，重温昔日的亲近感觉。精神上和艺术上的诸多共同爱好，让我们的友谊之树常青。

当时，一位新人进入我的生活，用他的精神"馈赠"让我充实起来。在一次我指挥的马勒《第二交响曲》演出之后，阿尔玛向我引荐了弗朗茨·韦尔弗[1]。他的名字对我来说并不陌生。我读过他的诗歌，那些诗歌可能是他在与布拉格一个非凡的文学圈子交往时所作。除了一些非常晦涩的内容，我从中感受到一种高贵的、感情充沛的、语言清新的抒情诗意。当我们的相处更加深入之后，这位诗人的个性完全证实了我对他的第一印象。我不由想起《卡拉马佐夫兄弟》[*The Brothers Karamazov*] 中佐西马长老的朋友，陀思妥耶夫斯基称其为"激荡的灵魂，一贯如是"。韦尔弗似乎也在与生活、与人、与事件频频接触之际深受感染与涤荡。与音乐的接触，或许让他受到了更剧烈的涤荡。我认识到富有创造力的思想，都是从生命体验的强大力量中迸发出来的。

韦尔弗是真正的诗人。他真诚讲述一段故事时，让我想起了汉姆 276
生[2]和拉格勒夫[3]。他在其长篇小说中描绘出自己的文学形象。他内心似乎有一种不可抗拒的冲动，被他丰富的想象力所激发。而他的伟大形象就是受那猛烈而梦幻的冲动引导而形成的。在位于维也纳斯坦菲尔德弄堂[Steinfeldgasse]——位于霍华特山[Hohe Warte] 上——内的阿尔玛家中，我们度过了美好时光。韦尔弗很大程度上具备了知识分子当中我最看重的那种素质：他在谈话中慷慨地倾诉自己。他颇有口头表达天赋，让他的每次描述都成为一种现实体验。他对音乐的热

[1] 弗朗茨·韦尔弗[Franz Werfel, 1890—1945]：奥地利作家。

[2] 克努特·汉姆生[Knut Hamsum, 1859—1952]：挪威作家。

[3] 拉格勒夫[Selma Lagerlöf, 1858—1940]：瑞典女作家，曾获1909年诺贝尔文学奖。

爱在我们之间形成了一条特殊纽带。我常常钦佩地注意到，他对某段音乐的了解是多么透彻深刻。特别值得注意的是，他对威尔第歌剧的熟悉，衍生出了他的德文翻译作品和改编剧本。韦尔弗对这位伟大的意大利音乐家的浓厚兴趣，还体现在他那关于威尔第的小说当中，其中威尼斯的确是他小说中描绘的壮丽主画面。可以说，在我的音乐会和歌剧演出中，从来没有比弗朗茨·韦尔弗更热心的倾听者，也没有比他更专注于音乐的人。他用感官和内心享受音乐。也就是说，他与音乐的互动与他的本性融为一体。我认为阿尔玛与他的关系，是建立在音乐对他的浸润，以及他对音乐的热爱和对文学的深刻理解基础之上的。

他的《芭芭拉》[*Barbara*] 给我留下了很深刻的印象，我很喜欢《帕斯卡瑞拉家族》[*The Pascarella Family*]，也曾被《穆萨·达的四十天》[*Forty Days of Musa Dagh*] 深深打动。说来也怪，这本书来源于他对大马士革的印象，在德国犹太人受迫害之前，书中就对这一暴行进行了预言性的描述。我喜欢韦尔弗的小说《盗用天堂》[*Embezzled Heaven*]，特别是其中对奸诈侄子的精彩描述。可以把这理解为，在纳粹大军到来之前，逃亡的诗人在卢尔德[Lourdes] 的恐怖躁动，希望可以通过对奇迹的渴望表达出来，并被童年伯纳黛特的故事所吸引。那些年，我在维也纳很少见到韦尔弗。我不经常去那儿。当我去了，他又常在布赖滕斯丹[Breitenstein] 工作。但我们并没有失去彼此，他的作品一直与我心心相印。在德国即将吞并奥地利的那几年，我们在维也纳的见面次数较多，后来在美国我们又见面了。关于他，我还有更多的事情要说。

萨尔茨堡音乐节的演出，注定会蜚声世界。这个肇始于20 年代的
277 音乐节，我后面还会细细道来。在这儿要说的是，我第一次参与其中是在1925 年。当时我接受音乐节管理者的邀请，指挥多尼采蒂的《唐帕斯夸勒》，演出地点在漂亮的小型城市剧院，节日剧院那时还不存

在。第二年夏天，我在那儿指挥了《后宫诱逃》[*Die Entführung aus dem Serail*] 和小约翰·施特劳斯的《蝙蝠》。那个夏天，我还在莫扎特音乐学院漂亮的音乐厅，指挥了一场维也纳爱乐乐团的交响音乐会。学院校长伯恩哈德·鲍姆加特纳[Bernhard Paumgartner, 1887—1971]，是以前我在维也纳的学生。

1926 年的另一件大事是，我又去了趟俄罗斯。我在列宁格勒爱乐大厅[Leningrad's Philharmonic Hall] 指挥了一系列音乐会，还指挥了几场歌剧，其中一场是在过去的马林斯基剧院[Maryinsky Theater] 举行的。要是我没记错的话，那是柴科夫斯基的《黑桃皇后》。也就是在那个时候，尼古拉·马尔科[1] 向我提起了20 岁的德米特里·肖斯塔科维奇，让他为我演奏了他的《第一交响曲》。我对这部作品和这位作曲家的印象非常深刻，就像前面提到的，我很快在柏林公演了这首交响曲。埃贡·佩特里[2] 当时也在列宁格勒。他作为钢琴家，在我的音乐会上几次登场，获得了巨大成功。这座城市充斥着我对俄罗斯小说人物情节的想象，激起了我的浓厚兴趣。徘徊流连之间，我总是不厌其烦地将圣彼得堡与那些举世无双的文学作品联系在一起。然而，我对这座城市过去的文化和社会状态，更确切地说对其诗意画卷的关注，并不妨碍我对当下现实的观察。这座雄伟的城市，庄严地坐落在涅瓦河[Neva] 畔，连同它悠久的历史，美丽如画的建筑、广场、桥梁和林荫道，绚烂地呈现在我的眼前。生活在新时代的人们，清醒地感受到与其休戚相关的社会变革，眼光和目标都直面未来。在走向新生活的道路上，昨天和今天的艺术伴随着他们，激励着他们。艺术的教化作用紧贴着俄罗斯人的心灵。剧院和乐团使出浑身解数，以前资产阶级私家的艺术品，让艾尔米塔什博物馆[Hermitage，位于冬宫] 的精美收藏得到了扩充。我多次去这家博物馆参观，每次那儿都挤满了虔诚凝视的人

---

[1] 尼古拉·马尔科[Nicolai Malko, 1883—1961]：俄罗斯指挥家，曾指挥肖斯塔科维奇《第一交响曲》首演。

[2] 埃贡·佩特里[Egon Petri, 1881—1962]：荷兰钢琴家。

278 们。街头依然呈现出相当沉闷的面貌，但相比于3 年前我在莫斯科的所见，已有相当大的改观。列宁格勒爱乐乐团，歌剧院的演职人员，还有这里的观众，都让我高兴地感受到为俄罗斯音乐生活注入脉动之力的那份精气神。

那年冬天，我应邀去指挥米兰斯卡拉歌剧院的一场音乐会，在那里我很高兴第一次见到了阿图罗·托斯卡尼尼。我多次听到人们谈起他，最早是在马勒那里。马勒告诉我，他在1908 年听过托斯卡尼尼指挥的《特里斯坦》，“他的指挥方式与我们完全不同，”马勒还说，“但这种方式非常动人。”我看到了很多有关托斯卡尼尼米兰演出的报道，却从未有机会去听一听。现在至少与他相识了。这次见面尽管是临时性的，却给我留下了深刻持久的印象。“魔鬼路西弗[Lucifer]！”——这是他留给我的第一印象。他的相貌与弗朗茨·斯托克[1]的一幅绘画非常相似。我希望能更多地了解这个人，弄清这位非凡之人的隐秘。这个心愿日后得到了满足。我们的职业生涯有了交集，我的许多宝贵的音乐经验来自于这位杰出权威人物的音乐活动。

[1] 弗朗茨·斯托克[Franz Stuck, 1863—1928]：德国画家。

第五章

柏林市立剧院的工作，让我无法在冬季演出季奔赴美国。但1927 278
年夏天，当接到克利夫兰的邀请，要我与一家合唱协会的音乐节合作，指挥一系列交响乐演出时，当好莱坞碗[1]的管理层此后不久询问我，能否在这座奇妙的露天剧场指挥几场音乐会时，我意识到自己是多么容易受到西行欲望的感召。我决定在妻女的陪伴下再次漂洋过海，坐船前往纽约。纽约之外的美洲大陆都在我的热切期待中冉冉浮现。

感谢那个温暖的季节，让我们平静地渡过大海。但它也让我们在纽约遭遇了空前的炎热。克利夫兰更是让人受不了。这里的音乐节规模很大，我在欧洲从来没有看到过这样的阵势。大众礼堂肯定有2000名以上的演职人员，这里容得下8000 名观众。乐队很棒，对演出非常用心。另一个让人愉快的情况是，美国人的热情好客。他们尽全力让我们在伊利湖[Lake Erie] 畔的这座城市住得愉快。一想到向西移动的边界，拓荒者的队伍，有篷子的四轮马车，西班牙的使团，还有狂热的
淘金时代，我的思绪就被点燃了。我急切地盼望着从俄亥俄[Ohio] 到加 279
利福尼亚[California] 的行程。结果，这趟行程完全是一次考验，因为我们真的是从煎锅跳到了火坑里。当时还没有空调车厢，也没有两夜

[1] 好莱坞碗[Hollywood Bowl]：位于美国加利福尼亚州好莱坞北部高地大道的露天剧场，1922年开始启用，也是洛杉矶爱乐乐团的暑期表演场地。

一天就能从芝加哥抵达洛杉矶的流线型火车。这一路用了我们三夜两天的时间，普通车厢里的热度几乎让人窒息。我花了大价钱为一家三口预订的客房包间也好不到哪儿去。车厢里似沙漠的高温让人无处可逃。正餐在停靠时间较长的车站上解决。我记得很清楚，列车上是没有餐车的。我们一次又一次试图用吃冰激凌的法子寻求凉爽，但没有用。我依然记得在道奇城，全家人从车站走上街道，寻找能呼吸新鲜空气的地方，结果是被吓了一跳，只能懊恼地匆匆返回，从灼灼的酷热回到烤箱般的车厢里。

到达加州后，我们感觉很好。这里的气候、阳光、色彩还有风景，都令我们着迷。从一开始我就欣喜若狂，常以为自己是在西班牙或者法国南部，直到宽阔的高速路和惊人的摩天楼让我回到美国的现实中。在那里，电影公司摄影棚给我的印象，再次让我置身于梦幻般的世界。在好莱坞宾馆的第一个夜晚，当我走上阳台去享受宜人的凉意和夜风时，在满月的光影下，我看到附近房子的屋顶，有一个拿着步枪的哨兵模样的人，身着土耳其军服在来回走动。这个景象立即让我铭记在心，就像此后好莱坞特有的美丽与虚幻的结合体，给我留下的深刻印象那样。

我欣然接受了几家摄影棚的邀请，饶有兴趣地漫步于那个虚拟的世界。我结识了道格拉斯·费尔班克斯[1]，观摩他执导的拥有彪悍骑兵和古老西班牙马车的一组镜头。我看到了正在拍戏的迷人的莉莲·吉什[2]，还见到了保罗·惠特曼[3]，他与其令人惊叹的爵士乐团，正在好莱坞履行合同。我让拉蒙·诺瓦罗[4]和康拉德·维特[5]为我传授在拍摄时间只有两分钟的情况下，让自己迅速进入特定情绪的秘笈；让他们告诉我，如何在严肃的氛围中淡定地放松休息，而在后面的两分钟

[1] 道格拉斯·费尔班克斯[Douglas Fairbanks, 1883—1939]：美国演员、导演与剧作家。

[2] 莉莲·吉什[Lillian Gish, 1893—1993]：美国电影演员。

[3] 保罗·惠特曼[Paul Whiteman, 1890—1967]：曾指挥过格什温《蓝色狂想曲》的首演。

[4] 拉蒙·诺瓦罗[Ramon Novarro, 1899—1968]：墨西哥演员。

[5] 康拉德·维特[Conrad Veidt, 1893—1943]：德国演员。

里再次焕发热情，或者变得冷若冰霜。我还在《安娜·卡列尼娜》[*Anna Karenina*] 的片场，看到了葛丽泰·嘉宝和约翰·吉尔伯特[1]。一切都静悄悄的，因为有声电影还没有发明出来。然而，还是出现了一些声音，脚踏风琴会在某些场景演奏出与剧情进展毫无关联的无厘头音乐。据 280
说这样做为的是让演员在拍摄时进入适当的情绪。多年后，当台词将电影抬升到更高的水准后，我再次观察过一些场景的拍摄，意识到自己先前的惊奇缘于错误的预期，我把电影当作了与戏剧相关的一个艺术分支。恰恰是电影台词让我意识到，这是戏剧与电影唯一的共同元素。它们的表现路向并不相同。电影的巨大可能性拥有其自身规律，只有当摆脱舞台规则的束缚时，才可以实现并获得发展。对我来说，这种本质区别似乎在于，在剧院现场，演员必须在固定的环境里，在固定的观众面前，呈现出他们的角色。而在电影当中，随着环境的改变，演员成为摄像机的目标，引发了无限可能。演员表演不是为了眼前某个观众，而是为了更广阔的世界。而表演者的现场感觉，其效果卓越的自发活力，观众与艺术家的互动关系随之失去了。然而作为这一切以及[丧失] 实体三维空间的补偿，我们拥有了摄影机带来的完全不受限制的移动精灵世界，以及能立刻把人物事件搬到任何地方的神奇银幕。而且，一旦音乐能获得比现在更美妙更忠实的重放效果，电影也将获得音乐的全力支持。

但这种机械的重放，不管有多么完美，它是否能够达到现场表演呈现的，具有自我解读意识的艺术所产生的令人愉悦的启发性效果？会不会有一天，如同出自“罐头盒”的那种由机械所设计出的表演，不再让人们感到津津有味了呢？这些问题的答案，有待未来致力于电影艺术发展与开拓的天才们来回答。

我虽然期待着好莱坞碗的音乐会，心里还是有些忐忑。我从来没有在露天场地指挥过，对环形山谷的音响特色没有把握，担心音乐与

---

[1] 约翰·吉尔伯特[John Gilbert, 1897—1936]：默片时代片酬最高的好莱坞男星。

空间这两个不受约束的因素互不相容。我还忧虑夜间的湿气对琴弦调整的影响，还有其他一些问题。我所有有关美学与技术方面的忧虑，在独一无二的梦幻般的演出现场都烟消云散了。演出现场对我的冲击太强烈，我几乎忘记了这里的音响缺陷。在好莱坞碗指挥真的让人很开心。同时，乐队专心致志，坐在露天剧场通向群山之路的几千人，也
281 在如饥似渴地聆听。我不知道是什么让我没有被夜风吹起的纸谱所打扰，让我不去理会最强音光彩的不足以及弱音质感的缺失，是那绚丽的加州夜晚，布满星星的天空，四周黛色的群山，还是庞大人群中让人感动的静寂。一旦我的音乐之心被如此的美妙所震撼，我就有一种被快乐情绪所征服的感受。后来每次造访这片美妙的山谷，我都会重温这种感觉。

我们的老朋友莉莉·佩斯尼科夫的房子，位于好莱坞碗主入口对面。她与两个孩子还有两位老妇人——她的母亲和姨妈——一起住在那儿。她的大女儿当时正在慕尼黑居住。我们一到洛杉矶，莉莉就会开心地来接我们。唯独她才有这样的能力，让我们受益于她对环境的熟悉。她带我们去圣莫尼卡沐浴，领我们去看帕洛斯弗迪斯[Palos Verdes]附近的拉本塔[La Venta]，以及其他游览胜地。她呵护着孩子们，忠心于自己的朋友，以其充沛的活力，过着乐善好施的生活。傍晚，当前往好莱坞碗川流不息的汽车经过她的房舍，两位老妇人安静地并肩坐在木头阳台上，气定神闲地凝视着眼前的骚动。我每次离开之前，都会向她们致意。此时到达目的地的车流，正在服务人员的引导下，驶向巨大的停车场。莉莉总是提前走到她在剧场中的位置。她头上的白色卷发，在茫茫人海中像是一座显眼的灯塔。音乐会后，她常会把我们带回她好客的房间，再坐上一小时，有她的热情陪伴，还有快乐的祖母和姨妈在场。

我还要在旧金山圣马特奥[San Mateo]一座可容纳十万人的大礼堂，指挥几场音乐会。我们沿着通向可爱的圣巴巴拉[Santa Barbara]的

路前往那里，沿途依然可以看到地震的影响。我们享受了卡梅尔秀丽的乡村风景，还有那儿漂亮的德尔蒙酒店[Hotel Del Monte]。旧金山似乎是我看到过的最漂亮的美国城市。徜徉在令人兴奋的陡峭街道，我不知疲倦地探究着四周的景致，让老人为我讲述在这座城市历史上有重要影响的大地震和火灾的情况[1]。

我非常清楚地记得中国人的戏院，我和太太女儿一同坐在那儿。
无尽的场景变换，时不时出现虚拟的程式化表演，华美鲜艳的服装， 282
精湛的击剑场面，以及完全不在意在一场戏的结尾或者换景时出现错误：被刺死的人在众目睽睽之下再次站起来。这一切对于我们来说太不可思议了。伴随舞台进程的结构凌乱、单调乏味的音乐，几乎一刻不停，让我感觉一头雾水。频繁出现的锣声，一次又一次地让我受到惊吓，最终把我赶出了剧院。唐人街密集的人流，摆放着珍稀物品的商店，剧院里清一色的中国观众，还有表演本身，给我留下了深刻而持久的印象。我意识到，在短暂人生过程中，人们对自己的族群，对其生活习性的了解实在是太少了，这让我有一种悲哀之感。

凛冽的寒风突然席卷了大街小巷，加利福尼亚笑眯眯的太阳，无法给旧金山人施以保护。返回东部的路上，我感到越来越不舒服。在芝加哥车站中转花费了几个小时。登船后，我立即卧床。幸亏我身体太虚弱，没有听从客轮医生让我去甲板散步，以便借助海风为我治愈的建议。我静静地躺在特等客舱，直到轮船靠岸。我挣扎着登上驶向慕尼黑的列车，医生告诉我，我得了严重的肺炎，这让我很惊讶，也让家人非常担心。不能指挥萨尔茨堡音乐节的演出了，我必须卧床几个星期。这是我头一次重病在身，让我有机会深入思考许多事情。最终，我获得了很好的自省效果。

在我身体恢复期间，家里发生了一件大事。我那作为歌剧演员在汉诺威开启职业生涯的长女，在维尔茨堡[Würzburg，德国中南部城

[1] 1906年旧金山发生大地震，死亡人数在3000人以上，天气干燥导致的大火连烧3天。

市] 城市剧院工作一年后，与这家剧院的舞台导演结了婚。我尚未彻
底痊愈，一家人在宾馆房间里举行了简单的庆祝。大约就在那个时候，
一个新的重要人物的到来，让我的朋友圈得到扩充。1926 年，小说家
兼诗人布鲁诺 · 弗兰克[Bruno Frank, 1887—1945] 搬到了我在卯尔克
尔歇大街的房子里——在慕尼黑工作期间，这所房子曾归我所有。现
在我们成了熟人。事实上，这次令人愉快的相聚本应早点到来，因为我
和利索 · 弗兰克[Lisl Frank， 诗人弗兰克的太太]——弗里茨 · 马萨里
的女儿，辛苦奔走于慕尼黑住房部的各个办公室，努力说服严守法律
的监护人，允许将我的房子租给一个两口之家。作为前任巴伐利亚的
283 音乐总监，我在那里的影响毕竟很有限，这位清秀聪慧的年轻女子的
感人魅力倒是起了作用。那位年迈的官员变得温和起来，给予了批准，
弗兰克夫妇租下了这所房子。我的病情痊愈后，全家人去拜访他们，在
熟悉的房间里，享受他们的热诚好客。惬意的相逢，还有主人那三条
活泼却不喧闹的小狗让我怡悦。我很早就被弗兰克的诗篇所吸引，这
些诗让他的名字广为人知。他的一些戏剧演出，特别是在城堡剧院上
演的《忠实女仆》[*Die Treue Magd*]，引起了人们对其戏剧才华的瞩目。
他引人入胜的喜剧《水杯中的风暴》[*Sturm im Wasserglas*] 也获得了
巨大成功，但最让我印象深刻的，还是他的关于腓特烈大帝[Frederick
the Great] 的故事。在他的《国王的日子》[*Tage des Königs*]、《特伦奇》
[*Trenck*] 以及其他作品中，我认识到一位诗人对历史人物精髓的前所
未有的洞察力。布鲁诺 · 弗兰克让自己的思索潜入到国王令人困惑的、
复杂的、突出的个性当中。国王鄙视百姓，用冷漠狂热的理想主义伺
服于他的政治和社会目标。他似乎在用腓特烈大帝的声音诉说着自己
的故事。人们读完这本书，会从个人角度去了解这位痛苦的、有才华的
冷酷之人，去认识这位绝顶聪明的孤独遁世者。弗兰克的其他中篇和
长篇小说，也表现出深刻的人文感悟。穿越他温暖心房的叙述性的艺
术脉动，因为纯熟的语言而显得高贵，有意无意之间，从克莱斯特中

篇小说的雄浑篇章中获得了灵感。夏天在萨尔茨堡，我们在艾根的住所与弗兰克的家只隔一片草地，所以经常见面。后来，我们在加州比弗利山庄再度重逢，交往更加密切。在这个过程中，弗兰克百科全书式的学识让我感觉充实，他纯洁心灵流淌出的暖流令我精神振奋。

与此同时，伦敦科文特花园的演出季每年都要举办。它的声誉鹊起让巴黎的乔治·科瑞尔[Georges Caurier]于1927年5月来到伦敦，说服我参与巴黎的“莫扎特周”项目。他计划于1928年伦敦演出季之后，在香榭丽舍剧院举行莫扎特的《后宫诱逃》、《费加罗的婚礼》、《唐璜》、《女人心》和《魔笛》的演出。因为他承诺满足我所有关于演员、乐队、合唱团、排练、布景以及服装方面的要求，所以我接受了他的提议。此前，我只在巴黎指挥过音乐会。我记得那是与巴黎爱乐乐团[Orchestre Philharmonique de Paris]和音乐会协会乐团的合作，后者 284
是巴黎音乐学院的老牌乐队，曾得到理查德·瓦格纳的高度赞扬，现在的演出地点在宏伟典雅的音乐学院大厅，由歌剧院的指挥菲利普·高贝尔[1]担任总监。但我的音乐会一直是在普莱耶音乐厅[Salle Pleyel]举行。无法用语言来表达巴黎和法国在那些年对于我意味着什么。意识到自己正行走在柏辽兹、奥博[2]、比才、李斯特和肖邦，以及司汤达、巴尔扎克和莫泊桑的城市，我是多么兴奋，多么感慨！我这一辈子来巴黎比较晚，但迟到的爱更加浓烈。当我享受这座城市的壮美和它历史悠久的名胜古迹时，这种爱就在我心中燃起。当法兰西用她的心拥抱我时，我被深深地打动。1938年，我成为这里的公民。

我与乔治·科瑞尔列出了一个由法国和德国艺术家组成的演员阵容。那年冬天他由里特－恰皮夫人[Mme Ritter-Ciampi]和德斯唐夫人[Mme Destanges]陪伴来到柏林。他们计划出席我在市立剧院的几场莫扎特音乐的演出，为了熟悉我想要的风格，还要与我一起排练。巴

[1] 菲利普·高贝尔[Philippe Gaubert, 1879—1941]：法国长笛演奏家、指挥家。

[2] 丹尼尔·奥博[Daniel Auber, 1782—1871]：法国作曲家。

黎音乐会的演出于1928年初夏举行，引起了强烈反响。《魔笛》这个剧目，尤其俘获了巴黎爱乐者的痴心。我还记得慕尼黑男低音保罗·本德[Paul Bender, 1875—1947]扮演萨拉斯特罗[Sarastro]的熠熠生辉的画面，他的样子很像圣方济各[1]，还有维也纳人洛蒂·朔内[2]扮演的少女帕米娜[Pamina]。圣殿传来爱的信息后，萨拉斯特罗将胳膊呵护地放在帕米娜肩头那一瞬间的崇高之美，所体现出的真情与庄重，我认为无人可及。

以理想主义者弗明·加米亚[3]为中心的一班人，对这些演出给予了道义上的支持，他们的目标是建立一座世界性的剧院。我指挥德国和法国艺术家在莫扎特音乐周演出，对他来说似乎是接近其目标的一个步骤。加米亚热情地接待了我。我还拜会了当时担任法国教育部部长的爱德华·赫里欧[Édouard Herriot, 1872—1957]，他对这种艺术领域友好关系的恢复似乎非常赞许。

我作为客座指挥在巴黎演出，引发了新的业务往来。布鲁塞尔美艺大厅的代理人，请求我在那儿指挥几场音乐会。真诚友情的纽带很快将我与这个令人陶醉、历史悠久的城市联系在一起。这种联系一直延续到大战爆发之前。我经常前往这座漂亮的音乐厅，去面对那里对音乐情有独钟的热心观众。我还结识了艾伯特国王[King Albert]，以及
285 伊丽莎白王后[Queen Elisabeth]，她先前是巴伐利亚的公主。在一次演出间隙，他们通过音乐会的创办者勒伯夫[M. Leboeuf]，召唤我去他们的包厢。我高兴地发现国王夫妇既高贵又淳朴，对艺术格外虔诚。

歌剧节的演出邀请还把我带到了安特卫普[Antwerp]和斯德哥尔摩[Stockholm]。我在后者那由藤布姆[4]建造的华丽音乐厅[Concert House]里指挥音乐会，还在皇家歌剧院[Royal Opera House]指挥歌剧。

[1] 圣方济各[St. Francis]：天主教方济各会的创办者。

[2] 洛蒂·朔内[Lotte Schöne, 1891—1977]：奥地利女高音。

[3] 弗明·加米亚[Firmin Gémier, 1869—1933]：法国演员、导演。

[4] 伊瓦尔·藤布姆[Ivar Tengbom, 1878—1968]：瑞典建筑师。

这座剧院在建筑风格方面受到了奥地利剧院的影响。

我还在华沙指挥了几场交响音乐会，这样在我的生活圈子里，国家、城市和观众的数量在不断增加。艺术活动、音乐会、歌剧演出之外，即将展开的游历，对我来说是积累各种体验，进行深刻感悟，在无限变化的环境中了解各色人物的绝好机会。

外部“生存空间”拓展的同时，在个人领域，在灵魂深处，我获得了寻找新大陆的良好机遇——我发现了布鲁克纳[Anton Bruckner]。非常奇怪，我不得不等到快50岁时，才认识到一位在同样年龄开始谱写其伟大作品的天才。布鲁克纳在44岁时写出了他的《F小调弥撒曲》，标志着其重要交响作品开端的《第三交响曲》，是他49岁时完成的。我接触布鲁克纳作品很多年，却没有真正走近它们。在慕尼黑、柏林和维也纳的偶尔演出中，我付出了很多热情的努力。但仅凭对其主题的喜爱，仅凭对布鲁克纳丰富崇高灵感的敬佩，我只能获得“表象”的感受。我难以理解它的结构。我认为它比例失调，过于夸张，而且粗糙。他音乐的情绪主体，因充满感情的力量与深邃让我感动，因偶尔表现出的奥地利式妩媚让我愉悦，但我无法在他的世界里感到自由自在。要在布鲁克纳作品的宏伟建筑里闲庭信步，对我来说似乎不大可能。突然间，我发生了改变。生病的那段日子，我变得更加成熟，内心更加淡定，或许与此有关。因为尽管布鲁克纳是纯粹的音乐家，尽管他的交响曲始于自然音乐之源，某种程度上与思维联想没有太多的关联，但他在被理解和被喜爱之前，依然需要一种基础性的精神层面的思维坐标。科隆大教堂[Cologne Cathedral]的哥特风格，对我来说依然高深莫测。布鲁克纳的交响曲——有一种哥特风格——现在给我以启示。在其交响曲的旋律中，在那激昂的高潮中，在其情感世界的塑造 286
中，我感受到了创作者虔诚而纯真的伟大灵魂。这种令人兴奋的认知，转而让我轻松理解了布鲁克纳音乐的主旨和形式。布鲁克纳作品对于我的生活有多么重要的意义，他的音乐所生发的美妙和交响之力让我钦佩到了何种程度，它成就的兴奋之源有多么丰富，我几乎无法用语言来形容。

1929年春天，我在柏林市立剧院工作的最后几个月，托斯卡尼尼率领斯卡拉歌剧院的艺术家来到这座城市。他精湛的演出，向德国显示了历史悠久的意大利歌剧更深刻的内涵，比如《露西亚》[*Lucia*]、《游吟诗人》[*Trovatore*]，以及《弄臣》，还带来了意大利歌剧文化整体上具有的最高理念。《曼侬·列斯科》[*Manon Lescaut*]、《阿依达》和《法斯塔夫》，也被增添到上面提到的作品序列中。我目睹的每个演出细节，诉说着一个杰出音乐家毕生从事的事业，还有在他职责范围之内地位极其重要的道义情感。他演出的尽善尽美以及鲜明风格，让我耳目一新。

1929年夏天，我再次接受了来自加州的邀请，渴望延续深深铭刻在我心中的那些美好温暖的记忆。就像恋爱中的女子不会考虑过往的辛劳，以及她先前做出的再不会要孩子的决定那样，我几乎不在意穿越美洲大陆的那段酷热难耐的旅程。此次再度造访值得我回忆，因为它让我有机会目睹宏伟的约塞米蒂峡谷[Yosemite Valley]，并看到了稀有的红杉树。一位住在旧金山，熟知周围地区状况的朋友，带我进入了野生自然保护区崎岖山地的中心。那座印第安名字的旅店让我很好奇，其外观与周边环境相当和谐，里面却非常时尚。我们晚上住在这儿，心里却渴望着即将面对的荒野。我们找到了那个地方。在漆黑的夜里穿越森林时，我们的车开得很慢，几头熊突然来到我们眼前，它们拨开树丛，向不远处在月光下泛着微光的湖面匆匆跑去。借助汽车的探照灯，我们看到了硕大的公熊母熊，还有样子萌萌的，已在湖边酣睡的小熊崽。

与这种壮观景象完全不同的，是我在由千年生的红杉树组成的“波西米亚丛林”[Bohemian Grove]的经历。其所有者是旧金山的波西米亚俱乐部[1]。这座城市交响乐团的总裁，也是该俱乐部的一员，

[1] 波西米亚俱乐部[Bohemian Club]：在旧金山的北面森林里，建有一个占地上千平方公里的“波希米亚俱乐部”。自1879年开始，社团成员每年7月都要在这里聚会两星期。

他邀我出席在“波西米亚丛林”举行的年度庆典活动。他的汽车带着我们，沿着去佩特卢马[Petaluma]老城的路，向北走了几个小时。我从来没有进入原始森林的体验。年轻的时候，里面有巨大立柱的哥特式大教堂，对我来说就像石头的森林。现在我感觉自己像是在一座大自然的教堂建筑当中。四周童话般的高耸直立的大树下面——红杉树据说是世界上最古老的物种——行走着一群人，他们来自各行各业。他们大多数已人过中年，来自联邦各个州，互相叫着名字，随性抒发着异常兴奋的心情。他们要与意趣相投的人一起在森林里待上几天，远离事务与家庭，在加州晴朗的蓝天下，钻进倚靠岩石或者顺着奇形怪状的大树建起的木屋去安睡。客人们互相拜访并滔滔不绝地神侃畅饮，禁酒令[1]是后者的主要原因。这里有音乐和歌声。不仅可以听到弦乐——一座神秘住宅里时不时会传出斯坦威钢琴的声音，晚上还有歌剧，一出特地为这个场合谱写的剧目，表演者都是男人，全体游客一起来听。有一座配备了现代化灯光设备的舞台。舞台前面的空地上，摆放了相当多的圆木，观众就坐在上面。波西米亚俱乐部的章程规定，歌剧脚本必须把丛林放在突出位置。我听到的作品主题是罗宾汉[Robin Hood]的故事。记得现场还举行了身着漂亮多彩服饰的节日游行。可以透过树林看到这支队伍，他们走向舞台，让演出在尾声阶段进入高潮。除了职业乐手，俱乐部成员也参与乐队演奏。演出结束后，所有人来到另外一片空地，这里有一堆篝火在燃烧。加州夜晚的寒冷，让火焰的热流非常宜人。庆典的参与者们或站或躺，直到深夜。第二天早上，我们再次开车穿越森林，渡过俄罗斯河[Russian River，美国南加州的一条河流]，身体强壮的人们已经在那儿晨泳了，最终我们回到了旧金山。原始大自然之寂静壮阔与文明世界喧嚣刺激的奇特混合，尽管让我们有些迷茫，但我对这个庆典活动还是很有兴趣。我管它叫作“高调狂欢”[High Jinks]，而不是一星期前的“低调出行”[Low Jinks]。它的清 287

[1] 1920年1月17日，美国禁酒法案正式生效，与朋友共饮或举行酒宴属违法，该法案1933年被废止。

288 新、活力以及别具一格，在我的脑海里永远难忘。

与两年前相比，我们第二次加州之旅的最后一站要喜庆得多。正在环球飞行的齐柏林[Zeppelin]飞艇即将到来。前一天晚上，在骑摩托的警察拉响警笛之前，我们就驾车来到飞机场。黎明时分，我们看到漂亮的银色飞艇着陆，它从日本飞来。我们出席了威廉·赫斯特[1]为齐柏林式飞艇驾驶员雨果·埃克纳[Hugo Eckener]举行的大型晚宴。在纽约返回汉堡的船上，我们又见到了埃克纳。他问我是否还记得汉堡一场音乐会之后，曾有一位瘦瘦的金黄色头发年轻人向我搭讪，表达对我演出的《英雄交响曲》的巨大兴趣。他就是这位年轻人。我真的回想起了那个小插曲。在航行过程中我们聊了很多。他说起了音乐，我谈起了航空学。当我问起他伟大的飞行冒险时，他告诉我，最难忘的记忆是飞跃西伯利亚，在那儿他们看到了以前人类从未涉足，从未看到过的一片世界。在海洋中，轮船被另外一名飞行员驾驶的飞艇追上。我们出发几天后，它才从纽约启程。海天之间的一番友好致意后，银色的光辉消失在云端。

[1] 威廉·赫斯特[William Hearst, 1863—1951]：美国报纸发行人，电影《公民凯恩》以他的生活为蓝本。

第六章

在柏林市立剧院领衔期间，我频繁接到莱比锡格万特豪斯乐团 288
的邀请。每次作为客座指挥在此登台，我都感受到与这家德国最古老、最有声望的音乐会机构的密切交融。当我即将离开柏林歌剧院的消息传出后，格万特豪斯乐团委员会主席马克斯·布罗克豪斯[Max Brockhaus, 1867—1957]，询问我是否愿意担任格万特豪斯的指挥。我满心欢喜，因为我感到我与这支乐团之间有一种“选择性亲和”关系[selective affinity]。它自始至终地秉承自己的责任，让伟大的传统保持生机，并对当代优秀作品给予支持。维护其使命，保持其在欧洲音乐生活中持久的重要作用，对于53岁的我的余生而言，是一项非常有价值的工作。像很多人一样，我盼望看到纳粹势力的衰退，相信施特雷泽曼和布赖恩德[Briand]能获得成功[1]，我将格万特豪斯作为工作的中心，希望在一个音乐气息日渐浓厚、政治斗争逐渐式微的世界里，让自己的事业得到更好的发展。

威尔海姆·富特文格勒是我在莱比锡的直接前任。在他之前，亚 289
瑟·尼基什执掌这家乐团长达25年，卡尔·赖内克[2]、费迪南·希勒[3]、

[1] 1926年，法国外长布赖恩德邀请德国外长施特雷泽曼进行秘密会谈，双方商讨对《凡尔赛合约》进行必要的调整，以便缓解德国人的抵触情绪。两人在《洛迦诺公约》的签订过程中发挥了重要作用，因而获得了1926年的诺贝尔和平奖。

[2] 卡尔·赖内克[Carl Reinecke, 1824—1910]：德国作曲家、指挥家。

[3] 费迪南·希勒[Ferdinand Hiller, 1811—1885]：德国作曲家、指挥家。

菲利克斯·门德尔松这样的著名人物，见证了这家乐团的光荣历史。可以这样说，莱比锡曾经是德国最重要的音乐中心。圣托马斯教堂和圣托马斯学院因为巴赫，获得了国际性的重要地位。在莱比锡与我交往甚密的圣托马斯教堂合唱团负责人卡尔·斯特劳布[1]，知道如何利用其音乐才能，为学院和教堂增光添彩。菲利克斯·门德尔松创办的莱比锡音乐学院[Leipzig Conservatory]，强力吸引着来自国内外的音乐学子——罗伯特·舒曼曾是这里的教师。这座城市的音乐和图书出版事业均享誉世界。

莱比锡城市本身，其实没有什么迷人之处。歌德青年学生时代的踪迹，已不复存在，无法带领我探寻有趣的建筑、街道或遗址。就连《浮士德》中记述的奥尔巴赫的地窖[Auerbach's Cellar][2]，也将其波澜壮阔的往昔，隐藏在一座乏味的中档酒店下面。我很快放弃了想在莱比锡看到超越音乐文化和书本知识的清晰构架的努力。让我吃惊的是，即使是校园学子们的喧嚣，似乎也无法形成一种针对这座城市顽固市侩性格“固定旋律”的叛逆。为什么会是这样？好像德国最高司法机构的最高法院[3]，以及这里所有的行政人员，都呈现出莱比锡清醒的保护色，而没有作为最高司法智慧的施予者，以其无上权威的光芒，来照亮这座城市。

所有这一切，让我决定保留柏林的居所，定期前往莱比锡。我借住在历史悠久的豪菲饭店[Hotel Hauffe]。如果天气许可，我会用两个半小时的时间，从柏林开车奔赴莱比锡。一路上我要经过波茨坦[Potsdam]，穿越勃兰登堡[Brandenburg]风景区，还有维滕贝格[Wittenberg]，马丁·路德[Martin Luther]曾在此地城堡教堂的大门上镌刻下斗志昂扬的檄文。正当乡野变得彻底荒凉失去魅力之时，我便到达了莱比锡郊外。迅速赶到美丽的格万特豪斯，去指挥乐队排练是

[1] 卡尔·斯特劳布[Karl Straube, 1873—1950]：德国管风琴演奏家、指挥家。

[2]《浮士德》第一部第五幕“莱比锡市的奥尔巴赫地下酒店”，描写了快活的朋友们饮酒聚会的情景。

[3] 二战前，德意志最高法院位于莱比锡。

我此时最强烈的愿望。我特别喜欢莱比锡的音乐厅，这里的音乐会氛围与我的天性非常契合。假如1933 年反基督分子没有终止我在此 4 年的演出活动，我肯定将继续留在这个地方。另外，我在外地的许多客座 290
演出，可以很方便地与莱比锡的日程相适应。

1930 年春天，托斯卡尼尼率领纽约爱乐交响乐团在欧洲各大音乐中心巡演，莱比锡向他们伸出了欢迎之手。托斯卡尼尼饶有兴致地说，他的格万特豪斯音乐会，以及后面的社交聚会，也让他感受到了这里的古典氛围。这是一种常常令我印象深刻的特质，它成为格万特豪斯无以伦比的优势。我还出席了托斯卡尼尼与纽约爱乐交响乐团在柏林的音乐会。精彩的德彪西《大海》[*La Mer*] 的演出，依然回响在我耳畔。

格万特豪斯音乐会的特色之一，是观众的恭敬态度。这非常值得效仿。没有人迟到，指挥家出场前，观众席早已安静下来。老诚的侍者常常用纯净的萨克森口音召唤我出场："指挥先生，是不是可以开始，大厅已经安静下来了。"

乐团之外的友好往来也有所进展。我以前在维也纳见过的古斯塔夫·布雷彻[1]，现在成为莱比锡歌剧院的总监，我在随后的一些场合中也曾遇到过他。经常有这样非常睿智、学养深厚的音乐家与我相伴。马克斯·布罗克豪斯和他的家人，很快与我建立起友谊。因塞尔出版公司[Insel Publishing] 的负责人基彭贝格[2] 先生吸引了我，他收藏有独具特色的歌德遗物。市长高德勒[Karl Friedrich Gördeler, 1884—1945] 成为我的支持者。据说在纳粹统治下，他的命运很悲惨。亚瑟·尼基什家族表现出的高风亮节让我特别高兴，我非常感谢他们对我前来就职的欢迎，他曾在这个职位上效劳过很长时间。

在此期间，萨尔茨堡音乐节的声望得到了相当大的提升，我在那儿承担的任务，也得到很大拓展。节日剧院1928 年竣工后，在隆重的

[1] 古斯塔夫·布雷彻[Gustav Brecher, 1879—1940]：德国指挥家、作曲家。

[2] 安东·基彭贝格[Anton Kippenberg, 1874—1950]：德国出版商。

开幕典礼上，我指挥了管弦乐队在新大厅的首场音乐会。萨尔茨堡音乐节对我生命的重要意义，它日后获得的巨大国际影响力，我会在后面的章节做更详细的记载。

从代表“泛欧洲”思想的布赖恩德和施特雷泽曼施展其政治和道义影响的“希望之年”，到所有希望破灭的“灾难之年”之间，也就是1929 到1933 年之间，除了在格万特豪斯的演出，我最重要的职责还是
291 科文特花园演出季，我最后一次在那儿指挥是1931 年。我在萨尔茨堡音乐节的演出正不断增加；此外，我与阿姆斯特丹音乐厅的稳定关系也在延续；柏林系列音乐会的指挥名单上有我的名字；我对维也纳音乐生活的参与度也在加强；还有偶尔在欧洲其他城市的客座指挥业务。1932 年1 月我又回到美国，逗留了两个月时间。

在沙尔克主政[1]的最后阶段，希望我担任维也纳国家歌剧院负责人的声音变得更加迫切。《新自由报》评论员朱利叶斯·科恩戈尔德博士的呼吁最具影响力。至于我本人，我的第一反应是让自己完全平静下来，没有轻举妄动。媒体的大声疾呼，以及观众在音乐会上的热情表达，让我既兴奋又感动，但基督教社会党操控下的国家教育部，显然不愿看到我来就职。而且，在这个部门领导下工作，我感觉很不舒心。无论如何，观众对我的需求如此迫切，部长大人不能完全置之不理。我收到了一封信，向我提起部长的请求，询问我是否愿意进行谈判，还建议我提出自己的入职条件。在非常谨慎的书面回应中，我声明自己原则上不反对讨论这件事，但故意不说出入职条件。在沙尔克任期的最后一年，行使总经理职权的剧院总裁施耐德汉[Schneiderhan] 写信给我，要求进行一次秘密的个人会晤。我写了回信，建议在火车西站一家餐馆碰头，这是个不起眼的地方。我到了那儿，却没人露面。过了很长时间，我收到施耐德汉的书面道歉，声称我的回信到他手中已经太晚了。我当然没有再写回信。离开维也纳时，一则短评见诸报端，大

[1] 沙尔克于1918—1929年担任维也纳国家歌剧院音乐总监。

意是，我过分的薪水要求，阻止了我的任命。这套地道的维也纳阴谋的策划者，就是30年前曾经质疑我的能力“只配指挥军乐队”的那个人。他已从音乐评论家摇身变成了教育部的大员。我写信给教育部部长，要求官方辟谣，但没有回应。尽管这种恶意的处置方式很让人恼火，但结局还是让我很满意。毕竟真心诚意的召唤会让我难以拒绝，尽管明知在这种环境下工作会很不愉快。几年后，我在萨尔茨堡见到 292
了施耐德汉。离开维也纳的职位后，他成为莫扎特大学[Mozarteum][1]的校长。我对他的态度当然相当冷淡，但当他用热情的信函恳求我听听他的解释时，我同意与他见面。当时，此人已经相当老迈，他焦虑不安，一本正经地向我保证，我的第一封信送来后，神秘地从他的文件夹里消失了。因此，这件证据没能给我辟谣的诉求带来任何有益的帮助。而且，我在火车西站会面的建议，是在延误了一周后才放在他的办公桌上的。不论如何，这条诡计成功地阻止了我们的约谈。克莱门斯·克劳斯于1929年成为国家歌剧院的总监，他在这个职位上一直干到1934年。

1931年春天，我指挥了自己第八个也是最后一个科文特花园演出季。剧院改由托马斯·比切姆执掌，他同样承担起音乐总监之职。但我与英国音乐生活的联系依然延续着。

在随后的伦敦音乐会上，我有幸再次与帕布洛·卡萨尔斯[Pablo Casals]合作，他将演出舒曼的协奏曲。当时的情景铭刻在我记忆中，这不仅因他辉煌的演奏，还源于他对大提琴技艺神奇的专注。音乐会当天早上，我来到女王音乐厅的指挥休息室，准备指导乐队最后的排练，听到卡萨尔斯正在毗邻的独奏休息室练习。我走到他身旁，对他来得这样早表示歉意，因为我已经要求管理部门将他的节目安排在下半场。他回答说这没关系，然后继续自己的演奏。卡萨尔斯在约定时

[1] 莫扎特大学，全称为萨尔茨堡莫扎特大学[Mozarteum University Salzburg]，建校于1841年，前身为萨尔茨堡莫扎特管弦乐团[Mozarteum Orchestra of Salzburg]。

间出现在舞台上，让乐队和我都很高兴。他用自己神一般的严肃与完美，演奏了舒曼的协奏曲。排练结束后换衣服时，我听到他又在练习。下午，我散步来到女王音乐厅查询信件，卡萨尔斯那熟悉的高贵琴声，再次从艺术家房间流出。他让我深刻洞悉了他对作品和乐器的全心投入。他专注的演奏让我足足聆听了15 分钟。晚上音乐会之后，我忍不住在心里埋怨他为什么没有马上再去练琴。我最后一次见到卡萨尔斯是在维也纳，那是在奥地利崩溃前不久。那段时间，他在西班牙经历了很多事情，他审视了一切。但他还像以前那样安静、沉着、和蔼。卡萨
293 尔斯与维也纳爱乐乐团合作的海顿协奏曲达到了只有他才能做到的完美效果。

在科文特花园最后一个演出季，我收到了英国首相拉姆奇·麦克唐纳[Ramsay MacDonald, 1866—1937] 的请柬，邀我去这位首相的夏季休闲别墅契克斯庄园[Chequers] 出席午宴。我欣然接受，想借机获得一些关于欧洲政局的评论，另外我非常希望参观一下这座著名的别墅。如果我没弄错的话，洛特·莱曼和尤斯塔斯·布卢瓦上校也在受邀之列。麦克唐纳和他的女儿迎接我们，带领大家参观了这座漂亮的建筑，它有一间极其有趣的藏书室。宾客中有财政大臣夫人斯诺登太太[Lady Snowden]，她丈夫称她为麦克唐纳的学生，她表达了对她的首相老师的忠诚，并对我们在科文特花园的演出给予热情赞誉。谈话饶有兴致，但与政治无甚关联。唯一相关的是，有人认为对希特勒行动的评价过于夸张了。总而言之，当时的英国对德国局势的险恶缺乏了解。

施特雷泽曼的去世，令局面开始恶化。经济危机与失业，让越来越多心怀不满的人倒向了国家社会主义。接下来就是1930 年那场来势汹汹的国会选举。我清楚地记得9 月14 日那天晚上，我们是在柏林的寓所里，听着收音机度过的。伊曼纽尔·福尔曼[1] 与我们在一起。每过

[1] 伊曼纽尔·福尔曼[Emanuel Feuermann, 1902—1942]：出生在乌克兰的大提琴家。

几分钟，播音员就会欢欣鼓舞地向我们播报选举进程。大约凌晨3点，我们获悉希特勒获得了650万张选票，纳粹党成为德国国会第一大党。平日里总是乐呵呵的福尔曼走了出去，留下这样的话："德国完了，整个欧洲都完了。"

从那时开始，我一贯的乐观心态也开始消失。尽管无法预见会发生什么，但我感受到了逐渐暗淡的生活所导致的压抑。1931年，我在德国司法大臣布鲁宁博士[Dr. Bruening]举行的欢迎会上，见到了阿里斯泰德·布赖恩德。在涌动的人群中，我无法握到这位欧洲巨人的手。他的声望让我期待看到一个激情洋溢之人，但他冷峻伤感的表情，给我留下的印象更深。他糟糕的健康状况导致他半年后就去世了，但我可以看出一个毕生辛劳被暗礁击得粉碎的人的内在心绪。

还是在1931年，我收到了老朋友哈里·弗拉格勒[1]的来信，他以 294
纽约爱乐交响协会[Philharmonic Symphony Society of New York]的名义邀请我，在1931—1932年演出季作为客座指挥登台演出。演出日程与我莱比锡的档期有所冲突，但格万特豪斯管理层认识到，鉴于德国国内局势的恶化，他们理应为我恢复与美国音乐生活的联系提供方便。我去美国工作期间，格万特豪斯乐团得到了卡尔·穆克[Karl Muck]和赫尔曼·阿本德洛特[Hermann Abendroth]的帮助。我与纽约新的业务联系得以确立，而且越来越紧密。我在纽约系列音乐会上的第一次亮相，是在1932年1月。返回欧洲后，1933年1月我再次奔赴纽约。这段时间，希特勒成为德国总理，纳粹分子在国会大厦纵火。地狱的大门打开了。

[1] 哈里·弗拉格勒[Harry Flagler, 1870—1952]：美国交响乐团联合会主席。

第六卷

第一章

结束纽约的活动后，我和太太回到德国。1933年3月下旬，我要 295
在莱比锡格万特豪斯登台，然后在柏林爱乐大厅演出。返航客轮上，在船长桌边的谈话，给我们一种大难临头的郁闷之感。没有人提起希特勒的名字，没有人对最近的事态发表看法，友善的或者敌意的都没有。同桌的伙伴们面面相觑，斟酌着自己的言辞，一旦涉及政治，话题就被转移，政治是当时所有人头脑中最敏感的字眼。人们坐在一起，用神秘莫测的表情和小心翼翼的交谈来掩盖自己的担心和焦虑，或者，在某些情况下，掩盖自己对于纳粹的态度倾向。我在德国没待太久，只在最亲近的朋友中间才有畅所欲言的机会。然而，其中还会掺杂着特殊的头部动作，柏林爱开玩笑的人称其为“新德意志环伺”[Neue deutsche Rundschau]——一种360°范围的焦虑张望，总是害怕有人偷听。

轮船靠近库克斯港时，我们看到岸边高高的石墙上有两个人在招手：我们的两个女儿驱车从柏林赶来，给我们惊喜。看到她们，是我在德国土地上最后的快乐体验，更确切地说，是在我登陆之前。因为，我登上坚实的地面后不一会儿，就感受到表面熟悉的环境里，涌动着一阵阵陌生的令人心悸的波澜。我体会到一种自己年轻时代对维也纳印象的恐怖性逆转——那时我第一眼看到这座我素未谋面的城市，就感到一见如故，好像对这里完全熟悉。现在，邪恶的魔法将一片熟悉的天地变成了陌生的国度。我说不出这种印象从何而来，只知道它让我非常厌恶。关于德国向纳粹帝国的蜕变，我已经在报章和信函中读到了很多描述。但在国外所了解的，都比不上抵达后第一分钟所感受的
296
那样刻骨铭心。纳粹旗帜到处飘扬，可谓甚嚣尘上。它们在港湾竖起，在库克斯[Cuxhaven]的市政大厅上飘荡，在去汉堡路上的每家餐馆里招摇，我们真的找不到吃饭的地方了。我的女儿们说："如果你不去有纳粹标志的餐馆吃饭，我们就要挨饿。"这样，我们最终在汉堡饭店吃了饭，以前我常到这儿歇脚。侍者按惯例热情地接待了我们，然而由于伴随着"新德意志环伺"动作，这种热情显得很不自然。面对此情此景，《费德里奥》囚犯的道白进入了我的脑海："轻点说话，别把你焦虑的恐惧显露出来。我们正被眼睛和耳朵监督着。"后面的日子，这两句话一直在我心里重复。

抵达柏林的寓所后我被告知，莱比锡格万特豪斯已经来了好几个电话。我打给马克斯·布罗克豪斯，他支支吾吾的暗示让我意识到"某些难题"已经出现。当我答应第二天上午前往莱比锡时，他似乎轻舒了一口气。我周日一早到达，了解到莱比锡的纳粹分子决意阻止下周四举行的音乐会。参与过谋杀拉特瑙[1]阴谋的当地警察局长曼弗雷德·冯·基林格[Manfred von Killinger]，与纳粹党沆瀣一气，公开威胁要禁止音乐会的举办，除非管理部门主动取消它。尊严受到伤害的乐团管理委员会，在公众舆论的支持下决定实施抵抗，我完全赞成这样做。接下来是忙碌的时光，会议与信函一个接着一个，还有乐队排练和夜间的电话交谈。打电话通报求援的是马克斯·布罗克豪斯，与此同时，我作为参谋和帮腔者，用耳语为他提供协助。深夜，我们两个坐在格万特豪斯昏暗的办公室——这座沉睡建筑中唯一保持清醒的房间。两个"看门人"面对蔓延的火势在大声呼救。这蔓延的火势即将对文化

[1] 瓦尔特·拉特瑙[Walther Ratenau, 1867—1922]：曾担任魏玛共和国的外交部部长。

和承载文化的殿堂构成危胁。那些日子的长途电话交谈是件很痛苦的事情。在等待的时候，我们意识到这场战斗的意义。它的结局，所关乎的，决不仅仅是莱比锡格万特豪斯的命运。

为解决总裁们的难题，我一开始就主动提出辞呈，但他们拒绝了
我的建议。大家希望捍卫格万特豪斯的音乐传统，保持它的独立性。
在纳粹统治的早期，这样的梦想还是有的。最初，纳粹分子的行动很 297
谨慎，也许他们不希望年长者受到惊吓。此外，德国人普遍认为，纳粹的残忍行径和无耻言论，甚至其反犹太主义，只是年轻人暂时性的抱怨，具有无法规避的合理性。他们相信正常状态会很快恢复。受这种观点影响，格万特豪斯管理层的打算是，第一步，音乐会坚决要办，但不要张扬。第二步，去找主管部门，努力获得关于乐团独立性的明确决议。那些受尊敬的莱比锡出版商、实业家、科学家和专业人士，满怀希望憧憬着未来。他们很少有人想到纳粹分子会在艺术和科学领域采取极端措施。这些人相信，德国当局会保护大型艺术机构，免受地方势力的不正当影响。蒂钦应邀在柏林进行调解，温妮弗里德·瓦格纳则被请求发挥她对戈林[Göring] 的影响。大家都明白，为了历史悠久、声名远扬的格万特豪斯，肯定有人愿意站出来。因此，布罗克豪斯一直在不遗余力地打电话。

透过豪菲饭店的玻璃窗看到的景象，让我对这些热情努力的态度发生了转变。怀着厌恶与迷惘的复杂心情，我凝视着行进中的希特勒青年突击队。我一辈子也忘不了那群人在街头的聚集，所有过路者被迫站住，行纳粹礼。我还看到，穿着长筒靴的青年突击队员把骑着车子卖面包的小男孩，从车座上拽下来。他们踢小孩儿的后背，把他赶到一边。

周四上午，格万特豪斯的员工依然满怀希望，因为很多有影响力的人物答应调解。但当我11 点前去彩排时，无法入场的人们情绪激动地簇拥在我行进的路上。大厅入口的一则布告，草草地宣布演出无法

举行。遵照萨克森州内政部的命令，警察在周四上午禁止公开排练和举办音乐会。布罗克豪斯和管委会其他成员正在等我。他们接到最后的命令时，电话通知在酒店的我已经太迟。匆匆的见面，大家非常迷茫而且情绪低落，几乎没人说话。我们握手耳语了几句，便分头离开。乐
298 手们表情焦虑地站在街头，当我走过去的时候，他们用深深的敬意向我问候。我伤心地凝望着这座雄伟的建筑，多年来，入口处门德尔松的塑像使其熠熠生辉。我从酒店取走行李，窗外的景象让我心烦意乱。我乘车前往火车站。管委会的两位女士，手拿着鲜花，眼里含着泪水，出现在车厢里。我为已发生的事件感烦闷，也为接下来可能发生的事感到忧虑。怀着这样的心情，我回到柏林，下一场“布鲁诺·瓦尔特音乐会”将于周一在爱乐大厅举行。实际情况要好于我的预期。

“路易斯·沃尔夫已经打来好几个电话了，”我一到家，太太就告诉我，“沃尔夫和萨克斯想知道，你什么时候可以与他们一同商议。”赫尔曼·沃尔夫音乐会管理机构已经改名为“沃尔夫与萨克斯”[Wolff & Sachs]，但它依然处在拥有灿烂笑容的“路易斯女王”的全权统治之下[1]。除了“富特文格勒音乐会”，他对音乐的热诚也集中体现在“布鲁诺·瓦尔特音乐会”和我本人身上。她钟爱的一切，现在似乎都受到了威胁：她的社会地位，她的业务往来，还有我的音乐会。但下午参会时，我发现这位老太太神色依旧，非常淡定。只是她的同事好像非常激动，有些不知所措。

我被告知，戈贝尔的宣传部已经发出警告，所以音乐会将被取消，以免不愉快的事情发生。我的音乐会也被禁止了吗？路易斯说还没有。我声明，如果管理部门希望避免这种威胁性的“不愉快事件”，我愿意放弃演出；如果需要的话，也可以去指挥音乐会。当看到路易斯和她的同事，萨克斯先生和西蒙先生，都拿不定主意时，我建议直接去找

[1] 路易斯·沃尔夫的丈夫赫尔曼·沃尔夫[Hermann Wolff]，是著名的犹太音乐会经纪人，他曾说服彪罗接受柏林爱乐乐团首席指挥一职，后来又将亚瑟·尼基什带到柏林爱乐，为乐团的辉煌历史打下基础。1902年沃尔夫去世后，路易斯承继了丈夫的业务，直至1934年。

宣传部，就我们可能遇到不快的事态性质进行咨询。如果他们特别不客气，对音乐会的公开禁止就在所难免。萨克斯努力与宣传部的芬克博士[1]取得联系，这个人后来成了国家银行的总裁。他的回答是这样的：“宣传部并不希望禁止音乐会，你们想要自寻尴尬，我们无意干涉，你们想要背负着支付乐手薪酬的重担，我们也悉听尊便。但如果你们坚持演出，音乐厅内所有的东西肯定会被砸个稀巴烂。”这几句话，绝妙地展示了新政权的思维和言语模式，未来国家银行的总裁还要求：管理层做出决定后，要向他通报。 299

后来我了解到，我的诉求所遭遇的反常处理方式，以及随后歌剧院和音乐会机构所遭遇的强暴干预，其幕后推手是纳粹政府在音乐事务方面特别授权的专家汉斯·欣克尔[Hans Hinckel, 1901—1960]。他展现了自己作为老牌纳粹报纸主编的职业天赋。他言辞卑劣、极具挑衅性的反犹文章，博得了纳粹权贵的欢心，因此他从巴伐利亚米斯巴赫乡村（离迷人的施利尔塞[Schliersee]及其著名的乡民剧院不远）来到柏林，现在可以随意摆布那些德高望重的音乐家了。接到这个消息后，大家很清楚，我已经无法指挥这场音乐会。萨克斯向芬克博士通报了取消音乐会的决定。蹊跷的是，我们被告知音乐会可以举行，但要由理查德·施特劳斯来指挥，而不是我。芬克还说，施特劳斯会接手我的所有职权。事情的结局就是如此。《英雄生涯》[*Ein Heldenleben*]的作曲家真的声称自己愿意取代被强制驱赶的同事来指挥这场音乐会。此举让他得到了纳粹高层的欢迎。后来，不可否认，基于我不知道的原因，施特劳斯与当局不欢而散。

芬克最后怪声怪气地说道：“还有，瓦尔特先生在政治上有问题。”我从没有主动参与过党派之争，因而我不得不猜测，他们针对我个人进行了一系列可恶的捏造，以便让我难堪。我太太正在等我，她已经在音乐会管理机构门前徘徊了一个小时。她心平气和地听了我对事

[1] 沃尔特·芬克博士[Walther Funk, 1890—1960]：曾任纳粹德国经济部部长。

情进展的描述，当我告诉她芬克博士最后的话时，她静静地站在那里说："你必须离开柏林，就在今天。"我意识到她是对的，于是决定，当晚就带着大女儿奔赴塞默灵[Semmering，奥地利阿尔卑斯山区一座小镇]，太太要为我们的奥地利之行做些准备，并将在稍晚些时候带上我们的小女儿。

回家对于我来说已不是明智之举。太太独自开车回到寓所，为我收拾了最必要的用品，由女儿送给我。与此同时，我找到一位可靠的朋友，请求他作为中间人，向宣传部递交声明，抗议针对我的怀疑。精通此类事务的这位朋友，建议我求助前任农业大臣卡尼茨伯爵[Count
300 Kanitz]，让他关注这一事件。几天后我在塞默灵这样做了。卡尼茨伯爵是我多年的忠实听众，对纳粹主义不感兴趣，老一代政府官员都对他非常尊重。

过了一段时间，我获悉卡尼茨接受了我的要求，还听说在纳粹占领的共产党总部李卜克内西[1]的住所里，发现了"我"写的妥协信。情况看起来相当严重，我似乎需要一个有力的反驳。因为谎话连篇的宣传部很可能将这些谣言公之于众，我的家人也将面临被攻击的危险。

《德意志汇报》[*Deutsche Allgemeine Zeitung*]是一份开明的右翼报纸。其大无畏的态度与德国媒体对纳粹管制无原则的顺从形成了鲜明对比。这主要归功于其总编辑弗里茨·克莱因博士[Dr. Fritz Klein]，他"不识时务"地相信，在新德意志，坚强的个性能让一个人维护自己的权益，博得更多的敬重。我是在柏林扶轮社[2]认识他的。这个俱乐部的成员由各行业代表组成，他属于记者行业，我属于音乐行业。每周俱乐部的午宴让我们兴致盎然地在一起攀谈，他谈到过自己的艺术爱好，还有对我音乐活动的倾慕。我在塞默灵写信给他，明确否认了那些谎言，希望他将我的声明公之于众。他勇敢地接受我的要求，并以

[1] 卡尔·李卜克内西[Karl Liebknecht]：是德国共产党创始人，1919年被杀害。1933年希特勒执政后，大批共产党员被捕，德共转入地下。

[2] 柏林扶轮社[Rotary Club]：一家服务型社团组织，1905年在美国成立，在许多国家拥有分支机构。

《德意志汇报》总编辑的名义表达了自己的看法，语气温和，但对自己的信念毫不动摇。一篇关于奥地利问题的文章最终让他失去了自己的职位。此后我也再没有听到这个卓越人物的消息，但对他一直心存感激。

在前往塞默灵的途中，我在维也纳待了一天，探望朋友并拜见了泛欧洲运动的创始人库登霍韦–卡莱吉伯爵[1]，我也是这项运动的参与者。我向他控诉了纳粹对文明的践踏，还有他们明显的极端倾向，这一切必然会导致民族文化共同体（它的巨大裨益令地球更宜居）的毁灭。纳粹分子崇尚优等种族，他们反宗教，敌视精神世界，已经成为这一共同体的对立面。我感觉有必要与伯爵谈一谈这些事情。库登霍韦–卡莱吉伯爵毕生致力于建立跨越欧洲的共同体，而最近的事件 301
严重威胁着它的进展。库登霍韦–卡莱吉的远见卓识让他很快意识到这种对文化领域肆意破坏的险恶用心，这种破坏活动后来发展到焚烧图书的地步。我记得他对这些野蛮行为所导致的后果的清醒认识。形势的新进展，证明了他政治性见解的正确性。

那天晚上，我和女儿来到塞默灵舒适的南部铁路酒店[Südbahn Hotel]。以前在维也纳，我经常会来这个地方放松几天。这一次，我无暇享受这里的森林和山地空气，因为第二天鲁道夫·门格尔贝格就打来电报，他的堂兄威尔海姆·门格尔贝格[Willem Mengelberg]病倒了。他请求我来指挥阿姆斯特丹音乐厅的几场音乐会，我表示接受。我避开德国，取道瑞士、法国和比利时，驱车前往荷兰。几位记者在荷兰边界钻进我的车子。荷兰报纸详细报道了我周围发生的一切，希望让读者看到我本人的态度。我谨慎地诉说了对家人的担忧，因为在异国他乡我已听到，德国的反纳粹家庭被暴力闯入的消息。

到了阿姆斯特丹，鲁道夫·门格尔贝格到车厢里来接我。情深意长的一份惊喜，让我非常激动。我走出车站，前面巨大的广场上，黑压压的全是人。他们前来表达对音乐家的支持，他的名声与造诣在荷兰

[1] 库登霍韦–卡莱吉伯爵[Count of Coudenhove-Kalergi, 1894—1972]：奥地利政治家，哲学家。

家喻户晓，现在遭遇了非同寻常的不公正。大家聚在一起，是对这种不公正以及导致这种不公正的意识形态的抗议。忽然，他们开始唱起荷兰古老的自由之歌。庄严动听的歌声在黄昏穿过宽阔的广场和水面，让阿姆斯特丹社会民主党人的反纳粹示威，展现出人间友爱的真谛。

阿姆斯特丹音乐厅精彩的音乐会之后，我从荷兰回到维也纳。我的太太在德国当局发布抵制犹太人命令的第二天就来到这里。在火车上看到我之后，很少掉眼泪的她，搂着我的脖子痛哭起来。看到放荡的暴徒，清一色的纳粹旗，柏林街头对平民的虐待，被砸毁的商铺，对
302 手无寸铁的人们的折磨，施暴者快乐的嚎叫，让她非常痛苦。她长时间不停地拷问自己，情绪越来越压抑。因为许多挚爱亲朋，对这些迫害行为不但无动于衷，还努力为施暴者开脱。在发生过激烈的争论之后，她愤怒地切断了与这些人的联络。

接下来的几个星期，我在维也纳音乐厅演出了马勒的《第八交响曲》，也就是“千人交响曲”。音乐会之前和之后的抗议，迫使我必须在观众面前说几句。我记不清自己说了些什么，但我的确对自己进行了一番检讨，我没有提及任何音乐之外的抗议理由，因为这和马勒与歌德作品的题旨（体现于刚结束的演出中）很不和谐。那些日子里，这类事件无孔不入地渗透到艺术领域，我所要言明的正是这样的事实。自我在德国音乐生活中遭遇驱逐后的几个月里，我无论去什么地方，作为音乐家所得到的荣耀，都超出了以往。这些荣耀成为针对敌人的一种无言的、昂扬的示威。更确切地说，是针对文化的敌人。人们普遍认为，对我个人的侮辱，就是对文化的亵渎。然而，有时候，当音乐厅的气氛让我未感到压抑的时候，当示威以口头方式表达的时候，就像在巴黎为我举行的宴会上，我会毫不犹豫地发出声音，清晰地表明我对当前事件的愤怒态度，尽我所能指出这些事情的内在威胁。在第一次宴会上，我与埃米尔·路德维希[1]一起分享荣誉，我们成了难兄难弟。我还

[1] 埃米尔·路德维希[Emil Ludwig, 1881—1948]：德国作家。

记得另一场巴黎宴会，由克列孟梭和皮卡尔的朋友佩恩列夫[Painlevé]主持。佩恩列夫的优美演讲之后，加布里埃尔·皮尔奈[Gabriel Pierné]以法国音乐家的名义向我致辞。他热情的话语至今依然温暖着我的心。我对指挥家勒内－巴顿[1]和作家特里斯坦·伯纳德[2]也有模糊的记忆，他们在宴会后走向我，他俩惊人相似的灰白胡须引起了我的注意。我还记得与保罗·杜卡[Paul Dukas]的一次友好交谈，他是《魔法师的弟子》[*L'Apprenti-Sorcier*]和歌剧《阿里安娜与蓝胡子》[*Ariane et Barbe-Bleue*]的作曲家。我们的谈话很简短，不过是兴趣盎然地交流了对莫里斯·拉威尔[Maurice Ravel]的看法。第三次宴会在此也值得 叙。它发生在伦敦，在同一年，当了解到纳粹对我的所作所为之后，大家都向我表示同情。我很高兴爱德华·埃尔加爵士同意作为主席采取行动，让我遗憾的是获悉他的严重病情。他的位置被托马斯·比切 303 姆爵士取代，我第一次与他在艺术方面有交集是在25年前。我有充分的理由感谢埃尔加和所有来宾，并对他们所持观点表达我深深的谢意。

1933年夏，歌剧和音乐会演出再次把我召唤到萨尔茨堡。逐步壮大的萨尔茨堡音乐节，正步入全盛期。现在我已远离德国，希望一心一意献身于此，更密切地献身于奥地利的音乐生活。奥地利的政治生态的确相当糟，但政府并不认同国家社会主义。这个国家的自主独立，得到了意大利和西部各国的支持，多尔富斯[Dollfuss]政府似乎有能力控制局面。

1932年5月上台的联邦总理多尔富斯，10个月后便开始在没有议会制衡的情况下管理奥地利。他在1934年4月引入了政府集权制。即使没有1934年2月的骚乱[3]，没有针对社会民主党人的暴力行动，这样的治理模式也注定是短命的。然而在1933年，就连比我更悲观一些的人，也认为这种专制盛行的局面还不错。性情温良的奥地利人，对不

[1] 勒内－巴顿[Rhené-Baton, 1879—1940]：法国指挥家。

[2] 特里斯坦·伯纳德[Tristan Bernard, 1866—1947]：法国剧作家，小说家。

[3] 1934年2月12日维也纳爆发巷战，多尔富斯政府在几个小时内解除了社会民主党的武装。

民主的政治体制通常是可以忍受的。1934年7月多尔富斯遭遇暗杀[1]，舒施尼格[Kurt Schuschnigg, 1897—1977]接任政府总理。他崇高的思想和真诚的理念，成功地在奥地利营造出和平氛围。在这种情况下，音乐和戏剧得以顺利发展，萨尔茨堡音乐节迎来了其最闪亮的阶段。

暗杀多尔富斯之后，纳粹的煽动性阴谋并没有停歇，只是一段时间内变得小心谨慎。1936年7月达成了一纸协定，德国正式承认奥地利的独立。此后，这个国家的局势又变得扑朔迷离，但舒施尼格的无畏态度，让奥地利和她的文化生活几年内得以保全，直到德意志自我感觉足够强大，悍然入侵之时。那时节，所有一切，舒施尼格，他的政府，奥地利，还有世界的和平，都一去不复返了。

[1] 1934年7月25日下午，维也纳的纳粹党徒冲进总理府，多尔富斯中弹身亡。

第二章

舒施尼格政府背负起多尔富斯留下的重担，坚决维护着专制主 303
义政体，对于工人阶级的出路，政府没有找到，实际上也没有认真去寻 304
找。但无论我们对其抱有怎样的成见，舒施尼格政府对艺术领域还是非常善待的，并努力推进着奥地利的文化使命。萨尔茨堡音乐节的巨大荣耀，与舒施尼格政府息息相关。音乐节为奥地利赢得了所有艺术真诚之友的心。政府不仅是这一精彩演出活动的受益者，并实实在在地帮助音乐节获得了国际声誉。

亚历山大·冯·洪堡[1]将萨尔茨堡列为地球最美的区域之一，可与那不勒斯和君士坦丁堡媲美。此地的文化气息和风光之美，让这座小城非常适合举办音乐节。而且，与维也纳的政治关联，可以让它获得国家歌剧院的丰厚资源，这一传统让音乐节受益匪浅。然而，在规划音乐节艺术家名单时，在乐队与合唱团之外，我们完全可以跳出维也纳歌剧院这个圈子，自由选择歌手、指挥、舞台导演以及其他艺术家为我们所用。以此方式，音乐节成功获得了阿图罗·托斯卡尼尼的首肯。他在1934年夏天指挥了几场音乐会。1935年开始，托斯卡尼尼在此指挥歌剧。他的精湛艺术与鼎鼎大名，大大增强了音乐节的影响力和声望。

[1] 亚历山大·冯·洪堡[Alexander von Humboldt, 1769—1859]：德国地理学家。

此外，萨尔茨堡有资格以本土的音乐传统为荣。这一传统肇始于希罗尼穆斯大主教[Hieronymus, 1732—1812] 时期，甚至更早。目前，伯恩哈德·鲍姆加特纳[1] 领导的莫扎特大学，在当地音乐风格的保持与发展方面，做了大量工作。这个值得大加褒奖的音乐学府，为我们的演出活动在诸多方面提供了帮助。

萨尔茨堡的街道、广场和建筑，用悄无声息却又异常犀利的语言表现出的历史积淀，并不是这座奥地利小城成为世界性节日中心所仅凭的魅力。它的魅力主要基于传教士主导的历史，以及天主教的培植力量。美丽的教堂和其他宗教建筑作为象征，给萨尔茨堡风景打下了深深的印记，将这座城市的魅力封缄在其虔诚的氛围当中。霍恩萨尔茨堡[Hohensalzburg] 要塞，超越了大主教府邸的宁静之美，尖厉地为人们提示着此地尚武的往昔。1920 年，马克斯·莱茵哈特[2] 凭直觉感受到萨尔茨堡的气息，选定霍夫曼斯塔尔创作的奇迹剧[miracle play]《凡人》[*Everyman*]，作为节日演出第一部戏。萨尔茨堡为这一宗教作品提供了理想的展示空间，它成为每次音乐节必不可少的一部分。《凡
305 人》，这出关于“富人的生活与死亡”的英语—荷兰语戏剧，是一部不朽的诗意作品，每次上演都令人印象深刻。我回想起我在马尔莫乡间中世纪城堡的一次演出。这个瑞典小城举办了一次音乐节，柏林爱乐乐团在我的指挥下参与其中。在那个非常不相宜的环境里，我作为普通观众坐在临时的阶梯座席上，聆听了用瑞典语表演的《凡人》，被它深深打动。

在萨尔茨堡，《凡人》的演出地点位于大教堂外气势恢宏的广场上。从教堂门廊处奏响了开场的号角声，“凡人，凡人！”的热切呼叫声从附近教堂的尖顶，甚至从远方的要塞传来。开演时间经过了精心选择，剧中主角“凡人”去世后，萨尔茨堡教堂晚祷的钟声就会庄严地

[1] 伯恩哈德·鲍姆加特纳[Bernhard Paumgartner, 1887—1971]：奥地利指挥家。

[2] 马克斯·莱茵哈特[Max Reinhardt, 1873—1943]：奥地利导演。

响起。《凡人》似乎是为萨尔茨堡创作的，萨尔茨堡因《凡人》而闻名。演出中所体现的音乐节概念，由马克斯·莱茵哈特妙手偶得。最早的音乐节动议，实际上可以追溯到1906年马勒率领维也纳宫廷剧院在萨尔茨堡演出的《费加罗的婚礼》，他指挥的这部歌剧当时是莉莉·莱曼策划的莫扎特音乐周的一部分。当时，很多人意识到这座小城非常适合举办此类活动，但真正的萨尔茨堡音乐节，无疑发轫于《凡人》的演出。国家歌剧院的总裁施特劳斯和沙尔克，于1922年在小巧端庄的城市剧院演出了几场莫扎特歌剧，莱茵哈特将他对卡尔德隆[Calderón]《世界大剧院》[*World Theater*]的富有想象力的制作添加在节目单中。接下来的两个夏天，没有音乐节演出，但人们在1925年看到了莱茵哈特制作的《凡人》，沃尔穆勒[1]的《奇迹》[*Miracle*]，以及《世界大剧院》的复排。与此同时，我指挥了多尼采蒂的《唐帕斯夸勒》。1926年演出的小约翰·施特劳斯的《蝙蝠》以及莫扎特的《后宫诱逃》都是我指挥的。音乐节顺畅地低调启动之后，节日剧院开始兴建。现在我们有演出歌剧的大剧场，加上小型的城市剧院，教堂广场和马术学校为莱茵哈特戏剧演出改建的颇有情趣的庭院——天气不好的时候，他们可以在室内演出——还有莫扎特大学非常棒的音乐厅，可供维也纳爱乐乐团举行交响音乐会。

萨尔茨堡音乐节从30年代开始闻名世界。世界各地的艺术爱好者蜂拥而至，一年比一年多。他们来自其他欧洲国家，还有的远渡 *306*
重洋而来。耸立在壮观的大主教府邸前的饭店、餐馆和咖啡屋，充斥着来自四面八方、使用多种语言的人们。他们漫步穿过米拉贝尔花园[Mirabell Garden]，去狭窄的莫扎特出生地粮食胡同朝圣。白天，远道而来的汽车，飞驰在尘土飞扬的路上，驶向萨尔茨卡默古特[Salzkammergut]的乐园，驶向那里的山峦、湖泊，还有伊舍、圣沃尔夫冈[St. Wolfgang]以及巴特奥塞[Bad Aussee]这些名胜古迹。黄昏时分，

[1] 卡尔·沃尔穆勒[Karl Vollmöeller, 1878—1948]：德国剧作家。

一眼望不到头的人流，穿过萨尔察赫河[Ischl] 上漂亮的桥，走在通往节日剧院的路上。每天晚上，一排排爱看热闹的萨尔茨堡人，还有来自附近地区的人们，身着独具特色的当地服装，向连绵不断的外国人队列行注目礼。

欧洲以前也有类似的景观——在拜罗伊特。然而，当世界上最强势的创意天才在那儿招揽宾客，将其庄严作品的高尚情怀赋予当地时，我们正在诚邀不同类型的艺术团体，来见证以莫扎特为中心的开放性曲目及其表演活动。此外，拜罗伊特音乐节与我们的不同之处，不仅在于瓦格纳作品之崇高与莫扎特作品之美妙间的比照，还在于昨日与今日精神之差异。拜罗伊特建立起一种风格，并将其保留下来，我们则在着力探索其他音乐戏剧作品的多样化风格。拜罗伊特的使命业已完成：瓦格纳的天才征服了这个世界。我们却要另辟蹊径，尽力筹措一切现有资源，探索服务于作品的演出的高度发达的运作程序。这些作品很少或者从来没有得到过如此精细的制作，其根本性价值因此依然有待承认。我们的工作所获得的普遍认可证明，萨尔茨堡音乐节的发展方向是正确的。

这里有沸腾的音乐节闹市；这里有用石头建起的承载了丰厚历史积淀的大主教府邸。还存在另一种面貌的萨尔茨堡，我了解它、喜爱它：这是一座平静的奥地利小城。我曾在其慵懒的街道上漫步，常在它静寂的咖啡屋里小憩。那是洗去铅华的萨尔茨堡，就像以前那样，
307 一个与我心心相印的萨尔茨堡，一个从年轻时代就与我亲密无间的萨尔茨堡。在音乐节期间，它常会给我一个会心的微笑，就像走在他人身旁的年轻女郎对她的秘密情人暗送秋波那样。

这是气定神闲的老赫尔曼·巴尔[1] 退隐所在的萨尔茨堡，也是斯蒂芬·茨威格在卡普齐纳山[Kapuzinerberg] 温馨的家中与他有趣的收藏一起“生活”的萨尔茨堡。对于想在这儿住上几日，让思想得到

[1] 赫尔曼·巴尔[Hermann Bahr, 1863—1934]：奥地利作家。

宽慰的圣灵体味者们来说，冬天、春天和秋天的萨尔茨堡，充当着丽池公园[*buen retiro*][1]的角色。当萨尔茨堡滋养着利奥波德·莫扎特[Leopold Mozart]全家的时候，当少年时代的沃尔夫冈·阿玛德乌斯[Wolfgang Amadeus，即小莫扎特]因此地的偏狭陷入绝望的时候，这里仿佛就是其最本真的样子。现在的萨尔茨堡因为激动人心的艺术生活和世俗的活力而变得高贵端庄。多数游客或许无法彻底参透这座古老奥地利小城的魔法，但我相信他们肯定凭直觉就喜欢上了那些附加在音乐节、历史遗迹和自然美景之上的宜人美味。

欧文·克贝尔博士[Dr. Erwin Kerber, 1891—1943]，从一开始就担任音乐节的行政组织首脑。在1936年，正是他同我一道承担起维也纳国家歌剧院的管理工作。他是地道的萨尔茨堡人，他的当地方言谈吐之纯正无人可及，甚至连理查德·迈尔的阿尔卑斯山区方言也没有那么活泼和幽默。回想起这位正直诚恳、才能卓越且心地善良之人，我心中总是充满敬重。他在艰难时期的无畏帮助，让我感激之至。在后面我还会谈到他。

在早期的某次夏季音乐节期间，我结识了奥斯卡·斯特尔纳德[2]。罗勒[3]经常向我说起他引人注目的才华。莱茵哈特为戈齐[4]的《图兰朵》[*Turandot*]提供的制作方案，让我第一次看到了他设计的舞台布景和服装。它们给我留下了持久的印象。我们在私交上的熟稔，源于一次萨尔斯卡默古特湖的远足。后来在我们之间有了密切的艺术合作。若不是他过早地去世，我们的合作还将继续下去。斯特尔纳德最初是位建筑师。他靠三维空间生活，与很多舞台设计师不同——这些人的布景只是将平面图转换到立体空间。从第一张草图开始，斯特尔纳德的设计就是三维的。而且，他独一无二的色彩感也是难得的天分，他

[1] 丽池公园[*buen retiro*]：马德里最著名的公园，于17世纪由菲利浦四世下令兴建。

[2] 奥斯卡·斯特尔纳德[Oskar Strnad, 1879—1935]：奥地利建筑师，舞台设计专家。

[3] 罗勒[Alfred Roller, 1864—1935]：奥地利画家，舞台设计专家。

[4] 卡洛·戈齐[Carlo Gozzi, 1720—1806]：意大利剧作家。

拥有强劲的想象力，对音乐的反应异常灵敏。他为韦伯《奥博龙》所作的舞台设计，让我在柏林国家剧院，以及后来在萨尔茨堡和维也纳的演出格外地引人注目。还有我在佛罗伦萨和萨尔茨堡演出的莫扎特的《后宫诱逃》，以及《费加罗的婚礼》，也是与他合作。他设计的最出色的剧目，当属萨尔茨堡上演的《唐璜》。他为这部诙谐戏剧所做的
308 设计卓尔不群，因为其中结合了莫扎特灵感勃发的轻盈风范，以及西班牙巴洛克风格的要素，为快速换景提供了技术方面的可行性；也因为他设计的服装具有强烈的暗示意味，它所呈现的效果是我迄今所见的最佳方案，它完美地解决了该剧在舞台呈现上的各种问题。

对于音乐节的演出剧目及其有条不紊的拓展，在此我只能略述一二。我们尽量避开过于严肃的作品，因为它们似乎不适宜萨尔茨堡的氛围。仅有的例外是瓦格纳的《特里斯坦》，我记得我在两个夏天指挥过它。我曾经在慕尼黑和柏林指挥过雨果·沃尔夫那令人陶醉的歌剧《长官》，其风格与萨尔茨堡的气氛非常契合。它在音乐节上的演出取得了非常好的效果。我为音乐节所做的最突出的贡献，是将格鲁克的歌剧《奥菲欧》搬上舞台。在长期的职业生涯中，我一再专注于这部作品。它的无穷魅力值得人们不断朝向深度去探索。

我的大部分工作自然都以莫扎特为中心。在萨尔茨堡演出《费加罗的婚礼》和《唐璜》时，我平生第一次使用了剧本最初的语言。先前，我总会因为许多德语翻译细节与莫扎特音乐不和谐的问题而伤脑筋，现在我终于享受到了长期渴望的唱词与音乐间的协调顺畅。我以前指挥的《费加罗的婚礼》，没出现过疑难问题，演出效果很不错。在应对《唐璜》的疑难问题时，我不是很幸运。不管怎样，反复的实践与失望，让我透彻地认清了那些难题。如今在萨尔茨堡，在斯特尔纳德和卡尔海因茨·马丁[Karlheinz Martin] 的帮助下，我准备冒险向这座坚固的堡垒，发起一场精心策划的攻势。我从合作者那里了解到剧本与布景方面的困难。在制订演出方案时我们下定决心要克服困难。但在所有

疑难中，最重要的问题依然悬而未决：到哪里去找一位艺术家担任主演？我无从知晓。能为我演唱这一角色的好演员极度匮乏。甚至我回忆录中提到的卓越人物迪安德拉德[1]，也不符合我多年对莫扎特人物探究的标准。音乐节在各个方面都做了准备，但我还是告诫克贝尔，如果命运无法帮助我找到合适的唐璜，我将放弃这次演出。

我了解的罗曼语系歌手当中，在声乐造诣、发音、做派，以及外貌 309
方面，只有几个值得考虑，但他们都缺少扮演唐璜所必需的那种令人折服的个人魅力。接着，我听人谈到了埃西奥·平扎[2]。阿图尔·博丹斯基[Artur Bodanzky] 多次热情地向我说起他的嗓音、才华和扮相，他在纽约大都会歌剧院[New York Metropolitan Opera] 扮演的唐璜，获得了巨大成功。一件有趣的小插曲燃起了我的希望，除了所有传言让我确信的艺术适应性，平扎还拥有即兴展示个人魅力的特长。我们带了一位波希米亚厨师随行去纽约，这是一位效率很高但不太有趣的中年人。到达纽约后，我打电话给平扎，希望与他相识。平扎诚挚地登门拜访。他按响了门铃，阿妮塔[Anita] 前去开门。她匆忙跑了回来，脸色绯红，语无伦次，兴奋地对我太太耳语道："妈妈，外面有一个特帅的男人。"我对太太说："想必我已经为萨尔茨堡找到了唐璜。"情况果然如此。

每届音乐节期间都有一些音乐会。就像我说的，它们或在节日剧院，或在莫扎特大学的小音乐厅举行。古典作品之外，我指挥过大量的马勒和布鲁克纳的作品。最后几年，由我担任钢琴伴奏的洛特·莱曼的歌曲演唱会，成为每年的固定项目。

洛特·莱曼早年的戏剧激情，火爆到几乎要伤害她的嗓音。为了适应艺术歌曲的表演，她渐渐学会了克制，这非常令人称道。同样令人惊奇的是，她的冲动个性原本也应该能凭借自身那充分可靠的直觉，

---

[1] 安东尼奥·迪安德拉德[Antonio D'Andrade, 1854—1942]：葡萄牙男高音。

[2] 埃西奥·平扎[Ezio Pinza, 1892—1957]：意大利男低音。

去适应艺术歌曲那种纯粹的风格。我偶尔向她提出的建议只涉及细节，她的成功得益于她对艺术歌曲演唱要素的掌控。她深邃的洞察力，让她体味到旋律的美妙，以及歌词的精神与情感内涵。她成功地将歌曲演唱的这些要素结合在了完美的统一体中，以此来实现作曲家的意图。即使在即兴艺术家无法回避的薄弱瞬间，一首歌和一个歌剧声部在应对纯粹声乐上的技术要求时也许会出现瑕疵，但其内在的诗意本体从不会受到伤害。

与生俱来的朴素率真与柔弱敏感，是莱曼性情中的两个极端。这些特点体现在她的生活中，也在其艺术世界中显现，随着时间的推移迷人地变幻着，二者多数情况下能够和谐地融为一体。具有如此多样
310 才华之人——她在诗歌和绘画方面都有天分——当然会表现出飘忽不定的脾气秉性，常被突如其来的念头所左右。但我们的友谊（这让她成为我们家庭的一员）在她永远年轻的心灵当中，不受外界风浪的影响，因为它源于我们最真切的艺术共鸣。

每次出席托斯卡尼尼在节日剧院的歌剧和音乐会演出，我都兴致盎然。其中他对威尔第的《法斯塔夫》和《安魂曲》，以及勃拉姆斯《第二交响曲》的精彩演绎，给我留下的记忆最为深刻。我们个人间的交往，在那些日子也愈发紧密。我特别乐于回忆起自己前往米兰对他的一次拜访，他与我心平气和地聊了几个小时。在萨尔茨堡忙碌的环境中，这永远是不可能的事情。

音乐节即将开幕之前，我在恩加丁锡尔斯玛丽亚最后几天的宁静，被维也纳传来的消息所打扰。托斯卡尼尼与萨尔茨堡管理层之间发生了冲突，他宣布退出。教育部部长焦急地给我打电话，请求我来调解。我转而打电话给托斯卡尼尼，试图让他改变主意。当他表示无法挽回的时候，我说："好吧，我过去看望你。"我开上自己的车，沿着贝耶尔山路，过了科摩湖，迎着恐怖的暴风雨，直奔米兰。我走进托斯卡尼尼的琴房，问他："你好吗？"他沮丧地回答："不太好！"听起来很不乐观。

他非常决然地声称自己不会前往萨尔茨堡。我们开始谈起他对瓦格纳作品的看法，还有他与拜罗伊特的关系。他从自己的记忆里，从写过的信件中搜寻，还给我看了很多他视如珍宝的物品。我们的谈话让老托放松下来，吃饭的时候，一种活跃的沟通气氛开始占据上风。返回圣莫里斯之前，我设法让托斯卡尼尼太太相信我施以援手的姿态。离开的时候，我表示希望尽快在萨尔茨堡见到他。他真的第二天早上就去那儿了。托斯卡尼尼是不是因为我的造访改变了主意？我一直拿不准。这次造访绝对没有急切的劝说，老托的回心转意或许是出于他自身的原因。我只知道，他对瓦格纳的热爱，他热切的情感，给我留下了深刻的印象。也许是在美妙回忆的感召下，他与某些人交恶所造成的不快被一扫而光。

尽管繁重的工作与责任应付起来很困难，但我仍无法完全拒绝参与萨尔茨堡日渐忙碌的社交生活。马克斯·莱茵哈特作为李奥浦克恩 311
堡[Castle Leopoldskron]的主人[1]，多次举办大型招待会和晚宴，高端人士纷至沓来。其中一场晚宴，我的邻座是莎拉·罗斯福夫人[Sarah Delano Roosevelt, 1854—1941]，她是美国总统的母亲。我有幸欣赏到这位令人尊敬的老太太说起自己儿子时的快活与热情。豪华房间里节日般的聚会之后，在宽敞的图书室度过一段安静的时光很是惬意。在那儿，莱茵哈特和他的夫人海琳·蒂米希[Helene Thimig]聚起一个亲密的朋友圈。在这样的场合，平日里很少说话，总是心不在焉地盯着手上雪茄烟的主人公，变成了一位热情健谈之人。很多时候，在城堡后院紫杉篱笆环绕的秀美湖泊的诱惑下，我会逃离饭后的客套，走进那静寂的荒僻之中。

管理部门或者当地政府发出的正式邀请，是我无法推辞的。行政区长官里尔博士[Dr. Rehrl]的最后一次邀请，我还记忆犹新。我和太太找到了一个安静的所在，在那儿可以避开人群的嘈杂。我们碰巧走

[1] 奥地利导演莱茵哈特1918年买下了这座城堡。

进了公馆空空的宴会厅，那里摆放着桌子正准备迎候客人。我太太找到她的席卡后惊讶地发现，德国驻奥地利大使弗朗茨·冯·巴本[1]是她的邻座。她马上走回来，要求音乐节总经理鲍松男爵[Baron Pouthon]另为她安排座位。鲍松勉强遵从了她的要求，这样巴本成了宴会中唯一没有餐伴的人。他很通情达理，还对里尔说："瓦尔特太太不愿坐在我身边，我很理解。"

在这里，不会有与密友相聚的念头，这是不言而喻的。按照奥地利的习俗，这类行为常常发生在一小时之后，在咖啡屋，偶尔也会在某人家中。雅各布·瓦塞尔曼[2]经常从奥尔陶斯湖[Altaussee]开车前来，布鲁诺·弗兰克[3]从他在艾根的小房子启程来到这儿。我结识了西奥多·德莱塞[4]，与他进行过一次有趣的谈话。我清楚地记得在斯蒂芬·茨威格家中，有托斯卡尼尼以及其他宾朋相伴，大家一起眺望远方的萨尔茨堡。我甚至看到了我在艾根的家里的花园，被森林覆盖的盖斯贝格守望着，被萨尔茨堡一带的山地所环绕。这里摆放着一张桌
312 子，大家快乐地聚会。有托马斯·曼，他的太太卡蒂亚，还有他们的孩子埃丽卡[Erika]和克劳斯[Klaus]；有托斯卡尼尼和他的太太克拉拉；有洛特·莱曼，还有我和我的家人。我的太太和两个女儿，穿着漂亮的连衣裙，在这儿显得很时尚。我们在萨尔茨堡举行音乐节，过着安静快乐的生活，心怀感激地享受着那段美妙的日子，但我们的西面正在酝酿风暴，它将用战火和硝烟摧毁整个欧洲。

萨尔茨堡靠近德国边境。火车站的一边属于巴伐利亚，另一边属于奥地利，中间就是海关。有一路电车从萨尔茨堡开到贝西特斯加登[Berchtesgaden]。晚上，在贝西特斯加登山顶，火焰一样的纳粹标志邪恶地闪烁着。我们每时每刻都会感受到这个恶邻，他千方百计地谋求

---

[1] 弗朗茨·冯·巴本[Franz von Papen, 1879—1969]：曾担任希特勒内阁副总理。

[2] 雅各布·瓦塞尔曼[Jakob Wassermann, 1873—1934]：德国犹太裔小说家。

[3] 布鲁诺·弗兰克[Bruno Frank, 1887—1945]：德国诗人。

[4] 西奥多·德莱塞[Theodore Dreiser, 1871—1945]：美国小说家。

着自己的存在感。当纳粹分子在奥地利厚颜无耻的宣传遭遇多尔富斯坚决反对的时候，当多尔富斯禁止德国内阁部长克尔[Hans Kerrl, 1887—1941] 和弗兰克博士[1]发表演讲的时候，希特勒对奥地利的敌视与日渐嚣张的暴力活动一起出笼，到1934 年7 月底，导致了一场浩劫。纳粹党非常憎恶萨尔茨堡音乐节，派飞机在萨尔茨堡撒传单，在电话亭安装炸弹。我记得有一次《唐璜》的排练，平常很守时的意大利人，平扎、拉扎里[2]，还有博尔焦利[3]迟到了半个小时。他们吓得脸色煞白，告诉我一枚炸弹已经将布里斯托宾馆的一部分炸毁。

1934 年7 月25 日，传来了多尔富斯遭暗杀的恐怖消息。当时我们住在距萨尔茨堡有45 分钟路程的哈莱因[Hallein]，晚上用了一个半小时才返回住所。我们的汽车一再被武装人员叫停，他们要查验我们的证件。与此同时，保安团的年轻人还有奥地利民兵，将他们的步枪指向我们。在可爱的豪斯伯格堡，我们度过了5 个音乐节演出季——直到最后一年我才租下在艾根的房子。我们发现受到惊吓的住户，聚集在和蔼的女主人图恩女爵[Countess Thun] 周围，因为纳粹似乎将要占领奥地利，但是多尔富斯内阁的教育部部长舒施尼格第一时间接管了政府。我们很快获悉，纳粹的阴谋没有得逞。接下来对我们来说是一段安宁的时光。希特勒已经意识到靠突然袭击的方式无法征服奥地利，他需要进行周密的准备。这样一来，我们顺理成章地得到了将近3 年的延缓时光。这段时间，我们工作着，企盼着，低估了那些危险。

[1] 汉斯·弗兰克博士[Hans Frank, 1900—1946]：为纳粹党服务的德国律师。

[2] 维尔吉利奥·拉扎里[Virgilio Lazzari, 1887—1953]：意大利男低音。

[3] 蒂诺·博尔焦利[Dino Borgioli, 1891—1960]：意大利男低音。

第三章

纳粹党掌权后的一段时间，他们在某些方面努力保持着“合法 313
性”这件外衣。他们无疑想让那些对纳粹有敌意或者持怀疑态度的人恢复信心。也许是出于这个原因，我把自己的财产转移到维也纳，并没有遇到什么麻烦。我变更住址几个月后，德国当局返还了我缴纳税金的相当大的一部分，此举让我很吃惊。的确，许多正派的老公务员依然在岗。他们或许在用这样的方式彰显某些言语无法表达的情愫。一位常为我们打零工的中年工友，在我启程的那天帮助我太太收拾行李，他强烈要求到火车站与我道别。我对这位老社会革命党人说：“哦，舒尔策[Schulze] 先生，恐怕你也得加入纳粹党了，不然你就会失业的。”他伤心地回应道：“想想，也只能这样了。”然后，他诚实的脸上泛出光泽，用浓重的柏林方言说道：“我希望希特勒的所有党员都是我这样的类型。”最初抱有这种观点的人，肯定不只是中产阶级，广大的工人阶级也是这样想的。但那些年，“政治上步调一致”的报纸和广播每天对公众舆论的影响，甚至让各个阶层上年纪的德国人的观念都发生了转变。至于年轻一代，他们从小到大只听到过国家社会主义的教唆。因此，相当多的德国人成为纳粹暴政的帮凶，有些人主动参与其中，有些人积极宣扬德意志优越论，还有些人对恐怖活动及其受害者漠然置之。

然而在最初的那几年，老人和年轻人常常站在对立阵营，这种状况让德国的家庭生活基础发生了动摇。在一位瑞典朋友家中，我遇到一位新教牧师。他与妻子刚从不莱梅[Bremen] 家中来到这儿。这对年逾古稀的老夫妇看起来特别伤心。我问这位牧师，是不是想返回农村，他看起来非常怀恋故土，却说这不可能了。纳粹已经得知他的图书室
314 里藏有一些违禁书，他面临着严重的惩罚。我问这些图书是不是搜查队发现的，牧师说并不是这样。他遭遇了背叛：亲生儿子向纳粹当局检举了他。这个故事连同我听到的类似事件让我意识到，国家社会主义已经发动起针对《摩西十诫》[Decalogue] 的攻势，他们对第四戒条[Fourth Commandment][1] 进行了成功的围剿。

我在维也纳森林[Vienna Woods] 的南坡租下一套房子，悄然恢复了漂泊的生活方式。作为客座指挥，我前往意大利、法国、英国、荷兰、比利时以及斯堪的纳维亚，但返回维也纳总让我感到高兴。1933年10月，我太太陪我去了纽约。我在那儿待了几个月，指挥爱乐协会的音乐会。我们的小女儿此间在伦敦结了婚。她的丈夫是个电影编导，供职于一家德国公司。女儿不得不住在柏林，这一情况让我们忧心忡忡。之后几年，她经常到维也纳看望我们，或者在夏天到恩加丁来。间或，她会容光焕发地前往巴黎、佛罗伦萨和阿姆斯特丹游历，这让我们非常高兴。与此同时，由于观念上的分歧，大女儿与她的丈夫分道扬镳。

我与意大利音乐生活的联系这些年有所加强。托斯卡尼尼离开斯卡拉一段时间后，我在那儿重新上演了莫扎特的《唐璜》。我还有幸感受到托斯卡尼尼的前任秘书安妮塔·科伦坡[Anita Colombo] 的工作效率，他承担起这家著名机构的管理工作，忠心耿耿地努力料理好这里的事务。我还应邀在罗马圣切西利亚学院再次登场。但著名的老奥古斯都剧院已被拆除，因为有人猜测屋大维[2] 的墓穴就在它下面。这座

[1] 这一戒条的要义是：做儿女的，要听从父母，这是理所当然的。

[2] 盖维斯·屋大维·奥古斯都[Gaius Octavius Augustus, 公元前63—公元14年]：罗马帝国第一位君主。

陵墓的修复被认定将为法西斯与古罗马帝国的渊源提供更加有力的证据。然而，那里并没有发现什么墓穴，定格在那儿的是一堆丑陋的废墟，而不是神圣的奥古斯都。对荣耀无尽渴求的结果很不光彩。阿德里亚诺剧院[Teatro Adriano]，现在是罗马举行交响音乐会的场所，它无法与以前的音乐厅相比。尽管这里的交响乐团在伯纳迪诺·莫利纳里[1]的指导下获得了非常好的发展。这里的音乐会给我带来了很大的乐趣。

也许是被萨尔茨堡音乐节获得成功的这一事实所感召，佛罗伦萨此间创办了五月音乐节[*Maggio Musicale Fiorentino*]。一个有艺术理想的管理机构知道如何睿智地开发城内丰富的潜能。我记得那位能干的音乐节总裁马里奥·拉布罗卡[Mario Labroca]，曾在维也纳拜访过我。 315
我们商定在富有魅力的老佩哥拉剧院[Teatro della Pergola] 演出莫扎特的《后宫诱逃》，在社区剧场演出《安魂曲》。我与一家严谨的艺术机构建立起了新的令人愉快的业务关系。后来，它结出了非常丰硕的成果。

佛罗伦萨这座城市本身的价值决定了它的音乐节架构不可能与萨尔茨堡的一样。文艺复兴的奇迹在这里发生，艺术在此绽开出最绚丽的花朵。这座城市怎能不因其丰富的遗存和历史让游客们倾倒呢？这是但丁、美第奇[Medici]、米开朗琪罗、多纳泰罗[2]、布鲁内列斯基[3]，以及弗拉·安吉利科[4]的城市，是薄伽丘[Boccaccio] 的城市，是萨沃纳罗拉[5]的城市。佛罗伦萨壮美的景观，对于眼睛和心灵本来就是一场盛宴。佛罗伦萨音乐节必须提供鲜活的艺术，这是最重要的。由佛罗伦萨当地人和外地游客组成的音乐节观众，的确非常时尚、非常和

[1] 伯纳迪诺·莫利纳里[Bernardino Molinari, 1880—1952]：意大利指挥家。

[2] 多纳泰罗[Donatello, 1386—1466]：意大利雕塑家。

[3] 菲利波·布鲁内列斯基[Filippo Brunelleschi，1377—1446]：佛罗伦萨建筑师。

[4] 弗拉·安吉利科[Fra Angelico, 1387—1455]：意大利画家。

[5] 萨沃纳罗拉[Girolamo Savonarola, 1452—1498]：意大利宗教改革家，曾担任佛罗伦萨的精神和世俗领袖，反对文艺复兴艺术和哲学。

睦。端详那些让你联想到中世纪佛罗伦萨节日的面孔和身影，是一件乐事。美女们构成的靓丽风景，可能是基兰达约[1]笔下的那种，将遥远的往昔与美妙的现实结合在一起。我在佛罗伦萨听到的意大利语，无疑是这种动听语言诸多变体中最悦耳的一种。

维琪奥宫[Palazzo Vecchio] 前一场萨沃纳罗拉戏剧的露天演出，与这里的宏大结构非常契合。但当我在这座伟大建筑的音乐厅里，与佛罗伦萨交响乐团演奏莫扎特的《D 小调钢琴协奏曲》时，感到无论是莫扎特还是我本人，都是那些英雄环境的陌生人。夜晚，我漫步穿过皮蒂宫[Pitti Palace] 到波波里花园[Boboli Gardens] 的大门，来到月光皎洁的宽敞草坪，合唱团、舞蹈演员和独奏家正在这里为格鲁克的《阿尔采斯特》的演出化装，我再次感到这巨大的宫殿、富丽的花园，以及后面闹市，比格鲁克的作品更让我着迷。格鲁克的歌剧被移植到这样的环境中，的确有些不合时宜。

然而，莫扎特的《后宫诱逃》，特别适合古老迷人的佩哥拉剧院。在我的要求下，拉布罗卡聘请赫伯特·格拉夫[2]担任舞台导演，我与格拉夫合作得很好。奥斯卡·斯特尔纳德引人瞩目的布景和服装从根本上促成了演出的成功。这一年的夏天，我在萨尔茨堡音乐节也指挥了《后宫诱逃》。格拉夫还担任了《唐璜》的舞台导演，因为纳粹党禁止
316 去年导演这出戏的卡尔海因茨·马丁继续参与萨尔茨堡音乐节。我与格拉夫志趣相投的艺术合作得以延续。1936 年，当我在巴黎歌剧院与洛特·莱曼合作演出《费德里奥》时，格拉夫负责布景设计。当我再次与格拉夫在大都会相会，我们之间的合作又进一步增强。

尽管奥地利每时每刻都会感受到纳粹分子的鼓动，但1930 年代的维也纳生活依然保持着旧日的诸多魅力。政府对德国和奥地利纳粹党的决绝态度，墨索里尼以及西方国家的主动支持[3]，营造了一定的

[1] 基兰达约[Domenico Ghirlandaio, 1449—1494]：佛罗伦萨画家。

[2] 赫伯特·格拉夫[Herbert Graf, 1903—1973]：奥地利歌剧导演。

[3] 意大利一度视奥地利为自己势力范围，对希特勒吞并奥地利的图谋持反对态度。

安全感。在我的老朋友当中，艾伯特·施皮格勒[1]夫妇依然健在，我们的交往比以前更加紧密。可是妮娜[Nina，艾伯特的夫人]的身体状况恶化，她一贯的孤傲安详，也无法让我们摆脱因她的身体痛苦所带来的沮丧。

阿尔玛和韦尔弗[2]在霍华特山[Hohe Warte]的寓所，是一群政要和文化名人聚会的地方。只要工作和社会事务允许，我就会参与到这个气氛热烈的聚会当中。那里最具魅力的音乐名流是阿尔班·贝尔格，他是歌剧《沃采克》的作曲家。我了解到他是个非凡的富有自省意识的人。他的太太是弗朗茨·约瑟夫皇帝[Emperor Franz Joseph]的亲生女儿，一位睿智深情的女子，对丈夫非常忠贞。我很懊悔自己在《音乐的道德力量》[*Of the Moral Forces of Music*]一文中对无调性的指责，这篇文章深深伤害了这位在曲折道路上执着前行的探索者。

我对这所房子的记忆与一段奇特动人的经历密切相关。这段经历宛如梦境一般。即使到现在，它的神奇魅力依然没有消散。透过阿尔玛琴房的玻璃门，可以望见美丽的台阶和远处的花圃。我还记得一天午宴之后，大家在那儿看到的灵异景象：一个大约15岁的天使般美丽的女孩儿出现在门口，一头小鹿在她身边。她把手放在小鹿细长的脖子上，冲我们嫣然一笑，又消失了。那是阿尔玛与格罗皮厄斯[3]婚后的女儿玛农[Manon]，被人们唤做慕姿[Muzi]。随后我与她有过只言片语的交流，但我总感觉她远在天边，对我的话置若罔闻。她18岁在威尼斯患上小儿麻痹症后，回到维也纳，依然是那样遥不可及。她躺在床上，脸色苍白，非常安详。她喜欢动物，甚至喜欢跟蛇一起玩耍。我们经常围坐在她床边，有一位似乎特别爱恋她的年轻人与她为伴。至 317
于我自己，在任何情况下都会强烈感受到一种与她的距离感。经过一年的痛苦折磨，坚忍地挨过了一系列治疗后，她不辞而别，静静地去了

[1] 艾伯特·施皮格勒[Albert Spiegler, 1856—1940]：医学博士，马勒的密友。
[2] 弗朗茨·韦尔弗[Franz Werfel, 1890—1945]：奥地利作家，阿尔玛的第三任丈夫。
[3] 瓦尔特·格罗皮厄斯[Walter Gropius, 1883—1969]：德国建筑师，阿尔玛的第二任丈夫。

遥远的地方。阿尔班·贝尔格的《小提琴协奏曲》所表现的，就是与这位天使的伤心别离。

正是通过阿尔玛，我结识了库尔特·舒施尼格博士[Dr. Kurt von Schuschnigg]。这位多尔富斯内阁的教育部部长喜欢音乐，阿尔玛希望我们能见上一面。于是，在维也纳大饭店[Grand Hotel] 安排了午宴，舒施尼格与他迷人的年轻妻子赫尔玛[Herma]，阿尔玛和弗朗茨·韦尔弗[Franz Werfel]，我和我的太太出席。舒施尼格低调、沉稳、坚毅的个性，让我感到他是个富有同情心的强势之人。这一点儿可以在对他方方面面的观察中得到证实，并在日后的频繁会面中得以强化。或许，他对国际局势的恐怖凶险，以及避免它们的可能性方面缺乏政治敏感。或许他在处理奥地利国内困难方面缺少远见和手腕。在极其重要的社会洞察方面，他的确有所欠缺，这不可避免地让他疏远了工人阶级，没有与广大平民百姓建立起连接纽带。他最优秀的品质是至真至诚、清晰敏捷的思维，以及果敢的决策。他对奥地利政治和文化使命的坚定信念，还有命中注定要披荆斩棘的志向，赋予他勇气和灵感。

多尔富斯遭纳粹暗杀之后，舒施尼格成为联邦总理。他的首次电台声明，表现出他的意志力和对奥地利的信心，这一切令人宽慰，更令人鼓舞。他向虎视眈眈的纳粹分子发起挑战，勇敢地坚持战斗直到最后一刻。或许没有人比希特勒更憎恶这位英勇的理想主义者。最终，这个恶魔对舒施尼格进行了凶残的报复。

舒施尼格非常喜欢音乐，贝多芬是他的最爱。当我演出《庄严弥撒曲》时，即使政务缠身，甚至在时局纷乱之际，他也要出席音乐会，并专心致志地聆听。在我的记忆中，《费德里奥》的演出他一场不落。至于格鲁克的《奥菲欧》，出于个人原因他特别喜欢这出戏。他的夫人在一次车祸中遇难，这对他来说是个严重的打击。几个月后，我们在萨
318 尔茨堡演出《奥菲欧》，他前来观看。他在此目睹了尤丽迪茜[Euridice]去世后隆重的哀悼仪式，听到奥菲欧发誓要让妻子死而复生，看见主

人公穿越地狱的恐怖去寻找爱妻，最终重新得到了她。我记得每次在萨尔茨堡和维也纳上演这部不朽作品，舒施尼格都会莅临现场。

1936 年，我收到奥地利教育部部长汉斯·佩恩特博士[Dr. Hans Pernter] 的一封来信。鉴于我对维也纳一生的挚爱，他请求我担任国家歌剧院艺术总监一职，剧院的行政事务将交由听命于我的克贝尔博士负责。联邦总理和教育部部长的意见都明确无疑。我感到自己必须接受这份举足轻重的邀约，这样克贝尔和我将能为维也纳国家歌剧院和萨尔茨堡音乐节制定出运行顺畅的演出时间表。

于是，我入主了环城大道这座我很熟悉的宫殿，更确切地说，我将与克贝尔一起分享它，就像几年前理查德·施特劳斯与沙尔克那样。快60 岁时，我再次让自己在大型歌剧院负起责任。当然，我不得不放弃纽约的冬季演出。直到1939 年1 月我才重新登陆美国。萨尔茨堡和维也纳完全占据了我的时间和精力，我几乎没有时间前往欧洲其他国家。

政府在艺术问题上的负责态度，可以用下面的事例说明。我和克贝尔制订了国家歌剧院的演出安排，决定再次上演普菲茨纳的《帕莱斯特里纳》。当我们将此计划提交给教育部部长时，他要求我们放弃它。因为几年前，普菲茨纳写了一封非常无礼的信件，拒绝指挥萨尔茨堡音乐节的一场演出。有鉴于此，官方机构不愿意再推广他的作品。我从档案里找出这封信，普菲茨纳大概是这样说的："……只要现在的政府还在掌权，还在对大众意见实施暴君式的镇压，德国音乐家就不能在奥地利指挥。"这个时候，我想起女低音西格丽德·奥涅金[1] 曾经写过一封类似的信件，拒绝在萨尔茨堡登台。我向佩恩特指出，普菲茨纳和奥涅金的信件一定是德国当局授意的，因此这不能成为封杀他们的理由。我无法说服佩恩特，他将此事提交给总理。舒施尼格因为
信件的缘故，非常反感普菲茨纳的态度，使得佩恩特不可能听从我 319

[1] 西格丽德·奥涅金[Sigrid Onegin, 1889—1943]：德国歌唱家。

的意愿。尽管佩恩特曾暗示，若非出于这个原因，他很乐意邀请普菲茨纳来。

与舒施尼格的会面，让我有机会对这位特殊人物的性格进行深入了解。我已将是否上演《帕莱斯特里纳》的决议推迟到萨尔茨堡音乐节开幕的日子。相比于在维也纳，在此更适合与总理进行平静的交流。他邀请我到山洞餐厅[Peterskeller，位于萨尔茨堡的全欧洲最古老餐厅]共进晚餐。在安静的小包房里，我们一起度过的那个夜晚，永远不会在我的记忆中褪去。舒施尼格作为国家领导人的孤寂，真的很契合他羞涩敏感的性格。他正希望通过自信的率性之为，提高自己在公众眼里的声望。更重要的是，由于舒施尼格性格过于内向，他用尽所有的勇气与真诚，也无法成为与平民打成一片的人。然而，吃饭的时候，官方和个人的疏离感，一开始就被友好的致意和对学识的渴望一扫而光。我们谈到了贝多芬和他有创造性的音乐，谈到了《费德里奥》，还有《庄严弥撒曲》。他问到马勒，问到他作为歌剧院总监的工作情况，还有他的性格。舒施尼格显然很喜欢在远离公务的世界里待上几个小时，从心底里渴望这一切。将话题引到当今奥地利的音乐教化，直至我上演《帕莱斯特里纳》的苦衷，并不是件困难的事情。他说："那好吧，如果我能让佩恩特部长遵从你的愿望，我会前去观看，但如果我们那天晚上不在歌剧院，我想你能理解是什么原因。"我向他表示谢意，打算起身离开。但是，作为地道的奥地利人，他希望在咖啡馆结束这个夜晚。所以我们走过入夜的萨尔茨堡街道，穿越拥有美丽喷泉的主教广场[Residenzplatz]，来到托马塞利咖啡厅[Café Tomaselli]，兴奋的侍者在人满为患的营业空间，神奇地添置了一张桌子。我们坐在那儿聊了一会儿，偶尔会被索要签名的人打扰。1936 年9月，我60 岁生日的时候，我与家人在塞默灵的南方火车酒店一起度过。阿尔玛和弗朗茨·韦尔弗从布赖腾斯丹赶来，洛特·莱曼夫妇从维也纳赶来。我很高兴能够收到莱曼丈夫热情洋溢的祝词。记得在1937 年冬天，法国公使加布里埃尔·皮奥[Gabriel Puaux, 1883—1970] 约我一起吃午饭。席间，他向我颁发了海军中校荣誉勋章[French Envoy Gabriel Puaux]，舒施尼格当时也在场。之后我再看到他，是在1937年圣诞节指挥《卡门》[*Carmen*] 的时候。

那些年，死亡夺去了我的两位挚爱之人，他们的离去让我的世界 320
黯淡下来。1936 年，奥西普·加布里洛维奇在底特律因病去世；妮娜·施皮格勒在维也纳被多年的病痛压垮。自那以后，我每天都能感受到邪恶正在欧洲蔓延。在奥地利，心怀鬼胎的纳粹党开始抛头露面。德国的恐吓在边界震荡。埃塞俄比亚战争[Ethiopian campaign] 期间，英国人的默许让意大利倒向德国。我们不能再指望墨索里尼[Mussolini] 对希特勒觊觎奥地利表示抗议。一天晚上，在我指挥的《特里斯坦和伊索尔德》的演出中，有人向舞台扔臭气罐。这不是针对我个人的行为，因为当晚8 点半，在同一时间，他们将维也纳所有剧院还有几家电影院都搞得臭气熏天。城堡剧院的演出被迫停止。尽管许多人因为惊吓和义愤离开了剧场，但我不想让纳粹分子因为扰乱我们的演出而志得意满，继续指挥着。我们一直演到歌剧尾声，台上的伊索尔德和特里斯坦，特别是前者的嗓音因为闻到臭气而变得嘶哑，“爱之死” [Love Death] 部分只能由乐队演奏，变成了“无词歌”。在爱乐乐团金色大厅的一场音乐会开始前，我甚至收到了由多人签名的死亡恐吓信。我把这封信交给警察局，他们似乎很重视，因为那天晚上有不少穿着长绒制服，帽子上带着麂皮刷的壮汉，作为保镖围绕在我身边。让人惊讶的是，站在街口、走廊和音乐厅的艺术家房间的侦探，也都换上了警服。

接下来音乐圈发生了几件让人高兴的事情。1936 年底，我在维也纳上演了普菲茨纳的《帕莱斯特里纳》，1937 年夏天，在萨尔茨堡指挥了韦伯的《欧丽安特》。马里奥·拉布罗卡邀请我还有我的歌手，于1938 年5 月在佛罗伦萨重新上演了韦伯的这部作品。我还记得在维也纳音乐厅举行的一场勋伯格《古雷之歌》的演出，时间是1937 年底。

然而，这个演出季的大事件，是前面提到的《卡门》，因为缺少魅力四射又性情火爆的歌手担纲女主角，我长时间纠结于这个问题该如何解决，总是一拖再拖。在一位丹麦歌手那里，我相信我找到了这一角色的胜任者。至于其他演员，我不用担心。费了一番周折后，我成功获得了卡尔·埃伯特[Karl Ebert] 作为舞台导演的支持。在合作中我们都很
321 开心。我相信，这出戏的音乐和舞台再现，与比才最初的意图是一致的。首演结束后，我邀请以舒施尼格为首的政府官员、著名学者、歌剧院的艺术家、管弦乐队以及合唱队的代表，与我一起来到帝国饭店。他们都以维也纳人特有的悠然自得，在那儿待到深夜——即使这样的好日子已经为数不多。

沙漏瓶里的沙子在飞速流逝，眼看就要流光。1938 年2 月12 日，舒施尼格在贝希特斯加登（位于德国巴伐利亚州东南部，希特勒的假日住所）会见希特勒。他希望对局势进行一次和颜悦色的商讨，这将有助于改善奥地利与德国的关系，但他遭遇到空前的羞辱和威胁。舒施尼格严词拒绝了希特勒的大部分极端要求。为了与邻国修睦，他还是认为应该接受某些条款，其中包括赛斯－英夸特[1]进入奥地利政府。舒施尼格从贝希特斯加登返回后，约瑟夫城市剧院的总裁恩斯特·洛塔尔[Ernst Lothar]，在总理授意下打电话给我，建议我在前往阿姆斯特丹之前，与国家歌剧院签署3 年的合同。政府希望有一位具有号召力的音乐家对奥地利表现出忠诚，这一事实会让情绪激昂的人们恢复信心。我问洛塔尔："政府是否对目前的局势，以及奥地利的未来抱有信心？"我还说道："我相信舒施尼格的话，如果他能乐观地回答我的问题，我愿意遵从政府的意愿。"洛塔尔一个小时后又打来电话："总理让我告诉你，必须签下这份协议，不要迟疑。如果你能打电报给在纽约的托斯卡尼尼，让他做出1938 年在萨尔茨堡音乐节登台的保证，

[1] 赛斯－英夸特[Arthur Seyss-Inquart, 1892—1946]：奥地利纳粹党代表人物，奥地利第一共和国末代总理，在其仅五天任期内完成德奥合并。

佩恩特博士会非常感谢你。这也会让奥地利民众得出乐观的结论。”我给托斯卡尼尼拍了电报，他的回应让我非常惊讶。老托不能接受这份邀请。美国方面已经了解到局面不可挽回，我们在奥地利却依然心存幻想。

托斯卡尼尼表示拒绝的当天，我在国家剧院指挥了韦伯的《奥博龙》。幕间休息时，布罗尼斯拉夫·胡贝尔曼[1]忍受着荷属东印度飞机事故的后遗症[2]，走进我的办公室，对我说：“我来感谢你的这场演出，并向你道别。”我诧异地看着他，他又说：“难道你没有看出奥地利就要被终结了吗？你也应该尽快离开。”我告诉他，我认为自己不应该在如此关键的时刻离开奥地利。政府已经告诉我，局面能够得到控制，奥地利的独立是有保障的，我对政府抱有信心。

第二天正午有一场音乐会，音乐会的曲目包括奥地利人埃贡·韦 322
勒斯[3]的新作和布鲁克纳的《“浪漫”交响曲》[4]。音乐会后，我的太太和我与韦勒斯一起吃午饭。我们从收音机里听到希特勒粗野、刺耳的声音，吹嘘纳粹为德国工业生产带来的前所未有的增长。之后，我前往布拉格指挥捷克爱乐乐团[Czech Philharmonic Orchestra]的一场音乐会。我还记得，我是多么不情愿离开宾馆的房间走向音乐会举行的地点卢泽纳[Luzerna]。当时女儿和我正坐在收音机旁，全神贯注地聆听舒施尼格著名的演讲。它充满了热情和怒火，勇气和蔑视，希特勒的威胁和侮辱让这位圆融之人义愤填膺。

舒施尼格的措辞让奥地利人热血沸腾，他以前的言论从来没有达到这样的效果。如果他在因斯布鲁克演讲中提出的公民投票能够举行的话，奥地利的纳粹将被舒施尼格热情的波澜一扫而光。危机时刻，奥地利社会民主党向总理伸出了双手。1934 年2 月事件导致的怨恨与

---

[1] 布罗尼斯拉夫·胡贝尔曼[Bronislaw Hubermann, 1882—1947]：波兰小提琴家。

[2] 1938年的一次空难中，胡贝尔曼手腕和两个手指严重受伤。

[3] 埃贡·韦勒斯[Egon Wellesz, 1885—1974]：奥地利作曲家。

[4] 《“浪漫”交响曲》[*Romantic Symphony*]：布鲁克纳《降E大调第四交响曲》的别称。

不满，因为总理与工人阶级的隔膜，阻碍了他们站在政府一边。1938年2月底，我在国家歌剧院指挥了斯美塔那[1]的《达里波尔》[*Dalibor*]。当看到舒施尼格在第二幕开演前进入包厢时，全体观众起立，向他欢呼。演出之后，在歌剧院雄伟的门厅举行了节日般的满怀希望的集会，捷克斯洛伐克政府的代表也在现场。斯美塔那的伟大作品引起的兴高采烈，加上总理快意融融的自信心，还有人们热情的响应，激荡了我们所有人的心。

在这样的乐观情绪中，我于第二天前往阿姆斯特丹，去履行我在那儿的客座指挥义务。我和太太无忧无虑地与女儿告别，期待两个星期后返回。我们没有预见女儿会发生什么事，没有预见奥地利的命运，更没有预见自己有可能再也看不到这个国家了。

[1] 贝德里希·斯美塔那[Bedřich Smetana, 1824—1884]：捷克民族主义作曲家。

第四章

灾难性的1938 年3 月，我们刚到阿姆斯特丹，就被托斯卡尼尼电话中流露出的悲观情绪惊呆了。是不是有这种可能，唯有那些在奥地利直面国家社会主义的抗争者，还被蒙在鼓里？就像病房里垂死病人的家属依然满怀希冀，而屋外的人对其病情已经彻底绝望。3 月9 日，我们如梦方醒。舒施尼格这一天在因斯布鲁克宣布，全民公决将于13日举行[1]。消息传来，我们意识到奥地利是否还能存在已经成了问题。女儿通过长途电话，向我们通报了舒施尼格的拥戴者与反对者在街头的示威。我们催促她离开这座乱糟糟的城市，赶赴宁静的塞默灵。 323

对于迫近的灾难我们并无感觉，依然期待着13 日的投票，担心的只是它可能的结果。3 月11 日，从阿姆斯特丹的乐队排练处回到住所，我太太收到了可怕的消息，希特勒刚刚给奥地利发出最后通牒。接着我们得知，不会有全民公决的方式来决定国家的未来了——奥地利已然完结。

从正午到深夜，我们一直坐在收音机前，聆听远方奥地利的痛苦挣扎，舒施尼格绝望中的最后一搏，他的告别语，然后是奥地利悲戚的骚乱，还有纳粹党得意扬扬的公告。所有这一切都在音乐的伴奏下

[1] 为了保持奥地利的独立，舒施尼格宣布用公投的方式来决定奥地利是否应与德国合并。

发生，仿佛正在上演的并不是一出历史悲剧，它并没有导致人们的伤痛与死亡，甚至也没有恶魔的得胜凯旋。取而代之的是，我们好像目睹着一出剧院写手渴望获得轰动效应的乏味情节剧。在舒施尼格的告别词“上帝福佑奥地利！”之后，在弦乐四重奏所奏出的出自海顿之手的庄严国歌旋律中，我们挚爱的这个国家终结了。在米克拉斯总统和赛斯－英夸特演讲时，德国军队开始进发，奥地利城市被占领的灾难性报道接踵而至。每条消息中间都会响起维也纳的圆舞曲，只在新的劫难发布时才被打断。突然间，这种死亡的呻吟与舞曲的混合体戛然而止，新的声音传到我们耳边，一种刺耳的普鲁士腔调在维也纳电台发出通告，用精练简短的话语向听众报告奥地利被征服的全过程。尖厉
324 的普鲁士进行曲取代了华尔兹，象征着大功告成。我们听到，纳粹党的庆祝活动延续到深夜。午夜时分，他们搞出了一个荒谬的尾声。广播员兴冲冲地说道：“现在我们将向亲爱的听众展示，奥地利人民是如何看待这一历史事件的。我们将随机采访过路人的看法。好的，女士，你是怎样看待新奥地利的？”一个嗓音嘶哑的粗鄙的女人答道：“我为新奥地利感到高兴。”听到这种用钱买来的对纳粹的赞扬后，我们关掉了收音机。希特勒已经用一场胜利开启了他征服世界的战役。其反人类反人道的能量在大肆泛滥，任何地方都没有反抗迹象。舒施尼格已经下令，让这个惨遭蹂躏的国度顺从于侵略者。

第二天早上，传来了奥地利边界关闭的消息，还有逃亡者被押回的绝望，以及街头暴力活动的报道。我们特别担心朋友们还有我们的女儿，最初没想到她会有什么危险。我们从电话里得知，在德军侵入的那天早上，她已从塞墨灵返回了维也纳的寓所。我们让她等待时机，一俟局势平静下来就设法脱身。

我一心在思考那些被“胜利者”的残忍所折磨，被毁灭性打击所困扰的人们的苦难。在我指挥音乐会的间隙，阿姆斯特丹管理层一名官员找到我，他说：“我知道这个时候不该让你心情紧张，但我想还

是应该告诉你发生了什么。收音机刚刚宣布，你女儿在维也纳被逮捕了。”我让太太去找人，联络维也纳的朋友，请他们即刻进行调解。我指挥完音乐会，打电话给克贝尔，恳求他告诉我，我女儿被带到什么地方去了。我还让柏林的女婿立即前往维也纳，向克贝尔咨询，尽快释放我女儿需要哪些步骤。克贝尔表现出勇气和友善的同情。他打电话告诉我，我的女儿当晚被关进伊丽莎白步行街警察局的看守所。女婿每天都在设法与她取得联系，却都没有结果。大约两个星期，我们都处在极端的恐怖焦虑当中。

在海牙[Hague]，我见到了托斯卡尼尼。他与我同期抵达，像真正的朋友那样分担了我的痛苦。我无法回到奥地利，太太也去不了。当局 325
可能会允许我们入境，但再想离开就不可能了。我们的调停没有效果，在舒施尼格发表长篇演说后，我们满怀希望发给他的电报，竟然招致了更大的祸患。因此，只能仰仗我们在维也纳的朋友。我所能做的，就是遥控指导他们的每一步。与此同时，我还必须按照合同规定进行排练演出。从海牙来到蒙特卡洛[Monte Carlo]和尼斯[Nice]，那些痛苦等待的日日夜夜，真的是比但丁笔下的地狱之旅还要夸张的一种残酷。3月28日，我结束了乐队排练，返回尼斯的宾馆，我的太太在大街上向我跑过来。“我听到她的声音了，”她从远处向我喊，“女儿在电话里告诉我，她已经自由了。”跟被逮捕时一样，她被很随意地从看守所里放了出来。现在我们的任务是，让她尽快离开奥地利。

我的女婿了解到，对于没有欠税的人，只要能证明其离境是出于职业需要，就可以获准出国旅行。我女儿的护照上依然标明她是职业歌手，所以我敦促布拉格一位与我关系不错的演出经理，邀请我女儿在捷克首都举行音乐会。这位仁兄竟然在布拉格的大街上贴出大幅广告，宣传这场子虚乌有的音乐会。如此一来，德国方面所有的调查，都会证明我女儿出国之旅的职业需要。几天后，我又得到了忠实于我的一位苏黎世演出经理的同样方式的帮助。这样，两个国家的边界都向我女儿敞开。由于出境许可证的签发被推迟，她写信给布拉格的代理人，她有可能无法履行合同。为了让事情进展迅速，也为了让她的请愿书更加可信，代理人威胁说，如果她不履行合同，后果将很严重。此外，捷克的高官已经向我通报，他们会给予支持。我永远不会忘记乐于相助的捷克朋友。最终，大约在四月中旬，我们的女儿被允许出境。她选择直奔瑞士边界，因为我们当时就住在卢加诺[Lugano]。

在火车站，一家人静悄悄地团聚了。纳粹控制下的德国与瑞士边境情况很恶劣，在孩子与我们真正走到一起之前，我们不敢相信会有这么好的运气。还有，焦急等待的煎熬，因为火车晚点而变得愈发难以
326 忍受，让我们几近崩溃。女儿向我们轻描淡写地讲述了她的经历，很长时间都没有告诉我们她历险的细节。

我们的管家同她一起生活。这位管家设法将我们的一些衣物和日用品偷运到瑞士。后来与我们会合的另一位女仆，也设法抢救出不少日常用品。一个非常忠实于我的男子，成功弄出了几份珍贵的乐谱，越过捷克边界。但总体上，我不得不放弃家中所有与我相关的有价值的物品。面对时局，还有我个人的遭际，这些损失算不了什么。说真的，一想起我那辆卡迪拉克的“辉煌经历”，就觉得好笑。几年前，一个名叫福特威特[Futterweit]的珠宝商被一群蒙面暴徒开枪打死。这些人遭到拘押，并被判处长期监禁。有人告诉我，纳粹将其中一名暴徒释放——我记得他的名字叫格鲁波什尼克[Globotschnik]——任命他为地方长官[*Gauleiter*]。现在我的座驾正在为这个“非常称职，值得大加褒奖”的老党棍服役，让他“身价”倍增。

为预先阻止纳粹的图谋，我在奥地利被占领的前一天，给克贝尔发去电报，要求取消我与维也纳国家剧院的合同，并解除我在萨尔茨堡的合作义务。先前安排好的我指挥维也纳歌剧院乐团在佛罗伦萨的演出，当然也无法成行了。我写信给佛罗伦萨音乐节的总裁拉布罗卡，对于五月即将在佛罗伦萨上演的《欧丽安特》，他无须顾忌与我签订的

合同，可由其他人来指挥。他回电说，任何情况下，他都希望我来执棒。我们在蒙特卡洛碰面，他力劝我不要放弃佛罗伦萨，在危难时刻，他会在没有维也纳歌剧院乐团和《欧丽安特》的情况下继续做下去。因此我选择了几部可以由佛罗伦萨艺术家演出的作品，用贝多芬的《庄严弥撒曲》和勃拉姆斯的《德语安魂曲》替代了原先的节目。

尽管这股政治风暴还不能严重危及我的事业和个人生活，但目前出现了一个相当紧迫的问题，非常令人烦恼，那就是我的护照。因为奥地利不复存在了，我们的奥地利护照失去了合法性。德国的印章才能让它具备法律效应，而且其持有者也应该是德国人，这对我们来说是不可能的。在奥地利官方文件被德国宣布无效之前，我们已经到达了瑞士和法国。尽管我拥有在瑞士定居数年的资格，但这远不足以获得当地的公民权。我们已经失去了自己的国籍，没有合法护照。而没有护
照，一个人就不能旅行，也无法长期居住于某个地方。失去效力的奥地 327
利护照，短时间内还被瑞士当局认可，可以用于暂时居住，但是旅行无效。因此，我必须竭尽全力获得一张有法律保障的护照。与人为善的精神，将我从没有国籍的悲伤中拯救出来。几个月后，法国的慷慨大度让我脱离了尴尬的窘境。但在这之前，我因经常性的担忧而背负着沉重负担，也进行了各种尝试，但都是徒劳。甚至我还考虑过所谓的南森护照[Nansen passport]，也就是给那些没有国籍的人颁发的身份证明[1]。尽管我知道，这样的护照在让人燃起希望的同时，也将迎来没完没了的多年等待签证的磨难。

我在努力获得摩纳哥[Monaco]的公民权，心里对此有一些把握。这个小国的护照将赋予我行动自由。我希望这个要求能得到优先考虑，国家虽小，但它提供的权利是一样的。奥地利被吞并后没过多久，很多地方开始着手继承萨尔茨堡的音乐节传统。人们很自然地向我寻求建议。多数情况下，我奉劝他们不要这样做。但在蒙特卡洛，我认为这

[1] 指第一次世界大战后由国际联盟发给难民的旅行护照。

个计划值得考虑，因为此地风景优美，法国里维埃拉地区[Riviera] 久负盛名，还有与巴黎和米兰歌剧院进行艺术合作的可能性。引人入胜的卡西诺歌剧大厅[Opera Hall of the Casino]，将为意大利和法国歌唱家们提供一流的演出场所。在摩纳哥的岩石上，或者赌场附近的好地段建起新的歌剧院，将把罪孽深重的赌博资金的一部分，派做高尚的用途，成为一种道义补偿，为文化领域奉献一座新的艺术中心。很多地方都认为这个创意很不错。在我的建议下，赌场管理层找到了卡尔·埃伯特，对这个计划进行全面论证，但最终没有得出什么结论。这一结果也许是因为缺乏国内的推动力，政治前景黯淡也是一个因素。但在当时，这件事情似乎还是颇受欢迎的。我离开时，满怀希望地将我与艾伯特制订的一份计划，还有一份试探性的预算——外加我的入籍请求，提交给部长大人。我还考虑到，让当地律师为我服务，效果会更好
328 些。当地律师在说服部长行动方面颇有能力。人到中年的X先生，还有他出了名的脏兮兮的办公室，位于一座安静的四层大楼里，其绿色的百叶窗永远是关闭的。他好像是从巴尔扎克的小说中走来。很遗憾，此人缺乏激发我乐观希望的气质。因此，我满怀惆怅地回到了卢加诺。10月份我将恢复演出活动。届时如果护照问题无法解决，我将失去所有的工作机会。

然而，我们依然可以前往佛罗伦萨，因为巴黎的意大利领事馆，在罗马方面的敦促下，向我们颁发了在没有护照的情况下穿越意大利边境的许可证。我非常高兴，官方对音乐的尊重，让我得以第四次参与五月音乐节，就像先前那样令人满意。形势岌岌可危时，音乐节管理层表现出的这种真诚态度，让我更加信赖这个杰出的机构。

我们乘火车从佛罗伦萨来到米兰。在那里，小女儿和她的丈夫正在等待我们。他们开车沿着漂亮的高速公路，把我们带回瑞士卢加诺。我们不在的时候，女儿已经租下一处别墅，这里可以依栏眺望卢加诺湖[Lake Lugano] 和泰辛山[Tessin Mountains] 的美景。出于责任感，也

出于对自己选择的骄傲，她们急切地带着我们穿过房间和花园，在一座奖杯前惊喜地停下来。这是大女儿在维也纳从纳粹手中拯救下来的一件奖品，现在成了我们起居室的饰物。几年前我演出马勒《第八交响曲》之后，维也纳歌唱协会送我这件礼物：我的老朋友罗丹[Rodin]制作的青铜塑像。在湖边宜人的新居所里，在这座拥有美丽的窄街和石柱廊的小城里，往昔磨难的记忆，欧洲地平线上的乌云引起的焦虑，对未来的担忧，都不能剥夺我们的快乐。大女儿与我们一起生活，小女儿和她丈夫定居在苏黎世，那里距离卢加诺有5 个小时的火车行程。我们相信一个公道的世界将会阻止希特勒的邪恶计划，对此我们仍抱有希望。

老天依然恩赐给了我们几个月的平静自信的生活。庭院里清新的早晨，大家聚在树旁一起吃早饭；在书房里度过宁静时光；在镇上古 329
老街道令人愉快的商店里购物；在湖边咖啡屋里会见老友；晚上，沿着房后葡萄园的斜坡散步，穿过周围的村落：这一切让我们非常喜欢。这些村落既有意大利的美丽，又有瑞士的整齐舒适。还有两条狗：我们绝顶聪明的牧羊犬阿斯塔，还有女儿的非常友好的拳师犬托米。它们让房间里充满了生活乐趣，这种感觉，在它们那长着两条腿的主人心中，逐渐转化为一种安宁的心绪。我们喜欢看到它们黄昏在花园里奇妙的滑稽动作。我依然记得托米晚间散完步回到起居室，嘴里叼着一只活刺猬。它已经学会了抓刺猬的技术，像完成了一件大事似的，将这个不幸的家伙扔到我们的脚边。

在卢加诺和我们美丽的居所，我们度过了最后一段相对安静的岁月。我相信我们永远留恋这段岁月，因为这种平静安宁的状态马上被后来的“告别”改变了。秋天来了，恐怖的慕尼黑会议之后，我们再也没有平静的日子，希望的光芒消失了。接着，在第二年夏天，最大的个人悲剧将在我们身上降临。

第五章

首届琉森音乐节[Lucerne Festival Plays]于1938年夏季举行，托 329
斯卡尼尼和我都参与其中。我还记得与此相关的一件非同寻常的大事：托斯卡尼尼在特里布森[1]附近齐格弗里德·瓦格纳出生的屋子前，指挥了《齐格弗里德牧歌》[*Siegfried Idyll*]。这首作品就是在此地谱写的，也在这里第一次奏响。

9月初，我回到蒙特卡洛，处理迫在眉睫的我的归化事宜，发现X先生在打瞌睡，并且部长大人对此不感兴趣。我似乎已经无路可走，便打定主意不再为此伤心，此时却峰回路转。美艺乐团的总经理乔治·于斯曼[Georges Huismans]从巴黎写信给我，说他已经了解到我为了获得摩纳哥国籍所付出的努力，如果我愿意，法国政府将接纳我成为法国公民。我非常感激，打电报表示真诚的谢意，并热心接受这一建议。我马上赶赴巴黎，在那儿得到了乔治·于斯曼和教育部官员的盛情接待。所有的事情如梦一般惬意前行，所有的大门和心扉都为我敞 330
开。在抵达巴黎两个星期后，我成了法国公民。最让人难忘的，是我对后来就任政府总理（直至1940年法国战败）的司法部部长保罗·雷诺[Paul Reynaud, 1878—1966]的答谢访问。我到达他的官邸后，玻璃窗

[1] 特里布森[Triebschen]：琉森市区的一部分，瓦格纳1866—1872年定居于此。

下展示的几份文献让我凝视良久。我看到了1791年9月宪法中的《人权宣言》[*Declaration of Human Rights*]，那是法国历史上辉煌的里程碑。当人权在德国遭到践踏的时候，当这个世界再次面临冷漠暴政的时候，法国司法部这份令人印象深刻的珍藏让我高兴，给我以安慰。就连我这样心平气和之人，看到它也感慨万千。保罗·雷诺见到我时伸出双手，表达了欢迎我成法国公民的喜悦。我向他表示感激，并希望自己能对法国音乐生活有所帮助。然后，我记得与他就德国局势讨论了一番。因为我在伦敦的音乐会即将上演，法国护照对于这些演出格外重要，于斯曼先生在尽快办妥各项手续方面做出了最大努力。我特别高兴地记得所有相关人员给予我的帮助。尽管按规定一张护照的签发需要两天时间，但负责此事的两位热情的年轻女子，两小时内就将“布鲁诺·瓦尔特先生”的那张办妥。上飞机前，我将依然有清脆噼啪声的新护照递给柜台职员，他微笑着并热情地对我说：“大师，一路平安！”似乎我的归化得到了更广范围接纳。卢加诺的法国领事馆接到通知，将给我的太太签发护照，所以我们两个都成了法国公民，得到新国籍，可以自由行动了。随后我们开始为大女儿的国籍问题忧虑。小女儿由于婚姻的缘故成了德国人。虽然这个事实也不容乐观，但却同等程度上抵消了没有国籍之苦。

我从伦敦回到卢加诺的时候，国际局势已变得非常不堪。绚丽的秋日美景，温馨舒适的生活，都让人无暇顾及。“慕尼黑会议”的召开，是希特勒对全世界的羞辱。对我来说，这是欧洲历史上最卑劣最可耻的一幕。世界“征服者”及其爪牙的险恶图谋，正在变为现实。我的心情格外沮丧，于10月初开始了巴尔干之旅。我是在维也纳演出经理霍
331 恩伯格博士的紧急催促下踏上旅途的，这趟行程带我来到克罗地亚[Croatia]首都萨格勒布[Zagreb]，它就像一座古老的奥地利城市。我还来到了索非亚[Sofia]，保加利亚的首都，这里很容易让人想到俄罗斯。然而，我的索非亚酒店里住着德国纳粹的外交使团，这让我很不高兴。

飞机载着我越过雄奇的巴尔干山脉，沿着通往萨洛尼卡的航线飞向雅典。

我想去看看希腊，特别是看看雅典的心愿，诱使我开启了这趟旅程。雅典，或许更令人心动——我儿时的梦想就要实现了。当飞机在萨洛尼卡进行短暂停留的时候，以前从未看到过的透明天空和明媚阳光让我神情激荡。然后，我们飞跃蔚蓝的地中海，俯瞰美丽的希腊群岛，山峦起伏的埃维亚岛[Euboea，爱琴海岛屿]更是蔚为壮观。终于到达了雅典，在我们着陆之际，阿克罗波利斯[Acropolis，雅典卫城]已在迎候。

在雅典的日子，以及在城市周边的行程中，我有了平生未曾有过的视觉兴奋感。与希腊风格的清新美丽和静寂孤傲相比，我记忆中的罗马古代英雄纪念碑显现出太多的人类自我意识，以及对自身力量的炫耀。每一个舒心的早晨，我都是在帕特农神庙[Parthenon]度过的。它的壮丽宏伟，让我每看一次都会有更深刻的印象。我渐渐开始用一位法国画家的视角来观察它，我是在一次访问中认识这位画家的。他告诉我，这座神庙是他的研究目标，他进行了多年临摹，已经无法与它分离了。漫游在这些我孩童时代就对其名字耳熟能详的地方，印象最深刻的当属德尔斐[Delphi，希腊古都，因阿波罗圣殿而闻名]。朋友们开车把我带到那儿。我很惊讶于这片风景的幽深壮美，它让那些渴望探寻神谕的人们，想到了暗色的力量与魔法。我流连于大剧场的石柱间，在卡斯蒂利亚泉边畅饮。回来的路上，我以敬畏的心情赞美远处奥林匹斯山巍峨的胜景，它的顶峰仙云笼罩，好像住着天国的领主。我完全生活在遥远古代的圣洁气韵当中，很自然地联想起自己与当代希腊的交集——包括我的音乐会——是对刚刚成就的，我与欧洲古典文化家园多情关联的一种烦扰。然而，对希腊总理扬尼斯·梅塔克萨斯 332
[Metaxas]的拜访，赋予我一种相当有趣的与当代希腊的关联。他颁发给我一枚希腊勋章，在接下来的交谈中，他承认自己非常崇尚德国音乐。

离别的日子来得太快。我已经预订了布林迪西[Brindisi，意大利东南港口]和米兰的宾馆，计划从那儿乘火车前往巴黎。在巴黎我将指挥几场歌剧和音乐会。雅典的朋友们来机场看望我。当我因为从心底里感受到的快活而表达谢意时，他们却说，没有前往妙趣无限的伯罗奔尼撒半岛，是件令人遗憾的事情。一段近乎疯狂的命运安排，填补了我希腊之旅的这个缺憾，但它差点儿要了我的命。

恶劣天气迫使我们的飞机在雅典机场等了几个小时，直到气象台报告天气状况有所好转，我们才被放行。然而，升空几分钟后，我就意识到我们陷入了困境，我们乘坐的飞机在剧烈颠簸。在纷乱的云层中，太阳时而出现在左边，时而出现在右边，因此我断定飞行员正在进行高难度的操作。我的心怦怦直跳。机组乘务员告诉我，飞机已经升到了很高的地方。两个小时的无用功之后，飞行员用手写的纸条通知乘客，他决定返回雅典。周围的一切开始变得没有指望。狂风吹打着飞机，女人们开始尖叫。一位年轻的意大利母亲，抱着婴儿在祈祷。她旁边的一位年轻人，是机组乘务员，给予了她很好的帮助。他从战战兢兢的女人手中接过孩子，放在自己的臂弯里，努力去安抚她。突然，左面的窗外，有一道明亮的火焰升腾而起。我们的机翼被闪电击中。年轻的乘务员向我示意："飞机失控了！"我无奈地靠在椅背上，等待着飞机爆炸的那一刻。但我们的飞行员没有放弃。他果断地切断油箱，在副驾驶的帮助下，尽其所能保持飞机平衡，用滑翔方式降落。在飞机下方，我看到了大海。最后时刻，飞机成功迫降在海岸上。飞机的鼻子深深埋进软泥里。突如其来的暴雨让一切都泥泞不堪地进到了机舱里。我们从飞机被毁坏的左侧迅速打开的舱门跳了出来，飞机向右侧倒着。大家心烦意乱地站在透心凉的雨中。我问飞行员："这是什么地方？"他回答："我也不知道，我们失去方位了。"暴风之旅仿佛把我带到了一个梦幻国度，就像四处游走的格列佛[1]。我看到怪模怪样的人们走

[1] 格列佛[Gulliver]：英国作家乔纳森·斯威夫特[Jonathan Swift]长篇小说《格列佛游记》中的主人公。

了过来：留着大胡子，走路一瘸一拐的矮个儿男人；目光呆滞的小男孩儿；还有头发蓬松的老妇人。很快，我们就被一群险恶之徒围住。他 333
们的目光让我怀疑自己是不是还活着，我是不是走进了一个未知的地带？这些人好像无法用语言与我们这些不速之客沟通。他们聚集在我们周围，满心狐疑地走向装载着我们行李的飞机。接着，一个女人走过来，她略懂一点儿法语。从她那里，我得知飞机的着陆点离迈索隆吉翁[Missolonghi，希腊西部城市]不远。我提议前往那里。我们必须给女乘客的转移提供帮助，还要有人帮忙搬运行李。男人这段时间要与飞机在一起，以免它受到希腊吉普赛人的骚扰。现在围上来都是这样的人。

有个年龄不大、笨笨的家伙为我们带路，我们走到，更确切地说是蹚到了目的地。这个地方因为希腊自由运动期间，英国诗人拜伦[Byron]曾远征至此而闻名[1]。据我观察，这是此地唯一的荣耀。我带上了一大摞乘客与机组成员的家庭住址，这样可以通过电报通知各位的亲属，这架早该到达的飞机的紧急迫降，以及乘客目前的平安状态。一位乐于助人的迈索隆吉翁兽医，让几个意大利人帮我分担这项工作。他带着我和随后到达的旅伴来到一家客栈。意大利面条一上桌，我们的机组成员格外高兴，但这些面条着实让人失望。其中有一位声称，这顿饭才是他今天最糟糕的经历。我向飞行员表达了对他的勇气与技能的感激，他表情凝重地回应道："我们必须感谢上帝。"第二天，航空公司的管理人员派划艇将我们带回雅典。这个时候，我不想再坐飞机了。我给雅典的朋友们打电话，大家同意在帕特雷[Patras，伯罗奔尼撒半岛西北岸港口]会面，我与其他几位乘客坐支线火车来到这里。朋友们是坐汽车来的。因此，我的历险至少让我看到了伯罗奔尼撒有趣的一部分，返回雅典的路上，我们正好经过这里。

我乘火车前往巴黎，在那儿我将指挥多场演出。记得在这次巴黎

[1] 1824年4月19日，拜伦在迈索隆吉翁病逝。

逗留之后，是巴黎爱乐乐团前往瑞士的巡演，也由我来担任指挥。我在法国日益频繁的演出计划，以及相当多的巴黎音乐节演出，正在与于斯曼和歌剧院总裁鲁什洽谈当中。在辉煌的歌剧院，我指挥乐队，还与雅克·提博[1]合作演出了莫扎特的奏鸣曲。我与法国音乐生活的联系更加紧密。这段时间，我试图让当局给我的大女儿颁发身份证明，来取
334
代已经作废的奥地利护照。我真的为她弄到了身份证，还有一份旅行许可，解除了我们最迫切的忧虑。与此同时，为庆祝我被法国接纳，官方举办了一场招待会。招待会在圣奥诺雷[St. Honoré]郊外的一所宫殿举行。我不太适合成为庆祝仪式的焦点人物，但人们向我表达的友好情谊还是让我非常快活。巴黎市长和鲁什[Rouché]总裁发表了讲话，还有法兰西剧院年轻的女演员表演诗朗诵，欢迎我成为法国公民。可能是因为众人的盛情，我在答谢的时候，突然感到自己从平日的拘谨腼腆中放开了。

我的演出义务再次召唤我来到阿姆斯特丹。一项新的荣誉在那儿等待着我，我被授予奥伦治－拿索勋章[2]。我担任慕尼黑音乐总监的时候，获得过很多勋章，那是因为我的职位，因此对于我个人来说算不了什么。每个访问慕尼黑的德意志亲王，都习惯性地用这种方式，向歌剧院的负责人授勋。但是法国、奥地利、荷兰和希腊授予我的荣誉让我特别高兴。这些国家授予我个人的荣誉，意味着对强加于我的那些伤害的抗议。

从荷兰出发，我将奔赴斯堪的纳维亚半岛，在哥本哈根[Copenhagen]、斯德哥尔摩和奥斯陆[Oslo]指挥演出。但如何在不经过德国本土的情况下到达这些地方呢？除了直接乘火车取道德国之外，还有一条从阿姆斯特丹到斯德哥尔摩的空中航线，但飞机要穿越德国，如果发生紧急迫降，会让我置于危险境地。于是我决定绕道伦敦，那

---

[1] 雅克·提博[Jacques Thibaud, 1880—1953]：法国小提琴家。

[2] 奥伦治–拿索勋章[Order of Organe-Nassau]：通常由荷兰国王颁发，旨在表彰对荷兰社会及世界经济有特殊贡献的人士。

里有开往瑞典哥德堡的小型汽船，每周一班。我决忘不了酒店窗户外那被风暴扯平的一排旗子。我女儿指着这些旗子焦虑得直摇头。在海上游荡了将近36个小时，那是我生命中最不安的一段旅程。特等客舱里悬挂的大衣，就像在伦敦看到的旗子那样横了起来。它们会无力地恢复垂直状态，不过也会疯狂地再次变为对抗物理（重力）法则的水平状态，尤其是在夜里。然而那次航行又是多么安心，多么舒适啊！最糟糕的情况没有发生，即我们可能会遭遇沉船，此间如果在德国紧急登陆，会让我们落入纳粹的魔掌。

斯德哥尔摩的音乐会，还有周围令人兴奋的人文环境，再次给我莫大的快乐。我演出马勒《“复活”交响曲》[1]的时候，那支非常出色、 335
训练有素的合唱团，给我留下了美好回忆。我非常满意他们的机敏、力量以及美妙嗓音。乐队的表演也很出色。有一场聚会特别令人难忘，那是在瑞典国王的哥哥尤金亲王[Prince Eugene]家中，这与一段重要经历有关。几年前我曾在维也纳布罗尼斯拉夫·胡贝尔曼[Bronislaw Hubermann]家的午宴上见过这位亲王。他还在萨尔茨堡见过我。在先前的一次斯德哥尔摩的访问中，他开车带着我和我的太太，游览了这座城市的全貌。有这样一位睿智之人相伴，让人非常高兴。他看起来严谨而又和善，带我们参观了出自他手的一些绘画，令人印象深刻，这些画被他用作了房子的底层装饰。它们显示了寄附于一具年迈之躯体内的年轻的灵魂。他知道如何在聚会上把一群有趣的人和谐地召集在一起。感谢他让我结识了一位长久令我深怀感激之人。

当时，我非常担心兄长和妹妹的命运。我设法让他们离开德国进入荷兰，但他们好像无法获得荷兰的入境许可。我向荷兰当局申请过几次，他们并无恶意，但进展缓慢。于是我决定在瑞典试试运气。现在机会来了，在尤金亲王那儿的一次聚会之后，一位在警察局身居要职的中年人把我们带回宾馆。想到兄长和妹妹的困境，我硬着头皮，带着

[1]《“复活”交响曲》[“Resurrection” Symphony]：马勒《第二交响曲》的别称。

非同寻常的歉意，冒昧地问他该如何是好。他立刻表现出强烈的同情心，答应亲自过问这件事。第二天，他来到我的宾馆，建议我给官方部门发一份详细的请愿单。他本人将努力让此事获得批准。过了两三天，他给我来电话说："所有的事情都搞定了。柏林的瑞士领馆已经得到指示，将给你的哥哥和妹妹颁发瑞典入境许可。"我要感谢这位仁慈之人，他一刻没有耽搁，为我的亲人们提供了最大限度的安全。我悬着的一颗心终于放下了。

在卢加诺度过12月之后，我于1939年1月去了伦敦。在那里我将指挥BBC交响乐团及其合唱团的音乐会，记得我还指挥了伦敦爱乐
336 乐团的演出。然后，我应托斯卡尼尼新组建的全美广播公司交响乐团[Orchestra of the National Broadcasting Company]之邀，再次前往纽约。

这段时间，美国朋友继续通过信函表达对我的同情与关切，让我颇感欣慰。1938年我就体会到了这份心意。我曾对我的个人境遇感到担忧——所幸这些担忧都是多余的。华盛顿国家交响乐团[National Symphony Orchestra of Washington]的指挥汉斯·金德勒[Hans Kindler, 1892—1949]来信说，他已向美国的同僚提议，要以邀请我前往美国指挥音乐会的方式帮助我。他让我指挥一场他的音乐会，积极表明他的态度。我热情地感谢他兄弟般的友情，并告诉他，我离开了德国的音乐世界，接着又脱离了奥地利的音乐圈，在业务和收入方面并没有太大损害，并表示下一次在美国逗留期间，很高兴并愿意接受他的善意邀请。这样，在完成了NBC[美国全国广播公司]的演出任务后，我又于1939年4月来到华盛顿宪法大厅，指挥了一场演出。

此时德国军队已进入布拉格。即使那些最坚定的绥靖政策拥护者现在也意识到，战争是不可避免的。对我来说局势似乎已经到了火烧眉毛的地步。战争一旦爆发，我将无法返回欧洲，小女儿就可能与我们分离。一想到此，我就痛苦万分。在华盛顿逗留期间，我走访了美国国务院，请求为我的小女儿颁发美国驻苏黎世领馆的准入签证。我获

布鲁诺·瓦尔特在纽约，1941，苏珊·赫勒摄影

得了非常热情的接待。很快，女儿的一封电报让我们高兴起来。电报告诉我们：领事已经打电话与她取得联系，并颁发了签证。她现在可以随时坐船来美国。5月初，我们返回欧洲，在巴黎见到她。明媚的春光让一家人容光焕发。在那里，我们商讨一旦战争爆发该怎么办。女儿又能出席我的音乐会了——她继承了我的音乐家气质。对于自己听到的东西，她所做出的睿智热情的评论，让我从心里感到快活。只要她在现场，就有无尽的温馨与快乐。

在卢加诺，在锡尔斯玛丽亚[Sils Maria]，在恩加丁，我们度过了最后几个美好的星期，小女儿的到场让大家非常快活。然后，应几位法国朋友的邀请，我不得不前往维希指挥几场音乐会。8月，我来到琉森，将要在当地的音乐节上指挥马勒《第二交响曲》。到达之后，我与太太
337 还有两个女儿，出席了威尔第《安魂曲》的演出，之后与托马斯·曼夫妇一起吃饭。第二天，我们来到托斯卡尼尼在琉森湖畔的居所。

我最终没有指挥马勒的交响曲。生活中最大的磨难降临到我们身上，它改变了我的整个世界。我们的小女儿在暴力中遇害。托斯卡尼尼太太和她的女儿担负起艰难的责任，向我通报了这一噩耗。她们用最大的善意，做了所能做的一切，之后用车将我送到我与太太约定见面的地方。在那里，她已经焦急地等待了许久。现在我们必须告诉她发生了什么。在我们痛不欲生的黑夜里，远方传来了战争迫在眉睫的讯息。[1]

---

[1] 杀害瓦尔特小女儿的凶手，是她的丈夫罗伯特·内帕什[Robert Neppach, 1890—1939]。内帕什从1919年开始在德国电影公司工作。他的前妻是一位犹太网球运动员，因为纳粹德国对犹太人的歧视而被夺去生命。内帕什与瓦尔特的女儿格雷特于1933年结婚。在纳粹统治岁月，与犹太妻子生活在一起，生活越来越艰难，两人移居到瑞士。1939年，世界大战爆发前不久，内帕什杀死了格雷特，随后自杀。有报道指出，格雷特与男低音歌唱家平扎曾传出绯闻，是导致内帕什杀妻的直接原因。

第六章

我的生活记叙已接近尾声。近些年我的日子过得并不平静，但我 337
还不打算将这几年的经历写进回忆录，不想让自己的故事在最后阶段变质为一本“关联当下”的手账日记。所以，我会忽略编年史的连续性原则，只写下那些已经呈现出追忆色彩的经历与感受。然后我将在告别之前留下只言片语，就像列车启动之际回看站台上被抛下的人物时，跃入脑海的那些话语一样：我就此别过。

1939年9月1日，德国军队侵入波兰，战争再次爆发。急惶惶返回卢加诺之后，我唯一的记忆是，大家都认定走为上策！我把欧洲的演出合同尽量压缩，此举得到了大家的谅解。10月31日，在太太和女儿的陪伴下，我坐船从热那亚前往纽约。因为我与NBC交响乐团的演出合同要到来年1月才开始，我们决定先在加利福尼亚安顿下来。

美国新生活的第一年与我们相伴的，是对滞留欧洲的老朋友们的命运所怀的担忧。我们每天都通过报纸和收音机热切地探寻战况。战事越来越糟！但尽管发生了敦刻尔克大撤退[Dunkerque]，尽管1940年法国悲剧性的溃败，尽管亚历山大港受到威胁，尽管对俄罗斯的入侵深入到了莫斯科和斯大林格勒，我却从来没有悲观过。我坚信邪恶
不会取得最终胜利。1940年2月，我向法国伤员捐赠了一台救护车。英 338
法救护部队接受了它。我以此向法国表达自己的谢意，并言明自己的

政治态度。

即将离开维也纳时我从收音机里听到过的那种令人厌恶的声音，在大洋彼岸我的耳边再次响起。在加州比弗利山庄[Beverly Hills] 我们居住的房舍花园后面，耸立着一种怪模怪样的小型装置，它发出歇斯底里的嚎叫。下面的这句话我至今依然记得："我要把英国的城市从地平线上抹掉。"暴怒的吼声在句尾出现了破音。这刺耳的声音让我好长一阵子缓不过神来。

比弗利山庄的同一地点还有另一幕场景，我们又见到了弗朗茨·韦尔弗和阿尔玛。他们俩向我们诉说了在法国最后的日子所经历的恐怖，以及他们的飞行历险，他们在卢尔德的经历（在此韦尔弗对伯纳黛特[Bernadette] 这个孩子印象深刻），两人满怀希望到达马赛时遭遇的失望，以及穿越塞贝尔角[Cerbère，法国南部小镇] 进入比利牛斯山区[Pyrenees] 的新旅程。最后，经过艰辛的夜间山地跋涉，他们顺着羊肠小路越过了西班牙边境。一路之上，阿尔玛一直把布鲁克纳《第三交响曲》的手稿夹在胳膊下面。韦尔弗讲述的时候，阿尔玛不时插话为他纠正，并说出了更多的细节。他们的话让我的脑海里浮现出这样的图景：逃亡的人们聚集在被征服国家的交通线上，游走于秘密通道，被一群自诩为世界征服者的恶狗追逐着。韦尔弗的讲述充满着激动的情绪，以至于对他和对我们而言，那些过往的经历和所遭受的荒谬的痛苦都活生生地出现在我们眼前。这次聚会之后，韦尔弗不得不从我们的小圈子离开一段时间，让回顾往事的激动心情平复下来。一年之后，我们在比弗利山庄他们的迷人别墅里又一次见到了他和阿尔玛，并高兴地看到此时他们的处境不再堪忧，仿佛命运对其过往的不幸做出了补偿。

与托马斯·曼一家的再次重逢，是在普林斯顿[Princeton]。我们在他漂亮的宅院里拜访了他，这个地方离他教书的大学校园很近。他向我讲述了深藏在他记忆中的一段印度神话，那是一则幽默深邃的故事，题为《割头换相》[*The Transposed Heads*]。后来，托马斯·曼也移居到加利福尼亚。在那儿，他和韦尔弗一起埋头工作，享受那里的阳光。在世界大战的冲突震荡岁月，这是仅有的可以享用的东西。

即将在加利福尼亚与第三个朋友的家庭相会，让我们非常高兴。339
相同的经历和见解把我们联系在一起，那就是布鲁诺·弗兰克和利索·弗兰克夫妇，还有利索的母亲弗里茨·马萨里。我很高兴地了解到，这些老朋友出席了我在洛杉矶爱乐礼堂以及好莱坞碗的音乐会。莉莉·佩斯尼科夫[小提琴家亚历山大·佩斯尼科夫的太太]还住在加州，我们再次来到位于好莱坞碗入口对面的她的寓所。但两位老太太都已不在了。

有时候，我们会驱车沿着美丽的加利福尼亚海岸前往圣巴巴拉，去拜访洛特·莱曼。在她漂亮的住所可以俯瞰大海。与我的其他朋友一样，她也重新获得了家的感觉。画画，写作，歌唱，教学……每次因为演艺活动要离开这里时，她都有一丝遗憾。

在纽约，我们见到了阿道夫·布施[1]。这位不屈的理想主义者注定会给所有同仁带来慰藉和鼓舞。他演奏的巴赫，是他为美国音乐生活做出的重要贡献，得到了普遍的赞赏。

在欧洲曾与我交往多年的布罗尼斯拉夫·胡贝尔曼[Bronislaw Hubermann]，现在也加入到这个朋友圈。他的友情让我的生活充实起来。我发现胡贝尔曼是个很好的合作伙伴，他完全忠实于他的高尚艺术。他还是个积极的活动参与者，一个令人羡慕的多面手。忙碌的音乐生活没有妨碍他组建起巴勒斯坦交响乐团[Palestine Symphony Orchestra，以色列爱乐乐团的前身]，这是一项他为理想，为国家，为艺术而奉献的壮举。无论是在个人生活中，还是在公开场合，他都用睿智的言辞和果敢的态度亮明自己的观点。作为民主主义者，作为一个有担当的人，他视世间大事为己任。

---

[1] 阿道夫·布施[Adolf Busch, 1891—1952]：德国小提琴家。

我很遗憾地承认，自己永远无法兼顾艺术与人文两方面的责任。在内外兼修的责任意识，以及从权利义务两方面建立起的独立党派思想方面，让公民从孩童时代就知晓，这是民主国家的重要使命——即使不是首要任务。我在家庭以及学校的生活经历，没有让我接触公共事务。青年时代相对安宁的生活，也没让我的以艺术和自我精神发展
340 为中心的思维，去直面公共责任。我当然渴望充满活力的公开争论，这与后来我内心对世界大事的密切关注有关。也许，我身上的世界公民属性阻碍了我的国家公民意识的发展。然而，需要强调一下，我不能将其归咎于自己的怠慢和漠然。我很不善于运用自身的影响力，对于艺术领域的专横只能听之任之。

我提到的这些老朋友，以及来自不同职业的熟人，都在美国获得了很高的地位，生活得很舒适。经验已经告诉我，就连普通的欧洲人在美国建立起新生活，也没有太大困难。只要他从一开始就能清晰地意识到这里和“那里”的区别，努力让自己去适应。另一方面，有些难民似乎不能摆脱先前的生活状态。他们无法适应，或者说无法过上舒适的生活。在这里，我举一个亲身经历的特别显著的例子，它属于令人遗憾的那种类型。一个年轻的奥地利人来到我这儿，信心满满地告诉我，他刚从欧洲来，正在找工作。下了船他就直接找到我，因为我在维也纳时跟他的父亲很要好。谈话中我才弄明白，那是35 年前的事情了。

“您正在NBC 指挥音乐会，是这样吗？”他说，“所以我觉得您可以帮我在这个地方找一份工作。”

我问：“你是乐手吗？”

“噢，不是！”他很自信地微笑着答道：“我会朗诵，广播电台会要我的。”

“你朗诵什么呢？”

“诗歌呀！我已经是行家里手了，我能用奥地利方言朗诵诗歌。”

我向他指出，美国的电台听众很少有人会欣赏奥地利本土诗歌。这个可怜的家伙非常失望，用疑惑的目光看着我。

迁徙到新大陆，我没有遭遇到危机。但我依然感受到了不一样的节奏，1923 年的首次美国之旅，这一点儿就给我留下了非常深刻的印象。美国的活力当时尚未衰退，另一方面，我自己的步调被性格中的“特殊力量”所控制。这种雄健之力赋予我一种魔法，在精神层面，我擅于自作主张，却很少以自我为中心。在前面的章节，我曾谈到自己天生具备“同情他人”的倾向。

1939 年9月，当我抵达纽约想要久居此地时，美国对于我来说已 341
经非常熟悉。没有语言困难，这不仅因为我能说英语，还因为作为音乐家我能用非常自我的方式表达自己。即使我境遇不太好的时候，那种充斥于我整个生命的魔法总是鲜活的，能够克服生疏的元素，因为我在骨子里是个乐天派。尽管人世间所发生的事情，给我带来了许多痛苦的体验与惊骇，我却总能在顷刻间获得一种气定神闲的感觉。这种天性与叔本华所怒斥的那种“可恶的乐观主义”绝无关联，它或多或少源于我对人世间痛苦的充分感悟。

朋友们也为我的生活送来温暖。没有它，这里就不会有家的感觉。这个地方有很多与我心心相印之人，前面我已经说过了。我早年在美国就有很亲近的朋友，到如今，又增添了新的友情。通过文学作品，我对美国有了越来越多的了解。现在，我正通过对其历史的研读，向更深层次的了解迈进。在我眼前，托马斯·杰斐逊[Thomas Jefferson] 和亚伯拉罕·林肯[Abraham Lincoln] 的形象，从长篇叙事诗中脱颖而出。他们的崇高思想和不朽言论非常睿智、丰厚、有力，不仅为美国人民指明了道路，还可以很好地引领整个世界走向更美好的未来。在我眼里，他们是身居要位的一流政治家，为了人道主义目标，施展出政治智慧与力量。我非常钦佩富兰克林·罗斯福[Franklin D. Roosevelt]。他的清晰视野，他的高瞻远瞩，他在战争中作为最高指挥官的巨大成就，还有他温情的人性，都令人赞赏。他的逝世对于我和无数的其他人来说，意味着失去了一位朋友。

我渐渐学会了在不失去自我，并与自己的往昔保持关联的前提下，在这个国家生活。我在漫长旅途中的见闻，以及在漫游历程中逐渐明晰的感悟，都是让我能够保持上述状态的有利因素。在此我只提我诸多印象中的一件，它铭刻在我脑海里永不磨灭，那就是加利福尼亚蒙特雷[Monterey] 附近17 英里的驱车旅行。从德尔蒙启程穿过森林，在壮阔的山路上可以俯瞰辽阔的太平洋，女儿开车把我们带到岸边。我们在波涛汹涌的海岸散步。远方是白色的沙丘，地上有一排排松树，它
342 们怪诞扭曲、幽灵般的形状，是狂风肆虐的结果。海面上冒出的礁石当中，有一处小鸟的栖息地，另一处生活着海狮，老远就可以听到它们呜呜的叫声。我们用双筒望远镜看到它们的嬉戏打斗，它们的泳水技巧，还有它们在阳光下慵散的休憩。我们的头上，是引颈振翅的鸟儿，它们沙哑的叫声，刺破天水一色的苍穹，消失在远方。

我对美国音乐生活的参与度仍在扩展，定居于此让这种参与日渐增强。1941 年1 月，我返回纽约爱乐交响协会，从那时起一直担任那里的客座指挥。我的第一场音乐会安排演出了布鲁克纳的《第八交响曲》。演出让我感觉非常满意。这部伟大作品给卡内基音乐厅的观众留下的深刻印象，不亚于我率领维也纳爱乐乐团在伦敦女王音乐厅的演出。我怀有一种牢不可破的被每个新的经历所强化的信念，那就是，在每次新生活体验的激励下，未来的音乐世界会认识到布鲁克纳作品的重要性。马勒《大地之歌》的演出，也是在这一时期举行的。只要还能拿起指挥棒，我就会一直把马勒和布鲁克纳的作品推广下去，揭示其音乐中流淌不绝的令人兴奋的源泉，我以此作为自己的终身大任。

1942 年，我在大都会指挥了《费德里奥》。从那时起，我成为在这家剧院频繁登场的客座指挥。随后是来自辉煌的费城管弦乐团的邀约，它带来了一系列令人满意的合作。与威斯敏斯特合唱团[Westminster Choir] 的交往，让我从艺术家和个人感受两方面都获得了丰厚回报。当我思考美国音乐文化及其未来前景时，这支合唱团，连

同这个国家优秀管弦乐团的成就，都会激发我的信心。在崇尚音乐的神学院的创办者与负责人约翰·芬利·威廉森[John Finley Williamson, 1887—1964] 卓有成效的培育指导下，学院学生组织起合唱团。合唱团排演的大型清唱剧演出非常动听。他们的辉煌声音和声乐造诣，以及激情洋溢的演唱获得了成功。我每次去普林斯顿大学（这座大学城具有完全英式的面貌）排练时，这种印象就会再一次加深。从车站看到威廉森先生那时起，直到离开，我很欣慰地看到那种艺术理想和令人快乐的信念。这些理想信念来源于他，也激励着他的下属。与这些严 343
谨热情的年轻人一起工作，我感到了前所未有的轻松，获得了更多的支持与理解。

我试图弥补先前的[总是节演或改编的]“罪过”，决定排演全本的巴赫《马太福音受难曲》。我花了将近一年时间认真研究这部受难曲的多重特征，澄清了其中的疑问。我和演员们成功构建起整部作品演出的必要条件。在我漫长人生的所有演出中，这一场可能是让我百分百满意的一次。不仅因为演出本身无懈可击（完美是我毕生追求但永远不可企及的目标），还因为我相信，无论从整体还是从细节上看，这次演出在现有条件允许的情况下实现了巴赫的意图。我当时已经走下坡路的生命力，重新得到巴赫不朽作品的激励。

我从担任科隆剧院指挥开始，到1944年3月时已经过了50个年头。我指挥生涯的25周年没能举办庆祝活动，这样的活动在1919年不合时宜。但我的50周年庆典唤起了美国同行艺术家的高昂兴致。指挥家和乐队向我发来贺信。在纪念日当天，我指挥纽约爱乐交响乐团，演出了布鲁克纳的《感恩赞》和贝多芬的《第九交响曲》。音乐会后，管理层和乐手们为我举行了激动人心的庆祝会。

长期以来，我一直希望能拥有一年的休息时间，远离众人的目光，对我50年的音乐事业进行回味、思考、总结，从容地写写东西，呈现自己的生活记录，为自己，也为他人——这是我休憩之年的意义所在。

布鲁诺·瓦尔特在其指挥家生涯满50周年之际向爱乐交响协会的观众致辞，纽约卡内基音乐厅，1944年3月16日

然而，就在这年8月，我的太太在我们的夏季居所中病倒了。我们把她带到纽约，在那儿她一直待了8个月，情况很不好。她是我的恩爱伴侣，陪我走过一生，我却无法拯救她。她曾为弱者的权益勇敢不屈地抗争过，现在，在这漫长痛苦的几个月里，她进行着最后的战斗——一场我们肯定要输掉的战斗。在我们共同度过44年于我来说非常精彩的生活之后，她离开了我和我的女儿，去往永恒的世界里寻找她受之无愧的安宁。

回顾一生，我发现了很多值得悲叹的根由，但更多的还是值得感 344
激的经历。我从亲人那里，从同我一起生活的人们那里，从那些用榜样的力量影响我，超越世纪和世俗的界限，用人类共有的慰藉之心滋养我的人们那里获得了勇气。正是这座隐形的教堂，让我避开了会让人的抵抗力发生动摇的日常琐事的侵扰。大自然赋予我力量，我一如既往专注于它。家庭给予的庇护，对旁人苦难的关注，以及我间或力所能及的报答，亦是我的勇气之源。这是生活赐予我的小小快乐。但最重要的，是让音乐流淌在我心田。音乐的涓涓细流，无论它的情绪表达怎样变化，总有一种永恒的抚慰之意：不和谐的音程努力走向和谐——殊途同归，所有音乐作品都在和谐中结束。因此，音乐作为生活元素，拥有乐观的特质，我相信这就是我天生乐观的缘由。然而更重要的，是大师作品传递的那种超凡脱俗的意念，对我生活产生的决定性影响，那是交响乐所表达的最神圣的旨意。这座隐形的“教堂”知晓，对音乐之力的呼唤是其最神圣的职责。音乐的祝福用一种普世语言，展示出人类灵魂正苦苦寻觅的那些东西。我作为音乐的仆人，已经接收到这份恩典。它成为我人生之路的灯塔，让我守住努力的方向。

当我还是个孩子时，它还非常朦胧，后来我渐渐意识到它。那里有我的希望，还有我的自信，“让我永不迷茫”[*non confundar in aeternum*]。

所以，总的来说，尽管有很多抱怨，我还是要向生活和这个世界表达自己的深深谢意。在我离开这所极其严厉的“学校”时，能拿到什么样的鉴定呢？我觉得它应该与孩童时代的成绩单有点相像。我不是学习标兵，除了唱歌，其他科目我没有得过优秀。我承认自己有严重的不足，经常因此而痛苦。我承认自己曾犯过错。但假如最后的鉴定书上，我至少能在音乐方面得到一个令人赞许的分数，我的生命画卷就会亮丽几分。那样，我就认为自己得到了公正的评价，我会心满意足。

索引

【译注】此表所附均系原著页码，即中译本页边码。

[1] 254—5即254—255，“254—5”为英文原版格式，后同。——译注

译后记

1

6 年前的夏天，我前往欧洲旅行。最后一站布拉格，参观过卡夫卡纪念馆，出门遇到绵绵阴雨。查理大桥就在眼前，没带雨具的我却无法靠近，只好到附近一家书店躲避。书店顾客不多，我在里面流连良久。在英文专柜，看到一排音乐书，驻足凝视。一本浅白色图书的封脊上，赫然出现了布鲁诺·瓦尔特的字样。拿来仔细观瞧，竟然是指挥大师瓦尔特的自传，书名为《主题与变奏》。早就听说过这本书，今日得见真容，欣喜之至。细密的字体，清晰的图片，大师的音容笑貌铺展开来，我耳边似又响起他指挥的贝多芬田园交响曲的温润旋律。雨住时，走上查理大桥，闻名遐迩的伏尔塔瓦河，不再是我最热切的憧憬——返回宾馆，细细品味瓦尔特的《主题与变奏》，成为我此时唯一的心愿。

归国途中，这本自传一直在我的手边。在候机厅，在飞机座舱，我抓紧一切机会阅读。那么多闪光的名字，那么多熟悉的音乐作品，都在这本书中一一登场，怎能让人放得下！

回到国内，适逢三联《爱乐》连载我的译作《齐夫拉自传》接近尾声。编辑询问我是否有新的图书选题，我毫不犹豫地提出要将《瓦尔特自传》译出，并在介绍选题的电子邮件中，附上了刚刚译出的第一章“家住柏林”——一个长达3 年的翻译之旅就此开始。

2

指挥家瓦尔特最早引起我的注意，是在《音乐圣经》等唱片导聆读物上。这些书在谈到贝多芬第六交响曲《田园》的时候，意见总是出奇地一致，将瓦尔特指挥哥伦比亚交响乐团的录音奉为翘楚。因为瓦尔特这个名字与前南斯拉夫一部电影中的反法西斯英雄同名，所以印象尤其深刻。

早年德国指挥家肯佩指挥的田园交响曲，一直被我奉为最具德奥风范的演绎。然而听过瓦尔特的录音后，肯佩的那盒磁带就成了封存的文物。

此后，就愈发对瓦尔特重视起来，他的莫扎特、勃拉姆斯、马勒录音渐次走进我的收藏。

从上世纪80 年代末开始欣赏古典音乐，多年来形成了一种感觉：我们的欣赏大多秉承100 年前的传统，这种传统的脉络在两次世界大战中受到严重伤害。我们欣赏的曲目，大多截止到一战之前；当代指挥家的诠释理念，也都源自100 年前的那个时代。唱片问世以来最出色的歌唱家、演奏家、指挥家，大多是在上世纪初走向其演艺生涯的巅峰。

20 世纪的两次世界大战，以及后来东西方对峙的铁幕阴影，颠覆了古典音乐的发展格局与脉络。战争机器的倾轧，意识形态的纷争，让自然流淌的古典音乐河流多次逆行改道，世纪末的古典音乐舞台，经历了一个堰塞遍地、支离破碎的痛苦阶段。

布鲁诺·瓦尔特作为20 世纪上半叶活跃于欧美音乐舞台的大指挥家，一生取得了多项骄人成就：

担任巴伐利亚国家歌剧院、柏林市立歌剧院、莱比锡格万特豪斯乐团、维也纳国家歌剧院音乐指挥或总监；

指挥马勒第九交响曲的首次公演；

最早将马勒的遗作，根据中国唐诗创作的《大地之歌》搬上舞台；

指挥录制第一套贝多芬交响曲全集的立体声唱片；

参与创办奥地利萨尔茨堡音乐节；

……

这本自传，是瓦尔特在晚年对其艺术人生的总结。他所展示的100多年前的古典音乐世界，可谓群星闪耀，名家辈出。书中记载的音乐大师实在太多，这里不再一一列举。只要翻开附录中的人名索引，读者就会有所感悟。

100多年前的古典音乐世界，到底是个什么样子，这个谜题是我仔细研读这部瓦尔特自传的动力所在。透过瓦尔特的文字，可以品味一下第二次世界大战之前的德奥音乐圈，那是一个以马勒为先驱，诠释经典与创新突破并举的年代。电气时代的引擎轰鸣，为创作者提供了更多素材；心理学的新概念，让灵感触摸到人的潜意识；现代化的灯光布景设备，让莫扎特的古典歌剧再度流行……而热战与冷战浩劫之后的艺术家，其倾力之为，无非是让世纪初的遗存延续，将劫难中保留下的断垣残壁，向世人展销。

3

先前翻阅过不少国外音乐家的传记文献，这部《瓦尔特自传》让我受益最多。

收获之一，是全面洞悉一位正宗德奥指挥家的成长轨迹，了解到文学、戏剧、哲学以及绘画艺术对他的深刻影响。

瓦尔特出生当年，勃拉姆斯的第一交响曲问世。瓦尔特在柏林接受基础教育，之后辗转于汉堡、科隆、维也纳等地的歌剧院和音乐厅，投身于马勒门下，成为其嫡传弟子和亲密的合作伙伴。成名后，他的足迹遍及欧洲各地，包括俄罗斯、意大利、英国等地，成为全欧洲范围内的一线指挥。瓦尔特所擅长的作品，当然是德奥作曲家们的代表作，莫扎特、贝多芬、勃拉姆斯、布鲁克纳、瓦格纳，还有马勒。可以说他是德奥音乐传统的集大成者。与瓦尔特同时代的指挥大师虽有很多，像魏恩加特纳、富特文格勒、克伦佩雷尔、门格尔贝格等，这些伟大的名字，书中都有所提及。瓦尔特二战时逃亡到美国，并在那里生活到上世纪60年代。伴随着立体声技术日臻成熟，他为我们留下了大量音效极好的德奥经典音乐作品的唱片。他手中承继的德奥古典传统，得以通过电子媒介记录，在数字时代依然光彩照人。

瓦尔特与主流德奥指挥家很大的不同之处，就是不以强势的态度驾驭手下的乐队，而是以温文尔雅的说服，让乐队在深刻领悟的基础上，实现指挥家的诠释理念。他不似托斯卡尼尼、卡拉扬、克伦佩勒那样在排练场颐指气使，总是能够通过自己的言语表情甚至眼神，让乐手实现自己想要的演奏效果。这是瓦尔特作为指挥家的神奇之处。瓦尔特是如何具备如此之人格魅力的，他在音乐圈经历了多少艰难的历练，在其自传中，读者自会找到答案。

收获之二，是更具象地感受上个世纪初，在世界大战中解体的奥匈帝国的风貌。

奥地利现在是个小国，但"一战"之前，它是可与英法德比肩的西方列强之一。无论在军事，还是在科技文化方面，都有曾经的辉煌。就是这样一个国家，出现过一大批杰出的艺术家和科学巨匠。马勒、茨威格、弗洛伊德、薛定谔……这些耳熟能详的名字，只是其中的杰出代表。瓦尔特在书中，记载了诸多与其同时代的音乐家、作家、美术家，可以让我们更翔实地了解他们的个性与成就。

奥地利政坛20世纪初的诡谲多变，也在瓦尔特自传中有所展现。一战前维也纳人的心态，二战前纳粹分子的渗透，都可以从久居奥地利政坛腹地的瓦尔特的字里行间，获得真切的感受。这是在通行史籍中难以寻觅的真实记载。一个深受政治旋涡侵扰的艺术家的亲身经历，或许更能唤起经历过浩劫年代读者的唏嘘感叹。

收获之三——也是最重要的一份收获——当数体味那个以马勒为首的艺术家群落的存在。

马勒的作曲成就，我们通过聆听他的交响曲、声乐套曲会有深刻了解。但马勒不仅是伟大的作曲家，还是一位成就卓著的舞台艺术家。他生前将大部分精力投身于指挥事业，维也纳宫廷剧院艺术在他手中进入了全盛时代。本书详细记载了马勒在指挥艺术、剧院管理方面的不朽业绩，特别是在莫扎特作品排演方面的成功探索。

莫扎特的歌剧，在19 世纪末经历了一个复兴过程，这与马勒及其弟子的演出实践密切相关。瓦尔特对马勒在莫扎特歌剧的布景、服装、演出风格方面积累的经验，进行了精心梳理，为后代艺术家提供了宝贵的借鉴，也为欣赏者提供了聆赏指南。萨尔茨堡音乐节的莫扎特歌剧演出，为什么呈现出现在的风貌，瓦尔特的讲述，可以成为人们追根溯源的依据。

阅读这本书还可以了解，一个老欧洲人对美国新大陆的印象与态度，并深刻认识到社会环境对个人命运的影响。此外，读者还可以体味两次大战期间，德国普通民众的所思所想，以及覆巢之下，犹太人的求生之路。

可以说，读完这部《瓦尔特自传》，喜欢古典音乐以及对两次世界大战历史有兴趣的人们，都会在心中有满满的获得感。

4

名人自传的一大魅力，是让读者在传主的引领下，重温其生命轨迹。瓦尔特的人生之路，可以用“幸运”二字来形容。他出生在古典音乐舞台表演大发展的年代，随着电气时代到来，古典音乐的演出方式走向现代化。布景灯光、观众的品位、演职员的管理都在大变革当中。瓦尔特成为这种变革的受益者，他因钢琴演奏出色，走上音乐之路；凭借在歌剧排练场的出众表现，获得马勒赏识，事业扶摇直上，很快成为享誉欧洲的大指挥家。与马勒、伯格、普菲茨纳、勋伯格这些作曲大师的密切交往，让瓦尔特及时获得了最前卫的音乐理念，使其一流指挥的地位得以确立。

100多年前，萨拉热窝的一声枪响，奥匈帝国费迪南大公殒命，改变了全世界所有人的命运。战乱中，瓦尔特依然能逢凶化吉，遇难成祥。“一战”期间，以及纳粹逆流侵袭德国奥地利之际，瓦尔特凭借自己的高情商以及广博的人脉与声望，巧妙躲过战祸与饥荒。就连纳粹分子恶意中伤，他也能在老朋友帮助下，获得公众支持，从而举家迁至平安之所。在奥地利被纳粹吞并后，流亡异国的瓦尔特又幸运地获得了法国国籍。

然而，就是这样一位幸运之人，在历史车轮的碾轧中，也难逃磨难。瓦尔特小女儿被丈夫杀害，追根溯源，是纳粹时期犹太人受到迫害，导致其夫婿的精神崩溃。女儿的惨死，让幸运给瓦尔特带来的快慰荡然无存。当瓦尔特逃离欧洲登陆美国时，他的眼神是暗淡的。失去小女儿的他，很难再有逃脱苦海，展望新大陆那种亢奋。

纳粹势力的崛起，让瓦尔特失去了执掌维也纳国家歌剧院的机遇。这曾是他前半生所梦寐以求的，最终却功败垂成。他是多么希望继承马勒的艺术探索之路，成为这座欧洲音乐圣殿真正的主人！然而，纳粹的侵入，让他执着的理想一夜间成为泡影。

幸运与不幸，一起写在瓦尔特的人生轨迹之上。他的人生际遇或许印证了那句话：“只有不完满的人生才是真正的人生”。

5

我喜欢品读音乐家自传，大抵缘于这都是第一手的音乐史料。作者对亲历史实的记载，对所接触人物的印象，都是相对真实的历史记录。在品味其音乐的同时，参照其自传的描摹，大概可以勾勒出一段封尘往事的真面目。

本人涉足古典音乐类文章的翻译，始于大学毕业后不久。《爱乐》《音乐爱好者》《钢琴艺术》《歌剧》，我的译文曾屡屡见诸这些杂志。

我对音乐家自传的翻译发端于2012年钢琴家齐夫拉的自传《花丛与大炮》。此书的情节相当曲折，不需要太多的文化背景知识。而这本瓦尔特自传则不同，里面涉及的文化名人太多，历史背景与其演艺生活的关联异常密切。瓦尔特精通多种语言，他的自传里常常混杂着德语或者意大利语的专用名词。边翻译，边学习，悉心查阅各种资料，成为这些年我的常态化任务。

翻译过程中，发现许多西方文学名著，至今尚未有中文的全译本。或者现有的译文谬误太多，并不可靠。而且，我们的大学时代，文科系的外国文学，以及西方历史课程，局限太大。很多历史大事件，重要人物和作品，都未及详细了解，甚至无人提起。基础知识框架的缺憾，常让我陷入“书到用时方恨少”的尴尬。

在三联《爱乐》的连载首篇推出后，资深老翻译家高中甫先生曾向杂志编辑指出译文中的几处谬误。编辑转告与我，我便与老先生电话联系，问询一些不明就里之处。高先生不吝赐教，使得我的译文自信倍增。

本书2014年开始在三联《爱乐》杂志连载，各个章节我都自拟了标题，以附和大众传媒的格式。一些关于宗教，或过于偏门的作品解读，调整了篇幅，未做一一对译，所以在连载时署以编译之名。

承蒙“俄耳甫斯音乐译丛”的青睐，瓦尔特自传得以加盟。“俄耳甫斯音乐译丛”是一套以本真面目呈现于世人的译著。保持全书的原貌，将原著原原本本地用中文再现，是其目标所在。于是，在译文与原著页面对应格式之下，句句落实成为文稿整理最重要的任务。成稿的修订工作，又是一个马拉松式的艰辛旅程。从2018年6月杂志连载结束，到本书付梓之前，文稿一直在修改中。每次修改，都是“红红的一片”。在快餐文化盛行的今天，慢一些，少留遗憾一直是我在心中对自己的默默叮嘱。

感谢三联《爱乐》的编辑耿捷女士。正是在她的鼓励下，我坚持完成了此书的翻译工作。更要感谢上海师范大学的孙红杰先生。学院派的严谨，音乐学专业人士的把关，让这部书成为一本可以与原著进行精确比照的学术文献。

本书的翻译以1946年美国Alfred A. Knopf出版公司的英文首版为底本，并参考了1947年瑞典推出的德文版。书中的插图，均采用英文首版的样式。

书中援引的德国作家歌德的诗句，采用郭沫若先生早年的译文。扉页上的歌德诗句，在现有的歌德诗歌的中译本中没有查到，由笔者自行译出。

书中德国作家让·保罗小说《泰坦》中的诗句，由人民文学出版社周绚隆先生译出，在此表示感谢！

王崇刚

2020 年*5*月